中公文庫

# 論



中央公論新社

# 目次

第十巻

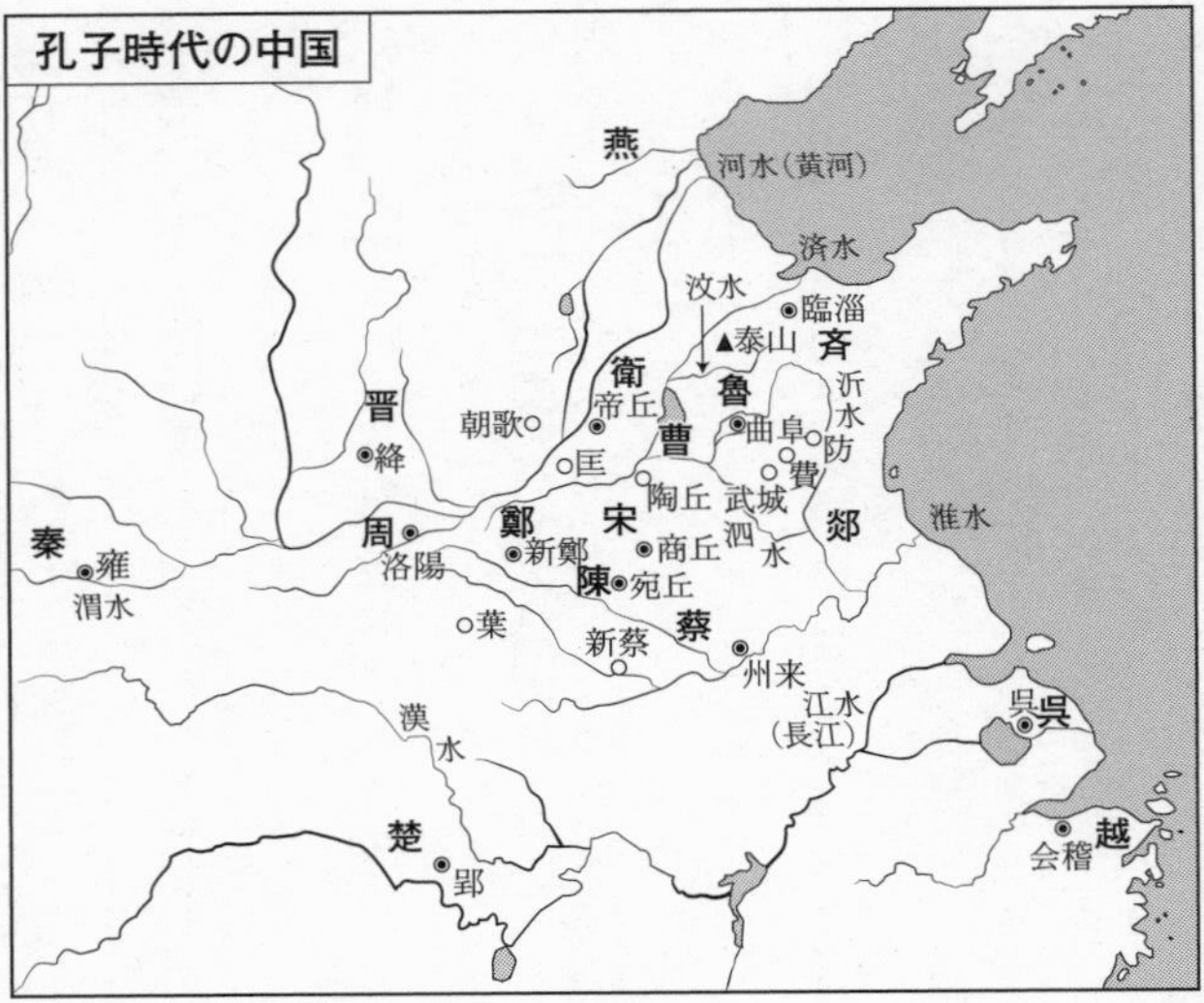
孔子時代の中国
燕
河水（黄河）
済水
汶水
臨淄
泰山
斉
衛
魯
沂水
晋
朝歌
帝丘
曹
曲阜
防
絳
匡
費
陶丘
武城
鄭
宋
郯
淮水
秦
周
泗水
雍
洛陽
新鄭
商丘
渭水
陳
宛丘
葉
蔡
新蔡
州来
江水（長江）
漢水
呉
楚
越
郢
会稽

# 論語

# 凡例

一、『論語』全巻を収録し、各章ごとに読み下し・原文・口語訳・注釈・内容解説（＊印の箇所）の順で配列した。

一、口語訳にあたって底本としたのは、中国最古の注釈である魏の何晏の編した『論語集解』十巻である。清原家が伝える写本を武内義雄博士が校定されたものを参考にし、清原家本の明らかな誤りを若干訂正して本文とした。読み下しについては、清原家本系統の訓点と、朱子の『論語集註』にもとづいた後藤芝山の訓点とを適宜折衷した。

一、注釈は、語句釈・人名・地名などは〈 〉で、原文および読み下しの校定とその解釈については（1）（2）の番号で示した。

論語　第一巻

# 第一　学而《がくじ》篇

この篇は「学而時《まなんでここ》に習う、亦説《またよろこ》ばしからずや」ではじまる孔子《こうし》のことばの第一句をとって、学而篇と名づけられている。『論語』の各篇は、孔子や弟子《でし》たちのことばを、無秩序に寄せ集めたように見えるが、「ものを教わる。そしてあとから練習する。なんと楽しいことではないかね」と訳されるこの孔子のことばは、学問する楽しさを述べ、さらに学問への招待の意味をもっている。この第一篇第一章にたいして、第一篇の最終章である第十六章は「人の己《おの》れを知らざるを患《うれ》えず、人を知らざるを患えよ」というように、他人に認められることよりは他人を認めることに努力しなければならないという、学者の社会的位置に関した発言であり、よく前後照応している。学而篇という篇名のつけ方は、第一章第一句をとっているだけなのにもかかわらず、学問の喜びを通じて学問のすすめを果たそうという第一篇の内容をよく象徴しているように見える。この篇では、孔子のほかに弟子の有若《ゆうじゃく》・曾参《そうしん》のことばが、「有子曰《ゆうしのたま》わく」、つまり有先生がいわれた、「曾子曰《そうじのたま》わく」、つまり曽先生がいわれた、というように尊称をつけて、たびたび引用されている。この篇はがんらい、有子、曽子などを師とする魯《ろ》国の学派に伝えられた伝承を整理してできたものと推定される。

一　子曰《しのたま》わく、学んで時に習《ここ》う、⑴亦説《またよろこ》ばしからずや。有朋《とも》、遠きより方《なら》び来たる、⑵亦楽しからずや。人知らずして慍《いか》らず、亦君子《くんし》ならずや。

子曰、学而時習之、不亦説乎、有朋自遠方来、不亦楽乎、人不知而不慍、不亦君子乎、

先生がいわれた。

「ものを教わる。そしてあとから練習する。なんと楽しいことではないかね。友だちが、遠くからそろって来てくれる。なんとうれしいことではないかね。他人が認めないでも気にかけない。なんとおくゆかしい人柄ではないかね」

〈子〉孔子は弟子たちを「若者よ」という意味で「小子《しょうし》」とよんだのにたいして、弟子たちは孔子を「先生」つまり「子《し》」とよんだ。

〈学ぶ〉当時は紙がなく、書物はすべて木や竹の札に書いてつづり合わせて巻物としていたので、一般社会には普及していなかった。学問といっても、先生から『詩経《しきょう》』『書経《しょきょう》』などという古典を読んでもらって暗唱するだけで、現在のような読書とか講義によるもので

はなかった。礼・楽《がく》・射・御《ぎょ》・書・数など、貴族社会の行事における正しい礼儀作法の口《く》伝《でん》をうけることが、学問の第一歩として重視されていた。孔子の教育もこれをもとにしている。

〈君子〉「君」は「群」に通じ、「子」は尊称で、朝廷の会議に参列できる貴族たちの総称が原義である。周《しゅう》から春秋《しゅんじゅう》時代にかけては、これら貴族にふさわしい教養、品位のことをさすようになる。これを「紳士」とか「お人柄」「人物」と訳する。春秋末期の下級士族出身の孔子は、この貴族的な理想を一般化し、貴族に代わる新興知識階級のための新しい理想の人間像を形成した。この意味の「君子」は、「学者」「人格者」「求道者」などと訳する。場合によってニュアンスがちがい、いろいろな訳語をつかわねばならないので、「君子」の語を訳さずにそのままでつかうことが多い。

(1)　従来は、注釈家はみな「時《とき》に習う」と読み、定まった適当な時期に、先生から習った本を復習するという意味にとってきた。しかし、孔子時代の古典の教科書の『詩経』『書経』などでは、「時《こ》れ邁《ゆ》く」というように、「時」は具体的な意味をもたない、助字として用いられていた。この場合も同様で、「これ」とか「ここに」とか読んで、「そのあとで」などと訳すのは私の新説である（憲問篇第十四章の注参照）。「習う」は、前述したように、書物よりはむしろいろいろの行事における礼儀作法の実習であった。

(2)　ふつうは「朋《とも》有《あ》り、遠方《えんぽう》より来たる」と読んできた。「遠方」は現代語の遠方ではなく、遠国の意味にとるとしてもこの時代では見なれぬ用法である。中国近世の学者兪樾《ゆえつ》の説をもとにして、孔子の同僚や旧知人たちがそろってやってきて、孔子の学園の行事に参列したと解釈する。

＊孔子は、学問を学ぶことがむつかしく、たいへん努力がいることをたびたび語っている。それほどむつかしい学問の道ではあるが、その間には楽しい時もまじっていると指摘したのが、この第一章である。「学問とは楽しいものだ」とはきめつけないで、体験に即して、控えめに楽しさを述べる。それが孔子の語り方である。この温雅な調子が、『論語』全体の基調をなしている。

二　有子《ゆうし》曰《のたま》わく、その人《ひと》と為《な》りや、孝悌《こうてい》にして上《かみ》を犯すことを好む者は鮮《すく》なし。上を犯すことを好まずして乱を作《おこ》す(1)ことを好む者は、未《いま》だこれあらざるなり。君子は本《もと》を務む。本立ちて道生《な》る。孝悌はそれ仁《じん》を為《な》すの本なるか。

有子曰、其為人也、孝悌而好犯上者鮮矣、不好犯上而好作乱者、未之有也、君子務本、本立而道生、孝悌也者(2)、其為仁之本与、

有先生がいわれた。

「人間の生まれつきが、孝行で柔順だというのに上役にさからいたがるものは、まず珍しいね。その上役にさからいたがらないものが内乱をおこしたという例は、まだ聞いたことがない。りっぱな人間は根本をたいせつにする。根本がかたまると道は自然にできる。孝行で柔順だなといわれること、それが仁の徳を完成する根本といってもよかろうね」

〈有子〉孔子の弟子。姓は有、名は若《じゃく》。孔子より四十三歳年下であった。孔子の死後、追慕の情にかられた弟子たちは、彼の容貌が師に似ているので、代わりに師の座につかせて、生前と同じようにつかえた。『論語』のなかで有子のように「子」と尊称されているのは、ほかに曽参《そうしん》・冉求《ぜんきゅう》である。魯《ろ》国には有若、曽参を師とする学派が勢力があり、『論語』のこの篇の編纂《へんさん》にあずかったからだとされている。

〈孝悌〉「悌」を「弟」と書いた本もあるが、古代では音《おん》が同じで通用された。「孝」は子孫が父母をはじめ祖先にたいしてつかえる義務をさし、同じ血族団体の道徳である。「悌」は同郷の年長者にたいする義務をさし、地域社会の道徳である。

〈上〉家族や地域団体をこえた政治組織のなかの上位の人、上役をさすほか、とくに君主をさす場合が多い。

〈道〉人間のいつも通って行く道の意味から、人間の生き方という意味に用いられ、さらに事物の原理を意味するようになった。

〈仁〉孔子は仁を最高の徳として、これの達成を終生の目標としていた。「仁」という字は「人」と「二」とからなっている。人間が仲間の人間にたいしてもつ同情心、愛がもとになっている。

(1)　ふつうは「乱を作《な》す」と読ませているが、清家《せいけ》本の「乱を作《おこ》す」の読み方にしたがった。「乱」とは『左伝《さでん》』に「兵《いくさ》外に作《おこ》るを寇《こう》となし、内に作《おこ》るを乱となす」といったように、内乱のことであるから、「作」は「おこす」と読むほうが適切である。孔子・有子の生きた春秋末の社会は激しい変動期であり、内乱と外寇の連続で、魯国もその例外ではない。「乱を作す」ものは、孔子の周囲にうようよしていたので、切実な感じをもって読まないといけない。
(2)「孝悌也者」、この特殊ないいあらわし方は、「孝悌也」ということばを「者」という字で受けて、他人のことばとして引用したものである。孔子は、子貢の「士とは何か」の問いにこたえて「宗族《そうぞく》は孝を称し、郷党《きょうとう》は弟《てい》を称す」(子路篇第二十章)といって、孝行と弟(悌)つまり柔順などの評判を重要視している。「孝悌也者」とは、そういう評判を間接話法で述べたのだというのが、私の説である。

三 子曰わく、巧言令色《こうげんれいしょく》、鮮《すく》ないかな仁《じん》。

子曰、巧言令色、鮮矣仁、
先生がいわれた。

「弁舌さわやかに表情たっぷり。そんな人たちに、いかにほんとうの人間の乏しいことだろう」

〈巧言令色〉「巧言」は巧みな弁舌、「令色」はゆたかな表情。しばしばお世辞とか媚《こび》とか訳されるが、これは誤訳である。お世辞や媚とわかっているものには大害はない。そう見えないところが曲者《くせもの》なのである。

*これとそっくり同じことばが、陽貨篇第十七章に載せられているし、弟子にとってはよ

ほど印象深いことばであったらしいが、そのことばつきは孔子にしては激烈をきわめている。巧言令色で君主にとりいり、また甘い弁舌で世人を迷わせる佞人《ねいじん》が多かったので、孔子はずいぶん腹を立てていたとみえる。しかし、巧言令色のなかにも真実がまったく欠けているとはいわないで、「鮮《すく》ないかな」としたところに、孔子の心の広さがあらわれている。前の章の有子の「孝悌」つまり目上への柔順が仁の根本であるとの発言にたいして、仁とはたんなる柔順さではいけないという気持をもって、この章を入れたのだから、編者は有子にたいして多少批判的だったらしい。

**四**　曽子《そうじ》曰《のたま》わく、吾《われ》、日に三《み》たび吾《わ》が身を省《かえり》みる。人の為《ため》に謀《はか》りて忠ならざるか、朋友《ほうゆう》と交わりて信ならざるか、習わざるを伝えしか。(1)

曽子曰、吾日三省吾身、為人謀而不忠乎、与朋友交而不信乎、伝不習乎、

曽先生がいわれた。

「私は毎日三回、自己反省する。他人の相談に、まごころをこめて乗ってやらなかったのではないか。友だちとの交際に、約束をたがえたのではないか。先生に教わったことを、じゅうぶん復習せずに君たちに教えてしまったのではないか」

〈曽子〉姓は曽、名は参《しん》、字《あざな》は子輿《しよ》。孔子より四十六歳年下で、孔子の門人のなかでは、もっとも年少のグループに属した。孔子の没後しばらくしてから、魯の孔子の学園の長とな

った。儒教の魯の学派の正統をついだといえる。その門下の子思《しし》（伯魚《はくぎょ》の子、孔子の孫）の孫弟子から孟子《もうし》（孟軻《か》）があらわれる。

（1）この文句は、古注と新注とでは違った解釈をつけている。新注が「伝えて習わざるか」と読み、「先生に教わったことをじゅうぶん復習しなかったか」と解する。曽子、つまり曽先生のことばを、曽子の弟子たちが書きとめたとみられるから、私は古注のように「習わざるを伝えしか」と読み、「かつて孔子から教わったことを、じゅうぶん納得するまで復習せずに、弟子たちに教えてしまったのではないか」と解する。

五　子曰わく、千乗《せんじょう》の国を導くには、事を敬《つつし》んで信《まこと》あり、用を節《せつ》して人を愛し、民を使うに時を以《もっ》てせよ。

子曰、導千乗之国、敬事而信、節用而愛人、使民以時、

先生がいわれた。

「戦車千台を戦闘に出す中ぐらいの国家で、これを治める心がけというと、まず、政令を発布するにはよほど慎重で、発布した以上、かならず実行すること。次に、政府の費用はできるだけ節約し、人民の身になって考えてやること。最後に、農民を夫役《ぶやく》にかり出すには、農繁期をさけて適当の時をえらぶことだ」

〈千乗の国〉殷《いん》・周《しゅう》王朝から春秋・戦国時代の半ばすぎまでは、中国では、四頭立ての戦車

に乗った戦士たちによって戦闘が行なわれた。国家の実力は、何乗の戦車を出せるかによって測られた。一乗の戦車を出すには、どれくらいの農民を必要とするかというと、いろいろの計算法があって注釈家の説が一定しない。戦国になると、車上の貴族たちの戦闘から、車にしたがっている平民の歩兵戦に転化してゆき、一乗に従属する歩兵の数が、しだいに増加してゆくからである。春秋時代初期には、千乗の国家は大国中の大国であったが、春秋の末期の孔子時代には、覇者《はしゃ》の晋《しん》などは一回の戦闘に四千乗もつぎこんでいる。千乗の国とは中等程度の列国である。「中等の列国でも」と読まねばならない。

＊弟子から、千乗の国を治める心得をきかれたのにたいする孔子の答えなのであろう。その気持で読まないと調子が出ない。

六　子曰わく、弟子《ていし》入《い》りては則《すなわ》ち孝、出《い》でては則ち悌《てい》、謹《つつし》みて信《まこと》あり、汎《ひろ》く衆を愛して仁に親しみ、行ないて余力あれば、則ち以《もっ》て文を学べ。

子曰、弟子入則孝、出則悌、謹而信、汎愛衆而親仁、行有余力、則以学文、

先生がいわれた。

「若い諸君たち。君らは家のなかでは父母に孝行をつくし、家の外、つまり村の寄合いでは、年寄りに柔順につかえ、発言には慎重で、いったことはかならず果たし、皆の衆にはわけへだてなくつきあい、村の人格者にはとくに昵懇《じっこん》をねがわねばならぬ。これだけのこ

とができたうえでまだ余力があったら、そこではじめて書物について勉強したまえ」

〈弟子〉『論語』の中では、従来このことばは孔子の門弟をさす場合と、この場合のように「若い衆」とでも訳すべきものと二通りの意味があると解されてきた。私は、孔子の学園は郷党《きょうとう》、つまり村の若い衆が寄合いで、長老を先生として、成人としての教養をさずけてもらう寺子屋のような若者組合の制度をとりいれたものと解している。郷党の若い衆、つまり弟子《ていし》と、孔子門下の弟子《ていし》とは、ここでもまったく区別できない、一つのものである、というのが私の解釈である。

**七** 子夏《しか》曰《い》わく、賢を賢《たっと》ぶこと、色《おんな》の易《ごと》くせよと(1)。父母に事《つか》えて能《よ》くその力を竭《つ》くし、君に事えて能くその身を致《ささ》げ、朋友《ほうゆう》と交わり、言いて信《まこと》あらば、未《いま》だ学ばずと曰《い》うと雖《いえど》も、吾《われ》は必ずこれを学びたりと謂《い》わん。

子夏曰、賢賢易色、事父母能竭其力、事君能致其身、与朋友交、言而有信、雖曰未学、吾必謂之学矣、

子夏がいった。

「人は、美人を好むと同じように賢人を尊敬せねばならないという。いったい賢人とはどんな人なのか。父母につかえて力の限りをつくし、君主につかえて一身をささげ、友だちと交わって、一度いったことをけっしてたがえない。こんな人物がいたとしよう。他人は

『この男は本を読めないから学者でない』といって軽蔑《けいべつ》するかもしれないが、自分は、これこそ『学者』だといいたい。つまり賢人とはこんな人のことをいうのだ」

〈子夏〉姓は卜《ぼく》、名は商《しょう》。孔子より四十四歳若い。孔子の弟子のなかでは曾子らとともに年少の秀才に属する。曾子らが孔子の祖国魯に残って先生の道をついだのにたいして、子夏は西に向かって、中原《ちゅうげん》の覇者の魏《ぎ》国におもむき、戦国初期の開明君主、文侯《ぶんこう》の顧問となった。『詩経』の注釈は、子夏をへて後世に伝わったとされている。

（1）この句は『論語』のなかで古来もっとも異説が多い句であり、したがってもっとも難解な箇所の一つとされている。私は、「易」を清《しん》朝の王念孫《おうねんそん》の説にしたがって「如《ごと》し」と読む。そしてこの四字の句「賢賢易色」は、当時の格言か諺《ことわざ》ととり、「賢をたっとぶこと色、つまり美女の如くせよ」という格言があるが、いったい賢者とはどんな人をさすのかと自問自答したのだとすると、一文の意味がすらすらと解けると思う。

＊「賢者を美人を愛するごとくたっとべ」という文句は、漢《かん》から六朝《りくちょう》のころまで、だいたいそんな意味に解されてきた。美人といってもたんなる美しい女ということではなくて、一家の母となる人である。かかる夫人と夫との和合のうえに家庭の幸福がつくられるというのが古代、つまり周代の考え方の名残りであった。宋《そう》の道学者朱子《しゅし》らは、賢者を美女とならべるとは何事だと反発し、美人を愛する心を、賢者をたっとぶ心にまで昇華させねばならぬと解くようになった。孔子はたんに美女のみでなく、すべて美を愛する欲望が文化の根源であると考えた。宋の道学者の厳粛主義、禁欲主義的な解釈は、孔子の

真意をまったく誤解している。

**八**　子曰わく、君子重からざれば則《すなわ》ち威《い》あらず、学べば則ち固《こ》ならず。忠信に主《した》しみ(1)、己《おの》れに如《し》かざる者を友とすることなかれ、過《あやま》てば則ち改むるに憚《はばか》ること勿《な》かれ。

　子曰、君子不重則不威、学則不固、主忠信、無友不如己者、過則勿憚改、

先生がいわれた。

「貴族たるものは、まずどっしりとかまえること。そうでないと威厳を失うし、学問をさせてもしっかりとしたところができないからだ。次は、律義《りちぎ》で約束をたがえない人に昵懇《じっこん》をねがって、自分に及ばないものと友だちにならないこと。最後に、過ちがあれば、すなおに認めてすぐさま訂正することだ」

(1)　朱子らの新注では「忠信の徳を主《しゅ》として」と読む。しかし、抽象的に、ある徳を主体とするというような発想は、この時代にはなかった。漢の鄭玄《ていげん》の注にしたがって、「主」を「親しむ」と読んだ。孔子が衛《えい》に行ったとき、その国の顔讎由《がんしゅうゆう》という人を主《しゅ》として、その仲介で衛君にまみえたという。「主として」とは、ある人を仮の主人として、その力にたよるというのが原義であるから、これから、その人と昵懇をねがうという意味がでてくる。

*「忠信に……」以下と同じ句が子罕《しかん》篇第二十五章にも載っている。孔子が述べたことば

がこんなに重複して『論語』に出ることは珍しい。また「過ちて改めざる、是《これ》を過ちと謂う」（衛霊公篇第三十章）ということばもある。過ちなきことを期さねばならないが、過ちは人間である以上はどうしてもまぬがれられない。孔子は弟子たちの過ちを深くとがめないで、同じ過ちをふたたびしないことを説いた。これが孔子の人間的なところであり、教条主義は、彼には無縁であった。

**九**　曽子曰わく、終わりを慎み遠きを追えば、民の徳厚きに帰《き》せん。

　曽子曰、慎終追遠、民徳帰厚矣、

曽先生がいわれた。

「なくなった人のお葬式をとどこおりなくつとめ、遠い祖先のお祭をけっして忘れない。君主がこういう態度であったら、国民の気風はしぜんにおっとりとしてくるものだ」

〈終わりを慎む〉人間、とくに貴族たちの死を「終」とよぶ。「終わりを慎む」とは、死者の葬式に哀《かな》しみをつくし、礼式をまちがいなくつとめることである。

〈遠きを追う〉「遠き」とは、遠い父祖のことである。「遠きを追う」とは、遠い祖先の祭を忠実に行なうことである。

＊孔子の時代より少し前の時代まで、列国の君主は、日本の古代の天皇のように神の祭主という資格をもっていた。祭政一致、つまり神権政治を行なっていた。そういう場合に

は、祭祀《さいし》を厳格に行なうことによって、国家の政治もとどこおりなく行なわれ、民心も安定する。孔子の時代以後になると、この祭政一致の制度はもはや行なわれなくなっている。したがって、孔子の「慎終追遠」は、ただ礼式としての祭礼そのものだけでなく、故人の尽くした功業を、死後も忘れないという意味がつけ加わってきている。死んだ人の功績を忘れない君主なら、現在生きている人の手柄も、かならず認めるはずだというので、民心も安定すると曽子は考えたのだろう。

一〇 子禽《しきん》、子貢《しこう》に問いて曰わく、夫子《ふうし》の是《か》の邦《くに》に至るや必ずその政《せい》を聞けり。これを求めたるか、抑《そもそ》もこれを与えたるか。子貢曰わく、夫子は温良恭倹譲以《もっ》てこれを得たり。夫子の求むるは其《そ》れ諸人の求むるに異なるか。

子禽問於子貢曰、夫子至於是邦也、必聞其政、求之与、抑与之与、子貢曰、夫子温良恭倹譲以得之、夫子之求也、其諸異乎人求之与、

子禽が子貢にたずねた。

「われらの先生がどこの国にいかれても、きっと君主から政事《まつりごと》について諮問《しもん》をうけられる。先生から申し込まれたのか、それとも君主の側から頼まれたのか、どちらだろう」

子貢が答えた。

「われらの先生は、おだやかで、すなおで、うやうやしく、つつましやかで控えめ、そん

な人柄の方《かた》である。われらの先生が申し込まれたとしても、そのやり方は世間の人のとはちがっているのではないかな」

〈子禽〉鄭玄の注によると、孔子の門弟で、姓は陳《ちん》、名は亢《こう》、字は子禽。子貢とたびたび会話しているので、その門弟という説もある。孔子より四十歳年下と伝えられる。

〈子貢〉孔子の門弟。姓は端木《たんぼく》、名は賜《し》、字は子貢で、孔子より三十一歳若く、子路《しろ》・顔回《がんかい》・仲弓《ちゅうきゅう》・冉求《ぜんきゅう》らとともに、年長グループを形成していた。文学・弁舌にすぐれ、また商業にも才をもつ多芸の士である。

〈是の邦〉「是」はふつうは「この」と指示代名詞として読むが、この場合は「是」は「夫《か》の」と同じように、具体的に意味のない助字として用いられている。

〈其諸〉意味のない助字。

二　子曰わく、父在《いま》せばその志《こころざし》を観《み》、父没すればその行ないを観る。三年父の道を改むるなきを、孝と謂《い》うべし。

子曰、父在観其志、父没観其行、三年無改於父之道、可謂孝矣、

先生がいわれた。（たぶん、弟子から「どんなのが孝子か」ときかれたときのことであろう）

「父の在世中だったら、その男のかくれた意志をよく観察する。父がなくなった後なら、その男の行動を観察する。そして死後三年間、亡父のやり方を改めない、これが実行でき

たならば、たしかに孝行だといえるのだ」

＊この孔子のことばは、あまりぶっきらぼうなので「孝行とは何か」というような弟子の質問を予想しないでは文章にならない。父の在世中は、世の子たるものは父の命令に服従して違背することはできないから、行動の奥にある彼の本心を読みとらねばならない。死後は、息子《むすこ》の自由になるので行動を見ればいいから簡単だ。在世中、どんなに父のやり方が気にいらぬと思っていても、三年間の喪中はしんぼうし、それがすんでから改めるのが、子たるものの心がけだという。父を追慕する情があれば、人間の子たるものは自然にそうなるものだというのが、孔子の考え方である。

三　有子曰わく、礼はこれ和《わ》を用うるを貴《たっと》しと為《な》す。(1)先王の道も斯《これ》を美《よ》しと為すも、小大これに由《よ》れば行なわれざる所あり。(2)和を知りて和せんとするも、礼を以《もっ》てこれを節《せっ》せざれば亦《また》行なわれざればなり。

有子曰、礼之用和為貴、先王之道斯為美、小大由之、有所不行、知和而和、不以礼節之、亦不行也、

有先生がいわれた。

「礼を実現するには調和がたいせつである。昔の聖《ひじり》の王の行き方は、この点すなわち礼においてすばらしかった。しかし、大小となくすべて礼をむねとしていると、うまくゆかな

いことができてくる。それは、礼の実現の手段が調和であることを知らなかったからだ。しかし、調和がたいせつだという認識をもって調和をはかるのはいいが、礼の本質にかえって、身分的な秩序にしたがって節制を加えないと、悪平等となって、またうまくゆかなくなるものだ」

（1）この有子のことばは、全体的にたいへん難解である。いったい、『論語』のなかの孔子や弟子たちの発言は、概して素朴で、ことばの表面をたどってゆけば、その意味はそのままで理解できる。もちろん古い書物のことであるから、本文に誤脱があることもある。また、素朴なため表現が不十分なこともある。しかし、それも文字を補えば、ある程度その素朴な論理をたどることができる。ところが、この有子のことばは、なにか形而上《けいじじょう》学的な体系の上に発想されているらしく、それを前提としないと意味がよくわからない。私も最初は、有子は孔子の弟子のなかでもあまり頭のよくない男だったから、こんなわかりにくいことをいったのだと、大いに軽蔑《けいべつ》していた。たしかに、こんなわかりにくいことをいうのは、あるいは彼の論理的思考の不完全さによることでもあるが、彼には彼なりの形而上学的考えがあり、彼の時代はまだそんな考えの論理的な表現法が、できていなかったのだと考えるようになった。このことに気がついて、古今の注釈を読みかえしてみると、皇侃《おうがん》の『義疏《ぎそ》』、朱子の『集註《しっちゅう》』は、それぞれ説明の仕方はかわっているが、どちらも『礼記《らいき》』の楽記《がっき》篇の礼楽論をもととしている。しかし、楽記篇は、魏に住んだ子夏の学派の説を述べたものであるから、魯にいた有子とは縁が遠すぎる。劉宝楠《りゅうほうなん》の『論語正義』が、

『中庸《ちゅうよう》』の哲学の基本が、この有子のことばのなかにふくまれていると説くのは正しい。『中庸』の原著者とされている子思《しし》は、魯の学派の曽子の弟子であるからである。「喜怒哀楽の未《いま》だ発せざる、これを中《ちゅう》という。発して皆節《せつ》にあたる、これを和という。中とは天下の大本《たいほん》なり。和とは天下の達道《たつどう》なり」というように、天下の大本が中で、和が天下の達道である。この中を礼におきかえると、礼が大本で、和が達道である。有子は、礼の大本、つまり本質と、その用、つまり現象として実現する和とを区別したのである。有子は「孝悌は仁を為すの本なるか」とさきに述べているから、本と用、本質と現象という考えをもっていたのである。こういう哲学を前提として有子のことばを解釈すべきである。この「用」という概念が有子の哲学にあったとすると、伊藤東涯《いとうとうがい》の「礼はこれ和を用ゆるを貴しとなし」の読みが成立する。私はこれによった。

(2)「先王之道斯為美」の「斯《これ》」は、兪樾《ゆえつ》の説にしたがって、「礼」をさすと解する。昔の聖王の道も、礼という点に重きをおいているのはじつにいい。そして「事《こと》大小となく礼によるといっても、実行する手段、つまり和を知らないと実行できなくなる」と兪氏が説いているのは正しい。

一三　有子曰わく、信、義に近づけば、言《こと》復《ふ》むべし。恭、礼に近づけば、恥辱に遠ざかる。因《よ》(1)ることその親《しん》を失わざれば、亦《また》宗《そう》とすべし。

有子曰、信近於義、言可復也、恭近於礼、遠恥辱也、因不失其親、亦可宗也、

有先生がいわれた。

「信という徳は、はじめの約束の内容が義（道理）に合っていればいるほど、ことばどおりに実行できる。恭という徳は、うやうやしさが礼の規則に合っていればいるほど、人の恥辱をうけないですむ。姻戚《いんせき》との関係は、父方の親族にたいする親しさをこえなければ、一族の信頼をつなげるであろう」

〈宗〉一族から宗、すなわち本家としてたっとばれ、たよられることである。

（1）古注では「因」をたんに「親しむ」と読ませているが、下文の「親を失わず」と矛盾する。皇侃の『義疏』は、「因」を因母、つまり継母としたのはおもしろいが、あまり特殊の場合すぎて、ここでは意味がよくあてはまらない。清朝の桂馥《けいふく》が「因」は「姻」に通ずるとしたのは卓見で、「因」とは妻の一族と親しむことである。妻の一族と仲よくすることは結構だが、自家の血族以上に親しんではならないというのがその意味であろう。

＊有子の言は、信・恭・因（姻）という徳の成立する根源、つまり「本」を考え、その徳の実現する限界を設定している点において、孔子の弟子のなかではすこぶる理論的だといえる。この理論性が、有子をささえるとともに、有子の同輩から反感をもたれるもととなった。しかし、魯の学派にはこの精神が継承され、子思・孟子の理論にまで発展する。

**一四** 子曰く、君子は食《しょく》飽かんことを求むるなく、居安《きょ》からんことを求むるなく、事に敏にして言《こと》に慎み、有道《ゆうどう》に就きて正す、学を好むと謂《い》うべきなり。

子曰、君子食無求飽、居無求安、敏於事而慎於言、就有道而正焉、可謂好学也已矣、

先生がいわれた。

「貴族たるものは、食べ物は腹いっぱい、住宅は快適を求めない。行動は敏活、発言は慎重であり、そのうえ、有識者について批判を求める。こんな人がいたら、本について勉強していなくとも、それだけで学を好むといえるだろう」

〈事に敏にして…〉「事」は行動、実践と訳される。「敏」はすばやいことである。実践にはすばやいが、発言は慎重にするのが孔子のモットーであった。

〈有道に就きて正す〉「有道」とは高い道徳を身につけた人。そういう人について、自己の言行について批判を仰ぐ。

＊孔子は、この場合君子つまり貴族について語っている。この君子というのは貴族のことであり、貴族であるから食物にぜいたくをつくし、住居は豪勢をきわめるなどはあたりまえのことである。貴族はこんな生活に甘んじていてはいけない。貴族の本分である国家の政治にわれを忘れて奔走しなければならない。そして、ときどきは有識者について批判を求め、自己反省を怠らない。そんな人は、書物を読んで勉強していなくとも、す

でに学者とよんでもよいと孔子はいう。このことばはあくまで貴族に向け、その生活について反省をうながしたもので、貧乏な学者が清貧に甘んじて勉強できたら、それは結構だが、学者にたいしてかならずそうしなければならぬと説いたものではない。次の章を読めばこの意味がはっきりする。

**一五**　子貢《しこう》曰わく、貧しくして諂《へつら》うことなく、富みて驕《おご》ることなきは何如《いかん》。子曰わく、可《か》なり。未《いま》だ貧しくして道を楽しみ、富みて礼を好むものには若《し》かざるなり。子貢曰わく、詩に「切《せっ》するが如《ごと》く、磋《さ》するが如く、琢《たく》するが如く、磨《ま》するが如し」と云《い》えるは、それ斯《こ》の謂《いい》か。子曰わく、賜《し》や始めて与《とも》に詩を言うべきなり。諸《これ》に往《おう》を告げて来《らい》を知るものなり。

　子貢曰、貧而無諂、富而無驕、何如、子曰、可也、未若貧而楽道、富而好礼者也、
　子貢曰、詩云、如切如磋、如琢如磨、其斯之謂与、子曰、賜也、始可与言詩已矣、
　告諸往而知来者也、

子貢がたずねた。

「貧乏で卑屈にならず、金持で高ぶらない。そんなのはいかがでしょう」

先生がこたえられた。

「それもよかろう。だが、貧乏で道（学問）を楽しみ、金持で礼を好むものにはかなわな

いな」

子貢がいった。

「詩の『切するがごとく、磋するがごとく、琢するがごとく、磨するがごとし』とは、このことをあらわしているのですね」

先生がいわれた。

「子貢よ、これではじめてともに詩を語れるというものだ。ほんとにおまえは、一を聞いて二を知るという男だな」

〈切するが如く…〉この詩は『詩経』衛《えい》風の淇奥《きいく》篇の一句である。淇という川の曲がりくねって奥まった、こんもりとしげった緑の竹藪《たけやぶ》のところに、目にもあざやかに一人の貴族が立っている。この貴族は、衛の名君武公を象徴するとされ、その人格をたたえたのがこの句である。骨をけずって骨器をつくるのが「切」、象牙《ぞうげ》を細工するのが「磋」、玉をこするのが「琢」、石をみがくのが「磨」である。武公が刻苦して人格の修養につとめているさまをうたったと解釈されている。子貢はこの一句をひき出して、富んでいながらしかも礼を好む、いやがうえにも自己の向上をはかるものの境地が、ここに表現されていると解したのであろう。

〈諸に往を告げて…〉往《ゆ》き道を教えれば、帰り道を自然に会得《えとく》するという子貢の才人ぶりをよくあらわしている。

一六　子曰わく、人の己《おの》れを知らざるを患《うれ》えず、人を知らざるを患えよ。

子曰、不患人之不己知、患不知人也、

先生がいわれた。

「他人が自分を認めないのは問題でない。自分が他人を認めないほうが問題だ」

＊このことばには、なんの注釈もいらない。孔子の控えめな心持をよく示している。孔子の弟子には学問によって認められ、立身出世しようという人間が多かった。そういう弟子のため、あせらないでも、きっと人が自分を認めてくれるといったのであろう。この篇の第一章の「人知らずして慍《いか》らず、亦《また》君子ならずや」という一句と前後照応して、この篇の結びをなしている。

## 第二　為政《いせい》篇

この篇も第一章の「為政《せいをなす》に徳を以《もっ》てすれば……」の最初の文句をとって篇名としている。合計二十四章のうち、第一、第三、第十九、第二十、第二十一、第二十三章はみな、あきらかに政治を主題としている。第五、第六、第七、第八などの各章は「孝道」を説いているから、政治とはなんの関係もないように見られるかもしれない。しかし、第二十一章には、個人的・家族的道徳である孝道の間接的な影響は、政治にも及ぶと述べている。孝道と政治とは一つであるという儒教の倫理的な政治観からいうと、孝道もまた政治に関係があるとみて、編者はこの篇に入れたのであろう。第九章から第十八章までの十章は、人物論、学問論、修養論で政治と関係はない。最後の第二十四章の血族的に祖先でない神を祭るのは非礼だとそしったことばは、現代の政治の観念からはまったく離れている。政治と宗教とを引き離すことが、近代ヨーロッパの政治の基本観念であるが、古代の政治では政と祭とはともに「まつりごと」であって、祭政一致がその原理であった。その見方からすると、第二十四章は政治そのものを問題としている。この一篇は、最初と最後に政治に関することばを集めた点で、孔子のことばの、政治を主題としたものを主とする編集の方針を立てようとしたあとが見られる。

一　子曰《しのたま》わく、政《せい》を為《な》すに徳を以《もっ》てすれば、譬《たと》えば北辰《ほくしん》のその所に居《い》て、衆星《しゅうせい》のこれを共《めぐ》る(1)が如《ごと》し。

子曰、為政以徳、譬如北辰居其所、而衆星共之、

先生がいわれた。

「政治を行なうのに道徳をもととしたら、まるで北極星が天の頂点にじっとすわって、すべての星がこれをとりまきながら動いているように、うまくゆくにちがいない」

（1）鄭玄《ていげん》は「共」を「拱」の字に読みかえている。「拱」は「拱手《きょうしゅ》する」、つまり両手を前にかかえてお辞儀するのが原義であるので、衆星が北極星に挨拶《あいさつ》していると解している。しかし、春秋時代には、木が一かかえほどに成長するという場合などにも「拱」という字をつかっているから、武内義雄博士にしたがって「めぐる」と読んで、星が北極星をとりまいている意味に解した。

＊一年中、割合に曇天が多い日本とくらべると、孔子の住んでいた華北は、初夏の短い雨期をのぞいて、天はくまなく晴れわたっている。夜の空はいつも星が燦然《さんぜん》とかがやいている。詩人肌の孔子は、北極星を中心として美しい全星座が整然と運行しているのを、感動をもって眺めたにちがいない。当時の人間の、力による政治の醜さとひきくらべて、道徳をもととした政治によったら、きっと天上の星の世界のもつ荘厳な調和を、地上に実現できるにちがいないと考えたのであろう。

二　子曰わく、詩三百、一言《いちごん》以てこれを蔽《さだ》むれば、(1) 思い邪《よこしま》なしと曰《い》うべし。

子曰、詩三百、一言以蔽之、曰思無邪、

先生がいわれた。

「詩の篇の数は三百、一言《ひとこと》で結論すると、『思い邪なし』につきる」

〈詩三百〉孔子が弟子に教えた『詩経』の詩は、現在篇名のわかっているのは三百十一篇、文句まで残っているのは三百五篇である。孔子は「三百」と、そのおおよその数をあげたのである。

（1）ふつう「蔽《おお》う」と解されているが、裁判の判決を下すことを「獄を蔽《き》める」という用法があるから、この読み方にした。

＊前章につづいて、孔子が文学のすぐれた理解者であったことを語ることばである。「思い邪なし」とは、詩の本質は、純粋な感情が自然に流露し、しかもそれが調和をたもち、表現が適正で、けっして過度におちいってはならないことをいいあてた、すばらしい名文句である。この句は『詩経』の魯頌《ろしょう》、つまり魯《ろ》国の宗廟《そうびょう》を祭るときの舞楽の歌である駉《けい》篇の末部の「思無邪、思馬斯徂《うまをこれゆかしめんとおもう》」の句をとったものである。兪樾《ゆえつ》の説によると「思」は句のはじめにくる具体的な意味をもたぬ助字であるから、この二句は「真一文字に、馬よ走れ、ひたすらに」とでも訳されねばならない。孔子の時代には、こういう古典的な文法がすでに崩れ、「思」を助字でなく、考えるという具体的意味をもっていたと私は解釈した。故折口信夫《おりくちしのぶ》博士は『古代研究』において、日本の古典の語句のがんらいの意味が忘れられ、変わった意味に読まれ、時代とともに別の解釈ができてくることを指摘している。これに似た現象は中国の古典の解釈にもあらわれ、この孔子の解釈も「思無邪」の原義にははずれた、そのころの解釈にすぎないが、原義にはずれてはいても、詩の本質をよくつかまえた点において、じつに名批評であった。

三　子曰わく、これを導くに政《せい》を以てし、これを斉《ととの》うるに刑を以てすれば、民免《まぬが》れて恥なし。これを導くに徳を以てし、これを斉うるに礼を以てすれば、恥ありて且《か》つ格《ただ》し。(1)

子曰、導之以政、斉之以刑、民免而無恥、導之以徳、斉之以礼、有恥且格、

先生がいわれた。

「法令によって指導し、刑罰によって規制すると、人民は刑罰にさえかからねば、何をしようと恥と思わない。道徳によって指導し、礼教によって規制すると、人民は恥をかいてはいけないとして、自然に君主になつき服従する」

（1）「格」を新注では「至る」と読み、善に至ることと解釈する。古注のなかにも包咸《ほうかん》のように「格」を「正す」と読み、悪に走ろうとする心を制するという意味に読むのもある。鄭玄《ていげん》が「格」を「来」と注したのにしたがい、仁君のもとに帰服するという意味にとった。

四　子曰わく、吾《われ》十有《ゆう》五にして学に志し、(1)三十にして立ち、(2)四十にして惑わず、(3)五十にして天命を知る、(4)六十にして耳順《みみしたが》う、(5)七十にして心の欲する所に従いて矩《のり》を踰《こ》えず。(6)

子曰、吾十有五而志乎学、三十而立、四十而不惑、五十而知天命、六十而耳順、七十而従心所欲不踰矩、

先生がいわれた。

「わたしは十五歳で学問に志し、三十歳で一本立ちとなり、四十歳で迷いがなくなり、五十歳で天から与えられた使命をさとり、六十歳で人のことばをすなおに聞けるようになり、七十歳で自分の思うままに行なってもゆきすぎがなくなった」

（1）貴族の子弟を教育する大学に入学し、そこで教育をうけたかのように解する説もあるが、貧乏な武士の孤児であった孔子は、こういう学校で系統的な教育をうけたのではなく（子張篇第二十二章参照）、みずから多くの師をたずねて教えをうけたのである。「学に志す」は、不遇な少年時代にめげず、強く決意して学問をはじめた孔子の苦しい経験を語っている。

（2）古注では「成る所あるなり」といっている。十五歳にして学に志し、さらに十五年たって徳が成ったと解しているが、具体的でない。この時代の貴族社会では、年齢別の階層が厳重であった。男子は二十歳に達すると成年式をあげ、はじめて冠《かんむり》をかぶる儀式を行ない、字《あざな》をもらう。日本でいえば烏帽子親《えぼしおや》から名前をもらい、元服式をあげるのと似ている。孔子がこの二十歳の成年式によってでなく、三十歳をもって人生の一くぎりとしたのは、この時代では三十歳の壮年に達すると、妻をめとって身を固める定めであったからである。孔子は「吾少《わか》くして賤《いや》しかりき。故に鄙事《ひじ》に多能なり」（子罕篇第六章）と語っている。彼は一方で学問にはげみながら、いろいろの職業を転々としていた。三十歳前後から、博学の士であることが世間に認められだした。「三十にして立つ」において、やっと学をもって世に立つことが可能となったことを、孔子は語っているのであろう。その学とは、魯に残っている周公の定めた礼、つまり周初の都市国家の制度、この黄金時代の礼を学習することである。具体的には詩・書・礼を学ぶことである。

(3) 古注には「疑惑せず」となっているが、いったい何について「疑惑しない」のだろう。朱子は「事物のまさにしかるべき当然の理について疑いがなくなった」のだとするが、抽象的解釈にすぎない。孔子が三十六歳のとき、魯の昭《しょう》公が国政の指導権を豪族の三桓氏《さんかんし》(孟孫《もうそん》・叔孫《しゅくそん》・季孫《きそん》の家老三家)から奪いかえそうとしてクーデターを行なって失敗し、斉《せい》国に亡命した。昭公を支持した孔子は、その後を追って斉国におもむいた。その後七年間、魯では空位時代がつづき、前五一〇年、昭公が亡命さきの斉国で病死したのち、前五〇九年、故国では定《てい》公が即位する。この時代の年齢階層では、四十歳を強《きょう》といい、ここで仕官することになっている。四十歳の峠にさしかかり、愛国者であった孔子は非常になやんだにちがいないが、まだ昭公の在世中かおそくともその死後、定公即位の年、つまり孔子四十四歳のころまでには仕官していたと推定されている。この「惑わず」とは、この孔子が昭公への忠誠と故国への思慕との矛盾をこえて、帰国の決意をしたことをあらわしている。彼がこれまで学習によってあきらかにした周の礼、それが三桓氏によってふみにじられている。それをどうしても復興しなければならない。そのためには帰国して現実の魯の政権に仕え、地位を得なければならないとさとったのである。

(4) この時代の貴族は、五十歳になると艾《がい》とよばれ、それぞれ役所では長官の職につき、大夫《たいふ》の身分に列する。孔子もそろそろそういう年ごろになり、中都《ちゅうと》の宰《さい》(守護)となり、ついで司寇《しこう》という卿《けい》(大臣)に任命された。彼は三桓氏を説いて、その根拠地である居城の城壁を撤去させ、その武力を奪っておいてから、改革をすすめようとしたが成功せず、国外に逃亡せねばならなかった。「天命を知る」とは、三桓氏の打倒が天から与えられた使命であることを自覚して改革に努力するが、これが挫折《ざせつ》したこともまた人力以上の天の配剤であったことを、孔子がさとったことをさす。

(5) 五十六歳以後、孔子は魯国を去って流浪《るろう》の旅に出る。六十歳のころは宋《そう》国から陳《ちん》国におもむき、六十九歳で帰国するまで、十四年にわたってつづいた。各国の君主・名士などを歴訪して、政治改革の理想を説いて、いれられなかった。こういう経験は孔子をして、自己とは意見をことにする人がいることを認め、その人たちの考えをすなおにきいてみる心境に達せさせた。

(6) 「矩」とは定規《じょうぎ》のこと。自分の思うとおりに行動して、わくをこえないということは、故国に老いを養って後進の育成につとめた孔子の、最晩年の境地をよくあらわしている。

＊これは、孔子が晩年に自分の生涯をふりかえった、感慨のこもったことばである。今までの注釈は、もっぱら教養によって聖人の域に至った過程を述べたものとして、われら凡人どもの精神修養の助けとして読む態度で解釈してきた。そういう読み方は一つの読み方、いや一つどころかたいへんりっぱな読み方ではある。しかし、万事控えめで、非常に反省心が強く、自己を誇らない孔子が、いつも苦難に満ち、試練にさらされて成長してきたその生涯を、無限の感慨をもってふりかえっての発想を、じゅうぶんにくみとっていない。

**五**　孟懿子《もういし》、孝を問う。子曰わく、違《たが》うなかれ。樊遅《はんち》、御《ぎょ》たりしとき、子これに告げて曰わく、孟孫《もうそん》、孝を我に問いしかば、我対《こた》えて違うなかれと曰《い》えり。樊遅曰わく、何の謂《いい》ぞや。子曰わく、生けるときはこれに事《つか》うるに礼を以てし、死せるときはこれを葬るに礼を以てし、これを祭るに礼を以てすべし。

孟懿子問孝、子曰、無違、樊遅御、子告之曰、孟孫問孝於我、我対曰、無違、樊遅曰、何謂也、子曰、生事之以礼、死葬之以礼、祭之以礼、

魯の家老の孟懿子殿が先生を召して孝行の心がけをたずねられた。先生はいわれた。

「たがえないようにすることでございます」

出てきた先生は待たせてあった車の御者役《ぎょしゃやく》の弟子樊遅にむかって話しかけられた。

「孟孫がわたしに孝行とは何かと質問したので、『たがえないようにすること』と答えておいたよ」

合点しかねた樊遅は、

「それはいったいどういう意味でございますか」

というと、先生はいわれた。

「生前は親に礼にしたがってつかえ、死後は礼にしたがって葬り、礼にしたがってお祭り

することだよ」

〈孟懿子〉魯の三桓氏、つまり家老三家中の一家。姓は孟孫、一に仲孫、名は何忌《かき》、諡《おくりな》によって孟懿子ともよぶ。

〈樊遅〉孔子の門弟。名は須《す》、字《あざな》は子遅《しち》、ここでは字のほうでよんだ。孔子より三十六歳年下というが、これは銭穆《せんぼく》の説による誤りで、正しくは四十六歳年下であったという説がよさそうである。孔子の年少の門弟グループ中の一人であった。

＊孔子の孟懿子にたいする孝の定義はひどく簡単である。政治家である孟氏に、あまり細かいことを述べても仕方がないので、大綱だけをあげたのであろう。

六　孟武伯《もうぶはく》、孝を問う。子曰わく、父母には唯《ただ》その疾《やまい》をこれ憂えよ。(1)

孟武伯問孝、子曰、父母唯其疾之憂、

孟武伯殿が孝行の心がけをたずねられた。

先生はいわれた。

「父母には、そのご病気のことだけを気にかけられませ」

(1)「その疾をこれ憂えよ」の「その」という代名詞が、父母をさすのか、子供をさすのか、二つの解釈にわかれる。後漢《ごかん》の王充《おうじゅう》の『論衡《ろんこう》』という本には「武伯は善く父母を憂う。故にただその疾をこれ憂えよ」といって、武伯に父母の病気を心配せよといったと解している。これにたいして後漢末の馬融《ばゆう》は子供の病と解して「孝子はみだりに病をなさず、ただ疾病あって父母をして憂えしむ」と注している。

＊孟武伯は前章の孟懿子の子、名は彘《てい》で、武はその諡《おくりな》である。孟武伯の祖父の孟僖子《もうきし》が、前五三五年、昭公の供をして楚《そ》に行ってから病気となり、前五一八年死ぬとき遺命して、孟懿子に孔子について礼を学ばせた。その孫の孟武伯がまた孔子に孝行のことをきいた。おそらく孟懿子も病身であったのであろう。その生前に武伯が孝行のことをたずねられたのであるから、病身の父のことだから、そのからだのことを心配しろといったのはほんとうに自然である。私が、王充の解釈をとったのは、馬融の説よりは歴史事実によく一致しているからである。

七　子游《しゆう》、孝を問う。子曰わく、今の孝はこれ能《よ》く養うを謂《い》う。犬馬に至るまで、皆能く養うあり(1)。敬せざれば何を以てか別《わか》たん。

子游問孝、子曰、今之孝者、是謂能養、至於犬馬、皆能有養、不敬何以別、

子游が孝についてたずねた。

先生がいわれた。

「現在の孝行とは父母を扶養できることをさしている。人間は、犬でも馬でもりっぱに扶養している。父母をうやまう気持が欠けていれば、どうして人間と動物とを区別すること

ができようか」

〈子游〉姓は言《げん》、名は偃《えん》、子游はその字である。孔子より四十五歳下で、一つ年長の子夏《しか》とともに二十二、三歳で、孔子が亡命旅行から帰ったのち弟子入りした少壮派の秀才であった。子游は礼の専門家で、礼儀作法にくわしかった。

（1）古注では、犬や馬が番をしたり、車を引いたりするのも、人を養うことにあたるとする。人間にたいする奉仕ではあるが、これを養うとよぶことはできない。私はこれをすてて古注の一説と、朱子の新注によって解した。

＊子游は孔子の若い弟子のなかで礼の専門家であったが、あまりに礼儀作法の末節をやかましくいう傾向があった。父母にたいする尊敬の心持がこもっていなければ、いかに礼儀作法がしきたりによくかなっていても、孝行にはならないといって、孔子は軽くたしなめた。弟子たちの孝行についての質問にたいする孔子の答え方はまちまちである。孔子にいったい孝行を何と定義しているのか、さっぱり一貫したところがないといって非難する学者があるかもしれない。しかし、孔子は人を見て法を説く。あらゆる政治家、あらゆる弟子にたいして、その短所を矯《た》め、長所をのばす教育的立場から答えている。そこに孔子の平凡に見えながら偉大な点があった。

八　子夏《しか》、孝を問う。子曰わく、色難《いろかた》し(1)。事《こと》あれば弟子《ていし》その労に服し、酒食《しゅしょく》あれば先生に饌《せん》す。曽《すなわ》ちこれ以て孝と為《な》さんや。

子夏問孝、子曰、色難、有事弟子服其労、有酒食先生饌、曽是以為孝乎、

子夏が孝行とは何かとたずねた。

先生がいわれた。

「気持を顔色にあらわすことが問題だ。村の行事に、若者たちが労力を奉仕する。終わって宴会がはじまると、年輩の方にご馳走《ちそう》をさし上げる。これと同じように、父母に通り一遍の奉仕をしているのが孝行といえるだろうかね」

〈弟子〉ここでは、郷党、つまり村の青年組合に属する若い衆をさす。

〈先生〉文字通り先に生まれたひとのこと。郷党の寄合いは年齢階級によって秩序づけられている。弟子つまり若者は、先生つまり年輩者に奉仕するたてまえであった。

（1）馬融の古注は、父母の顔色によってその意志を察して行動するのが、孝行中のもっとも困難なことだとする。しかし、『礼記《らいき》』祭義《さいぎ》篇の「孝子の深く愛する者は必ず和気あり、和気あるものは必ず愉《たの》しめる色あり……」などによると、孔子の「色難し」の色を、孝子の父母にたいする親愛の情が、その奉仕に自然の表情となってあらわれる、と解するのがもっとも古い解釈であったらしい。後漢の古文派馬融の注は、これにたいして一つの立場をとる必要から、無理にこじつけた解釈をつける傾向があった。朱子の新注が、この祭義篇の本文を引用しながら、「色難し」を、孝子は親につかえるさいに、愛情を表情に示すのがたいせつだととったのは正しい。私はこの新注をとった。

九　子曰わく、吾回《われかい》と言《かた》ること終日、違《たが》わざること愚《ぐ》なるが如《ごと》し。退《しりぞ》きてその私《わたくし》を省《み》るに、亦《また》以て発《あき》らかにするに足《た》れり。回は愚ならず。

子曰、吾与回言終日、不違如愚、退而省其私、亦足以発、回也不愚、

先生がいわれた。

「顔回は、予《よ》と朝から晩まで話していても、ちっとも異論をとなえない、まるで愚か者のようだ。予の前からさがってひとりになったところをよく見ていると、やはり何か思いあたらせるところがある。顔回という男は、愚か者であるどころか、たいした人間なのだね」

〈回〉孔子の最愛の門弟。姓は顔、名は回、字は子淵《しえん》。孔子より三十歳年少だったが、四十一歳で孔子に先だって死んだ。子貢らとともに、孔子の諸国亡命以前からの弟子《でし》で、年長グループに属した。弟子だから孔子は「回」とよびすてにした。一般には「顔淵」と書かれている。

〈違わざること〉孔子のことばに口をはさまないこと。

〈その私を省る〉「省」はじっくりと観察すること。「私」は私生活のこと。古注では、この私生活とは、顔回が孔子の前から退いて弟子たちと議論しているところだと解する。顔回は先生の前でも弟子たちの間でも寡黙な人柄であったらしいから、この解釈は的はずれだ。顔回それに口数多く議論をたたかわしているなら、別に深く省察する必要もなく、おのずから

あきらかである。私は、朱子の新注が説くように、自分で独居しているところと見るほうが当たっていると考える。

〈発らか〉「発」とは発明すること。漢語の「発明」とは、何かを思いつかせ、思いあたらせることである。

＊人間のほんとうの価値は、その人間のとなえる議論だけできまるものではない。その人の日常生活のなかで、その議論がどんなふうに生かされているかできまる。これが孔子の持論であるが、これまた次の章の趣旨にも関連している。

一〇　子曰わく、その以《な》(1)す所を視《み》、その由《よ》る所を観《み》、その安んずる所を察すれば、人焉《いずく》んぞ廋《かく》さんや、人焉んぞ廋さんや。

子曰、視其所以、観其所由、察其所安、人焉廋哉、人焉廋哉、

先生がいわれた。

「どんな原因によって行動するかをながめ、どんな理由のもとに行動するかをしらべ、どんな信念にささえられて行動しているかを推察するならば、人間はどうして自分を隠しおおせようか、どうして隠しおおせようか」

(1)　中国の古典では「以」の一字は動詞として「用いる」と読ませるが、「何以《なんすれ》ぞ」の「何」と連用されるときは「為《な》す」と読ませる。『大戴礼記《だたいれいき》』に「その為す所を考えて

……」とも書いているし、この「所以」と連用したときも、朱子のように「なす所を」と読ませてもさしつかえない。この句の意味は、人間にある行動をさせる外面的な理由をながめよということである。次の「由る所」は、人間の行動するさいに意識している当面の目的、「安んずる所」は、人間の行動を窮極的に支えている、カントのいわゆる目的論上の目的にあたるとして区別できるだろう。

二　子曰わく、故《ふる》きを温《あたた》めて新しきを知る、以て師と為すべし。

子曰、温故而知新、可以為師矣、

先生がいわれた。

「煮つめてとっておいたスープを、もう一度あたためて飲むように、過去の伝統を、もう一度考えなおして新しい意味を知る、そんなことができる人にしてはじめて他人の師となることができるのだ」

〈故きを温めて〉「温」を朱子の新注で「たずねる」と訳しているが、意訳にすぎる。漢の鄭《てい》玄《げん》にしたがって、冷えた食物をあたためなおす意味にとる。これが原義である。

*孔子はたんなる物知り、過去のことをよく記憶しているだけでは学者になれないと考えたのであろうが、そこまではいわずに、物知りでは他人の先生にはなれないと控えめに述べている。これは次の文章に連関する。

一二　子曰わく、君子は器《うつわ》ならず。

　子曰、君子不器、

先生がいわれた。

「りっぱな人間は、けっしてたんなる専門家ではいけないものだ」

〈器ならず〉器はある特定の用途に応じる道具である。人間はそんな、一つのはたらきをしかしない機械であってはならない。たんなる専門家ではいけない。

一三　子貢《しこう》、君子を問う。子曰わく、先《ま》ずその言を行なう、而《しこう》して後《のち》これに従う。

　子貢問君子、子曰、先行其言、而後従之、

子貢がたずねた。

「君子とはどんな人ですか」

先生がいわれた。

「まず主張したいことを実行し、それからのち主張する人のことだ」

＊子貢は孔子の弟子のなかでは言論の雄《ゆう》であった。孔子は子貢の問いにたいして、彼の短所を直接にささないで、そっと反省をうながしたのである。

一四　子曰わく、君子は周しみて比《おもね》らず、小人は比りて周《した》しまず。

子曰、君子周而不比、小人比而不周、

先生がいわれた。

「りっぱな人間は親しみあうが、なれあわない。つまらぬ人間はなれあうが、親しみあわない」

〈周しみて…〉「周」「比」についてはいろいろの解釈がある。王引之《おういんし》が指摘したように、「周」も「比」も一般的には親しみあうことを意味するが、また、この場合のように親しみあい方に差があることを対照して強調することもある。そこで「親しみあう」「なれあう」と訳した。

＊この孔子のことばがもとになって、君子の交わりは義をもって結ばれ、親しいなかにもへだてあり、小人の交わりは利をもって集まり、徒党を組むことになるという考えが生まれてくる。

一五　子曰わく、学びて思わざれば則《すなわ》ち罔《くら》く、思いて学ばざれば則ち殆《うたが》う。

子曰、学而不思則罔、思而不学則殆、

先生がいわれた。

「ものを習っているだけで自分で考えてみないと、まとまりがつかない。考えているだけでものを習わないと疑いがでてくる」

〈罔く〉ぼんやりとして、はっきりしないこと。

〈殆う〉朱子の新注では、「危《あや》うし、不安」ととるが、古注では「怠」、つまり「つかれる」と読んでいる。王引之にしたがって「疑う」と読んだ。

＊学ぶとは、つまり先生や書物について先王の道を習うことである。先王の道は、人間一般のすぐれた経験の結晶である。思う、つまり考えることは個人の理性のなかだけにたよった思索である。この対立は、西洋における経験論と合理論との対立のそれを連想させる。この孔子のことばは「知識は経験とともにはじまるが、思惟《しい》がなければ盲目となる」として、経験論と合理論とを総合したカントの批判哲学を思いおこさせる。孔子以前の中国に経験論と合理論との対立があったわけではないから、カントのように理論的ではないけれども、一方的な立場を固執しないで、たえず両面からものをながめる孔子の立場は、慎重なカントの理論的立場に通ずるものがあることは争えない。

一六　子曰わく、異端《いたん》を攻《おさ》むるは、これ害あるのみ。

子曰、攻乎異端、斯害也已矣、

先生がいわれた。

「織物の両端から一度に巻きはじめるように、別々の傾向の学問を一度に手がけると、中途はんぱになって、害しかうけないものだ」

＊この文章の意味は難解で、定説がない。清朝の経学《けいがく》の一方の旗頭《はたがしら》であった戴震《たいしん》によると、物事には織物のように両方の端《はし》があり、それを異端という。学問は、一つの専門に打ち込むと精密になり成功するが、一度に二つの端から別々の学問を兼修すると、ものにならないのだという。私はこれに暗示を得て、「異端を攻《おさ》める」とは、反物《たんもの》を一度に両方から巻きはじめるようなもので、それではうまく巻きおさめることができない。傾向の違った学問に一度に手をつけると一家の学を成すことはできないといって、弟子《でし》を戒めたのであると解する。

一七　子曰わく、由《ゆう》よ、汝《なんじ》に知ることを誨《おし》えんか。知れるを知るとなし、知らざるを知らずとせよ、これ知るなり。

子曰、由誨汝知之乎、知之為知之、不知為不知、是知也、

先生がいわれた。

「子路よ、おまえに知るとは何か教えてやろう。自分の知っていることは、他人に知っているといってかまわない。自分の知らないことは、他人に知らないと答えなければならない。これがほんとうの知るということなのだ」

〈由〉孔子の門弟。姓は仲《ちゅう》、名は由、字は子路。孔子より九歳若いだけであるから、年長の

弟子に属する。勇士で馬鹿正直なところがあるので、孔子からかなりかわいがられていた。
＊子路は孔子の弟子のなかでも正義派で勇気があったので、元気にかられて、自分がほんとうには知らないことを知っていると主張しかねない。孔子はこの短所を直すように、こんな訓戒をたれたのである。

一八　子張《しちょう》、禄《ろく》を干《もと》むるを学ばんとす。子曰わく、多く聞きて疑わしきを闕《か》き、慎みてその余りを言えば、則《すなわ》ち尤寡《とがめすく》なく、多く見て殆《うたが》わしきを闕き、慎みてその余りを行なえば、則ち悔寡《くい》なし、言《こと》に尤寡なく、行《こう》に悔寡なければ禄はその中《うち》にあり。

子張学干禄、子曰、多聞闕疑、慎言其余、則寡尤、多見闕殆、慎行其余、則寡悔、言寡尤行寡悔、禄在其中矣、

子張が俸給にありつける方法をたずねた。

先生がいわれた。

「できるだけたくさん聞いて疑わしいものを省き、残ったところを慎重にことば少なく話していると、行動のあやまりがめったになくなる。できるだけ多くの本を読み、あやふやなところを省いて、残ったところを慎重に行動すると後悔することはないであろう。そうすれば官職の方から自然にやってくるものだ」

〈子張〉姓は顓孫《せんそん》、名は師《し》、字は子張。孔子より四十八歳年下の少壮の門弟である。

〈干禄〉ふつう「禄を求める」と読み、俸給や勤め先をさがす意味だとされている。子張は『詩経』にある「豈弟《がいてい》たる君子、禄を干むること豈弟たり」の句の意味を、たずねることをきっかけとして、門弟たちのもっとも関心をもつ就職運動のやり方を、孔子にたずねたのであろう。

〈疑わしきを闕き…〉現代の社会学の用語に即していうと、「できるだけ広く情報を集め、そのなかで疑わしいものを省略して確実なものによるべきだ」と訳せるであろう。このことばは、中国の後世の実証主義的な学問論の根拠として、しばしば引用されるようになった。

＊子張は孔子の若い弟子のなかでは押し出しは堂々としているし、議論は達者で、むつかしい仕事にも取り組む、なかなかのやり手だが、誠意にたりないところがあった。もう少し言動を慎重にしたらよかろうと孔子は暗示したのである。孔子は子張の就職運動の仕方という露骨な問いに、的からはずれた抽象的な答えをしているように見えるが、言行を慎重にすると、郷里での名声がたかまるので、自然に中央に推薦される道が開けるのだと、孔子は考えたので、そんなに迂遠《うえん》な答えではない。

一九　哀《あい》公問いて曰《い》わく、何為《いかんせ》ば則ち民《たみ》服せん。孔子対《こた》えて曰わく、直《なお》きを挙げて、諸《これ》を枉《まが》れるに錯《お》けば則ち民服せん。枉れるを挙げて、諸を直きに錯けば則ち民服せじ。

哀公問曰、何為則民服、孔子対曰、挙直錯諸枉、則民服、挙枉錯諸直、則民不服、

魯の哀公の君がおたずねになった。

「どうすれば国民《くにたみ》が予《よ》の命令にしたがうだろう」

孔子がかしこまってお答えした。

「まっすぐな人間を引き抜いて、まがりくねった人間の上に置きたもうならば、国民は君のご命令にしたがいまつるでございましょう。まがりくねった人間を引き抜いて、まっすぐな人間の上に置きたもうならば、国民で君のご命令にしたがうものはございますまい」


〈哀公〉魯国の君主、前四九四～四六八年在位。哀公の十一年（前四八四年）、六十九歳の孔子は、亡命の旅から祖国に帰った。したがって孔子との問答は、孔子の死ぬ（前四七九年）までの最晩年の五年間の出来事である。孔子は帰国以後、政治の表面から隠退していたはずであるが、こういうふうに、君主の下問にあずかったことをみると、信望が厚かったことがわかる。

〈錯く〉「置く」と同意義。

＊春秋末期・戦国初期には各国で農民の反乱がしきりにおこった。その平定は各国支配者の切実な問題であった。哀公はその秘策を求めたのであるが、孔子の答えは、公の信任する魯国の政治家には悪人が多い、このともがらを整理するのが第一に着手すべきことだと指摘したのである。哀公はたぶん、この政策を実行することはできなかったであろう。

二〇　季康子《きこうし》問う、民をして敬忠にして勧《つと》めしむるには如何《いか》にせん。子曰わく、これに臨むに荘《そう》を以てすれば則ち敬あらん、孝慈《こうじ》ならば則ち忠あらん。善《よ》きを挙げて不能を教うれば則ち勧めん。

季康子問、使民敬忠以勧、如之何、子曰、臨之以荘則敬、孝慈則忠、挙善而教不能則勧、

（魯のもっとも有力な豪族である季氏も、家の相続の争いや、執事が強力となって主人を凌《しの》ぐものも出てきたりして、家勢はとっくに傾いていた。どうしたら国民の信頼を博せるかと、孔子にたずねたのである）

季康子殿がたずねられた。

「国民がおそれかしこまり、まごころをもって奉仕するようにさせるには、どうしたらよかろうか」

先生がいわれた。

「ご自身が厳粛な態度で接しられたら、国民は自然におそれかしこまるでしょう。ご自身が父母に孝行をつくし、幼少なものに慈愛をかけられたら、国民はまごころをもってつかえるでしょう。ご自身が善人をひきあげ、無能者を親切にみちびかれたら、国民はだまっていても心から奉仕するでしょう」

〈季康子〉季孫《きそん》氏、名は肥《ひ》、康はその諡《おくりな》である。哀公四年（前四九一年）相続し、哀公の末年（前四六八年）に没した。この問答も、孔子の帰国後、死ぬまでの晩年のことである。

〈勧む〉清の潘維城《はんいじょう》が「勉《つと》む」と解したのにしたがった。

三　或《あ》るひと、孔子に謂《い》いて曰わく、子奚《なん》ぞ政《せい》を為《せ》ざる。子曰わく、書に云う(1)、孝なるかなこれ孝、兄弟《けいてい》に友《ゆう》あり、有政《ゆうせい》に施《ほどこ》すと。これ亦《また》政を為すなり。奚《なん》ぞそれ政を為すことを為さんや。

或謂孔子曰、子奚不為政、子曰、書云、孝乎惟孝、友于兄弟、施於有政、是亦為政也、奚其為為政也、

さるお方が孔子にむかっていった。

「あなたはなぜ政治にたずさわらないのか」

先生がいわれた。

「『書経』に『まことにこれをこそ孝行というべきではないか。兄弟《きょうだい》には仲よく、さらに国の政治にも感化を及ぼすとは』といっている。これも政治にたずさわることだとすると、なにもわざわざ政府につかえて政治にたずさわる必要があろうか」

（1）これは漢以後の『書経』（『尚書《しょうしょ》』ともいう）には見当たらない本文、つまり佚文《いつぶん》である。西晋《せいしん》のころ偽作した『古文尚書』の君陳《くんちん》篇はこれを使っている。「施於有政」は『書

経』の本文でなく、これ以下が孔子のことばとする説もあるが、よることはできない。「有政」の「有」は意味のない助字である。

＊孔子がまだ仕官していない、だいたい魯の定公の世（前五〇九～四九五年）のことで、ことさら政治家の姓名をかくし、「ある人」つまり「さるお方」といったのである。たぶん季孫氏の家老で、季氏の権を奪って前五〇五から五〇二年まで僭主《せんしゅ》として魯国を支配した陽虎《ようこ》をさすのであろう。彼は陽貨《ようか》とも書かれ、陽貨篇第一章には、陽虎が仕官を強要するので孔子は断わりかね、ついに仕官を承諾したいきさつが書かれている。孔子の死後、あまり遠くない時期に編集された為政篇のこの章では、陽虎の名を出すことを遠慮して「ある人」とし、しかも孔子が古典を引用してその仕官のすすめを断わったことになっている。これにたいして、陽貨篇では陽貨つまり陽虎の名を正面から出して、孔子がすぐではないがやがて承諾の回答を行なったことになっている。同篇が魯国で、もはや陽虎にたいする悪感情が薄れた後の編集にかかることをあきらかに示している。私は陽貨篇のほうが歴史の真相であって、孔子の直弟子《じきでし》が陽虎の仕官のすすめを断わりきれなかったことは、大先生の名誉にかかわるとして、こんな会話をつくりあげたのだという新説をここに提出しておく。ふつうの『書経』には見えない文章を引用し、その会話は抽象的で、やりとりに少しも生気がない。

二二　子曰わく、人にして信なければ、その可《か》なるを知らざるなり。大車輗《げい》なく、小車軏《げつ》なくんば、それ何を以てかこれを行《や》らんや。

子曰、人而無信、不知其可也、大車無輗、小車無軏、其何以行之哉、

先生がいわれた。

「人間の身でありながら、そのことばが信用できないと、いったいなんの用に立つか皆目《かいもく》わからない。大車《うしぐるま》に輗《くびき》、小車《ばしゃ》に軏《くびき》がなかったら、どうして牛馬の首をおさえて車を走らせることができようか」

〈輗〉牛車の轅《ながえ》の前端にあって、牛のうしろ首にかける横木。くびき。

〈軏〉馬車につかうくびき。

二三　子張《しちょう》問う、十世《じっせい》知るべきか。子曰わく、殷《いん》は夏《か》の礼に因《よ》る、損益するところ知るべきなり。周は殷の礼に因る、損益するところ知るべきなり。それ或《あ》るいは周に継ぐものは、百世と雖《いえど》も知るべきなり。

子張問、十世可知也、子曰、殷因於夏礼、所損益可知也、周因於殷礼、所損益可知也、其或継周者、雖百世亦可知也、

子張がたずねた。

「十代さきの王朝のことを予知できるでしょうか」

先生はいわれた。

「古代の殷王朝は前の夏王朝の制度をうけついだ。殷王朝の制度のどこを廃止し、どこをつけ加えたか、自分が平生《へいぜい》礼で教えたところだから、おまえはよくわかっているはずである。周王朝は殷王朝の制度をうけついだ。どこを廃止し、どこをつけ加えたかもおまえによくわかっているはずだ。これをもととすると、周王朝を継承する王朝の制度など、百代さきにいたるまで予知することができるはずではないか」

〈殷〉現在知られている最古の歴史的王朝。湯《とう》王が夏王朝を滅ぼしてから、末王の紂《ちゅう》まで三十王つづいたが、前十一世紀半ばごろ周に滅ぼされる。

〈夏〉中国の大洪水を治めた聖人禹《う》がたてたという伝説的王朝。

〈損益する〉損は廃止し、益は増加すること。

＊礼、つまり制度史の専門家である若い子張が、十代さきの王朝の制度を予知できるかときいた。現代の歴史学は、歴史は連続性をもちつつ発展するものだと考えている。二千五百年前の中国に生まれた孔子が、この連続性と発展性とを、夏・殷・周の三王朝の礼、つまり制度の比較から理解していたことは、まことに驚くべきことである。礼の専門家である秀才の子張に、礼の本質から答えている。おまえもよく知っている礼のことだから、よくわかるはずだろうという孔子の返答の調子を読みとらないといけない。

**二四**　子曰わく、その鬼《き》に非《あら》ずして祭るは諂《へつら》うなり。義を見て為《せ》ざるは勇なきなり。

子曰、非其鬼而祭之、諂也、見義不為、無勇也、

先生がいわれた。

「わが祖先として祭るべきでない神を祭るのは、卑屈なことである。人間の義務として果たさねばならない場合にしりごみして果たさないのは、勇気を欠くことである」

＊鬼は死んだ祖先の霊魂のことである。古代の家族的宗教では、死んだ祖先の霊魂は神となり、その血族の子孫の祭祀《さいし》をうけることによって他界で生きつづける。血族でないものは、けっして祭にあずかることはできない。春秋時代の魯には、新しい神の霊を奉ずる女巫《じょふ》の新興宗教が流行していた。孔子のこのことばは、これを排斥しようとするものである。次の「義を見て為ざるは勇なきなり」と、前の句とのつづき具合が今までの注ではよくわからない。この義とは、時の権力者が信仰しているからといって、祭るべきでない新興宗教を祭ってはならない、そういうことが義なのであり、権力者の意志に反して新興宗教を断固として排斥することが、たいへん勇気を要したからだと私は解したい。

## 第三　八佾《はちいつ》篇

第一章の、孔子が季氏の非礼を痛烈に批判した、「八佾《はちいつ》を庭《てい》に舞わしむ」のはじめの二字をとって篇名とした。合計二十六章のほとんど全部は、中国の古典時代の社会をささえる原理であった、礼楽《れいがく》の制度の論議によって占められている。この意味では『論語』二十篇中、もっともまとまりのいい篇といえるであろう。

一　孔子《こうし》、季氏《きし》を謂《のたま》わく、八佾《はちいつ》を庭《てい》に舞わしむ。是《これ》をしも忍ぶべくんば、孰《なに》をか忍ぶべからざらん。

孔子謂季氏、八佾舞於庭、是可忍也、孰不可忍也、

先生が季氏を評された。

「八列六十四人を家の廟《びょう》（お霊屋《たまや》）の庭（広場）で舞わせたそうな。これをさえ忍べるとすると、天下に何事も忍べないものはないではないか」

〈季氏〉馬融《ばゆう》の古注が季氏六代の季桓子《きかんし》、つまり季孫斯《きそんし》としているのは誤解で、季平子《きへいし》のことである。

〈八佾〉「佾」は舞人の列のことをさす。一列八人で、八佾は六十四人の舞人からなっているというのが通説である。

＊季氏は魯《ろ》の家老季孫《きそん》氏の五代目の当主季平子《きへいし》、つまり季孫意如《いじょ》をさしている。魯の昭《しょう》公は季平子以下叔孫《しゅくそん》・孟孫《もうそん》の三家老の専横にたえかね、クーデターをおこし季平子を殺そうとして失敗し、斉国《せい》に亡命する（前五一七年）。そのとき三十六歳であった孔子は、公のあとを追って斉にのがれた。八佾とは前に述べたように、天子の礼で、宗廟《そうびょう》の祭に、一列に八人を八列、つまり六十四人の舞人を奉納する特権である。この特権を陪臣《ばいしん》である家老の季氏がほしいままに行使したので、孔子が大憤激したのである。この事件が起こったのがいつであったか不明であるが、昭公の亡命以前数年内のことであることはたしかである。三十歳代のまだ若い孔子の気負ったところが、このことばつきによくあらわれている。

二　三家《さんけ》、雍《よう》を以《もっ》て徹《てっ》す。子曰《しのたま》わく、相《たす》くる、これ辟公《へきこう》あり、天子穆穆《ぼくぼく》たりと。奚《なん》ぞ三家の堂に取らん。

三家者以雍徹、子曰、相維辟公、天子穆穆、奚取於三家之堂、

孟孫・叔孫・季孫三家が雍《よう》の楽《がく》に合わせて祭りおさめた。

先生がいわれた。

「楽の歌の『祭《まつり》助けまいらす諸侯《もろきみ》に、天《あめ》の下《した》しろしめす君御気色《おんけしき》うるわし』の句を、三家はどう思って聞いているのだろう」
＊魯の孟孫・叔孫・季孫の家老三家、周からいえば陪臣の身分たるものの祖先の祭に、周の宗廟の祭の舞楽である『詩経』周頌《しゅうしょう》の雍の篇、つまり天子の楽を合奏させて、祭をおひらきとしたことをきいて、憤慨した孔子が、この雍の篇には、天子の祭に諸侯が参列しているさまを歌っている文句が出てくる、それを陪臣がよくもこの歌を平気で奏させているなと、辛辣《しんらつ》な皮肉をとばした。これも前章と同じころの、ひたむきな情熱家だった孔子の若き日の面影《おもかげ》をつたえている。

三　子曰わく、人にして仁《じん》ならずんば、礼を如何《いかん》せん。人にして仁ならずんば、楽《がく》を如何せん。
　子曰、人而不仁、如礼何、人而不仁、如楽何、
先生がいわれた。
「人として人間らしさの欠けたものが、礼を習って何になるだろう。人として人間らしさの欠けたものが、楽を歌って何になるだろう」

〈仁〉この「仁」は人間らしい感情を意味する。他人にたいする親愛の情をもたないで、礼とか高尚な理屈をこね、細かい作法をよく知り、楽をうまく歌っても、何にもならない、礼楽の本質を忘れてはならぬと、弟子にさとしたのである。

**四**　林放《りんぽう》、礼の本《もと》を問う。子曰わく、大《だい》なるかな問いや。礼はその奢《おご》らんよりは寧《むし》ろ倹《つづま》やかにせよ、喪《も》はその易《おろそ》かならんよりは寧ろ戚《いたま》しくせよ。

林放問礼之本、子曰、大哉問、礼与其奢也寧倹、喪与其易也寧戚、

林放が礼の根本をたずねたのにたいして、先生がいわれた。「なんと大きな問題をもちだしたものだね。だが、礼は行事をぜいたくにするより、いっそ倹約にすることを心がけねばならぬ。葬式はとどこおりなくはこぶよりは、哀悼《あいとう》の情のこもるように心がけねばならぬ」

〈林放〉魯国の人というだけでよくわからない。孔子の弟子の名簿にはのっていないので、門人として正式に入門した人ではなさそうである。

〈易か〉「易」は鄭玄《ていげん》の古注に「簡なり」と注したのにしたがった。手軽に、手っとり早く、要領よく葬式を行なうことをさしている。

**五**　子曰わく、夷狄《いてき》の君あるは、諸夏《しょか》の亡《な》きにも如《し》かざるなり。

子曰、夷狄之有君、不如諸夏之亡也、

先生がいわれた。

「夷狄の野蛮な民族がたとえ君主をいただいても、君主を失ってはいても文化の進んだ中国の国家とは、くらべものにならない」

〈夷狄〉古代には中国は、周囲の蛮族を「東夷《とうい》・西戎《せいじゅう》・北狄《ほくてき》・南蛮《なんばん》」とよんだ。東周《とうしゅう》のころは、異民族は中国の内部にかなりはいりこんで住んでいたので、東方のが夷、北方のが狄とは一概にいえない。夷狄は漠然とした異民族を総称したものである。

〈諸夏〉「夏」はがんらい禹《う》の創設した夏王朝をさしている。中国漢民族は、禹の子孫と信じていたので、「諸夏」とは中国の漢民族の国々を意味する。

*この文章は、朱子《しゅし》の新注では「夷狄《いてき》の君あるは、諸夏の亡《な》きがごとくならず」と読み、夷狄ですら君主があれば、君主が権力を失っている諸夏、つまり中国の乱れた国よりまさっていると解しているが、私は古注にしたがった。魯国では季氏ら三家の専横にいきどおった昭公が、クーデターを起こしてこれを打倒しようとはかったが失敗し、前五一七年、隣国の斉《せい》にのがれ、七年間亡命の生活を送ったすえ死亡した。ここで「諸夏の亡き」というのは、具体的には七年間空位時代であった魯国をさしている。古注・新注を問わず、今までの多くの注釈家はこのことに思い当たらなかったが、潘維城《はんいじょう》の『古注集箋《しゅうせん》』だけが、漠然とこのことに気づいて「魯の僭乱《せんらん》、君臣父子の義なき」といいな

がら、これにつづけて「夷狄に同じく、滅亡の愈《まさ》れりとなすをさす」と結論している。昭公のあとを追って斉国におもむいた孔子の当座の気持では、君主を追い出して三家の支配のもとにある魯国は、正義の士の住むに値しない亡国であった。斉国におもむいてみると、崔《さい》氏などの豪族に圧迫されて、君主はあれどもなきにひとしい状態である。孔子は斉国を見すてて、さらに東方の海上にのがれようと考えたこともあった（公冶長篇第七章）。夷狄の民でも君主をいただいていれば、魯国のような中国の乱れた国よりましではないかと孔子は感じたのであろう。しかし、山東《さんとう》半島の海岸地方や島々に住む東《とう》夷《い》の諸民族の事情を知るにつれて、やはり野蛮な夷狄の国に走るよりも、祖国である文化国の魯に帰って、魯国を正義の国にかえさなければならない――孔子のことばはこういう気持をあらわしたのだというのが私の新解釈である。

六　季氏《きし》、泰山《たいざん》に旅《りょ》す。子、冉有《ぜんゆう》に謂《い》いて曰わく、汝《なんじ》救《と》むる能《あた》わざるか。対《こた》えて曰わく、能わず。子曰わく、嗚呼《ああ》、曽《すなわ》ち泰山を林放《りんぽう》にすら如《し》かずと謂《おも》えるか。

季氏旅於泰山、子謂冉有曰、汝不能救与、対曰、不能、子曰、嗚呼、曽謂泰山不如林放乎、

季氏が泰山で大祭を行なった。先生はさっそく冉有を召していわれた。

「おまえは季氏の腹心でありながら、なぜ止《と》めなかったのだ」

冉有はこたえた。

「どうしてもできなかったのです」

先生はいわれた。

「なんということだ。おまえはいったい、泰山の山神《やまがみ》さまが、先日、自分と問答した林放という男よりも、礼に無理解だとでも思っていたのかね」

〈季氏〉季氏の七代目、季康子《きこうし》、つまり季孫肥《きそんひ》をさす。

〈冉有〉孔子の弟子で、姓は冉《ぜん》、名は求《きゅう》、子有《しゆう》はその字《あざな》。孔子より二十九歳若く、どちらかといえば年長グループ。季氏の宰《さい》、つまり執事となり、政治家としての才能があったといわれる。

〈旅〉『周礼《しゅらい》』には同音の「祣」という字が用いられている。祣とは平常の例祭でなく、臨時の大祭をさしている。

〈林放〉第四章で、孔子に礼の本《もと》を問うて、問題の出し方がいいとほめられた林放のことである。有名な弟子でもない林放でも、礼についてこんなりっぱな問い方をしているではないか、それなのにおまえはなんだといっているのである。

*泰山は山東省の中央部の名山である。海抜一四五〇メートルにすぎないが、広い華北《かほく》平原の東端にそびえているので、ずいぶん遠方から望むことができる。魯国領内の名山であるばかりでなく、西周《せいしゅう》の時代は天下第一の名山であった。周の盛時、天子が中国を完全に支配していたころは、使いを出し、諸侯をひきいて祭祀《さいし》をささげた。孔子が魯国

に帰った前四八四年前後のあるとき、季氏の当主季康子が、突如として泰山で大祭を挙行した。天下一の名山としての泰山にたいする周王朝の祭は廃絶していたが、その祭祀がもし行なわれるとしたら、魯国の名山として、魯の哀公がこれを主宰すべきである。季氏がこれをみずから執行したのは、魯公にかわって、君主の地位につこうとする野望をひめていると孔子は見破ったので、弟子で季氏の宰、つまり家臣の上役であった冉有を召して、はげしく責任を追及したのである。そして、泰山の山神が、こんな非礼の祭祀を嘉納《かのう》するはずがないと、皮肉な口調で鋭く問責したのであった。

七　子曰わく、君子は争うところなし、必ず射《ゆみい》るときか、揖譲《ゆうじょう》して升《のぼ》り下《くだ》り、而《しこう》して飲ましむ、その争いや君子なり。

子曰、君子無所争、必也射乎、揖讓而升下、而飲、其争也君子、

先生がいわれた。

「貴族たるものは、けっして人と競争しない。ただ、弓道《きゅうどう》は例外だといわれる。堂に上り主人公に挨拶《あいさつ》するとき、庭に下がって弓を射るとき、お互いに会釈《えしゃく》し譲りあう。そして勝者に酒を馳走《ちそう》する。競争の仕方は、ほんとに貴族らしいではないか」

〈揖〉両手を前に組み合わせて会釈する、中国独特のお辞儀。

〈升り下る〉射礼の際、最初、主人の招待にこたえて堂、つまり殿にのぼるのが升であり、

次に堂から庭に下《お》りて弓を射るのである。

＊礼の故事、つまり作法の心得、それを引いて孔子は解説したらしい。

八　子夏《しか》問いて曰《い》わく、巧笑倩《こうしょうせん》たり、美目盼《びもくはん》たり、素《そ》以て絢《あや》となす、何《なん》の謂《いい》ぞや。子曰わく、絵《え》の事は素《しろ》きを後《のち》にす。曰わく、礼は後なるか。子曰わく、予《われ》を起こすものは商《しょう》なり。始めて与《とも》に詩を言うべし。

子夏問曰、巧笑倩兮、美目盼兮、素以為絢兮、何謂也、子曰、絵事後素、曰礼後乎、子曰、起予者商也、始可与言詩已矣、

子夏がたずねた。

「えくぼあらわに、えもいえぬ口もと
白目にくっきり漆黒《しっこく》のひとみ
白さにひきたつ彩《いろど》りの文《あや》

という詩は、いったい何を意味しているのでしょうか」

先生がいわれた。

「絵をかくとき、胡粉《ごふん》をあとで入れるということだ」

子夏がすかさずいった。

「礼が最後の段階だという意味ですか」

先生がいわれた。

「よくぞ私の意のあるところを発展させたね、子夏よ。これでおまえと詩を談ずることができるというものだ」

〈巧笑倩たり、美目盼たり〉『詩経』の「国風《こくふう》」という詩体のなかの、衛《えい》風の碩人《せきじん》篇中の句。「巧笑倩たり」とは、笑うとえくぼがでて、口もとが美しいことをいう。「盼たり」とは、白目と黒いひとみとがはっきりしていることだと解されている。

〈素以て絢となす〉この一句は今の『詩経』のなかの詩にはないので、いつか忘れられて落ちた句、つまり逸詩《いっし》だとされている。私は、たぶんこの句は、詩の本文《ほんもん》につけて歌われた替《かえ》句のようなものだと解したい。子夏は、この替句の意味がよくわからないので、孔子に質問したのであろう。後の人のつけた替句だったから、詩の本文として残らなかったのは当然である。詩の逸文とされているものには、この種の替句が多いのではなかろうか。

〈絵の事は素きを後にす〉鄭玄《ていげん》の古注によると、「絵」とは文《あや》、つまり模様を刺繍《ししゅう》することで、すべて五彩《ごさい》の色糸をぬいとりした最後にその色のさかいに白糸でふちどると、五彩の模様がはっきりと浮き出すのだと解している。たんに刺繍のみではない。洋画をかくときでも最後にホワイトでハイライトを入れる。この入れ方で絵がぐっとひきたつそうである。私は欧米の画廊でレンブラントのような巨匠の鋭くさえたハイライトに接したとき、この「絵の事は素きを後にす」ということばを思い出した。古今東西の絵画に通ずる名言ではないか。

＊この子夏の答えは、なかなかみごとである。詩の解釈の家元は子夏だといわれるが、たぶんこの問答が鬼の首でもとったように子夏の門人に伝えられ、詩の家元として公認される根拠とさえなったのかもしれない。

九　子曰わく、夏礼《かれい》は吾《われ》能《よ》くこれを言《と》かんとすれども、杞《き》徴《な》すに足《た》らざるなり。殷礼《いんれい》も吾能くこれを言かんとすれども、宋《そう》徴すに足らざるなり。文《ぶん》と献《けん》と足らざるが故なり。足らば則《すなわ》ち吾能くこれを徴さん。

子曰、夏礼吾能言之、杞不足徴也、殷礼吾能言之、宋不足徴也、文献不足故也、足則吾能徴之矣、

先生がいわれた。

「夏王朝の制度は、私もじゅうぶん説明することはできるが、残念ながら夏王朝の子孫の杞《き》の国によってこの説を完全に実証することができない。殷王朝の制度も私はじゅうぶん説明することはできるが、残念ながら殷王朝の子孫の宋《そう》の国によってこの説を完全に実証することはできない。そのわけは、杞の国にも宋の国にも、典籍と物知りが残っていないからである。もし典籍と物知りさえあったら、私は自説を実証して見せるのに」

〈杞〉夏王の子孫の封《ほう》ぜられた国で、今の河南省杞県にあたる。
〈徴す〉古注では「成す」と読まれる。現実に証拠がためをすること。

〈宋〉殷王の子孫の封ぜられた国、河南省商丘《しょうきゅう》市にあたる。

〈文と献と〉この二字は、現在の日本語では熟語として使われ、史料を意味している。しかし『論語』では、「文」が史料、「献」は賢者つまり物知りと、それぞれ別の意味をもって用いられる。

＊孔子は夏・殷王朝の礼、つまり制度などは周の制度からさかのぼって類推することができると考えたが、夏・殷王朝の子孫の国に史料が保存されていないし、学者もいないために、理論を実証することができないことをなげいている。孔子はこの点では、今の歴史学者のように、たしかな史料による実証がないと、礼も理論倒れになることを知っていたのである。

一〇　子曰わく、禘《てい》、既《すで》に灌《かん》してより往《のち》は、吾《われ》これを観《み》るを欲《ほっ》せざるなり。
子曰、禘自既灌而往者、吾不欲観之矣、

先生がいわれた。

「国のみ祖《おや》の廟《おたまや》での祭で、お神酒《みき》を地に注ぎかける儀式から先は、わたしは目をとじていっさい見ないようにしている」

＊魯の祖先の廟《びょう》に、遠い祖先たちのみ魂《たま》を迎えて祭る禘という、国の大祭がある。その詳細はよくわからないが、遠い祖先の地下にひそんでいる霊魂を誘い出すため、地に立て

た藁《わら》にかぐわしい酒をそそぎ、それを地ににじます。この香りにひかれて祖霊《それい》が地下から地上に来臨すると、その祖霊のついた木主《ぼくしゅ》つまり位牌《いはい》を祖廟にならべ、そこから本式のお祭が始まる。魯国の祖先のなかで、春秋時代になってから四代の閔《びん》公と五代の僖《き》公とは兄弟相続したが、閔公は正妻の子で年少、僖公は庶子《しょし》で年長であった。僖公の子文《ぶん》公が相続してのち、故意に父の僖公の木主を閔公の木主より上位において祭りだした。礼法にそむいて、位牌の配置をし、祭の順序をかえているのを、孔子は見るに忍びなかったのである。臣下の身分として、この乱れをただすわけにゆかず、じっと目をとじて見ないようにしていた孔子の気持はどんなであったろう。孔子が卿《けい》として、宗廟の祭に参列できたときのことにちがいない。

二　或《あ》るひと、禘《てい》の説を問う。子曰わく、知らざるなり。その説を知る者の天下に於《お》けるや、それ諸《これ》を斯《ここ》に示《み》るが如《ごと》きかと、その掌《たなごころ》を指《さ》せり。

或問禘之説、子曰、不知也、知其説者之於天下也、其如示諸斯乎、指其掌、

さるお方《かた》が禘の祭について見解をただした。先生がいわれた。

「禘の祭のことなど、私は何も存じませんよ。禘について見解を持ちうる人なら、世界のことでも、ちょうどこれを見るようなものでしょう」

と語りながら、自分の手のひらをゆびさされた。

＊「或るひと」を「さるお方」と訳したのは、為政篇第二十一章の「或るひと、孔子に謂《い》いて……」と同じく、魯のかなり有名な政治家との問答で、ことさら政治家の名を隠したのと似ているからである。これは魯国の政治でかなり重要な位置についている孔子の中年時代のことであろう。この政治家は、魯国の礼では大問題であった先祖の祭に、閔公と僖公との位牌を逆の順序においていることについて、孔子が大いに困りきっていることをじゅうぶん承知していたと思える。そして、学者で正義派として名高い孔子を、ひとつ困らせてやろうという底意で、難題を問いかけたのである。弟子らの質問にたいしては、どんな難題でも正面からとり組んで答えた孔子だが、この意地悪い政治家の質問にたいして、するりと身をかわして、相手にしなかった。孔子の政治家的手腕もばかにできないものがあるではないか。以上は私の解釈である。

三　祭るに在《いま》すが如《ごと》くし、神を祭るに神在すが如くす。子曰わく、吾《われ》祭に与《あずか》らざれば、祭らざるが如くす。

　祭如在、祭神如神在、子曰、吾不与祭、如不祭、

先生は、死者を祭られるときは、まるでその死者が生きて祭場に来臨しているような気持であられた。さらに人間でなく神を祭られるときも、神が人間と同じように祭場に来臨しているという気持であられた。次の先生のことばも同じ気持から出ている。

「自分は差支えがあって、じっさい祭に臨席していないと、祭がすでにすんでいるのに、祭がすんだと実感できない」

＊最初の「祭るに在《いま》すが如くし、神を祭るに神在すが如くす」に主格が欠けているが、新注は、門人が孔子の行動ぶりを述べたためと解している。わが荻生徂徠《おぎゅうそらい》のように、これを当時伝承されていた古語を引用したとする見方もある。第十五章の「子入大廟《したいびょうにいり》、毎事問《ことごとにとう》」が郷党《きょうとう》篇第二十二章では「子」を略して「入大廟、毎事問」と記されている。この場合も「子祭如在、祭神如神在」が原文であったが、別の「子曰、吾不与祭、如不祭」ということばと組み合わせて一つの文章にしたので、「子」を略しても意味がとおるので、「子」をぬいてしまったのだと単純に解釈し、朱子の新注にしたがった。「祭るに在すが如くし、神を祭るに神在すが如くす」は、一見すると同語反覆のようにみられる。しかし、古代宗教では死者つまり祖先の魂の鬼《おに》と、直接に血縁関係のない神とを区別している。死者の魂を、死者が生きてその場にいるのと同じ気持で祭ることは、自然である。「祭るに在すが如くし」はこれをさす。しかし、当時の神は、超人間的で、人面に竜《りゅう》や獣や鳥の身体をした半人半獣だと信ぜられていた。これを人間的な神と解し、人間がそこにいるような気持で祭ろうとしたところに、孔子の人間的解釈があったのである。「神を祭るに神在すが如くす」はこれをさす。

一三　王孫賈《おうそんか》問いて曰わく、その奥《おう》に媚びんよりは、寧《むし》ろ竈《そう》に媚びよとは、何《なん》の謂《いい》ぞや。子曰わく、然《しか》らず、罪を天に獲《う》れば禱《いの》るところなきなり。

王孫賈問曰、与其媚於奥、寧媚於竈、何謂、子曰、不然、獲罪於天無所禱也、

王孫賈がたずねた。

「願いごとなら
奥の神棚の大神《だいじん》さまより
へっついの荒神《こうじん》さまよ

といいます。この 諺《ことわざ》 の意味をお聞かせください」

先生がいわれた。

「とんでもない。もし天の神に罪過《ざいか》をおかしたものは、どこにお許しを祈る場所がありましょうぞ」

〈王孫賈〉衛の霊《れい》公時代の大臣。前五〇二年、衛国をあげて覇者晋《しん》の強圧に反発する計画をすすめた実力ある政治家であった。前四九七年、孔子が衛国に亡命したときも、たぶん実権をもっていたにちがいない。この実力をたのみとして、孔子を自分の勢力下におこうとしたのであろう。

〈奥〉周代の風俗では、西南の隅《すみ》の部屋を神聖な場所として、そこに神の来臨を乞《こ》うて祭る。『礼記《らいき》』の注釈家は、竈《かまど》の神もここに来臨を求めるように説き、奥も竈も同一神を別の祭

り方で祭ると説いているが、春秋時代のこの俗諺《ぞくげん》のもとになっている祭には通用しないようである。

〈竈〉かまどの神。わが国の荒神さまがこれにあたる。

＊孔子が衛国《えい》に亡命したときのことであろう。衛の実力者であった王孫賈は、他国者の孔子が自分のもとに挨拶《あいさつ》にこないのに憤慨して、衛の国君、霊《れい》公のところに参るより、自分のところに口入れをたのむことが先決であると、この諺を引用して、孔子を風刺した。正義派の孔子は、こんな提案を全然うけつけなかったのである。

一四　子曰わく、周《しゅう》は二代に監《かんが》み、郁郁乎《いくいくこ》として文《ぶん》なるかな、吾《われ》は周に従わん。

子曰、周監於二代、郁郁乎文哉、吾従周、

先生がいわれた。

「周の文化は夏《か》・殷《いん》二代に手本をとり、咲く花のにおうがごとく、なんと美しいことだろう。自分は周の文化をとるものだ」

〈郁郁〉花が開いて、美しい香りをだすこと。

〈文〉装飾があって美しいことがもとの意味であるが、ここではたんに善く、美しいことを意味している。

＊周王朝の文化は、夏・殷二王朝の文化をもとにしている。夏の文化は文、つまりかざり

多く、殷の文化は質、つまり実用本位である。周の文化はこの異質的な両文化をとりいれたので、複雑な美しさをそなえ、夏・殷それぞれの文化にたいして特異なものとなったと考えられている。孔子には、文化主義的な傾向がつよい。

一五　子大廟《たいびょう》に入り、事ごとに問う。或《あ》るひと曰わく、孰《たれ》か鄹人《すうひと》の子を礼を知れりと謂《い》うか、大廟に入りて、事ごとに問えり。子これを聞きて曰わく、これ礼なり。

子入大廟、毎事問、或曰、孰謂鄹人之子知礼乎、入大廟、毎事問、子聞之曰、是礼也、

先生が、役人としてはじめて魯のご先祖の廟《おたまや》にお参りされたとき、ことごとに心得を係の者にたずねられた。

さるお方《かた》がいわれた。

「だれだ、鄹《すう》の田舎《いなか》から出てきた男を礼の学者だなぞといったのは。ご先祖の廟に参ると、ことごとに係に心得を質問したではないか」

この噂《うわさ》を聞いて、先生はいわれた。

「ことごとに係に心得をきく、そのことがすなわち礼なのだよ」

〈大廟〉魯国の先祖、周公を祭った廟である。

〈鄹〉孔子は父叔梁紇《しゅくりょうこつ》の所領の、この地名の村に生まれたというが、その所在は魯の西の

隣国の邾《ちゅ》にあたるのか、それとも魯都曲阜《きょくふ》郊外にあたるのか、いろいろ異説がある。

＊この「或るひと」も有力な政治家の名をかくしたのである。鄹《すう》の田舎侍《ざむらい》の息子《むすこ》から成り上がって、魯の大臣となった孔子にたいする既成貴族の反感は大きく、目を皿のようにして孔子の挙動を観察していた。これはその消息をかたるエピソードであろう。孔子のこの噂にたいする反駁《はんばく》は、じつに沈着でみごとであった。

一六　子曰わく、射《しゃ》は皮《まと》を主とせず、(1)力の科《しな》を同じくせざるが為《ため》なり。古《いにしえ》の道なり。

子曰、射不主皮、為力不同科、古之道也、

先生がいわれた。

「『弓道は皮の的《まと》をどこまで射ぬくかをきそいはしない、射手のもって生まれた腕力に等級というものがあるから』ということばは、ほんとに古代の聖王の残された教えを示している」

(1)　弓道はいくつ的中するかを争うのではなく、射るときの態度などを採点する。この句を独立して完結した文章と見て、次の句を「力を為すこと科を同じくせず」と読み、古くは政府が民を力役につかうにも上中下の三等級があるのだと古注は説く。これにたいして新注は、上下二句を一貫して本文のように読む。この場合は、新注のほうが意味がよくとおる。先天的な体重の差によって等級を設ける現代スポーツのやり方に一致している。この二句は昔からつたわってきたことばで、孔子がこれを引用して賞賛したとみる点は、新注・古注とも共通している。

一七　子貢《しこう》、告朔《こくさく》の餼羊《きよう》を去らんと欲す。子曰わく、賜《し》よ、汝《なんじ》はその羊を愛《お》しむも、我はその礼を愛しむ。

子貢欲去告朔之餼羊、子曰、賜也、汝愛其羊、我愛其礼、

子貢が、生きた羊をいけにえにして毎月朔日《ついたち》を魯の宗廟《そうびょう》につげる儀式を、廃止しようとしたことがある。

先生がいわれた。

「子貢よ、おまえはいけにえに使う羊が惜しいのだろう。私は羊を節約するためになくなる礼のほうが惜しいと思うのだ」

〈告朔の餼羊〉この時代は、二十八日余で一周する月を標準にした太陰暦《たいいんれき》、いわゆる旧暦の一種が行なわれていた。毎月のはじめ、餼羊つまり生きた羊をいけにえにして宗廟に朔日を報告する儀式が、魯国にあったのである。

〈賜〉子貢の名を孔子がよんだのである。

＊秀才の子貢は財政・経済に明るい政治家であった。魯に用いられると、さっそく財政を節約するため、羊をいけにえにする宗廟の毎月の例祭を廃止しようとした。これにたい

する孔子の批評は、経済の成長のために文化的遺跡をどしどし破壊してゆく現代の政策にも適用されるであろう。朔《さく》を宗廟につげる儀式などは、魯国の暦法が進歩してくるにつれて意味がなくなってきた。意味のなくなったものは廃してしまえという子貢の考え方にたいして、孔子は現代的意味がなくなっても、過去に意味をもっていた行事は残しておくべきだと主張した。

一八　子曰わく、君に事《つか》えて礼を尽くせば、人以《もっ》て諂《へつら》えりと為《な》す。

子曰、事君尽礼、人以為諂也、

先生がいわれた。

「君主にたいして礼にきめられた義務をすっかり果たしていると、他人から君主のご機嫌をとっているととられる」

＊次の章とほとんど同時代、中年の孔子が魯の定《てい》公に信頼されて、季《き》氏ら三家の専権をおさえようとしていたころのことであろう。孔子が定公のご機嫌をとっていると非難している人は、たぶん三家の同調者であろう。愛国の志で定公をたすけているうちに、いやおうなしに政争にまきこまれてゆくのに当惑している孔子のありさまがよく見えるではないか。

一九　定《てい》公問う、君、臣を使い、臣、君に事《つか》うるにこれを如何《いかん》。孔子対《こた》えて曰わく、君は臣を使うに礼を以てし、臣は君に事うるに忠を以てす。

定公問、君使臣、臣事君、如之何、孔子対曰、君使臣以礼、臣事君以忠、

魯の定公がたずねられた。

「君主が臣下をつかい、臣下が君主につかえるのには、どういう心がけがいるだろう」

孔子がかしこまってお答えした。

「君主が臣下をつかうのには礼のさだめを守り、臣下が君主につかえるのにはまごころをつくすことでございます」

〈定公〉前五〇九年から四九五年まで、昭公についで在位した魯国の君主。

〈忠〉中国の忠の原義は、君臣間の忠ではなく、すべて人間としての義務を、まごころをもって果たすことをさしている。もう少し後世になって、臣下の君にたいする義務だけに限定されるようになる。

＊孔子は定公の九年（前五〇一年）から定公十三年（前四九七年）まで魯国につかえ、大臣として国政に参与した。春秋《しゅんじゅう》末期はどこの国でも君主の権威が失墜し、豪族が国政を左右していた。魯国では季氏らの三家の横暴がはなはだしく、さらに季氏の執事の陽虎《ようこ》（陽貨）が専制を行なった。そして陽虎が追放されたあとをうけて孔子が任用されたのである。君主の権威をたかめるためには、どうしたらよいかというこの切実な問題の討

論は、孔子がはじめて大臣となったころに行なわれたのであろう。

二〇　子曰わく、関雎《かんしょ》は楽しみて淫《いん》せず、哀《かな》しみて傷《やぶ》らず。

子曰、関雎楽而不淫、哀而不傷、

先生がいわれた。

「『関雎』は、楽しみながら楽しみにおぼれず、哀しみながら哀しさにくじけないという曲だね」

＊「関雎」は『詩経』の国風《こくふう》の第一篇の篇名であるが、この孔子時代には、管絃《かんげん》の伴奏につれて、第一に「関雎」、第二に「葛覃《かったん》」、第三に「巻耳《けんじ》」の三篇が一組として唱《うた》われた。この場合も一組の楽曲の総称とみられる。孔子は、このことばでもわかるように、なかなかの音楽通《つう》であった。音楽は感情の表現であるが、それは常に節度を守り、感情の表出には適度の抑制が必要だと論じた。これはたんに音楽批評であるばかりでなく、中国文学の理想を示すものとされる。

二一　哀公《あい》、社《しゃ》を宰我《さいが》に問う。宰我、対《こた》えて曰《い》わく、夏后《かこう》氏は松を以てし、殷人《いんひと》は柏《はく》を以てし、周人《しゅうひと》は栗《りつ》を以てす。曰わく、民をして戦栗《せんりつ》せしめんとてなりと。子《し》これを聞きて曰わく、成せし事は説くべからず、遂げし事は諫《いさ》むべからず、既往《すぎたる》は咎《とが》むべからず。

哀公問社於宰我、宰我対曰、夏后氏以松、殷人以柏、周人以栗、曰使民戦栗也、子聞之曰、成事不説、遂事不諫、既往不咎、

魯の哀公が、宰我に国の社の神木のことをたずねられた。宰我がかしこまっておこたえした。

「夏の御代《みよ》は松をもちい、殷代は柏《ひのき》をもちいましたが、周代は栗をもちいています。栗をもちいるのには、国民を戦慄《せんりつ》させようという意味がこもっておりますぞ」

先生がこの話を聞いていわれた。

「すでに終わった事件について論じてはならないし、落着した事件について諫《いさ》めてもいけない。すべて過ぎ去ったことの責任は問うべきではないのだ」

＊魯の哀公と孔子の弟子の宰我との問答は、孔子が長い亡命の旅から魯に帰国した哀公十一年（前四八四年）から孔子が死去する哀公十六年（前四七九年）の五年間になされた。政界から離れ、円満になった孔子晩年の話であることを第一に頭にとどめておかないと、宰我にたいする孔子の評言の意味がよくわからなくなるであろう。魯国には、征服者で支配者である魯の君主と貴族のためにたてられた周社と、一般土着民のためにたてられた亳社《はくしゃ》、つまり殷社《いんしゃ》とがおかれた。社は樹木を神体とする土の神で、ふつう豊作を祈願するところである。土神《どしん》は土の精、つまり暗黒世界、陰《いん》の気《き》を代表しているので、神木のもとで裁判と刑罰が執行されることが多かった。この社の広場はまた、朝廷内では挙

行できない多数の市民の集会の場所につかわれた。哀公の前君定公の時代に、季氏の執事陽虎《ようこ》が季桓子《きかんし》をとらえ、一時魯国の全権を握ったとき、その新政権を認めさせるために定公と三家に強要して周社に盟《ちか》わせ、市民大衆を亳社に盟わせた（前五〇五年）。この魯国の社の広場を舞台にして演ぜられたクーデターの記憶は、哀公の御代になっても、まだ生きていたと想像される。宰我が周社の神木は栗で、これは人民を戦慄させる意味をもつといったのは、この記憶を背景にしている。哀公に季氏を追い出すため、もう一度クーデターを試みたらどうですかと暗示をかけたのである。孔子がこの会話を聞いて、過去のクーデターを、もう一度再現してみても、やはりうまくはゆくまい、若い哀公をそそのかし、あまり無理な政策を強行させてはいけないぞと、古語を引いて宰我に教訓したのが、このやりとりなのである。劉宝楠《りゅうほうなん》の『論語正義』は、宰我が栗は民を戦慄させるということで哀公をそそのかしていることに漠然と気がついたが、周社の広場におけるクーデターの記憶があることを正確にとらえていない。この点を指摘したのが、私の新説である。

三 子曰わく、管仲《かんちゅう》の器《うつわ》小なるかな。或るひと曰わく、管仲は倹《けん》なるか。曰わく、管氏三帰《さんき》あり、官事摂《か》ねず、焉《いずく》んぞ倹なるを得ん。曰わく、然《しか》らば則《すなわ》ち管仲は礼を知れるか。曰わく、邦君《ほうくん》は樹《じゅ》して門を塞《おお》う、管氏も亦《また》樹して門を塞えり、邦君、両君の好《よしみ》を為《な》すに反坫《はんてん》あり、管氏も亦反坫あり、管氏にして礼を知らば、孰《たれ》か礼を知らざらん。

子曰、管仲之器小哉、或曰、管仲倹乎、曰、管氏有三帰、官事不摂、焉得倹乎、曰、然則管仲知礼乎、曰、邦君樹塞門、管氏亦樹塞門、邦君為両君之好有反坫、管氏亦有反坫、管氏而知礼、孰不知礼、

先生がいわれた。

「大政治家といわれる管仲だが、その器量は小さいね」

さるお方が問うた。

「管仲は倹約だったといわれるのか」

先生はいわれた。

「管氏は三つの氏から夫人を迎え、ふんだんに用人をやとってけっして職掌をかねさせませんでした。どうして倹約といえるでしょう」

さるお方がまたききかえした。

「それでは、管仲は礼を知っていたのか」

先生がいわれた。

「国君は門内の正面に塀《へい》で目隠しをするのが礼ですが、管氏も門内に塀で目隠しをしました。国君は他国と友好を結ぶとき、献酬《けんしゅう》の杯《さかずき》をおく特別の台を備えるのが礼ですが、管氏もまた特別の台を備えました。管氏が礼を知っているというなら、世間に礼を知らない

ものがないことになります」

〈管仲〉管氏、夷吾《いご》が名、仲は字《あざな》である。

〈三帰〉「帰」は「嫁」であって、三つの異なった氏から夫人をもらうので、三回式をあげることだとする。それは諸侯が三国から、それぞれ夫人、その姪《めい》、娣《いもうと》の三女、合計九女をめとる礼を、臣下である管仲がおかしたのだとするのが古注である。新注では「三帰」とは夫人を住まわせた台、つまり高い宮殿とする。異説が多く意味不明。

〈官事摂ねず〉大夫《たいふ》は諸侯のように職掌ごとに役人をおかないで、いくつかの職掌を一人でかねさせ、用人を節約する。管仲はこれにも違背している。

〈樹〉門内の目隠しの塀。

〈反坫〉堂の柱の間に土で壇をつくり、酒宴のさい献杯の杯をおく台とする。以上三つは諸侯の特権である。

＊ここに話題となっている管仲は、いうまでもなく斉《せい》の桓公《かん》（前六八五年～六四三年在位）をたすけて、春秋時代の最初の覇者とした大政治家である。孔子はその没後、一世紀近くへだてて生まれ、すでに覇権は晋《しん》国と新興の呉《ご》国にうつっていたが、管仲の名は隣国の魯にもひびきわたっていた。孔子は壮年時代、斉に在留した。過去の歴史、とくに政治家の言動に非常に注意をはらった彼は、在留中、斉国で伝承されている管仲の遺業、遺跡などを調査したにちがいない。ここで孔子が語っている管仲の事跡は、現在われわれがもっているもっとも古く、もっとも信頼できる史料である。したがって、ここでは

孔子の述べていることを補うだけの史料を持ち合わせていないので、文面を通じて想像するほかはないのである。

三　子、魯《ろ》の大師《たいし》に楽《がく》を語りて曰わく、楽はそれ知るべきなり。始めて作《おこ》すに翕如《きゅうじょ》たり、これを縦《はな》ちて純如《じゅんじょ》たり、皦如《きょうじょ》たり、繹如《えきじょ》たり、以《もっ》て成《お》わる。

子語魯大師楽曰、楽其可知已、始作翕如也、縦之純如也、皦如也、繹如也、以成、

魯国音楽団の楽長と音楽を論ぜられたとき、先生がいわれた。

「音楽のしくみはだいたいわかります。最初に鐘《しょう》が高らかにひびきわたり、次いで合奏がなごやかに流れ、さらに管絃《かんげん》の各パートが別々にはっきりと旋律をかなで、最後に余韻《よいん》嫋嫋《じょうじょう》として完結するのですね」

〈大師〉魯国の音楽部の長官。

〈翕如たり〉最初に十二個一組の鐘が盛大になりひびくさま。

〈これを縦ちて純如たり〉笙《しょう》などの管楽、琴などの絃楽などの全楽器が、しずかに、なだらかに合奏をはじめること。

〈皦如たり〉はっきりとひびくこと。たぶん管・絃・打楽などの各パートが、かわるがわる独奏することをさしているのであろう。

〈繹如たり〉音が長々とひびくこと。

二四　儀《ぎ》の封人《ほうじん》、見《まみ》えんことを請《こ》いて曰《い》わく、君子の斯《ここ》に至れるもの、吾未《いま》だ嘗《かつ》て見ゆるを得ずんばあらず、と。従者これを見えしむ。出《い》でて曰わく、二三子何ぞ喪《さ》ることを患《うれ》えん。天下の道なきこと久し、天は将《まさ》に夫子《ふうし》を以て木鐸《ぼくたく》と為《な》さんとすと。

　儀封人請見、曰、君子之至於斯者、吾未嘗不得見也、従者見之、出曰、二三子何患於喪乎、天下之無道久矣、天将以夫子為木鐸、

衛《えい》の儀の町の国境護衛官が、入境する孔子にお目通りを願っていった。

「りっぱなお方がここを通過されるとき、私はいつでもお目通りを願っているのです」

孔子の従者はやむなく目通りさせた。目通りがすんで出てきた護衛官は弟子たちにいった。

「諸君たち、この亡命の旅に何も心配することはありません。天下が道義を失ってしまってから、もう何年になることでしょう。天の神さまは、亡命によって、君たちの先生を、道義をふるいたたすように天下にふれまわる木鐸にしようという思《おぼ》し召しなのですから」


〈儀の封人〉儀は邑《ゆう》つまり聚落《しゅうらく》の名で、所在はよくわからないが、『左伝《さでん》』にあらわれる夷儀《いぎ》（河北省邢台《けいだい》県）がこれにあたるかもしれない。魯国の西には大野《たいや》の沼沢《しょうたく》があるので、すぐ西進できないために、北に迂回《うかい》してこの地方を通過したことは考えられる。国境の標識として小高く土を盛った土神を祭る封《ほう》がほうぼうにきずかれている。封人はこれを管理し、

国境の守衛にあたる。

〈喪る〉劉宝楠《りゅうほうなん》によると、ある国の国王・貴族が亡命するとき、国境で故国にむかって告別をつげる儀式をあげることをさす。この説の意をとって「去る」と読んだ。

〈木鐸〉政府が人民を集めて布告するときに鳴らす木の鈴である。この『論語』の「木鐸」から、政治や思想の先覚者をさして木鐸という用法が生まれた。

＊前四九七年、魯国から逃亡した孔子は、まず衛《えい》国にゆき、それ以後十四年にわたり、衛を中心として諸国をめぐっていたので、五度衛国に出入りしている。これはたぶん最初のときのことだろうと解される。その国境をこえて衛国に入国したときの、衛の儀の邑《まち》の国境での出来事である。衛の儀邑《ゆう》の国境護衛官の名は明記されていないが、孔子の人物を見抜き、その天下に果たす役割をたやすく理解できたことは、ちょっと想像できないことのようである。国内で内乱、外国との軍事行動のつづいていた魯とあまり変わらぬ小国の衛国ではあるが、鄭《てい》国とならんで、当時の中国では中心部でもっとも文化の進んだ国であった。知識の水準も高かったので、この戦乱の都から離れて、国境の封人として、社会の動きを客観的にながめていた、いわゆる隠者の一人であったかもしれない。

二五　子、韶《しょう》を謂《のたま》わく、美を尽くし、また善を尽くせりと。武を謂わく、美を尽くせるも、未だ善を尽くさずと。

子謂韶、尽美矣、又尽善也、謂武、尽美矣、未尽善也、

先生が舜《しゅん》帝の作った楽曲韶《しょう》を評していわれた。

「美的に完全であるばかりでなく、道徳的にも完全である」

また、周の武王の作った楽曲武《ぶ》を評していわれた。

「美的に完全であるけれども、道徳的には完全とはいえない」

＊音楽が時代の文化と政治とをもっともよく表現していると考えた孔子は、古代の聖人の舜帝の作曲と周の開祖の武王の作曲とを、実際の演奏をきいて比較したのであろう。美と善との完全に調和したのが最高の音楽であり、最高の文化の表現とみたのである。舜は堯《ぎょう》から譲りうけて帝位についたが、武王は殷《いん》の紂《ちゅう》王を武力で滅ぼして天下をとった。武が美を尽くし、善を尽くさないことは、周の政権がこの原罪によって成立したことを暗示している。

二六　子曰わく、上《かみ》に居《い》て寛《ゆた》かならず、礼を為《な》して敬《つつし》まず、喪《も》に臨んで哀《かな》しまずんば、吾《われ》何を以てかこれを観《み》んや。

子曰、居上不寛、為礼不敬、臨喪不哀、吾何以観之哉、

先生がいわれた。

「高位・高官におりながら、寛容の徳をもたず、儀式を奉行《ほうこう》して敬虔《けいけん》な気持がなく、葬式

に臨席して哀悼の情がこもっていない。こんな連中を見ていると、いても立ってもいられなくなる」

＊孔子は、季《き》氏をはじめとして、魯国の有力政治家の無教養で厚顔無恥な振舞を、暗にさして非難した。巻頭の八佾《はちいつ》の章にたいして、これを終章においたその激越な調子には、読者の襟《えり》を正させずにはおかないものがある。編者の編集の手際《てぎわ》は前後照応してなかなかあざやかである。

# 第四　里仁《りじん》篇

第一章の孔子のことばのはじめの「里仁《じんにおる》」を篇名としていることとは、他の篇の名づけ方とかわらない。第五章と第六章をのぞく、ほかの二十四章は、たいてい短いことばが多く、一見自明で平凡なように見えながら、じつは孔子の発想を的確に捕捉《ほそく》できないものが多い。最初の「里仁」をどう読むかについて、古今の注釈家の間で大問題となっていることは、この篇の全体の文章の性質を象徴的にあらわしている。孔子の道の窮極の目標としているのは仁の完成であるが、第一章から第七章までは、仁という徳、それの人生におけるあらわれ方を問題としている。これは存在論的な考え方を導きいれると、仁という徳の存在の仕方を論じているといえるであろう。もちろん孔子は、アリストテレスのように精密に論理的に存在論を展開しているわけではないが、それを思わす萌芽《ほうが》のような考え方がひそんでいると私はみたい。ともかく、仁という徳の存在の仕方、仁という徳の人生におけるあらわれ方、仁という徳の様相を論ずることから出発して、すべて道徳というものの人生におけるあらわれ方を論じようと志向しているのが、この篇の各章である。そういう態度でこの篇の諸章を読んでゆくと、断片的で、何を主張しているのか不明な各章の発想法が、少しわかってくるような気がする。

一　子曰《しのたま》わく、仁《じん》に里《お》るを美《よ》しと為《な》す、択《えら》びて仁に処《お》らず、焉《いずく》んぞ知《ち》たるを得ん。

子曰、里仁為美、択不処仁、焉得知、

先生がいわれた。

「仁の徳に住みついていることはりっぱなことであるぞ。他の何よりも、仁の徳をとり出して、その上に居どころをさだめることができない人は、とても知者とはいえないね」

＊孔子は、仁という徳に安心して住みついている人、それを仁者とみとめ、そうすることができることを人生の目的と考えている。「仁に里るを美しと為す」のように、仁に住みつき、また「択びて仁に処る」のように、仁という徳を選択してそこにいるという。こうした、仁という徳を抽象的存在として考えることは、孔子のいつもの具体的な常識

的な考え方からすると、たいへん珍しい。であるから、具体的に物を考える古注派は鄭《てい》玄《げん》のように、この仁とはそんな抽象的な観念でなく、仁を体現する人、つまり仁者と考え、美を善とかえ「里《さと》は仁を善《よ》しと為す」と読み、仁者の住んでいる里《むら》に住みついていることはよいことだと解する。こういう孔子のことばの解し方は、戦国時代の大儒《たいじゅ》、荀子《じゅんし》などにすでにはじまり、仁に志すもの、つまり学者はよい生活環境をえらんで、住居を定めねばならないという教訓ができた。私は、荻生徂徠《おぎゅうそらい》が「仁」を仁者ではなく、「仁の徳」とした考え方が、やはり孔子の本来の意味らしいと思う。孔子は仁を知者という立場からアプローチしようとする。仁の徳を選ぶこと、それは知者の立場だ。そして知者とは孔子の門下に集まっている弟子たちの立場である。知者としての弟子たちにたいして、仁のあらわれ方を説明しようというのがこの章の志向である。そうみると里仁篇の第一章は、この篇全体の根本的な立場をあらわしていることになる。次の章の「仁者は仁に安《やす》んじ、知者は仁を利《り》とす」と連関する。

二　子曰わく、不仁者《ふじんしゃ》は以て久しく約《やく》に処《お》るべからず、以て長く楽しきに処《お》るべからず。仁者は仁に安んじ、知者は仁を利《り》とす。

子曰、不仁者不可以久処約、不可以長処楽、仁者安仁、知者利仁、

先生がいわれた。

「仁の徳を体得していない人つまり不仁者は、長期にわたって困難な生活をつづけることはできないし、逆に安楽な生活をつづけることもできないものだ。これにたいして、仁を体得した人つまり仁者は、仁の徳自体におちついているし、知者は仁の徳を手段として用いているのだ」

〈約〉「窮約」などと、熟語として使われるように、とぼしい生活のことである。

＊「不仁者云々」の前段と、「仁者云々」の後段とは二つに分かれている。一方は「不可以久処約、不可以長処楽」と六字句を対句《つい く》的に使った、長い句から成っている。これにたいして後段は「仁者安仁、知者利仁」と四字の短い句から成っている。英国のウェーレーが、前段を韻文、後段を散文で訳したのは、この前後二段の文体の差を意識したからである。その着想はおもしろいが、その適用を誤った。なぜなら、孔子時代の韻文は四字句で韻をふんでいる。したがって、四字句の仁で韻をふんでいる後段こそ、韻文で訳すべきであり、前段は対句であるが、散文として訳すべきであったのだ。不仁者は貧乏な境遇にたえきれず罪を犯すようになるし、安楽な生活になれて驕《おご》りたかぶるようになる。そのように不仁者は外界の支配をうけるが、仁者は仁を人生の最高の目的として、これに安住しているので、外界などの影響をうけることがないことはあきらかである。不仁者にたいして、仁者の立場を説明したのであるから、そこで止まっていれば、文章としては意味がはっきりするわけである。しかし「知者利仁」というもう一つの句がつ

いている。知者が仁を利するということは、仁を行なえば自己にとって有利であるから、手段として仁を行なうものなのである。この知者がはたして境遇の影響から無関係で、仁を守りぬけるかどうかは問題であろう。孔子は不仁者について述べつつ、仁者の立場をはっきりさせたのであるが、四字では短く軽くて前段の長句と合わないので、「知者利仁」の四文字をつけて、前段との調和をはかったのであろう。前章でもいったとおり、仁を自己目的とし、それに安んずる仁者は、孔子の門下でも顔淵《がんえん》ぐらいで、大部分が、知者の仁を手段として行なうものばかりであったので、知者の立場をもつけ加えて、弟子たちの注意をひいたのであろう。この章は、不仁者を引合いに出しながら、仁者、知者における仁のあり方をあきらかにした。同じ仁の徳が自己目的としてあるか、手段としてあるか、人間の生活のなかにあらわれる様相を問題としているところに孔子の独自な発想があった。この考えはしかし、弟子たちにはじゅうぶん理解できなかったため、理論的に発展させることができなかったのは惜しい。

三　子曰わく、唯《ただ》仁者能《よ》く人を好《よみ》し、能く人を悪《にく》む。

　子曰、唯仁者能好人、能悪人、

先生がいわれた。

「仁の徳を体得した人、仁者だけが、他人を愛し、他人を憎むことができる」

＊人は感情によって他人を愛し憎むのであるが、孔子は、盲目的な好悪《こうお》の感情を理性によって抑制するというのでなく、感情がもっとも自由に発露すると、自然に節度をこえないと信じ、仁者においてそれが可能になると考えたのである。

**四**　子曰わく、苟《いやし》くも(1)仁に志《こころざ》さば悪《にく》まる(2)ることなし。

子曰、苟志於仁矣、無悪也、

先生がいわれた。

「もし人が少しでも仁を行なう意志をもつならば、他人から憎まれるはずはない」

(1)　朱子の新注では「まことに」と読み、もしも仁に志すならばと解する。荻生徂徠の、「いやしくも」と読み、少しでも仁に志したらの意にとるほうが適切である。

(2)　古注にも「悪」を「悪《あ》し」と読む説と「悪《にく》まる」と読む説とがあった。仁の徳を行なおうとする人なら、他人からきらわれることはないはずだという常識的な見解のほうが、孔子の原意を得ているであろう。仁斎《じんさい》・徂徠もこの説にしたがっている。

**五**　子曰わく、富《とみ》と貴《たっと》きとは、これ人の欲するところなり、その道を以《もっ》てせざれば、これを得《う》るも処《お》らざるなり。貧しきと賤《いや》しきとは、これ人の悪《にく》むところなり、その道を以てせざれば、これを得るも去らざるなり。(1)君子仁を去りて悪《いず》くにか名を成さん、君子は終食の間も仁を違《さ》ることなく、造次《ぞうじ》にも必ず是《ここ》に於《お》いてし、顛沛《てんぱい》にも必ず是に於いてす。

子曰、富与貴、是人之所欲也、不以其道、得之不処也、貧与賤、是人之所悪也、不以其道、得之不去也、君子去仁、悪乎成名、君子無終食之間違仁、造次必於是、顛沛必於是、

先生がいわれた。

「財産と地位とは世間の人がほしがるものだ。正当な理由で手にいれたものでなければ、それにあぐらをかいていられない。貧乏と下賤《げせん》とは世間の人がいやがるものだ。正当な理由がないのにそうなったのならば、それからのがれようとしない。りっぱな人間は仁の徳からはなれて、どこに名誉を求めることができよう。このような人はまた、食事をとっている間も思いは仁の徳からはなれない。りっぱな人はどんなあわただしいときにも、仁を念頭においているし、つまずいて倒れるときでも仁を念頭においている」

〈造次〉「倉卒《そうそつ》」という語の転訛《てんか》で、あわただしいこと。

〈顛沛〉つまずいて倒れること。

（1）梁《りょう》の皇侃《おうがん》の『義疏《ぎそ》』では、運命のまわりあわせから、道徳のたかい人がかえって貧賤の境遇に沈むこともあるが、そんな場合はこれを恥としないで、分《ぶん》に安んじていて無理にそこから出ようとしないと説いている。これは正しい。

＊孔子は、春秋末の乱世に、不義で富貴を得て出世した政治家たちを軽蔑《けいべつ》し、これになら

おうとしなかったが、富貴そのものを排斥したわけではない。人間は幸福を求めるもので、富貴は人の望むところだが、不義にして富貴を得たとしても、それは至福の状態ではないと考えたからである。

六　子曰わく、我未《いま》だ仁を好むこと不仁を悪《にく》むがごとき者を見ず。仁を好む者は以てこれに尚《くわ》うるなし。不仁を悪《にく》む者はそれ仁を為《な》すなり。不仁者をしてその身に加えしめず(1)、能《よ》く一日その力を仁に用うるあらんか。我未《いま》だ力の足らざるものを見ず。蓋《けだ》しこれあらんも我未だこれを見ざるなり。

子曰、我未見好仁者(2)悪不仁者、好仁者無以尚之、悪不仁者其為仁矣、不使不仁者加乎其身、有能一日用其力於仁矣乎、我未見力不足者、蓋有之乎、我未之見也、

先生がいわれた。

「自分は今まで、仁を好む、人間性を好む人にはついぞ出会ったことはないが、不仁、つまり人間性にそむいたものを憎む人にはよく出会う。仁、つまり人間性を好む人には、もちろんそれ以上望むことはないが、不仁つまり人間性にそむいたものを憎むことも、実は仁だといってもいいのだよ。なぜなら、不仁つまり仁の徳にそむいた人間を憎むことによって、その不仁者にそれ以上不仁な行ないをすることをなくさせるからで、そうすれば、さらにその不仁者でも一日くらいなら、その力を尽くして仁を行なうことができるのでは

なかろうか。自分はその力にさえ不足するという人間には、まだ出会ったことがない。いや、そんな人間がいることは考えられるであろうが、少なくとも自分は、そんな人間に今まで出会ったことはないよ」

（1）従来は「その身に加えしめず」で終止点をいれて文章を切っていたので、意味がとりにくくなっていた。私はこれを句点として連続させ、すべて不仁を憎む人ができてきた結果として、不仁者自身がそれ以上不仁を自分の身に加えず、さらに進んで一日でも積極的に仁を行なうことが可能になると解したのである。

（2）「者」は「如」の誤りで、原文は「我未見好仁如悪不仁者」とあったと私は想定する。『論語』には「子曰、吾未見好徳如好色者也」（子罕篇第十八章、衛霊公篇第十三章）という似た句法がある。この「徳を好むこと色を好むが如し」というのは、好む対象がちがっているのであるが、こちらは仁を好むと同じように不仁を憎むというのであるから、ちょっと理解しにくい表現であったためと、次にこれを「好仁者」とうけているので、いつか伝承者が「如」を「者」にかえたのであろう。

＊この孔子のことばは、『論語』のなかの、もっとも難解な文章の一つとなっている。古今の注釈のどれも明快を欠いている。「我未見好仁者悪不仁者」を「我未見好仁如悪不仁者」と校定すること、第二に「不使不仁者加乎其身」の「其」という代名詞が、従来「不仁者を悪《にく》むもの」、あるいは「仁者」をさしているという古注を排して、「不仁者」をさしているとすること、第三に、旧来の注はここで一度文章を切っているが、それは

誤りで、次の句とつづけて読むこと。私は以上の三つの新解釈を導入することによって、この文章の意味がより明確になると信ずる。孔子は不仁者も一日くらいなら、積極的に仁を行なうくらいの能力はもっているとし、その能力がないという人間はまだ見たことがないとする。もちろん、論理的には、そういう能力のない人間の存在の可能性はある。しかし、孔子はまだ現実の世界で、その可能性の実現したのを見たことがないという。孔子はここで、可能性と実在の蓋然性《プロバビリティ》とを区別し、論理的な可能性とそれの実在性との差を意識しながら、論理だけにたよらず、結局、実在論の立場に立って結論している。孔子の弟子たちのなかから、このような可能性と実在性とを区別する考え方を継承し、発展させるものがなく、素朴な経験論から一歩も出られなかったのは惜しい。

**七**　子曰わく、民の過《あやま》つや、各《おのおの》その党《とう》(1)に於いてす。過ちを観《み》れば、斯《ここ》に仁を知る。

子曰、民(2)之過也、各於其党、観過斯知仁矣、

先生がいわれた。

「人民の過ちは、それぞれの住んでいる里の風俗の影響によるものである。人民の過ちを見れば、仁徳の感化がどこまで及んでいるかがわかるであろう」

(1)　古注のいわゆる孔安国《こうあんこく》の注に「党は党類なり」という解釈がひろく行なわれている。『論語』には「党」という字は十二回あらわれる。「隣里郷党」つまり地方の地域共同体、

その成員としての党人などを指している。さらにそれから進んで「君子は群するも党せず」(衛霊公篇第二十二章)などとなると、任意の集団に広げられ、仲間ぼめを意味している。この党を、荻生徂徠は郷党の党をさしているとみる。人民は郷党の外に出ることはほとんどないのであるから、この考えは正しい。

(2)　通行本は「人」と書くが、皇侃の『義疏』にしたがった。孔安国は「小人」と注しているから「民」が正しく、唐朝が太宗李世民《りせいみん》の「民」を諱《い》んで「人」と書きかえたのであろう。

＊従来の注釈、とくに朱子《しゅし》の新注は、人の過ちはその人の類《たぐい》によっていろいろの形であらわれる、君子は人情の厚さに失するし、小人は刻薄さに失すると説いている。注で述べたように、『論語』では、「党」を類の意味には使っていないで、郷党の党とそれから派生する意義にしか使っていないので、荻生徂徠の、党を郷党とする説によった。人民は里の風俗によって感化されるのだから、政治家はその過ちをあまりせめないで、かえって自己の感化の足らざることを反省せねばならないことを、婉曲《えんきょく》に述べている。たぶん、当時の政治家にたいして、人民のみを責めないで、自己の徳の修養につとめよと暗示したのが原文の意図であろう。

八　子曰わく、朝《あした》に道を聞かば、夕《ゆうべ》に死すとも可《か》なり。

子曰、朝聞道、夕死可矣、

先生がいわれた。

「その朝に真実の道をきくことができたら、夕暮に死んでも本望なのに」

＊この短い孔子のことばには、いつもの温厚な調子とは似つかぬ激しい感情がこめられている。古注では、「道を聞く」の道は真実の道というような抽象的なものではなくて、現実に道徳的な社会が実現していることをさすとみる。そして道徳的な理想社会は、自分の一生のうちには実現することはなかろうという絶望に近い感情をあらわしたのだと解する。これにたいして、朱子の新注は、道を真理と解し、朝、真理が知り得たら、夕に死んでもよいという、真理を求める積極的な意志を示していると説いている。孔子がこのことばをどんな状況で、どの弟子にむかって話したのかよくわからないけれども、春秋末の乱世のことであるから、「朝に道を聞いて、夕に死する」ことは、朱子の新注などが説くように、たんに真理を求める気構えをあらわすだけではなく、生命が朝にして夕をはかれない緊迫した社会における、もっと切実な発言であった。私訳では、道の解釈は新注によりながら、一方では古注によって孔子の悲観的な気持を読むことにした。

九　子曰わく、士《し》、道《みち》に志《こころざ》して、悪衣悪食を恥ずるものは、未だ与《とも》に議《はか》るに足《た》らざるなり。

子曰、士志於道、而恥悪衣悪食者、未足与議也、

先生がいわれた。

「一人前の男が、道徳の修業に志していながら、粗衣粗食を肩身せまく感じるようでは、まったく話し相手にもならない」

〈士〉春秋末期の列国では、自由民である卿《けい》・大夫《たいふ》・士《し》・庶人《しょじん》の四つの身分の一つ。最下の貴族階級であり、日本の戦国時代の武士のように、武勇にすぐれた庶人、つまり一般自由民からの出身者が多かった。孔子の弟子は、たいてい武芸とともに学問で身を立てて、士からさらに大夫に出世しようという希望をもっていた。

＊弟子をはげましたことばらしいが、だれにむかっていったのかわからないのは残念である。

一〇　子曰わく、君子の天下に於《お》けるや、適《てき》もなく、莫《ばく》もなく、義をこれ比《した》しむ。

子曰、君子之於天下也、無適也、無莫也、義之与比、

先生がいわれた。

「りっぱな人、すなわち君子が、天下の人に対するとき、仇敵《きゅうてき》もなければ、馴《な》れ合いもなく、ただ正義の人とだけ親しみあう」

〈適もなく、莫もなく〉「適」「莫」については、善・悪、厚・薄などいろいろの解釈があるが、

鄭玄が「適」を匹敵の「敵」と同意と読み、「莫」を貪慕《どんぼ》としたのによった。
＊君子が友を選ぶのに、好悪《こうお》の感情、利害の打算によってはいけないと、孔子はいましめる。

一一　子曰わく、君子徳《とく》を懐《おも》い、小人土《しょうじんど》を懐い、君子刑《けい》を懐い、小人恵《けい》を懐う。
子曰、君子懐徳、小人懐土、君子懐刑、小人懐恵、

先生がいわれた。

「貴族である君子は道徳の世界を忘れない。庶民である小人は生まれ故郷を忘れない。貴族である君子は法の制裁を忘れない。庶民である小人は主君の恩恵を忘れない」

〈懐う〉忘れがたいほど思念するのが原義。古注では「安んず」という派生的な意味によっているが、原義で読んだほうがよい。
＊荻生徂徠は、支配者である君子が徳化につとめれば、被支配者である小人は生まれ故郷の土地に安住できる、君子が法律を厳格に施行すれば、小人はかえってこれからのがれ出ようとすると説く。四字句から成ったこのことばは、「徳」と「土」、「刑」と「恵」、それぞれ韻をふんだことわざのような形式をとっている。この時代には、君子と小人と

を対照させて、その徳性を論じたことばが多く、徂徠のように一つの対句ごとに君子と小人のあり方が因果関係をなしているとする必要はないであろう。君子が道徳の世界にひかれるということは、故郷を去ってどしどし有徳の君主や大臣のもとにつかえねばならないことを意味する。『論語』のなかには、「士《し》にして居《きょ》を懐《おも》うは、以て士と為《な》すに足《た》らず」（憲問篇第三章）とあり、故郷にひかれ、そこから出られないのは、小人すなわち一般の庶民のことで、士たるもののなすべきことではないといっている。これが孔子時代の士の通念であり、孔子が弟子たちにさとした主眼点であって、第三・四句は、むしろ付加的部分であろう。

一二　子曰わく、利に放《よ》りて行なえば、怨《うら》み多し。

子曰、放於利而行、多怨、

先生がいわれた。

「利益本位で行動すると、怨みをまねくことが多い」

〈放りて〉「放」は依、「よる」と読む。

一三　子曰わく、能《よ》く礼譲《れいじょう》を以て国を為《おさ》めんか、何かあらん。礼譲を以て国を為むる能《あた》わずんば、礼を如何《いかん》せん。

子曰、能以礼譲為国乎、何有、不能以礼譲為国、如礼何、

先生がいわれた。

「礼によってたがいに譲りあう気持で国家を治めることができるであろうか。そんなことはいとたやすいことだ。万一、礼によって譲りあう気持で国家が治められないとしたらどうだろう。そうなったら、そもそも礼そのものが何の役に立つだろうか」

＊孔子は、謙遜《けんそん》し、譲りあう礼の精神でじっさいに政治を行なったら、かならずうまくゆくと確信している。もし万一、それで政治がうまくゆかないという例がでてきたとしたらどうだろう。そんなことは、礼そのものの存在、その本来の効用を否定するもので、そんなことは絶対にありえないといって、前の説をさらに力強く肯定したのである。孔子は、自問自答しているようにみえるが、たぶん弟子に礼の効用についてきかれて、こたえたのであろう。

一四　子曰く、位なきを患《うれ》えず、立つ所以《ゆえん》を患う。己れを知ること莫《な》きを患えず、知るべきを為《な》さんことを求む。

子曰、不患無位、患所以立、不患莫己知、求為可知也、

先生がいわれた。

「地位が得られないことを気にかけず、それにふさわしい実力のないことを気にしろ。自

分を認める人がいないのを気にかけず、人に認められる実績をつくるよう努力しろ」

一五　子曰わく、参《しん》よ、吾《わ》が道は一以《いつ》てこれを貫く。曾子《そうじ》曰わく、唯《い》。子出《い》ず。門人問いて曰わく、何《なん》の謂《いい》ぞや。曾子曰わく、夫子《ふうし》の道は忠恕《ちゅうじょ》のみ。

子曰、参乎、吾道一以貫之、曾子曰、唯、子出、門人問曰、何謂也、曾子曰、夫子之道、忠恕而已矣、

先生が曾子をよんでいわれた。

「参よ。自分の道は一本を通してきたのだぞ」

曾子がこたえた。

「わかりました」

先生が座を立たれたあとで、門人がたずねた。

「大先生のおっしゃったのはどういう意味ですか」

曾先生がいわれた。

「先生の道は忠恕、つまりまごころと思いやりとにほかならないのだ」

＊『論語』にのっている孔子と弟子たちとの問答からみると、孔子は弟子たちの質問にたいし、その性格、才能などに応じ、その長所を伸ばし、短所を矯《た》めるように、それぞれちがう答えをしている。孔子の最高の理想としていた仁や礼についての説明はまちまち

で、矛盾にみち、統一を欠いている。しかし、多様な説明の仕方はしているが、じつは孔子の心のなかには確固とした理想があり、その考えは一つに統一されている。孔子はこれを、「一以てこれを貫く」と述べたのである。忠は自己の良心に忠実なことであるが、それだけでは他人には通用しがたい。そこで、他人の身になってみて考える知的な同情が必要である。それが恕であり、忠と恕とが結合して一体となっているのが仁なのである。この孔子の、曾子との「一貫」についての問答は、儒教、とくに宋《そう》以後の学者にとっては、『論語』全巻の根本の原理を述べたことばとして重要視されている。

一六　子曰わく、君子は義に喩《さと》り、小人は利に喩る。

子曰、君子喩於義、小人喩於利、

先生がいわれた。

「りっぱな人間は義務にめざめる。つまらぬ人間は利益に目がくらむ」

〈義〉「義は誼なり」といわれる。人間のしたがうべきもの、正しい道理、筋道であるが、利にたいして使われるときは義務を意味する。

一七　子曰わく、賢《けん》を見ては斉《ひと》しからんことを思い、不賢《ふけん》を見ては内に自《みずか》ら省《かえり》みよ。

子曰、見賢思斉焉、見不賢而内自省也、

先生がいわれた。
「才徳すぐれた人にあうと
自分もあのとおりになりたいと思い
才徳おとる人にあうと
自分もそのとおりではないかと反省すべきだ」
〈賢〉吉川幸次郎博士が説くように、賢は日本語の「かしこい」、つまり頭のいいという意味ではなく、才能徳行の他人よりたちまさった人のことをさす。
＊自分よりまさる人を見ると、劣等感をいだいて嫉妬《しっと》し、自分より劣った人を見ると、優越感をおぼえて安心するのが人情であるが、孔子はそれとは逆に、すべてこれを鏡として自己反省を行なう。

一八　子曰わく、父母に事《つか》えては幾《よう》やくに諫《いさ》め、志の従わざるを見ては、また敬《つつし》んで違《たが》わず、労《うれ》えて怨《うら》みざれ。

子曰、事父母幾諫、見志不従、又敬不違、労不怨、

先生がいわれた。

「父母のおそばで用事をしていて、誤りを見つけたときには、まず遠まわしに諫言《かんげん》申し上げよ。諫めをとりあげられない意向と察したら、つつしんでこれに違背しないようにし、

心の中では憂慮していても、怨みをいだいてはならない」

〈幾くに諫め〉「幾」は「微」と同意、「微」とは明言しないで遠まわしに諫言すること。

〈労えて〉「労」は『詩経』などでは「憂」を意味しているという清《しん》の王引之《おういんし》の説にしたがって、「憂《うれ》える」と解した。

一九　子曰わく、父母在《いま》すときは遠く遊ばず、遊ぶに必ず方《つね》あるべし。

子曰、父母在、不遠遊、遊必有方、

先生がいわれた。

「父母が生きていられる間は、遠方に旅に出てはいけない。旅には必ずきまった連絡先がなければならない」

〈方あり〉古注で「方は常なり」としたのは、意訳であるが実情にあっている。新注では文字通り方角としているが、かえって実情に遠い。老年の父母のため、万一の場合の連絡先が必要なことはいうまでもない。

二〇　子曰わく、三年父の道を改むるなきを、孝と謂《い》うべし。(1)

子曰、三年無改於父之道、可謂孝矣、

先生がいわれた。

「死後三年間、亡父のやり方を改めない、これが実行できたならば、たしかに孝行だといえるのだ」

（1）学而篇第十一章の後半と同文。

二一　子曰わく、父母の年は知らざるべからざるなり。一つは則《すなわ》ち以て喜び、一つは則ち以て懼《おそ》る。

子曰、父母之年、不可不知也、一則以喜、一則以懼、

先生がいわれた。

「父母の年はいつでも覚えていなくてはいけない。一方では長命を喜びながら、一方では老齢を心配する」

＊若くして父母を失った孔子が、まだ父母が健在な若い弟子たちにむかっていったことばであろう。諸君の父母が生きていられるだけでも、大変な幸福なのだ。孝行をしようにも父母のない自分には、うらやましくてならない。年とった父母をもった君たちは、せめて父母の年をおぼえていなくてはならぬとさとしたのである。二十余年前に父母を失った私も、このごろ時々、父母が生きていたら何歳になるかと考えることがある。しかし、父母の生前には、めったに父母の年を考えなかったものであった。孔子の父母にたいする感情は、われわれ凡人の父母にいだく感情と少しも変わるところがない。その平

凡な感情を自然に表現するところが、孔子の孔子たるところであろうか。

三　子曰わく、古《いにしえ》の者《ひと》の言を出《い》ださざるは、躬《み》の逮《およ》ばざらんことを恥ずればなり。

子曰、古者言之不出、恥躬之不逮也、

先生がいわれた。

「昔の人が口数が少なかったのは、実行がことばどおりにゆかないことを気にしたからである」

＊孔子の生きていたときは、新旧の時代の交替期であったので、まるで現代の日本のように、何かにつけて二つの時代の人間の型が対立して考えられたが、孔子はこの点では旧時代の人間のほうにひかれている。

三　子曰わく、約《やく》を以て失《あやま》つものは鮮《すく》なし。

子曰、以約失之者鮮矣、

先生がいわれた。

「控えめにしていて、しくじることはめったにないものだ」

〈約〉古注ではこれを驕奢《きょうしゃ》にたいして倹約の意にとっているが、新注ではひろく人間の行動が控えめなことをさすとしている。新注のほうが妥当である。

二四　子曰わく、君子は言《こと》に訥《とつ》にして、行《おこ》ないに敏《びん》ならんことを欲す。

子曰、君子欲訥於言、而敏於行、

先生がいわれた。

「りっぱな人は、発言は口ごもっていても、行動はすばやくありたいと願う」

〈訥〉訥弁《とつべん》の訥、口ごもるさま。

〈敏〉敏捷《びんしょう》なこと。

二五　子曰わく、徳孤《こ》ならず、必ず隣《となり》あり。

子曰、徳不孤、必有隣、

先生がいわれた。

「道徳を守るものは、孤立しているように見えるがけっしてそうではない、きっとよき理解者の隣人があらわれるものだ」

＊道徳者として孤高の道をゆきながら、ほうぼうで自然によき理解者を獲得した、孔子の体験をのべたものであろう。

二六　子游《しゆう》曰わく、君に事《つか》えて数《しばしば》すれば斯《ここ》に辱《はずか》しめられ、朋友に数《しばしば》すれば斯《ここ》に疏《うと》んぜらる。

子游曰、事君数斯辱矣、朋友数斯疏矣、

子游がいった。

「主君につかえていて、こうるさくすると、きっとはずかしいめにあわされ、友人にこうるさくすると、きっと疎外されるものである」

〈子游〉孔子の弟子。姓は言《げん》、名は偃《えん》。

〈数すれば〉煩わしいほどたびたびすること、具体的には主君にたびたび同じような諫言《かんげん》をたてまつり、友人にたびたび同じ忠告をすることをさす。

論語　第三巻

# 第五　公治長《こうやちょう》篇

この篇の問答は、歴史上の人物、当世の政治家、弟子《でし》たちの人物論が主体となっている。第二十四章の微生高《びせいこう》の評論でもわかるように、孔子は人間のちょっとした言動をとらえて、その人物の本質を見とおす不思議な才能をもっていたので、その人物論は人間の急所を鋭くえぐっている。

一　子《し》、公冶長《こうやちょう》を謂《のたま》わく、妻《めあわ》すべし、縲絏《るいせつ》の中《うち》に在《あ》りと雖《いえど》も、その罪にあらずと。その子《こ》を以《もっ》てこれに妻《めあわ》す。

子謂公冶長、可妻也、雖在縲絏之中、非其罪也、以其子妻之、

先生は公冶長を評して、

「公冶長という男は、娘を嫁にやってもよい人物だ。罪人として入獄したことがあったが、無実の罪であったのだ」

といわれ、ご自分の娘を嫁にやられた。

〈公冶長〉姓は公冶、長はその名とされる。字《あざな》はもちろん他はいっさい不明で、生まれは魯《ろ》国というが、斉《せい》国の生まれだという説もある。皇侃《おうがん》の『義疏《ぎそ》』には、『論釈』を引用している。それによると、公冶長が鳥の語を解し、それによって行くえ不明の幼児の死体の所在を家人に告げたことから殺人犯の嫌疑をうけ、入獄したが、最後に鳥語を解する能力が実証され放免されたという。これは日本の昔話の「聴耳頭巾《ききみみずきん》」と似ている。この説話の主人公を公冶長に結びつけたのは、『論語』が流布《るふ》した後、たぶん漢《かん》・魏《ぎ》のころと想像される。

〈縲紲〉通行本の「縲」は「紲」がもとの字で、唐以後に書きかえられたらしい。罪人をしばる黒色の縄のこと。

＊孔子が弟子の公冶長を見込んで、かつて罪人として獄につながれていた男に娘をとつがせた。このほかに『論語』をはじめ古典には、公冶長について何も史料がないので、彼がじっさいどんな人物であったのか、まったくわからない。もし有能な弟子であったら、きっと『論語』に問答などがでてくるはずである。少なくとも孔子の弟子のなかでは、はなばなしい名声をもつにはいたらなかった、どちらかといえば無名の弟子のほうに属することは疑いない。万事に慎重であった孔子が、どこか見どころがあると思うと、その前歴にかまわず、娘をとつがせたとは、じつに意外な話である。この突飛《とっぴ》な孔子の行動が他の弟子たちにひじょうなショックを与えたので、これが人物論を集めた公冶長篇の第一章におかれることになったのである。弟子から温・良・恭・倹・譲などと形容さ

れていた孔子の性格のなかには、こんなに一時の感情にまかせて無鉄砲に行動する半面もあったのである。このことは次の章とも関連する。

二　子、南容《なんよう》を謂《のたま》わく、邦《くに》に道あるときは廃《す》てられず、邦に道なきときも刑戮《けいりく》に免《まぬが》るべしと、その兄の子を以てこれに妻《めあわ》す。

子謂南容、邦有道不廃、邦無道免於刑戮、以其兄之子妻之、

先生は南容を評して、

「国家が正しい政治を行なっているときはほっておかれることなく、国家が正しい政治を行なっていないときも刑罰にかかることはないだろう」

といって、先生の兄の娘を嫁にやられた。

〈南容〉孔子の弟子。魯の三家の一、孟孫《もうそん》氏の孟僖子《もうきし》つまり仲孫玃《ちゅうそんかく》の子。南宮《なんきゅう》を氏とし、名は縚《とう》、字は子容。南容は南宮子容を略して呼んだのであろう。(憲問篇第六章参照)

＊南容の場合は前の公冶長とは正反対である。孔子の時代は列国対立の乱世で、諸国のなかには内政も乱脈なのが多かった。孔子は、弟子の南容は名君のもとでよく治まっている国にいれば捨てられずに用いられるし、乱れた国にあっても、刑罰にかかるようなことはないという。こういうそつのない男である南容は、さきの公冶長とは正反対の人物であった。孔子は、前科者にされた公冶長でも、本人に見どころがあれば自分の娘をこ

れに嫁がせた。ところが兄の娘となると、公冶長がどんなにりっぱな人物であっても、その妻には世話することはできないと考えたのであろう。そこで南容のような貴族の子で、間違いのない男を婿として推薦したのである。この二つの正反対の人物を婿に選ぶやり方に、孔子らしい配慮がひそんでいるのである。この二つのエピソードを、一組の説話として巻頭においた編者の意図は、この孔子らしさを強調しようとしたものであろう。ウェーレーが第一章と第二章をあわせて一つの文章としたのは、さすがに卓見であるが、ここでは従来の本文にしたがって、いちおう二章に分けておく。

三　子、子賤《しせん》を謂わく、君子なるかな、若《かくのごと》き人。魯に君子なかりしとせば、(1)これ焉《いずく》にか斯《これ》を取らんと。

　子謂子賤、君子哉若人、魯無君子者、斯焉取斯、

先生が子賤を評していわれた。
「ほんとに君子だね、こういう人物こそは。魯国に君子なぞいないというものがあるが、それならこの子賤はいったいどの君子を手本にしたというのか」

〈子賤〉孔子の門弟。姓は宓《ふく》、名は不斉《ふせい》、字は子賤。孔子より四十九歳年少であった。

(1)「魯に君子なかりしとせば」というのは、現在に反対する想像とされる。しかし、英語の仮定法にあたる用法は、中国古典語ではあまり発達していない。「魯無君子者」の

「者」は学而篇第二章の「孝悌也者」の「者」と同じく、「といわれている」「だれかがいっている」の間接話法ととるべきだ。だれか魯国に君子がいないといっているものがあるからこそ、それにたいして、「もしほんとにそれが正しいなら」というところが、中国古典語の仮定法なのである。

＊第三章は次の第四章とあわせて一章とみなす説もあり、私も賛成であるが、旧来の本文にしたがった。次章をつづいて見られたい。

四　子貢、問いて曰《い》わく、賜《し》や何如《いかん》。子曰《しのたま》わく、汝《なんじ》は器《うつわ》なり。曰わく、何の器ぞや。曰わく、瑚璉《これん》なり。

子貢問曰、賜也何如、子曰、汝器也、曰、何器也、曰、瑚璉也、

子貢がたずねた。

「わたくしはいかがでしょう」

先生がこたえられた。

「おまえは器だ」

子貢がまたたずねた。

「どんな器でしょうか」

先生がこたえられた。

「宗廟《おたまや》のお供えを盛る瑚璉の器だよ」

〈賜〉子貢の名。先生にたいして自己の名をいったので「わたくし」と訳す。

〈器〉為政篇第十二章参照。

〈瑚璉〉宗廟のお供物《くもつ》の黍稷《しょしょく》の飯を盛る器。夏代《か》は「璉」、殷代《いん》は「瑚」とよび、周は「瑚璉」と名づけたという。

＊皇侃《おうがん》の『義疏《ぎそ》』は、孔子が弟子たちをつぎつぎに品評してきたのに、子貢は自分が問題にされないので口をはさんできたのだと注している。孔子が弟子の人物を評したこの篇のことばは、全部一度にいわれたとはかぎらない。朱子《しゅし》は、前章の、孔子が子賤こそ君子だとほめたのをきいて、子貢がわたしはどうかと口を出したのだと説いた。まったく朱子のいうとおりで、才人で自信家の子貢は、自分こそ君子だと孔子にいわそうとしたのである。孔子は「君子は器ならず」（為政篇第十二章）といっている。たぶん子貢はこのことばを前にきいているので、「器なり」といわれると「君子でない」といわれたことになると悲観して、さらに何の器かと反問した。孔子はその気持を察したのであろう、「器」といっても、普通の器ではない、宗廟の器つまり最高の器だとこたえたのであろう。孔子はもちろん子貢の才能はじゅうぶんにみとめているのだが、子貢の人柄が、貴族らしい温雅な人間である君子のイメージとは遠いと考えたのであろう。

**五**　或《あ》るひと曰わく、雍《よう》は仁にして佞《ねい》ならずと。子曰わく、焉《いずく》んぞ佞を用いん、人を禦《ふせ》ぐに口給《こうきゅう》を以てするときは、しばしば人に憎まる、その仁を知らず、焉んぞ佞を用いん。

或曰、雍也仁而不佞、子曰、焉用佞、禦人以口給、屢憎於人、不知其仁、焉用佞、

さるお方がいわれた。

「雍という男は、人柄は仁だが、どうも話し下手《べた》なのでね」

先生がこたえられた。

「話し上手《じょうず》がなんになるといわれるのですか。口巧者《くちごうしゃ》に他人をいいくるめても、人からとかく憎まれるだけです。雍が仁であるかどうかわたしは保証しませんが、話し上手がなんになるというのですか」


〈雍〉姓は冉《ぜん》、名は雍、字は仲弓《ちゅうきゅう》。生まれはよくないが、人格がりっぱなのを孔子に見こまれていた。

〈禦ぐ〉人に対すること。

〈口給〉「口」は口がよくまわること、「給」は足《た》ること。

＊冉雍《ぜんよう》、すなわち仲弓は、師孔子の推薦で季氏につかえて、宰《さい》（家令）となったらしい。この「或るひと」つまり「さるお方」は、仲弓を「雍」と呼びつけにしているから、主君である季氏の一門、たぶん当主の季康子《きこうし》であろう。孔子の推薦で仲弓を雇ってはみたものの、なるほど人柄はりっぱだが、口下手で、たぶん主君である季氏へ、話し上手に

とり入ることをしない。それが不満で孔子に文句をいったのを、孔子はふだんの温和さとうってかわってはげしく反駁《はんばく》した。孔子の反撃が手きびしかったので、初期の弟子は季康子の名を出すのをさけて「或るひと」と書いたのであろう。孔子の弟子思いの面がよく出ている章である。

六　子、漆雕開《しっちょうかい》をして仕えしむ。対《こた》えて曰《い》わく、吾《われ》は斯《これ》を未《いま》だ信ずる能《あた》わずと。子説《よろこ》ぶ。

子使漆雕開仕、対曰、吾斯之未能信、子説、

先生が漆雕開に仕官をすすめられた。開はこたえた。

「わたくしは、この仕官ということにまだ自信がもてません」

先生はこれをきいてうれしく思われた。

〈漆雕開〉姓は漆雕、名は開、字は子開《しかい》。魯国の人といわれる。名は啓《けい》、字は子若《しじゃく》という説もある。孔子より十二歳年少という。

＊官吏になれというすすめを、自信がもてないからと断わった弟子も弟子であるが、断わられてかえって喜んだ孔子も、まことの師であったというべきだ。

七　子曰わく、道行なわれず、桴《いかだ》に乗りて海に浮かばん。我に従う者は、それ由《ゆう》か。子路《しろ》

これを聞きて喜ぶ。子曰わく、由は勇を好むこと我に過ぎたり。材を取るところなからん。(1)

　子曰、道不行、乗桴浮於海、従我者其由与、子路聞之喜、子曰、由也好勇過我、
　無所取材、

先生がいわれた。

「自分の理想は中国で実現しそうにもないし、いっそ桴に乗って東の海上にのがれ出ようかしらん。このとき自分についてくるのは、たぶん、由、すなわち子路だろうな」

子路が、この先生のことばを伝えきいて得意になっていると、先生がいわれた。

「由よ、なるほどおまえの勇敢さは自分よりもうわてだ。だが、いったい桴を作る材木を調達できる見こみがおまえにあるかね」

〈桴〉いかだには大小があり、大を「筏」、小を「桴」といった。桴で東海が渡れると考えたところからみると、孔子の航海知識はあやしいものであった。

(1)これがふつうの古注の読み方で、これによった。しかし、「材」を同音の「哉」にかえ、「取る所なきかな」と読ませる説が古注の一説としてあった。朱子の新注では、「哉」をさらに「裁」とかえ、子路を「理を裁《はか》り度《はか》ることができない」と解する。しかし、「子路よ、おまえは勇気はあるが、桴のほうはどうするつもりか」というほうが、ずっとユーモアがあっておもしろい。孔子をかたい一方の人ととって、とてもこんなユーモアがあったとは

考えられないところが、とくに朱子らの道学者の盲点である。

*孔子が桴に乗って海上に脱出しようとしたのは、どこをめざしたのであろうか。孔子のいる魯国の位置からすると、山東半島の海岸から、東にでて、遼東《りょうとう》半島から朝鮮半島にかけての対岸が、ぼんやりと意識されていたのであろう。この辺の海岸には九夷《きゅうい》といわれる異民族、つまり東夷《とうい》が住んでいた。孔子が「海に浮かばん」といったのは、この九夷の地に赴こうとしたのだともいわれる（子罕篇第十四章）。東夷は、北狄《ほくてき》・西戎《せいじゅう》・南蛮《なんばん》の異民族とちがって、野蛮ではあるが、一面では柔順で、中国の文化が行なわれやすいとされていたので、孔子はそこにのがれようとしたらしい。この朝鮮半島の先の海上に日本列島が横たわっている。孔子はもちろん日本を知るはずもないのであるが、一時は空想した亡命先の、そのはるかかなたの日本に、ついに、彼の『論語』が流布《るふ》するようになったのも、一つの因縁かもしれない。

八　孟武伯《もうぶはく》問う、子路《しろ》仁なるか。子曰わく、知らざるなり。また問う。子曰わく、由《ゆう》や千乗の国、その賦《ふ》を治めしむべし、その仁を知らざるなり。求《きゅう》や何如《いかん》。子曰わく、求は千室の邑《ゆう》、百乗の家、これが宰《さい》たらしむべし、その仁を知らざるなり。赤《せき》や何如。子曰わく、赤は束帯《そくたい》して朝《ちょう》に立ち、賓客《ひんきゃく》と言《ものい》わしむべし、その仁を知らざるなり。

孟武伯問、子路仁乎、子曰、不知也、又問、子曰、由也、千乗之国、可使治其賦

也、不知其仁也、求也何如、子曰、求也、千室之邑、百乗之家、可使為之宰也、
不知其仁也、赤也何如、子曰、赤也、束帯立於朝、可使与賓客言也、不知其仁也、

孟武伯がたずねた。

「子路は仁者ですか」

先生はいわれた。

「わかりませんね」

さらに問いかえした。先生がいわれた。

「由、つまり子路という男は、千台の戦車を出せる国家で、その軍政を担当させたらよろしい。仁のほうはわかりませんよ」

孟武伯はまたたずねた。

「求、つまり冉有《ぜんゆう》はどうでしょうか」

先生がいわれた。

「求、つまり冉有という男は、千戸の町、百台の戦車を出せる家老の家で、その地頭《じとう》や執事の役をさせたらよろしい。仁のほうはわかりませんよ」

孟武伯はたずねた。

「赤、つまり公西華《こうせいか》はどうでしょうか」

先生はいわれた。

「赤、つまり公西華は、衣冠束帯の礼服をつけて朝廷で位につき、客人と応対させたらよろしい。仁のほうはわかりませんよ」

〈孟武伯〉孟孺子《もうじゅし》、名は洩《せつ》、ふつう孟武伯または武伯と称せられる。孟懿子《もういし》つまり仲孫何忌《ちゅうそんかき》の子《こ》。哀公十四年(前四八一年)八月、父の死去のあとをうけて年少で父の地位をつぐ。孔子とこの若い貴族との会話は、前四八一年から、子路が死する前年の前四八〇年冬までの一年余の間の出来事であろう。

〈賦〉春秋時代では、「賦」とは、君主が国人に課する軍事の、いっさいの義務の総称である。戦車・歩兵・輜重《しちょう》の輪卒などを供することがふくまれる。

〈千室の邑〉君主あるいは卿《けい》・大夫《たいふ》などの領有する聚落《しゅうらく》。小さいのは農村の小聚落で、大きい邑は宗廟社稷《しゃしょく》を中心に城壁をめぐらした独立の都市をなす。大小は一定しない。千室は千家族の意味。「室」は、家族・家内奴隷ほかをふくんだ大家族である。

〈百乗の家〉相当な卿・大夫、つまり標準貴族の家。

〈赤〉姓は公西、名は赤《せき》、字は子華《しか》。孔子より四十二歳年下の年少者。押し出しがよかったので外交使節などには適していた。

〈束帯〉礼服にしめる広い帯、礼服の総称。

*孔子が帰国したのちに、父がかつて仕えたことのある貴族で、三家の一つ孟孫氏の若い主人とかわした対話である。孟孫氏の子弟はもとから孔子を礼の師としたこともあり、孔子の門人とは同門的な親しみがあった。一門の年長者の子路には敬意をはらって、

字《あざな》で呼び、その他の年少グループは、貴族らしく名を呼びつけにしている。孔子にとっては、季氏などとちがって内輪の話なので、子路・冉有・公西華の才能をあけすけに批評している。

**九**　子《し》、子貢《しこう》に謂《い》いて曰《のたま》わく、汝回《なんじかい》と孰《いず》れか愈《まさ》れる。対《こた》えて曰《い》わく、賜《し》は何を敢《あ》えて回を望まん、回は一を聞いて以て十を知る、賜は一を聞いて以て二を知るのみ。子曰わく、如《し》かざるなり、吾《われ》も汝とともに如かざるなり。

　子謂子貢曰、汝与回也孰愈、対曰、賜也、何敢望回、回也聞一以知十、賜也聞一以知二、子曰、弗如也、吾与汝弗如也、

先生が子貢にむかっていわれた。

「おまえは、回つまり顔淵《がんえん》とどちらがまさっていると思っているかね」

子貢がこたえた。

「わたくしは、望むにことをかいて、なんで顔淵を目標にいたしましょう。顔淵は一を聞けば十をさとります。わたくしなぞは一を聞いて二をさとるだけですから」

先生がいわれた。

「とても及ばない。自分もおまえもどちらも顔淵には及ばないのだ」
＊子貢は、孔子の弟子のなかでは、「これに往《おう》を告げて来《らい》を知る」とほめられた秀才で、

つよい自信があったので、孔子は突然、顔回とどちらがすぐれているのかとたずねられた。子貢は、さすがに孔子の意向をおしはかって、抵抗せずに、へりくだって答えた。孔子がこれに同意して、師自身まで回に及ばぬとしたのは、少しいいすぎのようだ。

一〇 宰予《さいよ》、昼寝《い》ねたり。(1) 子曰わく、朽《く》ちたる木は彫《ほ》るべからず、糞土《ふんど》の牆《かき》は杇《ぬ》るべからず。予《よ》に於《お》いてか何ぞ誅《せ》めん。子曰わく、始め吾《われ》、人に於けるや、その言を聴きてその行《こう》を信ぜり。今吾、人に於けるや、その言を聴きてその行を観《み》る、予に於いてか是《これ》を改む。

宰予昼寝、子曰、朽木不可彫也、糞土之牆不可杇也、於予与何誅、子曰、始吾於人也、聴其言而信其行、今吾於人也、聴其言而観其行、於予与改是、

宰予が、病《やまい》でもないのに、昼、奥に引きこもって寝ていた。先生がいわれた。
「ぼろぼろの木に彫刻することはできないし、泥土の垣根に上塗りはできない。宰予にはもうこれ以上何を叱《しか》ろうぞ」
先生は、さらにいわれた。
「自分は今まで他人にたいして、そのことばをよくきいて、行動は見ないですませてきた。これからは他人にたいして、そのことばをよくきいて、行動をよく見ることにした。やり方をかえるきっかけとなったのは宰予だ」

〈宰予〉姓は宰、名は予、字は子我《しが》。通称宰我。魯国の生まれ。孔子の親しい弟子であるの

に生年が不明である。

〈糞土の牆は…〉中国の垣は、古代では土をつきかためたものが多い。乾いた土ならつきかためられるが、水気《みずけ》をふくんだ泥土はかためられない。糞土はこの泥土をさす。「杇」は上塗りであるが、泥土の垣はそれどころではないのである。

(1)　皇侃の『義疏』が、勉強中に居眠りをしたと解するのは、もっともふつうで、朱子の新注もこれに近い。「昼（晝）」の字を「画（畫）」の誤りとして、寝つまり奥の居間に絵を画かせたという説がある。これは礼の専門家である宰予にとっては、言行不一致の行動とされても仕方がない。また『礼記《らいき》』檀弓《だんぐう》篇の「昼は内に居《お》れば、その疾《やまい》を問うも可《か》なり」というのをもとにして、「昼寝《い》ねたり」は、昼は居るべき場所でない「内の寝」、つまり奥座敷に病気でもないのに引きこもったという説がある。檀弓篇は、おそらく『論語』のこの章を頭においた説であろうから、たぶん最古の注であるばかりでなく、当時の生活形式を考慮にいれて、あるいはもっとも穏当ではないかと思われるので、これによった。

*宰予は礼の専門家で、能弁家として知られている。ちょっとした昼寝で、孔子からこんな目玉の飛び出るほど叱られたのはなぜか。弟子のしつけは厳格をきわめていたとしても、孔子のごとき大先生にしては、ちょっと受け取りにくい点がある。それにこの事件が、他人とくに弟子のことばを信じていた孔子に、ことばと行為とが一致しないこともあると考えさせる転機となった。人間のことばにたいする信頼感が、これでゆらぐほどの大事件になったとは、どういうことか。古今の注釈家が、これを問題にして、いろい

ろの解釈をこころみて、そのなかに捨てがたいものもあるが、どれも私にとってはじゅうぶん説得的ではない。宰予は、孔子に三年の喪《も》は長すぎるといったり（陽貨篇第二十一章）して、孔子のご機嫌を損じている。彼は合理主義というより、さらに実用主義的なところがあったので、孔子の伝統主義と正面から対立する。実用主義的な子貢も、実際には妥協的であったが、宰予は思想をそのままおし出した。これがふだんから孔子の癇《かん》にさわっていたのではなかろうか。宰予はこの意味において、孔子一門の異端思想の者であり、戦国時代の墨子《ぼくし》以後の実用主義の先駆者であったといえるだろう。孔子と宰予との間に、思想の対立からくる違和感があったとすると、宰予の昼寝の小さい不心得な行動がきっかけとなって、孔子の怒りをかったわけではあるが、このきっかけ自身はたいしたことではなかったという前提で「昼寝」の意味をさぐればいいのである。

二　子曰わく、吾未《われいま》だ剛《ごう》なる者を見ず。或るひと対《こた》えて曰わく、申棖《しんとう》あり。子曰わく、棖は慾《よく》あり、焉《いず》くんぞ剛なるを得ん。

　子曰、吾未見剛者、或対曰、申棖、子曰、棖也慾、焉得剛、

先生がいわれた。

「自分は今まで強い人間にあったことがない」

さるお方がこたえられた。

「お弟子の申棖がいるではないか」

先生がいわれた。

「棖という男は欲ばりです。どうして強いといえるでしょう」

〈申棖〉この問答に出てくる申棖は、孔子の目の前にいる弟子の一人であるらしいが、注釈家のなかには『史記』の弟子伝《ていしでん》中の申党《しんとう》、字周《しゅう》をあてているものがある。勇士というだけで詳しいことは不明。

＊孔子と相手の貴族とでは剛者、つまり勇者についての定義がちがっている。孔子が精神のしっかりした真の勇者がいないのを嘆じたのにたいして、貴族はたんに力の強いだけの勇士を問題にして、それなら現に申棖がいるではないかとこたえたのである。欲望が強い人間はなぜ剛者になれないか。朱子は、剛とは堅強不屈の意だとしている。堅忍不抜の意志をもって自己の欲望にうちかって修行しなければ、真の勇者になれないのは、現在のスポーツにでも通ずる真理であろう。

三　子貢曰わく、我《われ》、人の諸《これ》を我に加うるを欲《ほっ》せざるは、吾《われ》もまた諸を人に加うることなからんと欲す。子曰わく、賜《し》よ、爾《なんじ》の及ぶところに非《あら》ざるなり。

子貢曰、我不欲人之加諸我也、吾亦欲無加諸人、子曰、賜也非爾所及也、

子貢がいった。

「わたくしは、他人が私にしかけてほしくないことは、自分も他人にしかけることがないようにしたい」

先生がこのことばをきいていわれた。

「子貢よ、それはおまえにできることではないぞ」

＊子貢のことばは、他人の気にもなって考えるという孔子の仁の本質をじつに明晰《めいせき》に表現している。その表現は、孔子より上手かもしれない。孔子はこれを否定するわけではなくて、いったいおまえに実行できるのかと軽く反問したのである。頭のいい、しかし道徳の実践のともなわない傾向のある子貢にたいしてさとしたのである。そこに教育者としての孔子の面目があらわれている。

三　子貢曰わく、夫子《ふうし》の文章は得《え》て聞くべし、夫子の性と天道とを言うは、得て聞くべからざるなり。

子貢曰、夫子之文章、可得而聞也、夫子之言性与天道、不可得而聞也、

子貢がいった。

「先生の文化についてのお考えはうかがうことができたが、先生が人間の本性と天の道理についておっしゃることは、ついぞうかがうことができなかったのだな」

＊子貢は、孔子の文章を見たのでなく、聞いたといっているから、孔子の発言のほか、

『詩経』『書経』などの暗唱や礼の行事、楽の演奏などを通じて、主として耳で聞いたものであった。文章は文化の表現と考えてさしつかえはない。性は人間のもって生まれた性質で、孔子は「性は相《あい》近し」(陽貨篇第二章)といっているから、人間の本性は個人的にそれほど差異はないと考えていたが、それ以上のことはなにもいっていない。天道は自然と人間社会の運行の法則性をさす。孔子は、運行に規則があることを意識していたが、それについて多くを語らなかった。あまり語らなかったことは、性と天道について、全然意識を欠いていたことを意味しない。とくに天道については、天道はかならずしも正義に与《くみ》しないし、不正義をも容認していること、つまり「天道是《ぜ》か非《ひ》か」について、心の底でいつも問題にしていた。ただ弟子たちのなかに、性と天道との問題をひっさげて、孔子に質問するだけの人物がいなかったからである。しかし、朱子は、性と天道について、孔子はその見解を容易に述べなかったのであるが、このとき子貢がはじめてこれを聞きえて、喜んで、めったに聞けない論議を孔子から聞いたとしたのが、この発言だとする。この宋学《そうがく》の大問題である性と天道についての理論は、孔子がすでに持っており、宋学がこれを発展させたと説かねばならなかったからである。しかし、子貢が孔子から性と天道の論議を親しく聞いたという説はまったく成り立たない。

一四　子路、聞けることありて、未《いま》だ行なう能《あた》わざれば、唯《ただ》、聞くあらんことを恐る。

子路有聞、未能行、唯恐有聞、

子路は、先生から聞いた教訓がまだ実行できない間は、さらに新しい教訓を聞くことをたいへんこわがった。

＊言論よりも行動、理論よりは実践を重んじた孔子の門下で、この子路ほど教訓を実践にうつそうとひたむきに努力したものは少ない。孔子が、子路を大好きだったのは、こういう美点があるからである。子路の人柄は、孔子でなくとも、だれでも好きにならずにはいられないだろう。

一五　子貢問いて曰わく、孔文子《こうぶんし》は何を以てこれを文と謂《い》うか。子曰わく、敏《びん》にして学を好み、下問《かもん》を恥じず、是《ここ》を以てこれを文と謂うなり。

子貢問曰、孔文子何以謂之文也、子曰、敏而好学、不恥下問、是以謂之文也、

子貢がおたずねした。

「孔文子はなぜ文と諡《おくりな》されたのでしょうか」

先生がいわれた。

「孔文子は頭の回転が早くて、しかも学問好きで、目下《めした》の意見をきくことを恥ずかしいとは思わない。これが文と諡された理由である」

〈孔文子〉姓は孔、名は圉《ぎょ》。孔氏は衛《えい》の名門であった。卿《けい》・大夫《たいふ》が死ぬと、君主はその生前

の業績にふさわしい諡を与えて、名誉を表彰する。「文」はそのなかでは最高の諡号《しごう》であった。

＊孔文子は衛の重臣として、孔子が衛に亡命したとき勢力をふるっていた。彼は、若い大《たい》叔疾《しゅくしつ》の妻を離婚させて、自分の娘を後妻にやり、その先妻との仲が切れないのを怒って婿に討手《うって》をむけようとして、孔子に止められたことがある。衛《えい》の霊《れい》公の娘を夫人にしたのを笠《かさ》にきて、専断のふるまいが多かった。子貢は、孔子も面識のある、あまり人格者とはいえない孔文子が、死後、文という最高の諡をうけたその理由を孔子に問うた。衛の霊公の婿であったことが、その隠れた理由であると推察していたのかもしれない。孔子は、乱脈な衛国のことではあるが、孔文子は政治家に似合わず学問好きで、謙虚で、部下の意見をとりいれたなどの、隠れた美点を示して、他人の私事をとりあげて悪口をいってはいけないと、言外に戒めたのである。

一六　子、子産《しさん》を謂《のたま》わく、君子の道四つあり。その己れを行なうや恭《きょう》、その上《かみ》に事《つか》うるや敬《けい》、その民を養うや恵《けい》、その民を使うや義《ぎ》。

子謂子産、有君子之道四焉、其行己也恭、其事上也敬、其養民也恵、其使民也義、

先生が子産を評していわれた。

「子産には、君子にふさわしい行ないが四つある。身を持すること厳粛、君主と目上につ

かえて敬虔《けいけん》、人民の厚生にたいして同情的、人民を使役して公正」

〈子産〉公孫僑《こうそんきょう》、字は子産。鄭《てい》の貴族宰相として、晋《しん》・楚《そ》の強国間にはさまれながら、よくその独立を維持した。孔子より一時代前の合理主義的・実用主義的な政治思想家で、孔子に深い感化を与えた。

一七　子曰わく、晏平仲《あんぺいちゅう》、善《よ》く人と交わり、久しくして人これを敬う。

子曰、晏平仲善与人交、久而人敬之、

先生がいわれた。

「晏平仲という人は、だれとでもよくつき合うが、しばらくするうちに皆に敬意を払われる」

〈晏平仲〉斉の宰相。姓は晏《あん》、名は嬰《えい》、字は仲、平は諡《おくりな》である。彼は豪族の間《かん》に身を処して、簡素な生活を送った。『晏子春秋』は彼の著述として残っているが、実際は戦国時代に編《へん》纂《さん》された本である。

*孔子は、隣の強国の斉《せい》に在留したので、少し年上の大政治家晏平仲とは面識くらいはあったかもしれない。晏平仲は、あまり名門の出身でなく、崔《さい》氏・慶《けい》氏の豪族、新興の陳《ちん》氏などと協調して、よく指導的役割を果たした。崔氏らの内乱にさいしても、国民の尊敬をうけていたので、だれも危害を加えるものがなかった。よく人とつき合って、しか

も敬意をもたれたという孔子のことばは、じつに適評である。

**一八**　子曰わく、臧文仲《ぞうぶんちゅう》、蔡《さい》を居《たくわ》え、節《せつ》を山にし、梲《せつ》に藻《も》をえがけり。何如《いかん》ぞそれ知《ち》ならん。

　子曰、臧文仲居蔡、山節藻梲、何如其知也、

先生がいわれた。

「臧文仲は、国君の卜《うらな》い用の特別の大亀《おおがめ》の甲羅《こうら》を家にたくわえ、天子の建物のように柱の上の斗栱《ますがた》に山がたをほり、梁《はり》の上の短い柱、うだちに藻《も》の文様をえがいた。これが世間でいう物知りのふるまいだろうか」

〈臧文仲〉姓は臧孫《ぞうそん》、名は辰《しん》、字は仲《ちゅう》、諡は文。魯の国君の一族である。

〈蔡〉蔡地原産の、国君専用の卜い用の大亀の甲。

〈居う〉貯えること。

〈節〉梁を支える柱の上部のますがた。

〈梲に藻を…〉「梲」は侏儒《しゅじゅ》柱ともいい、日本の「うだち」にあたる。梁の上にたてて棟木《むねぎ》を支える短い柱。「藻」は藻の文様をえがくこと。

＊臧文仲は、孔子の誕生より六十六年以前の前六一七年に死んだ。魯国の貴族中の有名な賢者であった。この世評の高い賢者にたいする孔子の批評は、あまりにも手きびしい。とくにここでは、賢者が私生活で礼に規定された制限を破った点がとり上げられている。

季孫氏などの三家の礼制の無視を極力攻撃した孔子は、賢者の臧文仲にたいしても、批判せざるをえなかったのである。

一九　子張問いて曰《い》わく、令尹子文《れいいんしぶん》、三たび仕えて令尹と為《な》れるも、喜べる色なし。三たびこれを已《や》めらるるも慍《うら》むる色なし。旧《ふる》き令尹の政《せい》、必ず以て新しき令尹に告ぐ。何如《いかん》。子曰わく、忠なり。曰わく、仁なりや。曰わく、未だ知らず、焉《いずく》んぞ仁なるを得ん。崔《さい》子《し》、斉君《せいくん》を弑《しい》す。陳文子《ちんぶんし》、馬十乗《じょう》あり、棄《す》ててこれを違《さ》る。他邦に至りて則《すなわ》ち曰わく、猶《なお》、吾《わ》が大夫《たいふ》崔子のごときなりと。これを違る。一邦に至りて則ちまた曰わく、猶、吾が大夫崔子のごときなりと。これを違る。何如《いかん》。子曰わく、清し。曰わく、仁なりや。曰わく、未だ知らず、焉《いずく》んぞ仁なるを得ん。

子張問曰、令尹子文三仕為令尹、無喜色、三已之、無慍色、旧令尹之政、必以告新令尹、何如、子曰、忠矣、曰、仁矣乎、曰、未知、焉得仁、崔子弑斉君、陳文子有馬十乗、棄而違之、至於他邦、則曰、猶吾大夫崔子也、違之、至一邦、則又曰、猶吾大夫崔子也、違之、何如、子曰、清矣、曰、仁矣乎、曰、未知、焉得仁、

子張がおたずねした。

「楚《そ》の令尹、つまり総理の子文は、三度令尹に任命されましたが、嬉しそうなようすは見せませんでした。また三度令尹を辞任させられましたが、恨めしがるようすは見せません

でした。いつも、もと令尹のときの政策を新令尹に引き継ぎました。どうごらんになりますか」

先生はいわれた。

「それは忠実だ」

また、おたずねした。

「仁といえましょうか」

先生が答えられた。

「どうかな。どうして仁者といえるだろうか」

また子張がおたずねした。

「斉の家老の崔杼《さいちょ》が、荘《そう》公を殺しました。同じ斉の家老の陳文子は、四頭立ての十台の戦車を出す領地をすてて、国外に去りました。他国に着くと、いいました。『ここにも我が国の家老崔君と似た人間がいる』そこでまた国外に去りました。別の国に着くと、またいいました。『ここにもまた、我が国の家老崔君と似た人間がいる』そこでまた、国外に去りました。これなどはいかがでしょうか」

先生がいわれた。

「清潔だね」

子張がおたずねした。

「仁といえませんか」

「どうかな。どうして仁者といえるだろう」

〈子文〉姓は闘《とう》、名は穀於菟《とうおと》、子文はその字《あざな》。楚国では、中国の正卿《せいけい》、つまり総理にあたる官名を令尹と称していた。彼が最初令尹に就任して、自家の財産を投げ出して、楚の国難を救ったのは、前六六四年、孔子誕生の百十二年以前のことである。

〈陳文子〉姓は陳、名は須無《しゅぶ》、文はその諡《おくりな》である。崔杼が斉国君主を殺したのは、前五四八年、孔子の幼少のときである。孔子より一世代前の政治家であった。
＊令尹子文は、中国第一の強国、楚のかつての名宰相で、高潔な人格者として有名であった。陳文子は、昔中国に覇《は》をとなえたことのある隣国の斉の、新興で人気のある家老であった。子張は、この二人こそ仁者の名に値する政治家にちがいないと考えて、孔子の意見をただした。忠とか清とかいって、いちおう評価したが、師の仁者の理想は高かった。

二〇 季文子《きぶんし》、三たび思いて後行《のちゆ》く。子これを聞きて曰わく、再び思えば斯《すなわ》ち可なり。
季文子三思而後行、子聞之曰、再思斯可矣、
季文子が三度考えてから、晋国《しんこく》に出発した。先生がこのことを聞かれて、いわれた。

「二度考えれば、それでいいのに」

〈季文子〉姓は季孫《きそん》、名は行父《こうほ》、文は諡である。魯の文公のときからつかえ、宣・成・襄《じょう》の三公の名宰相であった。前五六八年に死んでいるから、孔子の誕生以前のことで、同時代人ではない。

＊魯の正卿《せいけい》、つまり宰相の季文子は、慎重な性格であった。前六二一年、魯国の国使として、覇者の晋国に派遣された。晋の襄《じょう》公がかねて病気であったことを調べて知ったのであろう。季文子は、行く先でその死にあったときのことを予想し、その喪《も》にあったときの国使の礼の伝授をうけてから出発した。従者から、そこまで用意しないでもといわれて、万一の突発事件にそなえるべきだとこたえた。はたして着くと、晋の襄公は死亡したので、用意が間に合ったことになる。孔子はこのとき、出発するときの用意をきいて、三度まで考え直してみないでも、二度考えて、用意して出ればいいではないかと評したのである。ただし、この事件は、孔子の生まれる六十九年前の出来事であるのに、当時の出来事について孔子が批評したように書かれている。孔子の死後、弟子あるいは孫弟子が、その伝えられてきた孔子の言行を『論語』に編集するときに、いちいち年代記に照らし合わせるわけでないので、季文子と孔子とを同時代の人間と思いちがえて書いたのであろう。実際の会話はそうでなくて、前二章のような、弟子と、過去の人物の評論をしたことばであったはずであるが、歪《ゆが》めて伝えられたのである。吉川幸次郎博士

は、この話を孔子が伝聞したことになっているのに疑問をもたれた。これにヒントを得て、解釈を加えてこの結論に達した。

三　子曰わく、甯武子《ねいぶし》は邦《くに》に道あるときは則ち知、邦に道なきときは則ち愚。その知は及ぶべきなり、その愚は及ぶべからざるなり。

子曰、甯武子、邦有道則知、邦無道則愚、其知可及也、其愚不可及也、

先生がいわれた。

「甯武子は、国家が治まっていれば知恵者になり、国家が乱れてくれば愚か者になる。その知恵者ぶりはまだまねられるが、その愚か者ぶりはとてもまねられない」

〈甯武子〉姓は甯、名は兪《ゆ》、武は諡である。衛国の家老。

＊甯武子は、孔子の時代よりだいぶ古く、前六三二年ごろから六二三年ごろ活躍した衛国の政治家である。晋・楚の強国にはさまれた衛国は、国内での不人気のため一時国外にのがれていた成公《せいこう》が、晋国の後ろだてで国に復帰するが、国内は安定しない。成公は反対派に訴えられて晋国での裁判に負け、周の牢屋《ろうや》に囚《とら》われた。反対派は、公の弟の公子瑕《か》をたてて侯《こう》とした。甯武子は苦心のすえ、成公を牢からたすけだして、公子瑕を倒して、また位につけた。きびしい国際関係と激しい国内の対立のなかで、衛国の内紛を収拾した甯武子の活動は、あるときは知者として策謀し、あるときは愚者として空とぼけ、

たいへんなものであったろう。甯武子は前六二三年、衛の国使として魯に来朝したとき、歓迎の宴の席上、天子が諸侯をもてなすときの音楽を演奏した。甯武子がそっぽをむいて挨拶《あいさつ》しない。主人側から注意されると、今のはリハーサルかと思ったととぼけて、そっとその間違いを正したという。「その愚は及ぶべからざるなり」という孔子の評言は、『左伝《さでん》』の注釈を引いて吉川幸次郎博士が暗示されたごとく、魯におけるこの事件の記憶をふまえたものであろう。演技力に富む中国の政治家には、知者ぶるだけでなく愚者ぶって空とぼけるのが上手《じょうず》な人が多い。

三　子、陳《ちん》に在《いま》して曰わく、帰らんか、帰らんか、吾《わ》が党《とう》の小子《しょうし》、狂簡《きょうかん》にして、斐然《ひぜん》として章を成す、これを裁《さい》する所以《ゆえん》を知らざるなり。

子在陳曰、帰与帰与、吾党之小子狂簡、斐然成章、不知所以裁之也、

先生が陳におられたときのことばである。「帰ろうよ、帰ろうよ。わがふるさとの塾の若ものどもは、志《こころざし》ばかりは途方もなく、目もあやに模様を織りなしている。そして、どう裁断してよいかわからないでおるのだから」

〈陳〉今の河南省南部にあった小国。
〈吾が党の小子〉魯の国都曲阜《きょくふ》の近郊は、六郷《きょう》に分かれて、本来、国君直属の軍士が住居し

ていた。五家を比、五比を閭《りょ》、四閭を族、五族を党、五党を州といい、五州が郷をなしていた。党は五百家の集団で、党には青年の寄宿所があった。日本の若衆の共同宿泊所のようなものがあり、ここで何日か共同で宿泊して、老人から聚落《しゅうらく》の故事などの教育をうける。そしてこの老人を正座にすえて、酒盛りをする。その酒席の作法が、「郷飲酒礼《きょういんじゅれい》」として礼のなかにとり入れられている。孔子の教団は、この郷党の青年組合をモデルとして発展させたものである。小子は、この組合の青年の身分であったが、これが孔子の弟子たちの称呼になった。「吾が党の小子」とは、孔子が曲阜の近郊にもっていた教団にのこしてきた、年少の弟子たちをさしている。

〈狂簡〉狂狷《きょうけん》と同じ。「狂」は志《こころざし》が大であること、「狷」は性質がかたよっていること。進取的で野放図なことをさす。

〈斐然として章を成す〉色彩が豊富で模様をなすこと。

＊五十六歳のとき、改革に失敗して亡命した孔子は、諸国を放浪したあげく、陳国の境で危難にあったのは、前四八九年ごろのことである。この逆境にあって、思いを故国の村《そん》塾《じゅく》に残した若い弟子たちにはせて、孔子にしては珍しく感傷的な調子をおびた美文を吐いている。孔子の帰国が実現するのは、なお五年先のことで、いつ帰国できるか目算もたっていない時期のことであるから、さすが豪気な孔子も、こんな気持に陥ったのも無理はない。

二三　子曰わく、伯夷《はくい》・叔斉《しゅくせい》は旧悪を念《おも》わず、怨《うら》み是《ここ》を用《もっ》て希《まれ》なり。

子曰、伯夷叔斉不念旧悪、怨是用希、

先生がいわれた。

「伯夷・叔斉は、潔癖屋ではあったが、人の旧悪を気にしなかった。そこで、めったに他人の怨みをかうことはなかった」

＊伯夷・叔斉兄弟は、たがいに位をゆずりあって、孤竹《こちく》の故国を去り、殷《いん》の紂《ちゅう》王につかえた。が、その悪政にあきれて、周の武王に帰《き》した。武王が殷の紂王を攻めようとしたとき、暴君ではあるがこれを討つのは、暴をもって暴にかえることとして諫《いさ》めたが、ききいれられなかった。周が天下をとると、その粟《ぞく》つまり禄を食らうことを恥じ、首陽山《しゅようざん》にこもり蕨《わらび》をとって命をつないだが、やがて餓死した。この「旧悪を念わず」とは、紂王が死んでしまってからは、その旧悪を気にせず、節を守ったことをさしているのであろう。（述而篇第十四章参照）

二四　子曰わく、孰《たれ》か微生高《びせいこう》を直《ちょく》なりと謂《い》う。或るひと醯《す》を乞《こ》う。諸《これ》をその隣《となり》に乞いてこれに与う。

子曰、孰謂微生高直、或乞醯焉、乞諸其隣而与之、

先生がいわれた。

「だれが微生高を評して、まっすぐな人だといったのだ。だれかが酢をもらいにいったら、微生高は隣家からもらって、その人に与えたではないか」

〈微生高〉姓は微生、名は高。魯国の人だというが、事跡はよくわからない。

＊孔子の直《ちょく》という徳は、心の思うとおりまっすぐに行動することらしい。「人の生《い》くるや直《なお》し」（雍也篇第十九章）などというのがそうである。酢がほしいといわれて、家にないと答えずに、隣人からもらってきて与えるのは、直という徳にはならない。孔子は人間のちょっとした行動から、その人格を判断し批判する。その見方は直感的でなかなか鋭く、道徳家というより芸術家的だといえるだろう。

二五　子曰わく、巧言《こうげん》・令色《れいしょく》・足恭《すうきょう》は、左丘明《さきゅうめい》これを恥ず、丘《きゅう》もまたこれを恥ず。怨《うら》みを匿《かく》してその人を友とするは、左丘明これを恥ず、丘もまたこれを恥ず。

子曰、巧言令色足恭、左丘明恥之、丘亦恥之、匿怨而友其人、左丘明恥之、丘亦恥之、

先生がいわれた。

「弁舌さわやか、表情たっぷり、むやみに腰が低いのは、左丘明が恥ずべきことと考えた。自分もまた恥ずべきことと考える。心のなかに怨みをもちながら、その人と友人のつき合いをするのは、左丘明が恥ずべきことと考えた。自分もまた恥ずべきことと考える」

〈足恭〉「足《すう》」は過ぎたこと。「足恭」は過ぎた恭《うやうや》しさというのが朱子の新注。「足恭」を足どりがうやうやしいと読む説もある。

〈左丘明〉左丘が姓で、明が名である。『春秋左氏伝《しゅんじゅうさしでん》』は左丘明の著述とされ、魯国の左史という史官であったという説があるが、確かでない。この文面で見ると、左丘明と姓名を呼びすてにしているから、孔子からすると先輩で、すでに死亡している人のようにもみえる。ともかく、孔子が尊敬する同国の先覚であることだけは確かである。

〈丘〉孔子の名。

二六　顔淵《がんえん》・季路《きろ》侍す。子曰わく、盍《なん》ぞおのおの爾《なんじ》の志《こころざし》を言わざる。子路曰わく、願わくは車馬衣裘《いきゅう》を、朋友《ほうゆう》と共にしてこれを敝《やぶ》りて憾《うら》みなからん。顔淵曰わく、願わくは善に伐《ほこ》ることなく、労を施《ほどこ》すことなからん。子路曰わく、願わくは子《し》の志を聞かん。子曰わく、老者《ろうしゃ》には安んぜられ、朋友には信ぜられ、少者《しょうしゃ》には懐かしまれん。

顔淵季路侍、子曰、盍各言爾志、子路曰、願車馬衣裘、与朋友共敝之而無憾、顔淵曰、願無伐善、無施労、子路曰、願聞子之志、子曰、老者安之、朋友信之、少者懐之、

顔淵と子路がおそばについていた。先生が彼らにむかっていわれた。

「どうだ、おまえたちの希望をいってみないか」

子路が口をきった。

「自家用の馬車に乗り、いい着物や毛皮が着られる身分になったとします。友だちと共用にして、それがいたんでも、ちっとも気にしないようになりたいものです」

顔淵がいった。

「どうか善行を自慢にせず、めんどうなことを他人に引きかぶらせないようにしたいと思います」

子路がいった。

「どうか先生の希望をお聞かせください」

先生がいわれた。

「自分は年寄の方《かた》には安心され、友だちには信頼され、子供にはなつかれたい」

＊これはたぶん、孔子が「寝《しん》」つまり奥座敷の常の間でくつろいでいるときの話であろう。そばについている弟子に、堅いことは抜きにして、自分の希望をつつまずいってみろといったのである。孔子は弟子たちが自分の前ではしゃちこばって、もっともらしいことしかいわないことをよく感じとっていたのであろう。子路の希望は少し空想的で、顔回は道徳堅固、孔子がいちばん素直である。

二七　子曰わく、已《や》んぬるかな、吾《われ》未《いま》だ能《よ》くその過ちを見て内に自《みずか》ら訟《せ》むる者を見ざるなり。

子曰、已矣乎、吾未見能見其過而内自訟者也、

先生がいわれた。

「世はおしまいだな。自分はいままで自分の過ちをみとめ、内に自分を責《せ》めることができる人間を見たことがない」

**六**　子曰わく、十室の邑《ゆう》、必ず忠信、丘《きゅう》の如《ごと》き者あらん。丘の学を好むに如《し》かざるなり。

子曰、十室之邑、必有忠信如丘者焉、不如丘之好学也、

先生がいわれた。

「たった十戸の村にも、きっと実《じつ》があってことばをたがえないことでは、自分ぐらいのものはいるであろう。ただ、自分ほど学問好きではないだろうが」

## 第六　雍也《ようや》篇

第一章の弟子冉雍《ぜんよう》、すなわち仲弓《ちゅうきゅう》の名をよんで「雍《よう》也《や》南面せしむべし」といった賛辞のはじめの二字をとって篇名とした。全三十章のうち第十六章までは、弟子や同時代の人物について論じたので、前の公冶長篇の続篇のような性格をもっている。おそらく竹簡《ちっかん》や

木簡《もっかん》の巻物は長さが制限されているので、一篇に収めきれなかったのが、この篇の前半となったのであろう。後半には、仁の徳を中心とした学問論・人生論を述べた章が多い。幸福論のうえに立った孔子の晩年のもっとも円熟した思想があらわれている。

一　子曰《しのたま》わく、雍《よう》や南面《なんめん》せしむべし。

子曰、雍也可使南面、

先生がいわれた。

「雍という男は、人の頭に立てる人物だ」

〈雍〉冉雍《ぜんよう》、字《あざな》は仲弓《ちゅうきゅう》。『論語』では、一般に仲弓でとおっている。

〈南面〉天子・諸侯以下、卿《けい》・大夫《たいふ》などは、公式の場ではいつも南に向き、北に向かった臣下の礼をうけることをいう。「南面せしむべし」とは、天子をはじめ人の頭に立つことのできる人物だということである。

二　仲弓《ちゅうきゅう》、子桑伯子《しそうはくし》を問う。子曰わく、可《か》なり、簡《かん》なり。仲弓曰《い》わく、敬に居《い》て簡を行ない、以《もっ》てその民に臨まば、亦《また》可ならずや。簡に居て簡を行なう、大簡なる無きを乃《え》んや。子曰わく、雍の言、然《しか》り。

仲弓問子桑伯子、子曰、可也、簡、仲弓曰、居敬而行簡、以臨其民、不亦可乎、

居簡而行簡、無乃大簡乎、子曰、雍之言然、

仲弓が子桑伯子の人物についておたずねした。先生はいわれた。

「まあいいだろう。大《おお》まかだから」

仲弓がいった。

「心がまえは慎重でありながら、行動は大まかにやる、そういう態度で人民にたいするなら、それもよろしいでしょう。しかし、心がまえも大まかで、行動も大まかというのでは、大まかすぎるのではないでしょうか」

先生がいわれた。

「ほんとにおまえのいうとおりだよ」

〈子桑伯子〉当時の政治家というが、よくわからない。

＊この問答では、仲弓のほうがすっかり師の孔子をくっている。上位に立って人に命令するものは、下の者にたいして鷹揚《おうよう》で、けっしてこせこせしてはいけない。しかし、心の中では物事を注意深く考えていなければならない。そういう秘訣《ひけつ》をちゃんと心得ていた仲弓だと見抜いたからこそ、前章のように孔子は「雍や南面せしむべし」といったのだともいえるだろう。

三　哀公《あい》、問う、弟子《ていし》孰《たれ》か学を好むと為《な》す。孔子対《こた》えて曰わく、顔回《がんかい》という者あり。学を

好み怒りを遷《うつ》さず、過ちを弐《ふた》たびせず。不幸、短命にして死せり、今や則《すなわ》ち亡《な》し。未《いま》だ学を好む者を聞かざるなり。

哀公問、弟子孰為好学、孔子対曰、有顔回者、好学不遷怒、不弐過、不幸短命死矣、今也則亡、未聞好学者也、

哀公がおたずねになった。

「弟子《でし》のうちで、だれが学問好きと思うか」

孔子が、かしこまってこたえられた。

「顔回というものがいました。学問好きで、怒りの情に駆《か》られることなく、同じ過ちを重ねたこともございませんのに、無惨《むざん》にも年若く死にました。そして今は、この男はもういなくなったのです。ほかに学問好きのもののことは噂《うわさ》もきいておりません」

＊もっとも望みをかけていた顔淵《がんえん》の若死《わかじに》は、老年の孔子にはたいへんな打撃をあたえた。「今也則亡」の「亡」がない異本があり、「今や学を好む者を聞かざるなり」と読ませていた。しかし、私はこの異本をとらないで、普通本によった。孔子は顔淵のこととなると、つい涙もろくなって、くりかえして愚痴をこぼさずにいられない。その気持が、「不幸、短命にして死せり」だけでいいところを、さらに「今や則ち亡し」と、同じことを重ねていわせたのだと私は解するからである。そういう感情の乱れもまた人間孔子にふさわしいではないか。孔子が顔淵の死をきいて取り乱した話は、先進篇に詳しく書

かれている。

**四**　子華《しか》、斉《せい》に使いす。冉子《ぜんし》、その母の為《ため》に粟《ぞく》を請う。子曰わく、これに釜《ふ》を与えよ。益《ま》さんことを請う。曰わく、これに庾《ゆ》を与えよ。冉子、これに粟五秉《へい》を与う。子曰わく、赤《せき》の斉に適《ゆ》くや、肥馬に乗り軽裘《けいきゅう》を衣《き》たり、吾《われ》聞く、君子は急を周《すく》いて富めるを継《たす》けずと。

子華使於斉、冉子為其母請粟、子曰、与之釜、請益、曰与之庾、冉子与之粟五秉、子曰、赤之適斉也、乗肥馬、衣軽裘、吾聞之也、君子周急不継富、

子華が斉国へ使いにやられた。冉有《ぜんゆう》が留守宅の子華の母親に粟《あわ》をいただきたいと願った。先生はいわれた。

「釜をやっとけ」

冉有はもっと増していただきたいと願った。先生はいわれた。

「庾をやっとけ」

冉有は五秉をとどけた。それを知って先生がいわれた。

「子華が斉国に旅立つとき、駿馬《しゅんめ》に乗り、いい毛皮の服を着ていたと噂にきいている。君子は、困っている者は助けるが、金持には足しまえはしないものだ」


〈子華〉孔子の弟子。姓は公西《こうせい》、名は赤《せき》、字は子華。

〈冉子〉冉求《ぜんきゅう》、字は子有《しゆう》、冉有ともいわれる。

〈粟〉当時の中国の主食は粟《あわ》であった。「粟《ぞく》」はまた、精白してもみがらをとった穀類一般の名称にもなる。

〈釜〉戦国時代つまり前三一四年ころの斉国の量《ます》を実測した結果、一釜は当時の六斗四升、約二十リットルで、日本の一斗一升二合に相当することがわかった。これを賜わったのはあまりに少量である。

〈庾〉一庾は当時の十六斗である。日本の二斗八升にあたる。

〈五秉〉一秉は十庾であるから、五秉は日本の十四石にあたる。これならまず相当であろう。
＊孔子が弟子の公西赤を斉国に使いとして派遣し、その留守宅の母親に贈る見舞の米を出ししぶったという。これは徂徠《そらい》の説くように、母親への見舞は名義で、使節の支度金や旅費や雑費がふくまれていたことであろう。この必要な費用を孔子が出ししぶったということは、孔子を神のように崇拝する弟子たちを、たいへんとまどわせたにちがいない。見栄坊《みえぼう》の公西赤の旅出の晴れ姿にたいする批判を、これによって暗示しようとしたのだという、孔子の真意をあきらかにされて、弟子たちがほっとしたようすがよくえがき出されている。

**五**　原思《げんし》、これが宰《さい》と為《な》る、これに粟《ぞく》九百を与う。辞す。子曰わく、毋《な》かれ、以て爾《なんじ》の隣《りん》里郷党《りきょうとう》に与えんか。

原思為之宰、与之粟九百、辞、子曰、毋、以与爾隣里郷党乎、
原思が先生の領地の地頭《じとう》となったとき、先生から穀《こく》九百を給せられたが辞退した。先生はいわれた。
「まかりならぬ。取っておけ。それでも気が進まねば、おまえの隣近所に分けてやればいい」

〈原思〉孔子の門弟。姓は原、名は憲《けん》、字は子思《しし》。魯《ろ》国の人。
〈粟九百〉古注では九百斗としている。前章のように穀物は釜《ふ》がもっとも一般的な単位であったらしいから、九百釜とみるべきであろう。すると日本の約百石にあたる。一年の給料としては、相当な待遇であろう。

＊弟子の原思は貧乏であったので、孔子はこれを宰としたとき、公西華とは対照的に、じゅうぶんに給与をあたえたとされる。しかし、給与が今の何石にあたるかあきらかでない。

六　子、仲弓《ちゅうきゅう》を謂《い》いて曰わく、犂牛《りぎゅう》の子も騂《あか》く且《か》つ角《つの》あらば、用うる勿《な》からんと欲すと雖《いえど》も、山川それ諸《これ》を舎《す》てんや。
子謂仲弓曰、犂牛之子、騂且角、雖欲勿用、山川其舎諸、
先生が仲弓の人物を評していわれた。

「鋤《すき》を引くまだら牛の仔《こ》でも、赤毛でととのった角《つの》をいただいていると、人間が祭のいけにえにあてないでおこうと思っても、山と川の神々さまのほうで、目こぼしにはなさらないだろう」

〈仲弓〉弟子冉雍の字である。

〈犂牛〉まだら毛の牛という説と、耕作用の鋤《すき》を引く牛という説などがある。耕作用の牛は毛なみも悪いのが多いから、この二説を一つにまとめて訳した。

〈騂〉赤毛。

＊田で鋤を引かすまだら牛の仔とは、仲弓が賤民《せんみん》の子であったことを象徴している。天神などのいけにえにあてるため、ふだんから政府の牧人が毛なみのいい牛をえらんで養っている。これが足りなくなると、一般の耕作につかう牛から毛なみのいい牛をえらんでいけにえにする。それと同じように、徳行がすぐれ、人の上に立つ資格をそなえた仲弓は、いつかはきっと世間で用いられるにちがいないことをたとえたのである。孔子は家柄のよい貴族の子が、それにふさわしい徳と才能とをもっているかぎり、国家の指導的位置につくことに反対しない。しかし、貴族階級以外の出身者にも、才能と徳行にすぐれた人がいることを疑わなかったのである。

七　子曰わく、回《かい》や、その心三月《さんがつ》仁《じん》に違《たが》わざれ。その余《よ》は日月《ひびつきづき》に至らんのみ。

子曰、回也、其心三月不違仁、其余則日月至焉而已矣、

先生がいわれた。

「顔淵《がんえん》よ、ただ三月《みつき》の間でよいから、心が仁の徳から離れないように努力しろ。三月を越えてしまえば、心が仁を離れないままで、日も月も自然にすぎて行くだろうよ」

〈回〉顔淵の名。

＊「その余」は、顔淵以外の弟子をさすというのが通説であるが、古注は「顔淵という男は、三月の間、心は仁の徳から離れたことがなかった。彼以外の弟子たちは、せいぜい一日か一月《ひとつき》くらいしかできないだろうに」と説く。伊藤仁斎《いとうじんさい》は、「その余」は、仁以外の徳をさすとして、「顔淵よ、三月仁から去らずにいられたら、それ以外の徳は一日か一月のうちに成るだろう」といったのだと解釈するが、私の説はさらに一歩を進めた。

八　季康子《きこうし》問う、仲由《ちゅうゆう》は政《せい》に従わしむべきか。子曰わく、由や果《か》なり、政に従うに於《お》いて何かあらん。曰わく、賜《し》は政に従わしむべきか。子曰わく、賜や達《たつ》なり、政に従うに於いて何かあらん。曰わく、求《きゅう》は政に従わしむべきか。子曰わく、求や芸《げい》あり、政に従うに於いて何かあらん。

季康子問、仲由可使従政也与、子曰、由也果、於従政乎何有、曰、賜也可使従政也与、子曰、賜也達、於従政乎何有、曰、求也可使従政也与、子曰、求也芸、於

従政乎何有、

季康子がおたずねになった。

「子路は政治にあたらすことができるだろうか」

先生がいわれた。

「子路は決断力に富んでいます。政治にあたらせるになんの不足がありましょう」

また、たずねられた。

「子貢は政治にあたらすことができるだろうか」

先生がいわれた。

「子貢は見通しのきく男です。政治にあたらせるになんの不足がありましょう」

また、たずねられた。

「冉有《ぜんゆう》は政治にあたらせることができるだろうか」

先生がいわれた。

「冉有は才能に富んでいます。政治にあたらせるになんの不足がありましょう」

＊孔子の晩年、魯《ろ》に帰国してのち、前四八四年以後のことであろう。宰相の地位について質問した若い貴族の大臣は、老年の学者に、弟子たちの政治家としての能力について質問した。孔子は、それぞれの長所をあげ、この長所をうまく使えば、きっとりっぱな仕事ができると答えた。このとき冉有はすでに季氏の宰《さい》、つまり領地の地頭にとりたてられて

いた。孔子の弟子中の最年長者の子路、もっとも秀才の子貢を引き合いにだして、じつは最後に持ち出された冉有の人物論が一番ききたいところであったのではなかろうか。ともかく孔子のように、自分の育てた弟子の長所をよく見て、そしてだれでも政治家になれると答えるのは、たいへんな自信であるし、また弟子への愛情のあらわれだという吉川幸次郎博士の考えに、私は賛成である。

**九**　季氏、閔子騫《びんしけん》をして費《ひ》の宰《さい》たらしめんとす。閔子騫曰わく、善《よ》く我が為《ため》に辞《じ》せよ、如《も》し我を復《ふたた》びすることあらば、則ち吾は必ず汶《ぶん》の上《ほとり》に在《あ》らん。

季氏使閔子騫為費宰、閔子騫曰、善為我辞焉、如有復我者、則吾必在汶上矣、

季氏が、閔子騫を費の城主に任命しようとした。閔子騫は、その使者にむかっていった。「私のために、よくよく主君にご辞退申し上げてください。もし、もう一度私のところに使者をさしたてられましたら、私はきっと国境を越えて、汶水《ぶんすい》のほとりに去っていますでしょうから」

〈閔子騫〉孔子の弟子。姓は閔、名は損《そん》、字は子騫。孔子より十五歳年少。弟子中の年長グループに属する。

〈費〉魯の都の東南沂水《きすい》の流域、現在の山東省費県の西北にある季氏の城。あまり強大になりすぎて、季氏に反旗をひるがえすものができ、定公十二年（前四九八年）、季氏の宰と

なった子路が、城壁を撤去しようとして、費の城主公山不擾《こうざんふじょう》の反乱（陽貨篇第五章参照）をまねいたことがある。季氏にとっては要地ではあるが、支配のむつかしい城でもあった。

＊この問答がいつ行なわれたのか、季氏がだれをさすのかはっきり書かれていない。閔子騫は顔回と併称され、顔回の没後は徳行では孔門第一の有名な人物であった。孔子の晩年には、その育てた弟子たちは、魯国はもちろん周囲の諸国にしだいに有名となって、諸国に聘《へい》せられた。たぶん季康子が、徳行第一の閔子騫をねらって、季氏の領地中で要地である費の城の城主としようとしたのではなかろうか。そして、季氏の専権にあきたらぬ閔子騫の手ごわい拒絶にあって、冉有を聘したのではなかろうか。その時期は、冉有が季氏の宰となった前四八四年の直前ではなかろうか。

一〇　伯牛《はくぎゅう》、疾《やまい》あり。子、これを問う。牖《まど》よりその手を執《と》りて曰わく、これ亡《な》し(1)、命《めい》なるかな。斯《こ》の人にして斯の疾あるや、斯の人にして斯の疾あるや。

伯牛有疾、子問之、自牖執其手、曰、亡之、命矣夫、斯人也而有斯疾也、斯人也而有斯疾也、

冉《ぜん》伯牛の病気がよくなかった。見舞にゆかれた先生は、窓からその手をとりながらいわれた。

「こんな道理があるはずがない。これが運命というものだろうか。こんな人柄がこういう

病気にかかるとは。こんな人柄がこういう病気にかかるとは」

〈伯牛〉姓は冉、名は耕、伯牛は字である。

(1)古注も「亡」を「喪なり」として、「これを亡《ほろ》ぼせり」と読み、その病《やまい》がいよいよ危篤で、これがおしまいなのかという孔子の永訣《えいけつ》のことばだと解するのが通説である。しかし、吉川幸次郎博士の指摘したように、それでは病人にたいして、あまりぶしつけなことばになる。そこで「これ亡《な》し」、こんな道理があるはずはないと読む一説がある。孔子は、愛する弟子の一人を死病の床にたずねて、悲痛の思いにたえかね、運命の非合理性を嘆じた。その心が動揺しているので、ことばもすっきりと筋が通らなくなったのだろう。

＊冉伯牛は、顔淵・閔子騫・仲弓とならんで徳行を称された弟子であった。病気がたいへん悪いときいて見舞にでかけた孔子が、窓から手をとって別れをつげた。冉伯牛が「悪疾」、つまりハンセン病にかかっていたので、孔子はそのただれた顔を見るのがつらかったから、室に入らずに、窓から手をとったのだというのが古注の解釈である。病人は部屋の北の窓の下で寝ているが、君主が見舞に来られると南の窓の下に病床をうつし、南面して病人と対することができるようにするのが礼であった。孔子のために冉伯牛は、南窓の下に病床をうつして、孔子を部屋に請じ入れようとした。孔子は主君のように南に向かって弟子の冉伯牛に対面するのをさけて、部屋に入らずに窓から手をとったと、朱子は説明する。朱子は、古注が孔子の態度を人情のあらわれとみる解釈を排し、礼に

よって正しく振舞ったのだとみなすのである。孔子が「斯の人にして斯の疾あるや」といっているのは、よほどの重い病気にとりつかれていたにちがいない。ハンセン病にかかってくずれた顔を見るに忍びずに、窓から手だけをとって別れをつげたというのが、むしろ自然な解釈であるので、私はこれに従いたい。異議をとなえる人は、ハンセン病の人は手までただれていたろうし、その手をとるくらいならというかもしれない。手ならただれていてもまだいいが、ただれた顔は見るに忍びないのが人情である。私は朱子のように孔子を大聖人とし、人情を超越し、ただ礼の規則によって部屋に入らずに手をとったという解釈には反対である。たとえ礼の作法は考慮されたとしても、部屋に入らず窓から手をとったその孔子の行為には、やはり弟子にたいする愛情が動機として強くはたらいていたのである。こういう人情の自然に従った行動こそ、真に孔子らしいと私は信ずる。徳行にすぐれた弟子が、このような病気によって死んでゆく、「斯の人にして斯の疾あるや」孔子はここに、命つまり運命の不合理を痛感した。孔子は子貢のいったように、性と天道とについて多くを語りはしなかったが、天道の是か非かをたえず問題にしていたのである。

二　子曰く、賢なるかな回《かい》や、一簞《たん》の食《し》、一瓢《ぴょう》の飲《いん》、陋巷《ろうこう》に在《あ》り。人はその憂いに堪《た》えず、回はその楽しみを改めず。賢なるかな回や。

子曰、賢哉回也、一簞食、一瓢飲、在陋巷、人不堪其憂、回也不改其楽、賢哉回也、

先生がいわれた。

「なんとすぐれた男であることよ、顔回という男は。毎日、竹の弁当箱一杯のご飯と、ひさごのお椀《わん》一杯の飲み物で、狭い路地の奥に住んでいる。ふつうの人間はとても憂鬱《ゆううつ》でたまらなくなるだろうが、回は道を学ぶ楽しさをちっとも忘れない。なんとすぐれた男であることよ」

〈一簞の食〉竹でつくった破子《わりご》の弁当箱一杯の飯。

三　冉求《ぜんきゅう》曰わく、子の道を説《よろこ》ばざるには非《あら》ず。力足《た》らざるなり。子曰わく、力足らざるものは中道にして廃《や》む、今女《なんじ》は画《かぎ》れり。

冉求曰、非不説子之道、力不足也、子曰、力不足者中道而廃、今女画、

冉求がいった。

「先生の学説が好きでないのではありません。力が足りないからです」

先生がいわれた。

「力が足りないものは途中で投げ出すのだが、現在のおまえは、はじめから自分の力に限界をつけているのだ」

三　子、子夏に謂《い》いて曰わく、女《なんじ》、君子の儒《じゅ》と為《な》れ、小人《しょうじん》の儒と為る毋《な》かれ。

子謂子夏曰、女為君子儒、毋為小人儒、

先生が子夏にむかっていわれた。

「おまえは君子らしい貴族的で堂々とした学者となってくれ。小人らしいこせこせした学者にはなってくれるな」

〈儒〉『論語』のなかで「儒」という語はここにはじめて出てきて、しかも唯一の例である。「儒は優なり、柔なり」というのが古い意味である。古いゆったりした衣服をきて、みやびやかに礼儀作法を習っていた孔子の一門にたいして、他の学派が「儒者」とよんだのである。孔子の学派を儒教というのは、これが起源である。

＊子夏は文学に長じていたが、行儀作法などをやかましくいった。その弟子たちは「洒掃《さいそう》応対進退に当たりては則ち可なり。抑《そもそ》も末なり」（子張篇第十二章）といわれ、行儀作法の末にばかり精を出して、大局がわからなかったと非難された。孔子の子夏にたいする教訓は、この弱点をよく見抜いて、批判している。君子の儒と小人の儒、それぞれの意義についてはいろいろ説があるが、『論語述何《じゅつか》』が、君子の儒は賢者でその大を識《し》るもの、小人の儒は不賢者でその小を識るものとしているのは正しい。そう解すると、子夏の一門の細節にこだわったのにたいする忠言として、もっとも適切であるからである。

一四　子游《しゆう》、武城《ぶじょう》の宰《さい》と為《な》る。子曰わく、汝《なんじ》、人を得たるか。曰《い》わく、澹台滅明《たんだいめつめい》という者あり。行くに径《こみち》に由《よ》らず、公事に非《あら》ざれば、未《いま》だ嘗《かつ》て偃《えん》の室に至らざるなり。

子游為武城宰、子曰、汝得人焉耳乎、曰、有澹台滅明者、行不由径、非公事、未嘗至於偃之室也、

子游が武城の城主に任ぜられた。先生がたずねられた。

「おまえはだれか人物を見つけたか」

子游はこたえた。

「澹台滅明という者を見つけました。道を歩くときは、近道をしません。公用でなければかつて私の家に来たことがございません」


〈澹台滅明〉姓は澹台、名は滅明、字は子羽《しう》。孔子より三十九歳年少。子游の推薦で孔子にまみえたらしい。容貌が醜《みにく》かったので、あまり重要視されなかった。武城から南下して、呉国で三百人ほどの弟子を教育し、天下に名をとどろかせた。孔子が、自分が容貌から滅明を重視しなかったのは失敗だったと述懐したというのは、後世に付加した伝説であるが、儒教の南方布教の祖となったというのは真実であった。

〈偃〉子游の名。

＊武城は費《ひ》の南西にあり、沂水《きすい》の流域にあって長江下流の呉《ご》・越《えつ》などの新興の強国が北上

してくる路にあたり、魯の南の関門にあたる土地で、ここの城主はなかなかの要職であった。この職についた子游に、防備のことなどをたずねずに、どんな人物を見つけたかとたずねたのは、じつに孔子らしい。政治はまず人を得ることが大切だと信じたからである。

一五　子曰わく、孟之反《もうしはん》は伐《ほこ》らず。奔《はし》って殿《でん》たり。将《まさ》に門に入らんとしてその馬に策《むち》ちて曰《い》う、敢《あ》えて後《おく》れたるには非《あら》ず、馬進まざるなりと。

子曰、孟之反不伐、奔而殿、将入門、策其馬曰、非敢後也、馬不進也、

先生がいわれた。

「孟之反は手柄を自慢しない。軍が敗走したとき殿《しんがり》をつとめた。おくれて城門に入ろうとするとき、馬に鞭《むち》うちながらいった。

『殿《しんがり》でおくれたのではないぞ。なにせ馬めが走りよらぬのでな』」

〈孟之反〉『左伝』には「孟之側《しそく》」と書かれているが、同一人物で、『左伝』『論語』どちらかの字があやまったのである。

＊孟之反は魯の大夫《たいふ》で勇士としてきこえていた。前四八四年、魯国が隣の大国、斉《せい》の侵略をうけ、都の城外で迎え撃ち、大激戦となり、魯軍は敗れて城内に逃げこんだ。そのとき殿《しんがり》をつとめて戦ったのが孟之反である。このことは『左伝』の哀公十一年の項に載

っている。斉軍は勝ちはしたものの、魯軍の必死の抵抗におそれをなして、夜、引き揚げてしまった。敗軍の殿戦《しんがりせん》は、戦闘のなかでもっとも困難である。一番槍《いちばんやり》は手柄をほめられるが、敗軍の戦いではその功はとかく忘れられてしまうことが多い。この孟之反の行動をほめたのは、さすが勇士の子として生まれた孔子であった。

一六　子曰わく、祝鮀《しゅくだ》の佞《ねい》あらずして、宋朝《そうちょう》の美あるは、難《かた》いかな、今の世に免《まぬが》れんこと。

子曰、不有祝鮀之佞、而有宋朝之美、難乎免於今之世矣、

先生がいわれた。

「祝鮀のような口上手《くちじょうず》でなくて、宋朝のような美貌《びぼう》の持ち主というだけだと、むつかしいな、現代の世を無難におくることは」

〈祝鮀〉「祝」は宗廟の神主をいう。「鮀」は名。『左伝』は「佗」と書くが同音で通用する。衛《えい》の人。前五〇六年の召陵《しょうりょう》の会に、とくに衛の霊公に従って参列し、蔡《さい》国との席次争いに萇弘《ちょうこう》と弁論を行なって勝ちを収め、有名となったが、その後、歴史にまったくあらわれない。

〈宋朝〉前四九六年、衛の霊《れい》公が夫人の南子《なんし》を悦ばせるため宋から迎えた美男子であるが、前四八三年ごろ出奔《しゅっぽん》した。孔子が衛にいたころはまだ南子の寵臣《ちょうしん》として羽振りをきかせていたと思われる。孔子が衛国にいたときに、宋朝の終わりを全《まっと》うしえないのを予測した

とみるより、衛国を去り魯に帰国したのち、宋朝の出奔を知って感想をのべたとみるべきであろう。

＊この章は、古注の読み方にしたがって読んでみたが、これにたいし、「祝鮀の佞ありて、しかも宋朝の美あるにあらずば」という朱子の別の読み方がある。この話は、前四九七年、孔子が魯を逃げて衛国におもむいてから前四九三年までの第一回の滞在中か、前四八九年から前四八四年までの第二回の滞在中かのどちらかとみるよりも、注でのべたように、孔子が前四八四年帰国したのちに宋朝の出奔をきいての発言ではないだろうか。祝鮀は、召陵の会で衛の霊公のため、覇者晋国にたいして雄弁をふるった衛の名臣である。その後『左伝』にあらわれないので、おそらく第一回、第二回の孔子の衛国滞在時には、もはや在世していないのではなかろうか。さらに孔子が帰国して、宋朝の出奔をきいた前四八四年には、とっくに世を去っていたろう。もし在世していたとしても高齢で、その雄弁はすでに十年以上二十年前の歴史的出来事であったろう。これにたいして宋朝のほうは、衛の霊公夫人の南子の寵臣で、現存している二枚目である。したがって「祝鮀の佞あらずして」のほうが仮定の条件で、「宋朝の美あるは」は現実である蓋然性《プロバビリティ》が大きいから、古注の解き方によった。古注だと、宋朝は全盛をほこっていたが、長くはもたなかったのだという感慨の意味にとれる。新注だと、この現実をはなれて、ただ佞人と美男の世にはびこることにたいする嘆息の意味にとれる。私は具体的な発想

とみる古注のほうをとりたい。

一七　子曰わく、誰《たれ》か能《よ》く出《い》ずるに戸《こ》に由《よ》らざらん、何ぞ斯《こ》の道に由る莫《な》き。

子曰、誰能出不由戸、何莫由斯道也、

先生がいわれた。

「出るときに、だれが戸口を通らないものがあろうか。どうしてこの道を通るものがないのだろう」

一八　子曰わく、質《しつ》、文《ぶん》に勝《まさ》るときは則《すなわ》ち野《や》、文、質に勝るときは則ち史《し》、文質彬彬《ひんぴん》として然《しか》してのち君子なり。

子曰、質勝文則野、文勝質則史、文質彬彬、然後君子、

先生がいわれた。

「内容が表現を圧倒すると野人《やじん》になる、表現が内容を圧倒すると文士になる、表現と内容が渾然《こんぜん》として、はじめて君子になる」

〈野〉古代都市の城壁の外、つまり遠い郊外を「野」という。そこに住む人、つまり農民が「野人」の原義である。

〈史〉古代中国において、すべて文献をつかさどる役は「史」とよばれた。がんらいは、神

を祭るときの祭文、神殿の年代記、卜《うらな》いのことばなどを起草し、書き写し、記録する役であるが、一般の書記役に発展したのである。こういう書記役の文章は、とかく形式倒れになる傾向がある。この傾向をさして孔子は「史なり」といったのだ。

〈彬彬〉色などが適当に入りまじり、調和しているさま。

*「質」は具体的には素朴、「文」は装飾をさし、礼つまり文化の二つの形式と考えられた。殷《いん》王朝の文化は質であり、周《しゅう》王朝の文化は文であるといわれるのはこれである。しかし孔子は、ここでは質と文が文化を形成する対立する要素で、二つがいろいろの形態で結合して、異なった文化を創《つく》っているとしている。二つの要素に内容と形式をあてた岡田正三氏の解釈により、礼を広い意味の芸術とみて、質を材料つまり内容、文を表現と訳したのである。

一九　子曰わく、人の生《い》くるや直《なお》し、これ罔《な》くして生くるや幸いにして免《まぬが》る。

子曰、人之生也直、罔之生也、幸而免、

先生がいわれた。

「人間は生きてゆく、まっすぐに。まげて生きてゆく、やっと助かるだけだ」

*馬融《ばゆう》の古注では、人間が生命を全うすることができるのは正直の徳による。正直によら

ず、自他をあざむいて生きながらえることもできるが、それはまぐれあたりで助かっているだけだと読む。朱子の新注では、人間の本性は正直であるから、これにしたがって生きてゆけばそれでよいと解する。人間はすなおに自己の真実の欲望にしたがって行動すればよい。邪念がおこって、それを曲げると、かえって百悪が生ずるのだということを、生命の直接で純粋な体験を通じて語っているのがこのことばであると私は解する。次の章は、さらにこの心境を説明している。

二〇　子曰わく、これを知る者はこれを好む者に如《し》かず、これを好む者はこれを楽しむ者に如かず。

　子曰、知之者不如好之者、好之者不如楽之者、

先生がいわれた。

「ものごとを理解する人は、これを愛好する人にかなわない。愛好する人は、楽しんで一体となっている人にかなわない」

＊伊藤仁斎は「道を知るものは、義理明白で議論はきくべく、人は皆たっとぶけれども、これを好むものが、終身衰えず、いよいよ進み、いよいよ熟するのに及ばない。これを好むものは人皆信ずるけれども、楽しむものが道とひとつになって、まったく区別できなくなるまでに至っているのに及ばない。道はひとつであるが、行なうところ生熟・深

浅がある。孔子のこのことばは、生より熟に至り、浅きより深きに至ることを望んでいるのである」といったが、これはもっとも本旨を得ている。学問は愛知であり、対象と一体となることによって最高の境地に達するという、孔子の学問論の根本がここに述べられている。第二十三章を参照すると、その意味がよくわかる。

三　子曰わく、中人《ちゅうじん》より以上には、以て上《かみ》を語るべく、中人より以下には、以て上を語るべからず。

子曰、中人以上、可以語上也、中人以下、不可以語上也、

先生がいわれた。

「平均か、それ以上の知能の持ち主には、高度な内容の話をしてもよい。平均以下の知能の持ち主には、高度な内容の話をしてもむだである」

＊中人以下には、高度の話はできないという発言は、ちょっとみると、孔子がたいへん人間の知能の差別を重大視したように見える。孔子はまた「上知《じょうち》と下愚《げぐ》とは移らず」（陽貨篇第三章）といって、知能のとくに優秀なものと、とくに劣っているものは、教育によって変えうるものではないともいっている。上知と下愚とは特別の人間であるから、その人数はそれほど多くはないはずだ。中人、つまり平均人が社会の最大多数を占めているはずである。その平均人には高度な話をして、教育することができると考えている

のであるから、現代の教育の機会均等主義の考えと正面から矛盾するものではない。貴族による地位の世襲がまだ強く残っていた社会におけるこの孔子の発言は、むしろ人民大衆の知能の啓発をめざした進歩的なものであった。

三　樊遅《はんち》、知を問う。子曰わく、民の義を務め、鬼神《きしん》を敬して遠ざく、知と謂《い》うべし。仁を問う。子曰わく、仁者は先《ま》ず難《なや》んで後《のち》に獲《う》、仁と謂うべし。

樊遅問知、子曰、務民之義、敬鬼神而遠之、可謂知矣、問仁、子曰、仁者先難而後獲、可謂仁矣、

樊遅が知について質問した。先生がいわれた。

「人民にたいして、人としてなすべき義務を果たすように教え、祖先や神々にたいして、じゅうぶんに敬意をささげて離れた所にお祭りしておく。これが知というものだ」

また、仁について質問した。先生はいわれた。

「仁徳をそなえた人は、まずむつかしい仕事を行なっておいてから、後《あと》で利益をおさめる、それが仁というものだ」

＊樊遅は孔子より三十六歳年少で、斉国との戦いに大奮闘した勇士であるが、孔子に農事をたずねたりして（子路篇第四章）、あまり理解力のいい弟子ではなかった。これはおそらく魯国に帰った晩年の孔子と、魯国につかえた樊遅との会話であろう。孔子はこの、

あまりものわかりのよくない弟子の「知とは何か」という質問にたいして、理論的でなく、具体的に答えている。人民を治め、神をお祭りする都市国家の政治の要務について、神のお祭りのほうには、ただ敬意をはらっておくだけであまり深入りせず、人民を国家にたいする義務に自覚をもつように教化するのが、政治家としての知だと述べた。「仁とは何か」という、さらに根本的な難問にたいしても、むつかしい仕事を自分で引き受けてなしとげておいてから、報酬を要求せよという、官吏ないし社会人としてとるべき行動を具体的に示した。あまり精彩のない問答になったのは、孔子は弟子の理解力に応じて返答をしているからであろう。

三 子曰わく、知者は水を楽しみ、仁者は山を楽しむ。知者は動き、仁者は静かなり。知者は楽しみ、仁者は寿《いのちなが》し。

子曰、知者楽水、仁者楽山、知者動、仁者静、知者楽、仁者寿、

先生がいわれた。

「知の人は水を愛し、仁の人は山を愛する。知の人は動的であり、仁の人は静的である。知の人は楽しく生き、仁の人は長命である」

＊孔子は、まず知者と仁者との差異を、水と山という風景にたいする趣味のちがいに見いだす。そしてそれから出発して、活躍しつづける知者と、どっしりとかまえる仁者の社

会人としての行動の型をとり出す。最後に人生の生き方にうつって、日々に楽しい知者の生活ぶりと、目だたないが健康で長寿をとげる仁者の落ちついた心境とを対比させる。静謐《せいひつ》な幸福を享受するのが仁者なのであるということばによって、孔子は人生の真の幸福は何かという問題に答えている。たぶん孔子の最晩年の思想を述べたものであろう。

二四　子曰わく、斉《せい》、一変せば魯《ろ》に至り、魯、一変せば道に至らん。

子曰、斉一変至於魯、魯一変至於道、

先生がいわれた。

「斉の国を一度改革すれば魯の国のようになる。魯の国を一度改革すれば理想の国になる」

＊魯は周の開国の名相周公のたてた国であり、斉はその隣の、周の開国の名将太公望《たいこうぼう》のたてた国である。孔子の時代の斉は、かつて桓《かん》公時代に覇権をとったころの面影《おもかげ》はないが、晋《しん》・楚《そ》につぐ大国であって、その国家は小国の魯とはまるでちがっている。孔子は若い時に魯をのがれ、斉におもむいたことがある。斉の国都の臨淄《りんし》の規模は、魯の曲阜《きょくふ》の都とはまるで比較にならない。文化的生活においても同じようにたいへんな差がある。この斉国を一変すれば魯国になり、さらに一変すれば理想の国になれるとは、まったく

現実に反した発言ではないか。私はこれにたいして次のように解釈したい。この発言も、中原《ちゅうげん》の衛《えい》・陳《ちん》などの諸国に十余年の亡命生活を送ってきた孔子の、帰国後の晩年になされたものであろう。中原の諸国、とくに衛国などの享楽的な生活、その道徳的退廃を体験した孔子にとっては、同じ山東半島に国をかまえた両国は、まだ周公・太公望の周初の理想を幾分かずつ残しているのだから、斉の景公《けい》も、魯の哀公《あい》もけっして明君ではないが、国がらが中原の国とちがって、まだ救いみちがあるというのが、その感想であったのだ。

一五 子曰わく、觚《こ》、觚ならず、觚ならんや、觚ならんや。

子曰、觚不觚、觚哉、觚哉、

先生がいわれた。

「觚の酒杯《さかずき》も本来の觚の形でなくなった。これが觚であろうか。これが觚であろうか」

〈觚〉周代の青銅の酒器で、当時の二升（約四百ミリリットル）をいれる。戦国時代になると、青銅の觚がすたれ、漆器《しっき》の杯が使用された。こういう変化が、春秋末の孔子の時代にすでに起こっていたのかもしれない。觚が杯になるともう觚ではないといっているのだろうか。

＊觚という古代の酒杯が、本来の姿を失ってしまったということから、古代の礼の退廃をなげいた。しかし、孔子時代の觚が古代の觚とどう変わっていたのか、いろいろの説が

あってよくわからない。

二六　宰我《さいが》、問いて曰わく、仁者はこれに告ぐるに井《せい》に仁ありと曰《い》うと雖《いえど》も、それこれに従わんか。子曰わく、何為《なんす》れぞそれ然《しか》らんや。君子は逝《ゆ》かしむべきなり、陥《おちい》らしむべからざるなり。欺《あざむ》くべきなり、罔《し》うべからざるなり。

宰我問曰、仁者雖告之曰井有仁焉、其従之也、子曰、何為其然也、君子可逝也、不可陥也、可欺也、不可罔也、

宰我がおたずねした。

「仁者は、井戸のなかに人が落ちてますすといわれたら、すぐ飛びこむでしょうか」

先生がいわれた。

「どうしてそんなことをするものか。りっぱな人間なら、そこまで行かせることはできるが、井戸のなかまで落ちこませることはできない。だますことはできるが、前後の見さかいもなくさせることはできないものだ」


〈仁あり〉「仁」は「人《ひと》」と同じである。

＊宰我は前にも述べたように、才子で雄弁家であったので、孔子に難問をかけて、困らせてやろうとした。仁者とは人を愛するものだというが、もし井戸に人が落ちているとうそをつかれたら、その仁者はどうするかときいてみた。「人が井戸に落ちた」という知

らせをうけて、そんなことがあるものかと、知らん顔をしていないで、井戸のそばまで走って行く。それでなければ仁者でないが、井戸の中をよく調べてもみないで、いきなり飛び込むことはしないよ、と孔子はこたえた。実に明答である。これを読むと、宰我がなぜ孔子にきらわれたかよくわかる。ほんとに意地悪な問い方をするではないか。

二七　子曰わく、君子博《ひろ》く文を学びて、これを約《やく》するに礼を以てすれば、亦《また》以て畔《そむ》かざるべし。

子曰、君子博学於文、約之以礼、亦可以弗畔矣夫、

先生がいわれた。

「学問に志す人が、できるだけいろいろの文献を読んで、その知識を礼の理念によって統一するならば、正しい道からはずれることはまずあるまいな」

＊孔子が学問論を述べたことばとして、非常に重要な章である。学問は、実証的に広く資料を集めなければならないが、中心の理念を欠いてはいけないというのである。

二八　子、南子《なんし》を見る。子路説《よろこ》ばず。夫子《ふうし》これに矢《ちか》いて曰わく、予《われ》、否《よから》ざるところのものは、天これを厭《す》てん、天これを厭てん。

子見南子、子路不説、夫子矢之曰、予所否者、天厭之、天厭之、

先生が南子に会われた。子路が不服でしかたがない。そこで孔子は子路に誓われた。

「わたしに、もし間違いがあったならば、天が神罰を下されようぞ。天が神罰を下されようぞ」

＊孔子は五十六歳のとき、魯の国を去って衛国に亡命した。美貌《びぼう》で多情な衛の霊公夫人南子が謁見の通告をしてきた。孔子はこの意向を無視できずに、ついに参内《さんだい》せざるをえなくなった。南子は、自分の魅力がこの有名な学者をどれほど迷わせることができるか試《ため》したかったのだろう。その結果はどうであったか事実はわからないが、南子が孔子をすっかり魅惑したという噂《うわさ》が国中に流れたらしい。一本気の子路はすっかり不機嫌になってしまった。注釈家のなかには、孔子が衛の霊公に会って説くため、手段としてまず寵愛《ちょうあい》する南子に会ったのだというものもある。また、南子が孔子を政治家として任用しようとしたのだとの説もある。ともかく、大聖人孔子の一生のなかで唯一の婦人関係の物語である。そのために、注釈家のなかには、大聖人にあるはずのない行動として抹《まっ》殺《さつ》しようとするものもある。当時の歴史物語である『左伝』によると、この春秋時代の列国の貴族社会では、男女間の交際は自由で、多くの恋愛事件がおこっている。孔子が南子に会ったのは事実にちがいないし、それが噂をよんで子路を怒らせたのである。孔子が天罰を引合いに出して、間違いをおこしていないと誓ったのを、そのまま信ずるほかはない。『論語』が、孔子のこのような疑惑にみちた行動と、弟子との会話をそのま

まとったのは、ちょっと不思議な感じがする。『論語』の編者は、かたく孔子の無実であることを信じたのであろうが、あえて聖人の過ちをのせたところに、原始儒教教団の寛容さがあるといえよう。

二九 子曰わく、中庸《ちゅうよう》の徳たる、それ至れるかな。民鮮《すく》なきこと久し。

子曰、中庸之為徳也、其至矣乎、民鮮久矣、

先生がいわれた。

「中庸という徳は、なんと完全無欠なものだろう。それにつけて、人民にその徳が欠けるようになってから、なんと久しくなったことだろう」

〈中庸〉「中」は過不及がないこと、「庸」は平常という意味。

三〇 子貢《しこう》曰わく、如《も》し能《よ》く博《ひろ》く民に施《ほどこ》して能く衆を済《すく》わば何如《いかん》。仁と謂《い》うべきか。子曰わく、何ぞ仁を事とせん、必ずや聖《せい》か。堯舜《ぎょうしゅん》もそれ猶諸《なおこれ》を病めり。夫《そ》れ仁者は己れ立たんと欲《ほっ》して人を立たしめ、己れ達せんと欲して人を達せしむ。能く近く譬《たと》えを取る。仁の方《みち》と謂《い》うべきのみ。

子貢曰、如能博施於民而能済衆、何如、可謂仁乎、子曰、何事於仁、必也聖乎、堯舜其猶病諸、夫仁者己欲立而立人、己欲達而達人、能近取譬、可謂仁之方也已、

子貢がおたずねした。

「もし国民にひろく恩恵をあたえ、大衆を救済することができるならば、いかがでしょう。仁とよんでもよろしいでしょうか」

先生がこたえられた。

「どうして仁くらいに止《とど》まるだろう。しいていえば聖だ。堯・舜両聖人皇帝でさえ、これを悩みの種とされた。いったい仁者は、自分が立ちたければ、まず他人を立たせ、自分が達したいと思えば、他人を達せさせる。とくに身近な例をもととしてはじめる。これが仁を実践する方法である」
＊子貢が政治家としての立場から人民の福祉を増進し、難民を救済するのは、仁の徳を実現する政策ではないかと質問した。これにたいして孔子は、古代の理想の君主であり、聖人といわれる堯・舜ですら、容易に実現できなかった理想であるとして、正面から論ずるのをさけた。春秋末期の列国は、戦争・内乱が相次いで起こり、また豪族が農地を兼併《けんぺい》し、その大土地所有が進行していた。人民の福祉の向上、難民の救済にはとても手がまわらなかった。だから子貢の理想を空想的だとしてしりぞけた孔子の発言は正しい。孔子はもっと現実の上に立ち、個人の自立は、他人の自立を前提として要請するという仁の立場から、自分の周囲に仁を及ぼし、それからしだいに拡大するのが実際的だと考えたのである。孔子はがんらい周公を理想としたので、古代の聖人皇帝といわれる堯と

舜とについては、あまり発言しなかった。堯舜伝説は孔子ではなく、戦国初期の墨子《ぼくし》の学派の間からとなえられた伝説であったとされる。この点からすると、雍也篇末尾のこの第三十章は、戦国の堯舜伝説がさかんになった以後の知識がはいりこんでいて、戦国以降につけ加えられた章かもしれない。

論語　第四巻

# 第七　述而《じゅつじ》篇

第一章の「述而《のべて》作らず」の最初の二字をとって篇名とした。三十七章のなかで、孔子自身が自己の学行について語ったことばが重きをなし、「子、怪・力・乱・神を語らず」というように、弟子たちが孔子の平生の行動を述べたものが若干はいっている。孔子の言行録の形式をもっとも明瞭《めいりょう》に示している。「述而」という篇名は、またよくこの篇の内容を象徴している。

一　子曰《しのたま》わく、述べて作らず、信じて古《いにしえ》を好む。窃《ひそ》かに我を老彭《ろうほう》に比す。

子曰、述而不作、信而好古、窃比我於老彭(1)、

先生がいわれた。

「祖述するだけで創作しない、古代を信じ、かつ愛好する。そういう自分をそっと老彭になぞらえている」

〈述べて作らず〉「述」は「循」で、何かにしたがうこと、つまり先人の学問を祖述することである。作は創作、新しい文化を創造すること、とくに礼楽《れいがく》の制度を創設することを意味する。

〈老彭〉殷《いん》王朝につかえた賢者、彭祖《ほうそ》は、長寿で有名であったので、老彭と称したという説と、老子と彭祖の二人の先賢をさしたという説とがある。孔子が理想とした賢者としては、彭祖について、現在は何も詳しいことがわからないのは残念だ。

（1）ふつうは「比於我於老彭」と書かれているが、清家本『建武抄』にしたがった。通行本では「わが老彭に比す」と読む。

＊孔子の学問の傾向をよくいいあらわしている。内省的な孔子は、自己の学問のやり方を、他人を批判するように客観的にとらえている。「祖述するだけで創作しない」とは、たいへん謙遜《けんそん》しているように見えるが、この立場を確固として守るところに、強い自信があらわれている。「作」を創作と訳したが、漢語の創作は日本語の創作が文学作品、とくに小説を書くのとちがっている。それは、もっとひろく、とくに礼楽の制度を立案し実施することをさす場合が多い。周公が周の礼を作ったことが典型的な創作であった。それは、文化的なことであるが、それを実行するのは政治的な行動であった。孔子が「述べて作らず」といったときは、こういう政治的な世界から絶縁したことが意味されている。以下の数章とともに、政治からできるだけ遠ざかって、ひたすら礼つまり古代の文化の真義をあきらかにし、後人に伝えようという晩年の孔子の学問の傾向があらわ

れている。

二　子曰わく、黙《もく》してこれを識《しる》し、学びて厭《いと》わず、人を誨《おし》えて倦《う》まず。我に於《お》いて何かあらん。

　子曰、黙而識之、学而不厭、誨人不倦、何有於我哉、

先生がいわれた。

「だまって覚え、学んであきず、他人に教えていやにならない。こんなことは、自分にとってなんでもないことだ」

〈識し〉朱子は「識は記なり」と注している。直観的に知ることにたいして、注意を集中してこれを頭に記憶するまでたたきこむこと。（本篇第二十七章参照）

〈誨えて〉教えること。

三　子曰わく、徳の脩《おさ》まらざる、学の講ぜざる、義を聞きて徙《うつ》る能《あた》わざる、不善改むる能わざる、これ吾《わ》が憂いなり。

　子曰、徳之不脩、学之不講、聞義不能徙、不善不能改、是吾憂也、

先生がいわれた。

「道徳の修養がたりない、学問の勉強がたりない、忠告をうけてしたがうことができず、

過ちを知りながら改めることができない、これがわたしの心配ごとである」

＊この四つの学問と道徳上の欠点を、孔子が自身の行動について自己批判をしているとみるのは朱子の新注であるが、世人たちの過ちをさしているとみるのが古注とくに皇侃《おうがん》の『義疏《ぎそ》』である。孔子は聖人でたえず努力していながら、こんなだれでも持っている欠点を免れられないはずはないと信ずるのが古注である。「学の講ぜざる」などは、前章の「学びて厭わず」ともあきらかに矛盾する。老年の孔子が若い弟子たちの欠点を、老婆心をもって心配したとみるのが正しいであろう。

四　子の燕居《えんきょ》、申申如《しんしんじょ》たり、夭夭如《ようようじょ》たり。

子之燕居、申申如也、夭夭如也、

先生がくつろいでおられるときは、のびのびとまたにこやかであられる。

〈燕居〉朝《ちょう》、つまり役所から自宅に帰り、うちくつろいでいること。

〈申申如たり〉「申申」をつつしみ深い形容とする説があるが、「伸伸」、つまりのびのびするという説が正しい。

〈夭夭如たり〉「夭夭」は、『詩経』に「桃の夭夭たる」といったように、植物がさかんに成長しているさまを形容することばである。同音の「媄《よう》」という字が女の笑っているようすを示しているから、人間の容貌《ようぼう》にすると、笑いをたたえ、愉快な状態の形容詞である。

五　子曰わく、甚《はなは》だしいかな、吾《われ》の衰えたるや。久しいかな、吾復《また》夢に周公を見ざること。

子曰、甚矣吾衰也、久矣吾不復夢見周公也、

先生がいわれた。
「ひどいものだね、わたしのおいぼれ方は。ながいことになるな、わたしが周公さまを二度と夢に見なくなってから」

〈周公〉名は旦《たん》。周の開祖文王《ぶんのう》の子、武《ぶ》王の弟。成《せい》王のとき、その子伯禽《はくきん》が孔子の祖国の魯《ろ》に封《ほう》ぜられた。周王朝の礼制を定めた周公を孔子は理想とし、その制度を復古しようとはかった。

＊孔子はたいへんなロマンチストであった。若い時分は、毎日のように理想の人物の周公に夢で会っていたのであるから。そして老人になると夢をあまり見なくなるものであるが、周公の夢を見ないことから老衰を感ずるのも、老いてもロマンチストであることを実証する。もちろん、彼の晩年の述懐である。

六　子曰わく、道に志し、徳に拠《よ》り、仁に依《よ》り、芸に遊ぶ。

子曰、志於道、拠於徳、依於仁、遊於芸、

先生がいわれた。

「道を目的とし、徳を根拠とし、仁に依存し、芸に自適《じてき》する」

〈道〉古注では、道には一定の形がないから、ただ志向できるだけだと説く。朱子の新注は、人間の日常行なうべき道だと説くが、ともに的《まと》はずれである。孔子の道とは「先王の道」である。古代の聖人、とくに周公を模範とし、その道つまり周公の作った礼の精神をあきらかにしようというのが、孔子の理想であった。

〈徳〉先王の道、周公の道とはいったい何か。それは徳を根本としている。それは権力でなく、人間がよき行動によってつみ上げてきた徳の精神的な力がもとである。

〈仁〉道徳のなかでも、とくに人間らしい道徳、つまり人間の社会的な自覚にもとづいた仁を実現することが、中心とならねばならない。

〈芸〉孔子の時代の貴族の教養は、礼・楽《がく》・射・御《ぎょ》・書・数の六芸《りくげい》であった。ここにいう芸は六芸にあたる。学問と、ときに礼儀作法ならびに武芸のようなスポーツも含まれる。

＊このことばは、ある本には「曰」の下に「士」字のはいったものがあったらしい。それによると、士つまり学問をもって世に立つものは、こうあってほしいと孔子がいったことがはっきりする。しかし、通行本だと、孔子が自分の生活を述べているようにもとれる。私はむしろ、本篇の多くの孔子のことばと同じく、孔子の自叙とみたほうがいいように感じる。

七　子曰わく、束脩《そくしゅう》を行なうより以上は、吾未《いま》だ嘗《かつ》て誨《おし》うるなくんばあらず。

子曰、自行束脩以上、吾未嘗無誨焉、

先生がいわれた。

「一束《ひとたば》の干し肉をもって入門してきた以上は、自分は今まで教えてやらなかったことはなかった」

〈束脩〉弟子が師匠にはじめてお目見得《めみえ》するとき、礼としてたずさえてくる一束の干し肉。謝礼として、もっとも軽い贈りもの。

**八**　子曰わく、憤《ふん》せずんば啓《けい》せず、悱《ひ》せずんば発せず。一隅《いちぐう》を挙げて、三隅を以て反《かえ》らざれば、則《すなわ》ち復《また》せざるなり。

子曰、不憤不啓、不悱不発、挙一隅、不以三隅反、則不復也、

先生がいわれた。

「心がいらいらするくらいでないと指導をしない。口に出かかってむずむずしているくらいでないと、教示しない。一隅をあげて説明すると、三隅をもって応答してこなければ、二度と教えない」

〈憤〉心がいっぱいになること。憤慨の憤はその特別の場合。

〈悱〉いいたいことが口に出かかっているさま。

＊弟子が自分で問題をもち、それを解こうとするようになってはじめて指導をあたえる、

この孔子の教育は、近代啓発主義の教育の本旨に一致する。

九　子、喪《も》ある者の側《かたわ》らに食すれば、未だ嘗《かつ》て飽《あ》かざるなり。子、是《こ》の日に於《お》いて哭《こく》すれば、則ち歌わず。

　子食於有喪者之側、未嘗飽也、子於是日哭、則不歌、

先生が喪中の人のそばで食事されるときは、けっして腹いっぱいになるまで召し上がらなかった。お葬式で声をあげて泣かれると、一日中歌をうたわれなかった。

＊中国は古代でも喪の礼は重要視され、服喪の仕方、期間などについて詳しくきめているが、とかく形式倒れになる傾向があった。弔問や葬式で大声をあげて哭するのが礼であるが、形式化していたので、弔問から帰って来ると、平気で歌をうたったりするものが多かったらしい。孔子のこの行動は、こういう形式化した喪の礼にたいして、真の人情をもとしたものである。春秋時代では凡人のなかなかできない行為であったらしい。

一〇　子、顔淵《がんえん》に謂《い》いて曰わく、これを用うれば則《すなわ》ち行ない、これを舎《す》つれば則ち蔵《かく》る。唯《ただ》我と爾《なんじ》と是《これ》あるかな。子路曰わく、子、三軍を行なわば、則ち誰《たれ》と与《とも》にかせん。子曰わく、暴虎馮河《ぼうこひょうか》し、死して悔《く》いなき者は、吾与《とも》にせざるなり。必ずや事に臨《のぞ》みて懼《おそ》れ、謀《ぼう》を好みて成さん者なり。

子謂顔淵曰、用之則行、舎之則蔵、唯我与爾有是夫、子路曰、子行三軍、則誰与、子曰、暴虎馮河、死而無悔者、吾不与也、必也臨事而懼、好謀而成者也、

先生が顔淵にむかっていわれた。

「用いられれば世間で活動するし、見捨てられれば隠遁《いんとん》する。これは自分とおまえだけができることだね」

聞いていた子路がいった。

「先生が三軍を指揮されるときは、いったいだれとごいっしょになさいますか」

先生がこたえられた。

「虎《とら》を手討ちにし、河をかちわたりして、死んでも後悔しない、そんなものとはいっしょに仕事はできないよ。事にあたって慎重にかまえ、よく計画をたてて成功するものといっしょにやりたいのだ」

〈三軍〉周制では一軍は一万二千五百人で、天子は六軍、大国は三軍、中国は二軍、小国は一軍を出す規定であった。

〈暴虎馮河〉何も武器をもたずに虎と組打ちをし、大河を歩いて渡る。無謀な冒険の典型とされている。

＊子路は年長の弟子で、一本気なところを孔子にかわいがられていた。若い顔淵が師の信頼をうけているのに嫉妬《しっと》したのだろう。戦争なら自分でなければだめでしょうと、子供

じみた発言をして孔子に向こう見ずをいましめられた。

二　子曰わく、富《とみ》にして求むべくんば、執鞭《しつべん》の士と雖《いえど》も、吾亦《われまた》これを為《な》さん。如《も》し求むべからずんば、吾《わ》が好むところに従わん。

子曰、富而可求也、雖執鞭之士、吾亦為之、如不可求、従吾所好、

先生がいわれた。

「富がもしも正当な道で手に入れられるならば、鞭《むち》をふるう御者にだって自分もなるだろう。もしも正当な道で手に入れられないならば、自分の好みにまかせて仕事をするだろう」

＊このことばは、いろいろの意味に解釈されている。最初の句を「富がもし求めるに値するものならば」と解するのもある。しかし、孔子は富貴自体が追求に値しないとは考えていない。たとえば「富《とみ》と貴《たっと》きとは、これ人の欲するところなり、その道を以てせざれば、これを得《う》るも処《お》らざるなり」（里仁篇第五章）といっているからである。正しい道によって得られるならば、どんな卑しい職にでも甘んじてついて働くであろう。劉宝楠《りゅうほうなん》のように、孔子がはじめ魯につかえて、委吏《いり》（蔵番）となり、牛馬を牧畜する役人となった歴史的経験を思い起こしたのだとする説もある。朱子の新注は、富が道によって手に入れられない、つまり運命の偶然によって本人の徳行に関係なく富が手に入るものだ

としたら、つまらない職などにつかず、自分個人の趣味にしたがって、好きな仕事をやりとげたいとする。私はだいたいこの説によった。孔子の運命にたいする諦観《ていかん》がよくあらわれている。

三　子の慎《つつし》むところは、斉《さい》・戦《せん》・疾《しつ》なり。

子之所慎、斉戦疾、

先生が慎重を期せられたのは、精進潔斎《しょうじんけっさい》と、戦争と、病気にたいしてであった。

〈斉〉ある異本に「斎」に作っている。「斎」のかわりに「斉」字をかりて書いたもので、意味は斎戒の斎である。

＊当時の祭政一致の魯の国家にとって、国の大事、つまりもっとも重要な国家的行事は、祭祀《さいし》と戦争とであった。孔子が、祭祀にたずさわる前の斎戒沐浴《もくよく》を厳重に実行し、また戦闘にたいして手ぬかりなく準備したことは、魯国の士、つまり都市国家の市民としての義務を忠実に果たしたことを意味する。つまり孔子は一個の市民としてその義務を果たしたということである。衛生状態が悪く、医学の未発達なこの時代では、病気にかかれば、静養につとめるのが最上の対策であった。強健な孔子も病気にかかると、無理をしなかった。良識に富み、いくぶん古風な市民として、個人として、公私の生活を送った平凡な偉人孔子の面影《おもかげ》がここによくでている。

三　子、斉《せい》に在《いま》して韶《しょう》を聞く。三月《さんがつ》、肉の味を知らず。曰わく、図《はか》らざりき、楽《がく》を為《な》すことの斯《ここ》に至らんとは。

子在斉、聞韶、三月不知肉味、曰、不図為楽之至於斯也、

先生が斉の国にいらしたとき、韶の楽をきかれ、感動のあまり三ヵ月の間、肉を食べても味がわからなくなられた。そこでいわれた。

「まったく予期しなかったね、音楽がここまでゆきつけるとは」と。

＊孔子が魯の昭公の亡命にしたがって斉国に行ったのは前五一七年、孔子三十六歳のときで、数年間滞在したらしい。聖人舜《しゅん》の作曲したと伝えられる韶の舞曲を、斉の楽師長のもとでその楽団による演奏できいたのはこの間《かん》のことである。孔子は韶の曲について、美を尽くし、善を尽くしたといっている（八佾篇第二十五章参照）。韶は魯国に伝わっていない曲なので、孔子が斉ではじめてきいたのである。そして感激のあまり三ヵ月間も肉の味がわからなくなったとは、孔子はなんという音楽好きであったろう。司馬遷《しばせん》の『史記』が、「韶音を聞いて、これを学ぶ、三月肉の味を知らず」と書いている。司馬遷は、音楽をきいただけで、三ヵ月も肉の味がわからぬというのは現実的でないと考え、寝食をわすれ、三ヵ月間一生懸命にこれを勉強したというふうにとったのは、大歴史家としては散文的すぎる解釈である。すなおに『論語』の原文を読んで、孔子の感激ぶり

を額面通り受け取ったほうがいいであろう。

一四　冉有《ぜんゆう》曰わく、夫子《ふうし》は衛の君を為《たす》けんか。子貢曰わく、諾《だく》、吾将《われまさ》にこれを問わん。入りて曰わく、伯夷《はくい》・叔斉《しゅくせい》は何人《なんびと》ぞや。曰わく、古《いにしえ》の賢人なり。曰わく、怨《うら》みたるか。曰わく、仁を求めて仁を得たり、また何ぞ怨みん。出でて曰わく、夫子は為けじ。

　冉有曰、夫子為衛君乎、子貢曰、諾、吾将問之、入曰、伯夷叔斉何人也、曰、古之賢人也、曰、怨乎、曰、求仁而得仁、又何怨乎、出曰、夫子不為也、

（衛の内乱にたいして、亡命してきた孔子の一門のとるべき態度について弟子たちはさんざん議論したがきまらない）とうとう冉有がいった。

「先生は衛の殿さまをお助けになるおつもりかしら」

子貢がいった。

「よし、僕がおたずねしてきてやる」

部屋にはいっておたずねした。

「伯夷・叔斉とはどんな人物でしょうか」

先生はいわれた。

「昔の賢人だよ」

子貢がなおおたずねした。

「君位をすてても後悔はなかったでしょうか」

先生がいわれた。

「君位をすてたのは、自分が仁の徳を全うしようとしたからだ。その目的を達したのだから、なにを後悔することがありえようか」

部屋から出てきた子貢はいった。

「うちの先生はお助けなさらないよ」
＊この会話がいつ行なわれたかについて、従来いろいろの説があった。私は最近の銭穆《せんぼく》氏と吉川幸次郎博士の説にしたがった。前四九三年、衛の霊公が死んだとき、その夫人南《なん》子《し》は、彼女を殺そうとして失敗して晋《しん》国に逃げていた太子蒯聵《かいかい》をおいて、その子輒《ちょう》を立てた。すなわち、衛の出公《しゅつこう》である。晋国は太子蒯聵を援助して、衛の戚《せき》の城に入れたので、父子が君位を争う内乱がおこった。このとき衛に滞在していた大学者の孔子が、どちらを支持するか、衛国内で注目のまととなっていた。弟子たちの間でも論争して結着がつかないので、冉有が孔子の意思を知ろうとし、子貢がその質問役をつとめたのである。亡命中の蒯聵は、衛公輒からすると父であるから、公は現実の父に反して君位をついだので正統といえぬことになる。一方、蒯聵は亡父霊公から勘当されて出奔した身分であり、霊公の遺命をうけて位についた衛公輒の方が正統ともみられる。子貢はこの難問を正面から孔子にぶっつけずに、伯夷・叔斉の兄弟の伝説をとりあげた。伯夷・叔

斉は公冶長篇（第二十三章）でも説明したように、孤竹《こちく》国の二王子であった。孤竹の君主は弟の叔斉を愛してこれを後《あと》に立てようとしていた。国君が死ぬと、父の遺志を知っていた長子の伯夷は国外に逃亡して、位を弟叔斉に譲ろうとした。弟叔斉は兄をおいて位をつぐのをうけいれず、兄の後を追って国外に去った。国人はやむなく中の王子を立てて君位につけた。その後、伯夷・叔斉は周の文王のもとに帰《き》したが、文王が死に、子の武王が殷《いん》の紂《ちゅう》王を滅ぼして王位についたのを不当として、周の粟《ぞく》を食らわぬと首陽《しゅよう》山《ざん》に行って餓死したという。これが伯夷・叔斉伝説の大要であるが、父の意をさとって、国外にまず逃亡した伯夷を父の蒯聵にあて、父の遺命をうけながら兄への義理をたてて国外に去った叔斉を、子の衛公輒にあてて、この伝説にたいする孔子の態度から、現実の父子の争いにたいする考えをはかろうとしたのである。孔子は、伯夷・叔斉を賢人とみているのであるから、この両人がたがいに譲りあったのに対し、衛の父子が相争うのは、どちらもよくないと考えていることになる。伯夷・叔斉はその後ついに餓死することになるから、後悔したのではないかという質問にたいして、孔子は仁を求めて仁を得たので本望だろうとこたえているので、ますますその意は明瞭《めいりょう》だと考えた子貢は、孔子が衛公輒に与《くみ》せぬと見ぬいた。しかし、孔子の真意は父の蒯聵にも味方していない。結局、孔子は衛国を去って陳国におもむくことを決意するようになったのである。子貢という男が、いかに俊才であったかは、この巧妙な問答の仕方でよくわかるであろう。

一五　子曰《しのたま》わく、疏食《そし》を飯《くら》い、水を飲み、肱《ひじ》を曲げてこれを枕《まくら》とす。楽しみ亦《また》その中《うち》にあり。不義にして富み且《か》つ貴《たっと》きは、我に於《お》いて浮雲《ふうん》の如《ごと》し。

子曰、飯疏食飲水、曲肱而枕之、楽亦在其中矣、不義而富且貴、於我如浮雲、

先生がいわれた。

「高粱《コウリャン》の飯《めし》をたべ、水を飲み、腕をまげて枕とする。そんな生活のなかにも楽しみはあるものだ。不正な手段で財産をつくり、地位を得ているのは、自分にとって大空に浮かぶ雲となんの変わりもない」

〈疏食〉「蔬食」ともかき、菜食と解する古注もあるが、古注の一説や新注のように高粱飯ととる。この時代には米のご飯は上流階級しかとらない、ぜいたくな食糧であったからである。

*当時の出世主義者にたいして、正面から非難をあびせないで、自分にとって無関係の存在と見ているところに「浮雲の如し」の意味があるようである。足らぬものがちな、そまつな衣食住の生活の中にも、学問するものには、不正によって得た富貴《ふうき》とは別な清い楽しみがあるとする。孔子の晩年の心境を物語っている。

一六　子曰わく、我に数年を加え、五十にして以《もっ》て学ぶ。易《また》大過《たいか》なかるべし。

子曰、加我数年、五十以学、易可以無大過矣、

先生がいわれた。

「天が私に数年の歳をかしてくれ、五十歳でまだ学問をつづけるなら、まあたいした過ちがなくなるだろうよ」

＊この孔子のことばも、学者にとって問題の多いものである。古注は「我に数年を加えて、五十にして以て易《えき》を学びなば、以て大過なかるべし」、新注は「五十」を「卒」の誤字として、「我に数年を加《か》して、以て易を学ぶことを卒《お》えしめば……」と読み、もし数年の寿命があったら『易経』を学んで、大過なきをうるだろうと解する。これは孔子が晩年に易の研究に全力をそそぎ、易の注釈をあらわしたという『史記』などの記事に合わそうとしたものである。漢代の『論語』の異本、『魯論《ろろん》』が、「易」を「亦」とかいているのをもとにして、「易」を「亦《また》」と読みかえる清朝の恵棟《けいとう》の説によった。もう少し勉強して五十までつづけたら、少しは誤りがなくなるだろうと謙遜《けんそん》したことばと解される。前五〇五年、孔子四十八歳のとき季氏の執事の陽虎《ようこ》が季氏を支配し、季桓子《きかんし》を捕えようとしたことがある。陽虎は、このとき魯の大学者として評判の高い孔子を召し出して顧問にしようとしたが、孔子に拒絶された。孔子は、そのころまだどこにも仕官していないで、前五〇一年、五十二歳のころからやっと魯の定公につかえ、政治家としての生活にはいった。銭穆《せんぼく》氏が、孔子のことばはこれによく合っているから、前五〇五年に話さ

れたものだと主張しているのは、まったく正しい。さらに本田成之《しげゆき》、武内義雄、銭穆の諸氏は、孔子の在世時代には『易経』はまだ孔子一門の正式の教科書になっていなかったから、「易」は『易経』とは読まないで、「亦《また》」と読むべきだと論じている。易、つまり卜《うらな》いの参考書は、孔子の時代に存在していたにはちがいないが、『論語』には引用されていないので、初期の孔子一門の正式の教科書でなかったことはあきらかである。

**一七**　子の雅言《がげん》するところは詩と書。礼を執《おこ》なうも、皆《みな》雅言するなり。

子所雅言、詩書、執礼皆雅言也、

先生が標準語で発音されるのは、『詩経』と『書経』とである。礼を行なう人もみな標準語で発音した。

〈雅言〉朱子の新注では「雅」を「常」とよむが、鄭玄《ていげん》は「正しく発音する」と解する。

＊孔子は山東省の魯国の国民であったが、『詩経』や『書経』を読誦《どくしょう》するときは、かならず標準音、つまり周のかつての首府、西安付近の標準語を用いていた。孔子の門下で礼を教習している人たちも、周の標準語を用いている。ふつうは、「子の雅言するところは、詩・書・執礼《しつれい》なり」とつづくが、徂徠《そらい》にしたがって「書」で句をきることにした。

**一八**　葉公《しょう》、孔子を子路に問う。子路対《こた》えず。子曰わく、汝奚《なんじなん》ぞ曰《い》わざる、その人と為《な》りや、憤りを発して食を忘れ、楽しみて以て憂いを忘れ、老《お》いの将《まさ》に至らんとするを知らざるのみと。

葉公問孔子於子路、子路不対、子曰、汝奚不曰、其為人也、発憤忘食、楽以忘憂、不知老之将至云爾、

葉《しょう》の君が、孔子のことを子路にたずねられたが、子路は、なにもお答えしなかった。このことをきいて先生はいわれた。

「おまえはなぜいってくれなかったのだ。その人柄は、興奮すると食事を忘れて仕事に打ちこみ、おもしろくなると心配事を忘れて夢中になり、老年の忍びよってくるのを気づかない人だと、ただそれだけを」

〈葉公〉葉県の長官で、姓は沈《しん》、名は諸梁《しょりょう》、字は子高《しこう》。楚《そ》の賢者。前四九一年、南遷した蔡《さい》の故都、負函《ふかん》（今の河南省信陽市にあたる）に赴任した。孔子が陳から難行してここにおもむいた年については異説が多いが、ここでは銭穆の説にしたがって前四八九年、孔子六十四歳のときだとしておく。

＊前四八九年ごろ、孔子が楚国の名臣で、蔡国の故都の葉公沈諸梁《しんしょりょう》を訪問したときのことである。賢者といわれた葉公は、従者の子路に孔子の人となりについて質問した。孔子にすっかり心酔しているが、あまり話のじょうずでない子路は、一言で孔子をいいあらわすことができなかったのだろう。なにも答えることができなかった。孔子はそんな

子路の素朴な人柄を非難するというのでなく、自分の生き方を話したのである。当時孔子は六十四歳で流浪の旅にあった。「憤りを発して食を忘れ、楽しみて以て憂いを忘れ、老いの将に至らんとするを知らざるのみ」ということばは、このころの孔子の人間をじつにうまくえがき出しているではないか。

一九　子曰わく、我生まれながらにしてこれを知る者に非《あら》ず、古《いにしえ》を好み、敏《びん》にしてこれを求むる者なり。

子曰、我非生而知之者、好古敏而求之者也、

先生がいわれた。

「自分は生まれながらにして知識をもった人間ではない。古代を愛し、努力して探究してきた人間なのだ」

*孔子は自己を生まれつきの天才としてではなく、古代にたいする憧憬《しょうけい》をもちつつ研究をつづける努力者として自覚している。この述懐も老年の孔子のことばらしい。

二〇　子、怪《かい》・力《りき》・乱《らん》・神《しん》を語らず。

子不語怪力乱神、

先生が怪異・暴力・乱逆・鬼神について講釈されたことはなかった。

〈怪・力・乱・神〉注釈家のなかには、怪力・乱神の二項にとる説もあるが、通説により四項に分けることにした。

二　子曰わく、我、三人行《あゆ》めば必ず我が師を得《う》。その善《よ》き者を択《えら》びて而《すなわ》ちこれに従い、その善からざる者は而ちこれを改む。

子曰、我三人行、(1)必得(2)我師焉、択其善者而従之、其不善者而改之、

先生がいわれた。

「自分は三人で連れだって道をゆくと、きっと自分の師を発見する。それは善い連れをえらんでその行動を手本とし、悪い連れの行動を避けるからである」

(1)　日本の清家写本と皇侃本にしたがって「我」を加える。

(2)　通行本では「有」であるが、前項と同じ写本などによって「得」とした。

三　子曰わく、天、徳を予《われ》に生《な》せり、桓魋《かんたい》それ予を如何《いかん》せん。

子曰、天生徳於予、桓魋其如予何、

桓魋の迫害にあわれたとき、先生がいわれた。

「天が徳をわしにさずけられた。桓魋がわしをどうできるものか」

〈桓魋〉姓は向《しょう》、名は魋。向氏は宋《そう》の桓公からの分家なので、桓魋ともよばれる。宋の景公

の寵臣《ちょうしん》で羽振りをきかして悪名高く、後に衛国に出奔《しゅっぽん》せざるをえなくなった。景公に会見して道を説こうとする孔子との間がうまくゆくはずはなかった。

三 子曰わく、二三子《にさんし》、我を以て隠《かく》せりと為《な》すか。吾《われ》は爾《なんじ》に隠すことなきのみ。吾は行なうところとして二三子と与《とも》にせざることなし、これ(1)丘《きゅう》なり。

子曰、二三子以我為隠乎、吾無隠乎爾、吾無所行而不与二三子者、是丘也、

先生がいわれた。

「諸君は自分がなにか隠しだてしてると思っているのか。自分はなにも隠しだてしていないのだよ。自分が行なうことで、諸君といっしょにしないことはなにもない。これが丘《きゅう》、つまり自分のやり方なのだ」

(1)「所」は清家本・皇侃本によって入れる。

＊弟子たちは孔子が隠しだてして教えないことがあるような気がしてならなかった。孔子の人格は高尚で、学問は博学であるから、弟子たちの問いに答えて教えていることが孔子の思想の全貌《ぜんぼう》をつくしているとは思えない。そこで孔子がなにか秘密にしていることがあるにちがいないと弟子たちも邪推していた。子貢はまえに「夫子《ふうし》が性と天道をいうのをきいたことがない」と嘆じたことがある。子貢のような秀才にとっては、夫子は性と天道とについて隠していると考えたのではなかろうか。

二四　子、四《よ》つを以て教う。文・行《こう》・忠・信。

子以四教、文行忠信、

先生の教育は、次の四つが要点であった。学業・実践・誠実・信義。

二五　子曰わく、聖人は吾《われ》得《え》てこれを見ず、君子者《くんししゃ》を見るを得《う》れば斯《すなわ》ち可《か》なり。子曰わく、善人は吾得てこれを見ず。恒《つね》ある者を見るを得れば斯ち可なり。亡《な》くして有りと為《な》り、虚《むな》しくして盈《み》つと為り、約《まず》しくして泰《ゆた》かと為る。難《かた》いかな恒あること。

子曰、聖人吾不得而見之矣、得見君子者斯可矣、子曰、善人吾不得而見之矣、得見有恒者斯可矣、亡而為有、虚而為盈、約而為泰、難乎有恒矣、

先生がいわれた。

「聖人などに自分はついぞお目にかかったことがない。君子らしい人にお目にかかれたら上等なのだ」

先生はまたいわれた。

「善人には自分はまだお目にかかったことがない。心変わりしない人にお目にかかれたら上等なのだ。なかったものが後にあるものになり、からっぽだったものが後にいっぱいになり、倹約なものがぜいたくになる。心変わりしないということは、じつにむつかしいも

のだ」

＊聖人の聖とはがんらい耳がさといことであった。こういうするどい感受性は生まれつきのものである。聖人という概念は、こういう、人よりすぐれた資性にめぐまれた人の意味から、完全な人の意味となり、さらに常人をこえた超人にまで進化した。孔子の聖人は完全無欠な人間くらいのところであろう。善人は聖人のような全人ではなく、道徳的にだけ完全な人だといえるであろう。聖人も善人もただ可能性として存在するだけで、孔子の生きていた末世には、現実には存在しなくなっている。せいぜい君子らしい人か、恒ある人、つまり心変わりしない、たしかで信頼できる人くらいならありうるだろう。その心変わりしないことさえ、乱世ではむずかしかった。最後の文はいままでの読み方では、「亡《な》くして有りと為《な》し、虚《むな》しくして盈《み》てりと為し、約《まず》しくして泰《ゆた》かなりと為す」となっていた。亡いとわかっているものをあるふうをするというようにとってきたが、これでは意味がはっきりしない。「恒ある」ということは、時間的に変化しないということである。かつて亡しとしたものを、後には有りとするようになることが、恒のないことだという考え方でないと意味がとれない。

二六　子、釣《つり》して綱《こう》せず、弋《よく》して宿《しゅく》を射《い》ず。

子釣而不綱、弋不射宿、

先生は釣りはなさったが、はえなわをかけられなかった。いぐるみで鳥をとられたが、ねぐらの鳥は射られなかった。

〈綱す〉流れを横断して縄をはり、それにいくつも釣り糸をつけて、魚をとること。日本のはえなわに似ている。

〈弋す〉矢に糸をつけて鳥を射ること。

＊孔子は趣味としての魚釣りと猟をたしなんだが、度をこした殺生《せっしょう》はしなかった。なにごとにも適度をこえないのが孔子の生活ぶりだったといえよう。

二七　子曰わく、蓋《けだ》し知らずしてこれを作る者あらん。我は是《これ》なきなり。多く聞き、その善《よ》きものを択《えら》びてこれに従い、多く見、これを識《しる》すは、知れるの次《つぎ》なり。

子曰、蓋有不知而作之者、我無是也、多聞択其善者而従之、多見而識之、知之次也、

先生がいわれた。

「世の中には知っていないのに創作するものがあるようだ。自分はそういうことはしない。自分はできるだけ多くの人から聞いて、その中から善いものを選び出してそれにしたがう。また、できるだけ多くの本を読み、その中から善いところをぬいて、これを記憶する。これは知ってるとはいえないが、それに次ぐ段階だ」

六　互郷《ごきょう》、与《とも》に言い難《がた》し。童子見《どうじまみ》ゆ。門人惑《まど》えり。子曰わく、その進むに与《くみ》するなり、その退くに与せざるなり。唯《ひとえ》に何ぞ甚《はなは》だしき。人、己れを潔《いさぎよ》くして以て進む、その潔きに与するなり、その往《おう》を保《ほ》せざるなり。

　互郷難与言、童子見、門人惑、子曰、与其進也、不与其退也、唯何甚、人潔己以進、与其潔也、不保其往也、

　互郷の村人は話がわからないので有名だった。その村の童子が先生に面会した。門人がそのわけを質問したので、先生がいわれた。

「自分は、面会を求めて私の面前にいるものを相手にしているので、自分の面前から退いたものを相手にしているのではないのだ。諸君は他人にたいしてなにを残酷な取扱いをしようとしているのだ。他人が自己を清潔にして面会にくるならその清潔さを相手にすればよい。彼が面前から立ち去ってからどうなるか、そんなことを保証する必要はないのだ」

〈互郷〉この村がどこに所在するか、よくわかっていない。大きい都会なら後世の県となったり、遺跡がのこるけれども、こんな小さな村が、まったく痕跡《こんせき》がなくなったとしてもすこしもふしぎはない。とくに郷《きょう》は、いくつかの聚落《しゅうらく》が寄り合って作っている祭祀《さいし》・軍事のための一つの共同組合のようなものであった。郷に地方の人情・風俗の善悪があらわれ、それが評判になっていた状況がこの話にもよくでている。

＊互郷というあまり人情風俗のよくない評判の村の少年が面会を求めたのを、孔子がこころよく許した。これを門弟たちが問題にした。弟子たちが孔子を自分たち一門で独占し、容易に他人に会わそうとしなかったらしい。孔子はこのため行動の自由を束縛されて、かなり迷惑を感じたにちがいない。孔子のこの答弁は、そういう孔子の当惑のためか、も一つすっきりしない点がある。朱子が原文に誤脱があるのではないかと疑っているのはそのためだ。しかし、孔子のことばでも前後意味が一貫しにくいものがあってもいい。私はこの孔子の気持をできるだけすなおに理解しようとつとめた。したがって、私の解釈は、従来の諸説とはたいへんちがっている。とくに、「進むに与する」の「進」、「退くに与せず」の「退」を、面会にきて面前に進み、面前から退出することと解し、そこから出発してまったく新しい訳を試みたのである。

二九　子曰わく、仁《じん》遠からんや、我《われ》仁を欲すれば、斯《すなわ》ち仁至る。

子曰、仁遠乎哉、我欲仁、斯仁至矣、

先生がいわれた。

「仁は遠いところにあるのだろうか。いや、自分が仁を求めると、仁はすぐここにやってくるのだ」

＊仁は遠いところにあるとは、弟子たちの考えであろう。弟子たちは仁の徳は高遠でとて

も及びもつかないと絶望してしまった。孔子が仁の理想をあまり純粋なものとして説きすぎていたためであろう。最晩年の孔子は一転して、仁は求めれば達しうると説くようになったのではなかろうか。「心の欲するところにしたがって矩《のり》をこえない」という七十歳代の達人の心境がよくあらわれているではないか。

三〇 陳《ちん》の司敗《しはい》問う、昭《しょう》公は礼を知れるか。孔子対《こた》えて曰わく、礼を知れり。孔子退く。巫馬期《ふばき》を揖《ゆう》してこれを進ましめて曰わく、吾《われ》聞く、君子は党《とう》せずと。君子もまた党するか。君、呉《ご》に娶《めと》れり。同姓なるが為に、これを呉孟子《ごもうし》と謂《い》う。君にして礼を知らば、孰《たれ》か礼を知らざらん。巫馬期、以て告ぐ。子曰わく、丘《きゅう》や幸いなり、苟《いやし》くも過ちあらば人必ずこれを知る。

陳司敗問、昭公知礼乎、孔子対曰、知礼、孔子退、揖巫馬期而進之曰、吾聞、君子不党、君子亦党乎、君娶於呉、為同姓謂之呉孟子、君而知礼、孰不知礼、巫馬期以告、子曰、丘也幸、苟有過、人必知之、

陳国の司敗、つまり司法長官が孔子にたずねた。

「お国の昭公殿は礼の心得があられるのか」

孔子はお答えした。

「礼を心得ておられます」

孔子が退出すると、司敗は巫馬期に会釈《えしゃく》して前に進ませていった。

「自分は、君子は仲間びいきはせぬと聞いていたが、君子でも仲間びいきするのかしらん。殿は呉の国からご夫人を迎えられたが、同じ姓であるので呉孟子と呼びかえられた。殿に礼の心得があられるなら、世に礼の心得のないものはありうるだろうか」

巫馬期がこのことばをお伝えすると、先生はいわれた。

「わたしは幸福者だ。過ちを犯すと、人がきっと気をつけてくれるから」

〈陳の司敗〉陳は淮水《わいすい》流域の小国、舜《しゅん》の子孫とされている。司敗は陳・楚両国の特殊な官名で、中原《ちゅうげん》の三卿《さんけい》の一つである司寇《しこう》にあたり、今の司法大臣に相当する。

〈巫馬期〉孔子の弟子。姓は巫馬、名は施《し》、字は子期。

＊孔子は前四九二年から前四八九年にかけて、陳国に滞在した。これはこの間《かん》の出来事である。中国古代では同姓の氏《うじ》から妻を迎えることは禁止されていた。陳の司法長官が、魯の昭公が同じ姫《き》姓の呉国から夫人を迎え、呉姫《ごき》と名づけるのをさけて、子《し》姓の家から迎えたかのように呉孟子とよんだのは非礼だと、弟子の巫馬期を通じて指摘した。孔子が過ちを率直にみとめ、その過ちを注意してくれる人のいたことに感謝しているのはまことに意外だ。孔子はこの昭公の犯した過ちに気がつかないのではなく、ただ故国のためにあらだてるのがいやだったにすぎない。それにしても過ちは過ちであるから、いさざよくこれを認めた。孔子の人間性と、『論語』の初期の編纂《へんさん》者のとらわれない編集ぶ

りはみごとである。

三　子、人と歌いて善《よ》きときは、必ずこれを反《くりかえ》さしめて、而《しか》して後これに和《わ》す。

子与人歌而善、必使反之而後和之、

先生が他人といっしょに歌っていて、いい曲があるとかならずもう一度歌ってもらい、これに唱和された。

＊孔子の音楽好きはここにも出てくる。自分に未知の、いい曲に出くわすと、仲間にもういちど歌ってもらってから、唱和されたのである。好きな歌の伝授をうけ、節《ふし》も歌詞もまちがいなく記憶しようとしたのである。

三　子曰わく、文《ぶん》は吾猶《われなお》人のごとくなること莫《な》からんや。躬《み》をもって君子を行なうことは、則《すなわ》ち吾未《いま》だこれを得《う》るあらざるなり。

子曰、文莫(1)吾猶人也、躬行君子、則吾未之有得也、

先生がいわれた。

「書物の上の学問なら、自分は人並みにできないことはなさそうだ。生活のなかで君子らしい行ないを実践することは、自分はまだまだできないのだ」

（1）「文莫」の二字を熟語として、「勉強」などと似て努力することをあらわす形容詞とす

る、清朝学者がある。かりにそれが正しいとして、勉強することは人並みだというが、たぶんそれは書物のみでなく、実践にたいする努力もふくまれている。君子らしい実践ができかねるという後の文章とぴったりとつながらない。従来の通説にしたがった。

三三　子曰わく、聖と仁との若《ごと》きは、則ち吾豈《あにあ》敢えてせんや。抑《そもそ》もこれを為《な》して厭《いと》わず、人を誨《おし》えて倦《う》まずとは則ち謂《い》うべきのみ。公西華《こうせいか》曰わく、正《まさ》にこれ弟子《ていし》の学ぶ能《あた》わざるなり。

子曰、若聖与仁則吾豈敢、抑為之不厭、誨人不倦、則可謂云爾已矣、公西華曰、正唯弟子不能学也、

先生がいわれた。

「聖と仁という段になると、自分には思いも及ばない。しかし、それを学んでたゆまず、他人を教えてやすまないということなら、だいじょうぶできるといってもよろしい」

公西華が申し上げた。

「それこそ私たち弟子どものまねできないことでございます」

三四　子疾《や》む。子路禱《いの》らんことを請う。子曰わく、諸《これ》有りや。子路対《こた》えて曰わく、有り、誄《るい》に曰わく、爾《なんじ》を上下の神祇《しんぎ》に禱ると。子曰わく、丘《きゅう》の禱ること久し。

子疾病、子路請禱、子曰、有諸、子路対曰、有之、誄曰、禱爾于上下神祇、子曰、丘之禱之久矣、(1)

先生が病気になられたので、子路がご祈禱したいと願った。先生がいわれた。

「そんな例があるのか」

子路はご返事した。

「ございます。君主から死者に賜わる追悼の辞に『汝《なんじ》のことを天地の神祇に禱る』とあります」

先生がいわれた。

「それなら、私はずっと以前から天地の神祇にお祈りしている。その必要はない」

(1)『経典釈文』によると、通行本と鄭玄《ていげん》本に「病」の字がないというから、読まないことにする。

*孔子は七十四歳で死んだが、子路はその前年に衛国で非業《ひごう》の死をとげている。この話はあきらかに孔子の臨終の時のことでなく、もうすこし前、まだ子路が衛につかえずにおそばにいたときの出来事である。せっかちの子路は、孔子の病気が少し悪かったのを危篤とかんちがいして、神に祈ろうと孔子に願い出たのであった。

三五 子曰わく、奢《おご》れば則ち不遜《ふそん》、倹なれば則ち固《いや》し、その不遜ならんよりは寧《むし》ろ固しかれ。

子曰、奢則不遜、倹則固、与其不遜也寧固、

先生がいわれた。

「ぜいたくな暮らしをしていると、態度が自然に尊大になる。つつましすぎる暮らしをしていると、態度が自然に野卑になる。だが尊大なのより野卑なほうがましだ」

〈不遜〉唐石経《せきけい》には「孫」とかいているが「遜」に通用する。

三六　子曰わく、君子は坦《たん》として蕩蕩《とうとう》たり、小人は長く戚戚《せきせき》たり。

子曰、君子坦蕩蕩、小人長戚戚、

先生がいわれた。

「君子はやすらかでのびのびしてる。小人はいつでもこせこせしてる」

三七　子は温《おだ》やかにして厲《はげ》しく、威《い》あって猛《たけ》からず、恭《うやうや》しくして安《やす》らけし。

子温而厲、威而不猛、恭而安、

先生はおだやかであられながら、きびしいところがあり、威厳があられながら、あらあらしくなく、慎みぶかいところがあられて、固苦しくなかった。

## 第八　泰伯《たいはく》篇

天下を弟の季歴《きれき》にゆずって、南方の蛮族の地にのがれた呉《ご》の泰伯をたたえたことばにはじまり、これを篇名とした。篇末の第十八章以下に、古代の堯《ぎょう》・舜《しゅん》・禹《う》の三聖人皇帝の徳をほめた四章が集められ、第一章と対照をなしている。若いときから周公を理想とした孔子が、いつから伝説的な古代の聖帝を理想とするようになったのであろうか。たぶんこれは戦国時代になって、これらの古代の聖人の伝説が世にもてはやされるようになってから、付加されたもので、孔子のほんとうに話したことばではないかもしれない。第三章以下に曽子《そうじ》のことばが五章つづく。この篇は曽子の門弟、孔子からいえば孫弟子の時代に編集されたものであろう。

一　子曰《しのたま》わく、泰伯《たいはく》はそれ至徳と謂《い》うべきなり、三たび天下を以《もっ》て譲れるも、民得《え》て称するなし。

子曰、泰伯其可謂至徳也已矣、三以天下譲、民無得而称焉、

先生がいわれた。

「泰伯こそは最高の徳の持ち主と申し上げてよいであろう。天下を三度も兄弟に譲られたが、国民はどういうことかわからなかったのでほめたたえようもなかった」

＊孔子が若い日に理想としたのは、魯《ろ》国の祖先である周公であった。周公は文王の子で、武王の弟である。文王の父の季歴は、泰伯・仲雍《ちゅうよう》三人兄弟の末弟であった。彼らの父大王《だいおう》は、季歴が賢い人物であるばかりでなく、孫の文王の末たのもしい成人ぶりに目をつけて、少弟の季歴を位につけ、将来文王を世に出したい気持をいだいた。この父王の心を推察した泰伯・仲雍は、南方の蛮夷《ばんい》の地にのがれ、その風俗にしたがって文身《いれずみ》断髪して、二度と故国に帰らないことをあきらかにした。これがのちに長江下流、蘇州《そしゅう》を中心とする呉《ご》国の開祖となった。やがて季歴が後継ぎとなり、ついで文王が即位し、周王朝が天下をとる態勢ができあがったのである。泰伯や、前に出てきた伯夷《はくい》・叔斉《しゅくせい》のような伝説は、日本の出雲《いずも》系神話における大国主神《おおくにぬしのかみ》の国譲り伝説のように、がんらい開国神話の一つの型である。これが変化して、堯舜伝説のように理想的な道徳たかい君主、つまり聖人から聖人への君位の継承の典型とみなされるようになった。この伝説は孔子よりさらに一、二代おくれ、戦国初期の墨子《ぼくし》の学派によって、禅譲《ぜんじょう》説として発達した。この泰伯をほめたたえたことばは、堯・舜・禹の三帝をほめたたえたことばとともに、がんらい孔子自身の発言ではなく、戦国時代中期に墨子に対抗するために、儒教でとりあげて語り出した聖人伝説であろうというのが、武内義雄博士の説である。

二　子曰わく、恭にして礼なければ則ち労《ろう》す。慎にして礼なければ則ち葸《し》す。勇にして礼なければ則ち乱る。直にして礼なければ則ち絞《こう》す。君子、親《しん》に篤《あつ》ければ則ち民仁《じん》に興《おこ》る。故旧遺《わす》れざれば則ち民偸《うす》からず。

　子曰、恭而無礼則労、慎而無礼則葸、勇而無礼則乱、直而無礼則絞、君子篤於親、則民興於仁、故旧不遺、則民不偸、

　先生がいわれた。

「ていねいなばかりで礼を知らないと骨折り損になる。控えめなばかりで礼を知らないと心配性になる。勇敢なばかりで礼を知らないと乱暴になる。率直なばかりで礼を知らないと辛辣《しんらつ》になる」

「貴族が近親に親切であれば、国民は仁の徳に目ざめるであろう。貴族がまた昔の友だちを忘れることがないと、国民もまた薄情でなくなる」

〈葸〉清《しん》の銭大昕《せんだいきん》は、「葸」は「諰《し》」の誤りとしている。「諰」はくよくよと心配することである。

〈絞す〉二つの縄がもつれ合っていること。この原義から分かれて、人をきびしく批判する意味がでた。

〈偸〉人情の薄いこと。

＊このことばは、前半と、「君子」からの後半との連絡がよくない。朱子が「君子」以下を別の機会の孔子のことばと解しているのは正しい。ここでは朱子の説にしたがって、前半後半に分けることとした。

三　曽子《そうじ》、疾《やまい》あり。門弟子《もんていし》を召《め》して曰《のたま》わく、予《わ》が足を啓《ひら》け(1)、予《わ》が手を啓け。詩に云《い》わく、戦戦《せんせん》兢兢《きょうきょう》として深淵《しんえん》に臨むが如《ごと》く、薄氷を履《ふ》むが如しと。而今《いま》よりして後《のち》、吾免《われまぬが》るることを知るかな、小子《しょうし》よ。

曽子有疾、召門弟子曰、啓予足、啓予手、詩云、戦戦兢兢、如臨深淵、如履薄氷、而今而後、吾知免夫、小子、

曽先生が病気で重体におちいられたので、門人たちをよびあつめていわれた。「夜着をのけてわたしの足を出しておくれ。わたしの手も出してそしてしっかり見ておくれ。

おずおずと、またおそるおそると
底知れぬ淵にのぞむように
ごく薄い氷の上をわたるように

この詩のことばのように、父母に生んでいただいた身体《からだ》をたいせつにもちあつかってきたのだから。しかし、今日という日からもうこういう心づかいがいらなくなった。おまえ

たちよ、ほんとにそうではないかね」

（1）「啓く」の意味はいろいろ異説もあるけれど、鄭玄《ていげん》の説によった。『孝経』に「身体髪《はっ》膚《ぷ》これを父母に受く、敢《あ》えて毀傷《きしょう》せざるは孝の始めなり」と書かれている。『孝経』はおそらく『論語』よりも後に編纂《へんさん》された本であろうが、このことばには深い意義がこもっている。原始民族のなかには、埋葬は、死によって肉体を抜け出た魂が、ふたたび肉体にもどってきて復活できるまで肉体を保存しておくものだと信じたものがある。そのためには生前から体が毀傷されていると、この再生が困難になると考えた。たとえば、首を切られた戦死者の死体が普通人の墓場にいれられなかったのは、そのためであろう。『孝経』という書物のできたのはより新しくとも、この再生思想にともなった肉体をたいせつにする習慣は、孔子と曽子の時代にもひろく行なわれていた。これこそ孝行の第一歩と考えられていた。孝道をたっとんだ曽子が、臨終に夜具をのけて手足をひろげて、弟子に見せてこのことばを述べたのである。

四　曽子、疾《やまい》あり。孟敬子《もうけいし》これを問う。曽子言いて曰わく、鳥の将《まさ》に死なんとするや、その鳴くこと哀《かな》し。人の将に死なんとするや、その言うこと善《よ》し。君子の道に貴《たっと》ぶところの者三《み》つ。容貌《ようぼう》を動かしては斯《すなわ》ち暴慢に遠ざかる。顔色《がんしょく》を正しては斯ち信に近づく。辞気《じき》を出《い》だしては斯ち鄙倍《ひばい》に遠ざかる。籩豆《へんとう》の事は則《すなわ》ち有司《ゆうしそん》存せり。

曽子有疾、孟敬子問之、曽子言曰、鳥之将死、其鳴也哀、人之将死、其言也善、

君子所貴乎道者三、動容貌斯遠暴慢矣、正顔色斯近信矣、出辞気斯遠鄙倍矣、籩豆之事則有司存、

曽先生がご病気のとき、孟敬子殿が見舞われた。曽先生がみずからいわれた。

「鳥の死にぎわの鳴き声の、なんと哀しげなことよ、人間の死にぎわに残すことばのなんとりっぱなことよ、といいます。私の最後に申し上げることばを、どうかお心にとどめられますように。君子たるものは、日ごろの生活に三つのことを心がけねばなりません。第一に、立ち居振舞にお気をつけられること、さすれば暴力と軽侮は自然に遠ざかりましょう。第二に、顔つきを厳然となされること、さすれば人の信頼が自然に集まるでしょう。第三に、発言なされるときは語気に注意されること、さすれば野卑で不合理なことばは、自然に耳にはいらなくなりましょう。このほか儀式を行なうとき、高坏《たかつき》などの器をどうするかなどは、役人におまかせになることです」

〈孟敬子〉魯国の大夫《たいふ》。姓は仲孫、名は捷《しょう》。孔子に孝を問うた孟武伯の子である。
〈鄙倍〉「鄙」は野卑、「倍」は背で、不合理なこと。
〈籩豆〉「籩」は竹で編んだ高坏。「豆」は木の高坏。祭祀《さいし》などに用いた供物を盛る器。

五　曽子曰わく、能《のう》を以て不能《ふのう》に問い、多きを以て寡《すく》なきに問い、有れども無きが若《ごと》く、実《み》つれども虚《むな》しきが若く、犯《おか》されて校《むく》いず。昔者《むかし》、吾《わ》が友、嘗《かつ》て斯《ここ》に従事せり。

曽子曰、以能問於不能、以多問於寡、有若無、実若虚、犯而不校、昔者吾友嘗従事於斯矣、

曽先生がいわれた。

「ゆたかな才能をもちながら、才能のとぼしいものにも質問し、ひろい知識を貯えていながら、無知な人にも質問し、あってもないように、充実していても空虚なように自分を見せ、他人から仕掛けられても反抗しない。わたしの旧友たちはみな、こんなふうにつとめていたものだ」

〈校いず〉報いないこと。

〈吾が友〉曽子の同門の先輩、顔淵《がんえん》、仲弓、子貢らをさす。今はなくなった旧友にたいする追慕の念がここにあらわされている。

六 曽子曰わく、以て六尺《りくせき》の孤《こ》を託《たく》すべく、以て百里の命《めい》を寄すべく、大節《たいせつ》に臨みて奪うべからず。君子人《くんしじん》か、君子人なり。

曽子曰、可以託六尺之孤、可以寄百里之命、臨大節而不可奪也、君子人与、君子人也、

曽先生がいわれた。

「五尺にたらない幼いみなし子をあずけることができ、摂政《せっしょう》として方《ほう》百里の国家の政治

をまかせることができ、重大な事件に際して志をかえさせることができない。これが君子らしい人であろうか。いや、これがまことに君子らしい人にちがいない」

〈六尺の孤〉戦国時代から秦《しん》・漢《かん》時代にかけての尺度の遺物を実測すると、一尺はだいたい二十三センチにあたる。これを基礎とすると、六尺は一メートル三十八センチ内外にあたる。未成年の孤児をさす。

〈百里〉春秋時代は、都市国家の対立の世であった。当時の標準の国家は方百里であった。一里は約一キロ、方百里は百キロ四方にあたる。

＊幼い孤児を託し、国家の摂政の位につけることができる、しかも国家が重大な危険に瀕《ひん》している時期にあたっても、自分の操《みさお》を守りとおせる、曽子はこういう日本の古武士に近い責任感を持とうとし、この理想を弟子たちにたたきこんでいた。

七　曽子曰わく、士(1)は以て弘毅《こうき》ならざるべからず。任《にん》重くして道遠し。仁以て己れが任と為《な》す、亦《また》重からずや。死して後《のち》已《や》む、亦遠からずや。

曽子曰、士不可以不弘毅、任重而道遠、仁以為己任、不亦重乎、死而後已、不亦遠乎、

曽先生がいわれた。

「士、つまり志をいだく男子は、堅固な意志をもたねばならぬ。その任務は重く、目的ま

での道程は遠いからだ。仁徳の完成を自己の任務とするのだ、重くないとどうしていえよう。仁の完成は死ぬまで努力しつづけて終わるのだ。その道程は遠くないとどうしていえよう」

〈弘毅〉「弘」はふつう弘大という意味に解されてきたが、強いことをさす「毅」の字とのつながりがはっきりしない。章炳麟《しょうへいりん》は、「弘」は弓を発するときの音をさすのであるが、強という意味につかわれるとしている。今この説によって「弘毅」を剛毅と同じ意味に解した。

（1）曾子が問題とした「士」の原義は、周代の列国つまり諸都市国家の自由民、つまり貴族階級の成年男子の通称であった。しかし、孔子およびその弟子《でし》、曾子たちの生きていた春秋時代末期から戦国時代のはじめにかけて従来の都市国家の自由民が分化し、卿《けい》・大《たい》夫《ふ》・士・庶人《しょじん》の四つの身分ができた。士は一方では固有の貴族すなわち上層貴族である卿・大夫にたいし、他方では一般自由民である庶人にたいし、下層貴族をさす称呼に変化してきた。士のなかには、上層貴族からの転落者、また一般自由民の間から出て、文・武の才能によって国家や豪族の家につかえたものが多数を占めている。士とは、何か特殊の職務をもつものといえる。孔子が創始した儒教教団は、新興階級である士のための古い貴族の教養をもとにした教育機関であった。孔子の時代には、新興階級としての士の身分意識がまだはっきりしていなかったので、古い時代に編纂された『論語』の諸篇のなかでは、孔子はおもに君子を理想人格として論じ、あまり士について論じていない。曾子が士を問題にしているのは、時代が下り、新興階級としての士の位置が明確になってきたからである。

＊曽子のこのことばは、注釈でくわしく論じたように春秋末・戦国初の時代のあらたに興ってきた士という階級のために、その生活の理想をかかげたものである。士は世襲の貴族に代わって、学問・政治・武芸などの才能をもって諸国の君主や豪族につかえ、国家社会の発展に重要な役割をつとめた。曽子は、特殊技能をもって君主につかえる士の階級にたいして、士にはさらに高遠な仁の徳の完成という任務があることを自覚させようとした。謹直な曽子の質実剛健なことばは、読者に深い感銘をあたえる。徳川家康は林羅山《はやしらざん》を用いて『論語』『孟子』『大学』『中庸』の四書《ししょ》の朱子新注の定本を印刷し、日本近世儒教の再興の基礎をつくった。家康の、「人の一生は重荷を負《お》うて遠き道をゆくがごとし……」に始まる遺訓は、この「任重くして道遠し」の句から発想されたものである。徳川時代における日本の近世武士道の形成にあたって、中国の古代における新興士階級の道徳を提唱した曽子の思想が深い影響をあたえたことはけっして偶然ではない。

八　子曰わく、詩に興《おこ》り、礼に立ち、楽《がく》に成《な》る。

子曰、興於詩、立於礼、成於楽、

先生がいわれた。

「詩を読むことによって、人はまず興奮をおぼえ、
礼を習うことによって、人は社会的な立場を確立し、
音楽をきくことによって、人は人間の教養を完成させる」

＊孔子によると、人間の学問にたいする興味はまず『詩経』を読んで興奮をおぼえることから出発し、礼式の実習によって社会組織のなかにおける自己の占める位置を知り、最後に音楽の演奏をきくことによって人間の教養は完成する。

九　子曰わく、民は由《よ》らしむべし、知らしむべからず。
子曰、民可使由之、不可使知之、

先生がいわれた。

「人民を従わせることはできるが、なぜ従うのか、その理由をわからせることはむつかしい」

＊このことばは、人民は時の政府の法律によって、思いのままに動かせるかもしれないが、法律を読めない一般市民に、じゅうぶんに法令の出された理由を納得させることはなかなかむつかしいことをいっただけである。人民に、法令の内容やその発布の理由についてよくわからせれば、それにこしたことはないが、それがたいへん困難だといっているだけなのである。孔子は、法令の理由なぞ人民に教えることは不必要で、ただ一方的に

法令で束縛したらよいという、専制主義的な思想を説いているのではない。このことばによって、孔子が封建思想、または専制主義を一方的におしつけることを政策の根本にしたと解釈するのは誤りである。

一〇　子曰わく、勇を好みて貧を疾《にく》むときは乱《らん》す、人にして不仁なる、これを疾むこと已甚《はなは》だしければ乱せん。

子曰、好勇疾貧、乱也、人而不仁、疾之已甚、乱也、

先生がいわれた。

「腕に自信のある人間が、貧乏な生活に甘んじられないときっと反乱をおこす。しかし、人道にそむいた人間もあまり正面から憎悪すると反乱をおこすにちがいない」

＊孔子の時代は前にも述べたように乱世であった。孔子は各国で内乱の現実にぶつかっているので、その経験から反乱がどうしておこるかを述べたのである。腕力があって、道徳心のないものが反乱をおこす。肉体力と精神との不調和な人が、もし恵まれないとその人間を反乱におもむかせる。そういう悪人をあまり憎むと、また反乱に追いこむことになりかねない。孔子は政治家としては、なかなかの現実主義者で、けっして通り一遍の道徳家ではなかった。

二　子曰わく、如《も》し周公の才の美ありとも、驕《おご》り且《か》つ吝《やぶさ》かならしめば、その余は観《み》るに足らざるなり。

子曰、如有周公之才之美、使驕且吝、其余不足観也已矣(1)、

先生がいわれた。

「たとえ周公ほど優秀な才能に恵まれていたとしても、もし、威張り屋で、しかもけちだとしたら、それ以外のことはもはや論ずる価値はないということだな」

(1)　皇侃本《おうがんぼん》には「已」の下に「矣」の字がある。「也」の下に「已矣」とつづく例は、この篇の第二十章に「周之徳、其可謂至徳也已矣」というのがあるから、皇侃本の「矣」の字のあるのが正しい。劉淇《りゅうき》の『助字弁略』によると、深い詠嘆で語気が長くつづいているのを写したのだという。

＊孔子は、驕る人間が大きらいで、たびたび驕《きょう》について述べている。他人に威張る人間は、そのことだけで落第だと考えていた。威張り屋は案外、というよりむしろしばしばけちんぼであるが、威張り屋でけちんぼときては処置がない。孔子の人間観察はなかなか鋭い。

三　子曰わく、三年学びて穀《こく》(1)に至らざるは得易《えやす》からざるなり。

子曰、三年学不至於穀、不易得也已、

先生がいわれた。

「三年間、学問を修業して就職を希望しないものは、めったにみつからないな」

（1）古注は「穀」を善と解して、「三年学んで善に到達しないものはない」と釈する。孔子の門弟は仕官のため学問を学ぶ人が多く、『論語』のなかで孔子は、たびたび弟子から仕官の手段についてきかれている。古注のように「穀」を善と解してきれいごとに逃げるよりは、仕官を求める弟子たちのありさまを、孔子がすなおに述べたと解するほうが、高い道徳の理想をもちながら現実を忘れない孔子の真面目《しんめんもく》をよく示しているといえよう。

一三　子曰わく、篤《あつ》く信じて学を好み、死にいたるまで守りて道を善《よ》くす。危邦《きほう》には入らず、乱邦《らんぽう》には居らず。天下道《みち》あるときは則《すなわ》ち見《あら》われ、道なきときは則ち隠る。邦《くに》に道あるとき、貧しく且《か》つ賤《いや》しきは恥なり。邦に道なきとき、富み且つ貴《たっと》きは恥なり。

子曰、篤信好学、守死善道、危邦不入、乱邦不居、天下有道則見、無道則隠、邦有道、貧且賤焉恥也、邦無道、富且貴焉恥也、

先生がいわれた。

「かたい信念をもって学問を愛し、死にいたるまで守りつづけて道をほめたたえる。危機にのぞんだ国家に入国せず、内乱のある国家には長く滞在しない。天下に道義が行なわれる太平の世には、表にたって活動するが、道義が失われる乱世には裏に隠れる。道義が行

なわれる国家において、貧乏で無名の生活をおくるのは不名誉なことである。道義が行なわれない国家において、財産をもち高位に上るのは不名誉なことである」

〈守死善道〉この一句は難解で今までいろいろの異説が行なわれているが、人を納得させるものがなかった。ふつうは死をもって道を守ると解せられている。しかし、そういう場合は、「死守善道」でなければならないので、この説は成立しない。上の句の「篤信好学」が、「篤く信じて、学を好み」と読めるのに対応するので、「死にいたるまで守りて、道を善くす」と読む方針をとった。

＊かたい信念をもって学問を愛し、死にいたるまでその道をたたえつづける、というのが孔子の基本的な生き方であったが、では、現実にはどういう心がけがいるか。孔子は魯国から亡命して諸国を流浪し、きびしい試練をうけ、生命の危機にさえさらされた。この経験をふりかえって弟子に注意をあたえているのが、このことばである。当時は諸都市国家の並立・抗争の時代であった。孔子は衛《えい》や陳《ちん》・蔡《さい》の内乱にまきこまれてたいへん迷惑をした。こんな国家には近寄らぬほうがいい。また孔子の生きていたような乱れた世の中では、政治家として活動するのは無理だから、隠退して時世をまたねばならない。しかし、当時でも政治がよく行なわれている国家もありうるから、そんな国家なら活動せず下積みの生活をしているのは恥であるし、乱れた国家で高貴になるのも恥であると述べている。このことばも、晩年の孔子の心境を示す訓戒と見てよかろう。

一四　子曰わく、その位に在《あ》らざれば、その政を謀《はか》らず(1)。

子曰、不在其位、不謀其政也、

先生がいわれた。

「責任ある地位にいない場合、政治のことを論議してはいけない」

(1)　憲問篇第二十七章と同文。

＊このことばを文字通りにとると、在野の政治家と政治評論家の議論が全部否定される。しかし、孔子の真意は弟子たちに無責任な放言をつつしみ、責任ある地位に立ったとき、実行できる政策を考えるようにというのではなかろうか。

一五　子曰わく、師摯《しし》の始めより関雎《かんしょ》の乱《お》わりまで、洋洋乎《ようようこ》として耳に盈《み》つるかな。

子曰、師摯之始関雎之乱、洋洋乎盈耳哉、

先生がいわれた。

「楽師長の摯さんの、冒頭の朗唱から、関雎《かんしょ》の終章の合奏にいたるまで、楽音はひろびろと耳いっぱいになる。まったくすばらしい」

〈師摯〉「師」は楽官のこと。「摯」は魯の楽団の長官の名。

＊この章については、異説がたくさんあるが、私は、金谷治教授とともに清《しん》朝の劉端臨《りゅうたんりん》

の説によることとした。周代の詩の音楽は、堂上の楽人の絃《げん》の伴奏をともなった歌唱にはじまり、管楽がこれに加わり、最後に鐘《しょう》などの打楽器が参加して大合奏によって終結する。楽団長の摯の歌唱からはじまる『詩経』国風の関雎の曲が、最後の大合奏まで、楽音朗々とひびきわたるのをきいたときの、孔子の感激のことばである。

一六　子曰わく、狂にして直《なお》からず、侗《とう》にして愿《げん》ならず、悾悾《こうこう》にして信ならずんば、吾《われ》これを知らざるなり。

子曰、狂而不直、侗而不愿、悾悾而不信、吾不知之矣、

先生がいわれた。

「熱狂的なくせに一本気ではなく、子供っぽいくせにまじめでなく、馬鹿正直なくせに誠実でない。このごろの人間は、自分はさっぱりわからないよ」

〈侗〉まだ一人前でないこと。
〈愿〉くそ真面目《まじめ》なこと。
〈悾悾〉素朴なこと。

＊このことばも、古注と新注の説がくいちがっているが、私は理屈でなく、素直に説明をしている古注にしたがった。春秋末の転換期の青年たちの行動と心理には、さすがの孔子も手をあげたとみえる。

一七　子曰わく、学は及ばざるが如《ごと》くするも、猶《なお》これを失わんことを恐る。
　子曰、学如不及、猶恐失之、
先生がいわれた。
「学問するのは、いくら追っても追いつけないような気持でなければならぬ。それでもまだとり逃がす恐れがあるのだ」

一八　子曰わく、巍巍《ぎぎ》たるかな、舜《しゅん》・禹《う》の天下を有《たも》てるや、而《しこう》して与《あずか》らず。
　子曰、巍巍乎、舜禹之有天下也、而不与焉、
先生がいわれた。

「堂々としたものだね、舜と禹の帝が天下に君として臨まれたのは。しかも政務を賢者にまかせて、無関心であられたのだ」

〈巍巍〉高大なさま。

〈舜〉堯帝に選ばれて皇帝の位を相続したといわれ、中国の理想の君主としてうやまわれた。

〈禹〉舜から譲位されて皇帝となり、夏《か》王朝を創始した。

一九　子曰わく、大なるかな、堯《ぎょう》の君たるや。巍巍《ぎぎ》として、唯《ただ》天を大なりと為《な》す。唯《ただ》堯これ

に則《のっと》る。蕩蕩《とうとう》として民能く名《よ》づくるなし。巍巍としてそれ成功あり、煥《かん》としてそれ文章あり。

子曰、大哉、堯之為君也、巍巍乎唯天為大、唯堯則之、蕩蕩乎民無能名焉、巍巍乎其有成功也、煥乎其有文章、

先生がいわれた。
「偉大なものだな、堯の君主ぶりは。堂々として、天だけが偉大であったが、ただ堯帝だけが天の徳を手本として行動され、その道はひろびろして、人民も形容することばに苦しんだ。堂々としたかっぷくで手がらを収められ、はなやかな文化を作り上げられたな」

〈蕩蕩〉広大なさま。

二〇 舜に臣五人ありて天下治《おさ》まれり。武王曰わく、予《われ》に乱臣《らんしん》十人ありと。孔子曰わく、才《さい》難《かた》しと。それ然《しか》らずや。唐虞《とうぐ》の際《さい》、斯《ここ》に於《お》いて盛んなりと為《な》す。婦人あり、九人のみ。(文王、西伯《せいは》となりて)天下を三分してその二を有《たも》ち、以て殷《いん》に服事す。周の徳はそれ至徳と謂《い》うべきなり。

舜有臣五人而天下治、武王曰、予有乱臣十人、孔子曰、才難、不其然乎、唐虞之際、於斯為盛、有婦人焉、九人而已、三分天下有其二、以服事殷、周之徳、其可謂至徳也已矣、

舜帝には有能な臣が五人いて、天下はよく治まった。

周の武王はいわれた。

「自分はさいわいに、政治に関係する十人の賢者の家来がいる」

孔子がいわれた。

「しかし、人材を得るのが困難であるというが、まったくそうではないかな。唐つまり堯と、虞すなわち舜とが相ついだ以後では、まったく周のはじめこそ盛代であったとされるが、婦人が一人まじるから、賢臣は九人にすぎなかった。文王が西伯となって天下を三分して、その二を保有されながら、残りの三分の一を領した殷につかえられたのだから、周の徳こそは完全無欠であったというべきである」

〈五人〉禹《う》・稷《しょく》・契《せつ》・皐陶《こうよう》・伯益《はくえき》をさす。禹は洪水を治め、次の夏王朝初代の君主。稷は農事の長官でのちの周王朝の遠祖。契は民政の長官でのちの殷王朝の遠祖。皐陶は司法長官。伯益は狩猟の長官。

〈乱臣〉この「乱」は「治」と同じように使われる。政治にたずさわる家来のこと。

〈十人〉周公旦《しゅうこうたん》・召公奭《しょうこうせき》・太公望呂尚《たいこうぼうりょしょう》・畢《ひつ》公・栄《えい》公・大顛《たいてん》・閎夭《こうよう》・散宜生《さんぎせい》・南宮适《なんきゅうかつ》・文王の正妻の太姒《たいじ》をさすといわれる。

〈唐虞の際〉「唐」は堯の氏、「虞」は舜の氏、「唐虞の際」とは、両者禅譲《ぜんじょう》のときのことをいう。

〈西伯〉周文王は西方の諸侯の覇者、つまり西伯となった。「伯」と「覇」とは通用する。

二　子曰わく、禹《う》は吾《われ》間然《かんぜん》すべきなし。飲食を菲《うす》くして孝を鬼神に致《いた》し、衣服を悪《あ》しくして美を黻冕《ふつべん》に致し、宮室を卑《ひく》くして力を溝洫《こうきょく》に尽くす、禹は吾間然すべきなし。

子曰、禹吾無間然矣、菲飲食而致孝乎鬼神、悪衣服而致美乎黻冕、卑宮室而尽力乎溝洫、禹吾無間然矣、

先生がいわれた。

「禹の君には、自分はまったく非難を加える余地がない。自身の飲食をきりつめて神さまに供物をさしあげ、自身の衣服を質素にして祭服の前だれと冠をりっぱにされ、自身の住居をそまつにして、全力を治水に尽くされた。禹の君には、自分は非難を加える余地がまったくないのだ」

〈孝を鬼神に致し〉「孝」は供物。供物を神にさしあげること。
〈黻冕〉祭服のひざの前にたらす前だれと冠。
〈溝洫〉田間の排水路。

論語　第五巻

# 第九　子罕《しかん》篇

この篇は、第一章の「子罕《しまれ》に利を言う。命と与《とも》にし仁と与にす」の最初の句をとって篇名とした。その内容は、この第一章をはじめ、第四章、第五章など、孔子の言行を弟子たちが記述したもの、第二章、第六章、第十一章など、他人および弟子たちが孔子の人格について論じたもの、などが含まれている。孔子の自叙を中心として、夫子《ふうし》の行ないを記録した述而篇に近い性質をもつ。とくに孔子が時世に絶望した第九章、第十七章、後生の畏《おそ》るべきを嘆じた第二十三章、孔子の病気のことを書いた第十二章とともに、孔子の晩年の言動が多く記されている。述而篇の補遺といったらよいであろう。したがって、その著作の年代は述而篇などより少し遅れるようである。

一　子《し》、罕《まれ》に利を言う。命《めい》と与《とも》にし仁《じん》と与にす。

子罕言利、与命与仁、

先生はめったに利益について語られなかった。もし語られたなら、運命に関連し、仁徳に関連してであった。

＊このことばについては、ここでは徂徠《そらい》の読み方によったのであるが、一般には、「子は罕に利と命と仁とを言う」、つまり「先生はめったに利益と運命と仁徳とについて語られなかった」と読まれてきた。『論語』のなかで孔子が「利」について、「命」について語った例は、ともに六例しかない。だから利と命とをまれに語ったとはいっていいかもしれない。ところが『論語』のなかで孔子は仁について六十回以上も語っている。『論語』の注釈家はこの矛盾になやんだ。あるいは弟子たちは最高の理想である仁について、孔子にもっともっと語ってもらいたいと希望し、まれにしか語ってもらえないと感じ、まれに仁について語ったことばをたいせつに記憶していたので『論語』に残ったのだという解釈も行なわれている。ひとつの考え方としてその可能性もみとめられるが、その解釈の成立する蓋然《がいぜん》性はきわめてとぼしく、妥当な解釈とはいえない。これにたいしてここにとった徂徠の独創的な解釈は、はるかに説得的である。『論語』のなかで孔子が利を語った六例のうち、ここをのぞいた五例中、仁に関連して利をといた「知者は仁を利とす」（里仁篇第二章）のほか、仁義の義に関連してといた「君子は義に喩《さと》り、小人は利に喩る」（里仁篇第十六章）、「利を見ては義を思う」（憲問篇第十三章）がある。これにたいして、利だけ語った例は、「利に放《よ》りて行なえば、怨《うら》み多し」（里仁篇第十二章）、

「小利を見ること毋《な》かれ。……小利を見れば則ち大事成らず」（子路篇第十七章）がある。前者は仁義を忘れて利にのみよった行動が怨みをまねくのであるから、ことばの上にはあらわれていないが、理論上は、仁義に関連して「利」に言及したのである。もっぱら「利」について説いたものは後の一例で、他の四例は仁義に関連させながら「利」をといたといえるであろう。そこで私は旧来の通説にたいしてあえて徂徠の説によることにした。

二　達巷党《たっこうとう》の人曰《い》わく、大なるかな孔子、博《ひろ》く学びて、名を成す所きなしと。子、これを聞き、門弟子《もんていし》に謂《い》いて曰《のたま》わく、吾《われ》何をか執《と》らん。御《ぎょ》を執らんか、射《しゃ》を執らんか、吾は御を執らん。

　達巷党人曰、大哉孔子、博学而無所成名、子聞之、謂門弟子曰、吾何執、執御乎、執射乎、吾執御矣、

達巷聚落《しゅうらく》のある人がいった。

「偉大なお方だな、孔先生は。多方面の学問をされながら、何ひとつ専門をもたれないのだから」

先生がこの噂《うわさ》をきかれて、内弟子たちにいわれた。

「いったい自分は何を専門にしようかな。御者《ぎょしゃ》になろうか。それとも射手になろうか。

……自分はやはり御者になろう」

〈達巷党〉「達巷」は地名だが所在はよくわからない。達巷地区の五百軒からなる「党」、すなわち小さい地域共同体とみられる。

〈名を成す〉一人前の専門家となること。

＊文・武の一芸に習熟して専門家として世に立とうとするのが、当時の風潮であった。これにたいして、専門にこだわらず、広い学問をならっていたところに、孔子の偉大さをみとめた達巷党人は、若いのになかなかの人物であったといえよう。この理解者の出現は、孔子にとってよほどうれしかったにちがいない。そこで何を専門にしようか、御者かな、射手かななどと冗談をいったのがこの文章である。孔子は、とかく苦虫をかみつぶしたような人柄だと想像されてきた。しかし、孔子は機嫌がいいときはこんな軽口をいいかねない、ユーモアに富む人であった。

三　子曰わく、麻冕《まべん》は礼なり。今純《いと》なるは、倹《けん》なり、吾《われ》は衆に従わん。下《した》に拝するは礼なり。今上《うえ》に拝するは泰《おご》れるなり。衆に違《たが》うと雖《いえど》も、吾は下に従わん。

子曰、麻冕礼也、今也純倹、吾従衆、拝下礼也、今拝乎上泰也、雖違衆、吾従下、

先生がいわれた。

「麻《あさ》の冠《かんむり》は礼にかなっている。現在絹でつくっているのは倹約のためだ。この点では自

分は、大衆のやり方に従う。君主に招かれたときは、御殿の下に降りてお辞儀するのが礼だ。現在、御殿の上でお辞儀するのは、おごりたかぶっているのだ。この点は大衆とはちがっても、御殿の下でお辞儀することにしよう」
〈麻冕〉麻布の大礼服用の冠。
〈純〉絹糸。

**四** 子、四《よ》つを絶つ、意《い》なく、必《ひつ》なく、固《こ》なく、我《が》なし。
子絶四、毋意、毋必、毋固、毋我、
先生は四つのことを絶対になさらなかった。つまり、私意をなくし、無理押しをせず、固執せず、我《が》を張られなかった。

**五** 子、匡《きょう》に畏《おそ》わる。曰わく、文王既《すで》に没す、文《ぶん》は茲《ここ》にあらざらんや。天の将《まさ》に斯《こ》の文を喪《ほろ》ぼさんとするや、後《おく》れ死す者、斯《こ》の文に与《あずか》ることを得ざらん。天の未《いま》だ斯の文を喪ぼさざるや、匡人《きょうひと》それ予《われ》を如何《いかん》せん。
子畏於匡、曰、文王既没、文不在茲乎、天之将喪斯文也、後死者不得与於斯文也、天之未喪斯文、匡人其如予何、
先生が匡の町で襲われたとき、いわれた。

「周の文王の君はとっくになくなられた。文王の伝えたもうた文化は——自分で胸を指さされて——ここに存在しているではないか。神さまが私の身についている文化を滅亡させようと思《おぼ》し召《め》さるるならば、生き残ったものは、私の身とともに滅びるこの文化に沃《よく》することが不可能となる。神さまがわが身についた文化を滅亡させまいと思し召さるるならば、匡の民のごときものが私をいかんともできるはずはあるまいぞ」

〈匡〉邑《ゆう》つまり町の名である。現在のどこにあたるか定説がないが、銭穆《せんぼく》の説によって漢の長垣県《ちょうえんけん》、唐の匡城《きょうじょう》県の地にあてる。司馬遷の『史記』によると、季氏の家令で魯の独裁者であった陽虎《ようこ》が、この邑を攻めたことがある。邑の人が孔子の容貌が陽虎に似ているので、誤って孔子を襲ったのだといわれる。勇士の子である孔子は、からだつきがたくましかったらしいから、こういう伝説が生まれたのであろうが、事実かどうかわからない。

〈畏〉ふつうは「恐れる」の意味であるが、ここは、武器をとった闘争の意味につかわれている。

〈文王〉周の開国の英主《えいしゅ》。徳望高く、周の政治・文化の基礎をつくった。

〈文は玆に…〉孔子は自分の指で胸をさして「文がここにある」といったのである。文とは周の文王のつくった礼・楽の制度などで、文化と訳してもよい。下の「斯《こ》の文」は、この孔子の胸のなかにおさまっている文化、という意味。

＊孔子は前四九七年、魯国から衛国に亡命したが、その冬、または翌年の春、衛国と境を接した西北の強国、晋の豪族趙簡子《ちょうかんし》の本拠朝歌《ちょうか》に赴こうとして、国境の城、匡邑ある

いは蒲《ほ》邑に立ち寄った。大学者の孔子が覇者《はしゃ》の晋国に入国するのを防ごうとする、小国衛の陰謀かもしれないが、ともかくこの付近で地方の軍隊の襲撃をうけ、やっと危機を脱したことがあった。孔子の五十六歳あるいは五十七歳のときのことであった。匡・蒲二邑の間におけるこの危難は、いろいろの伝説を生み、注釈家によっていろいろの解釈がつけられた。崔述《さいじゅつ》と銭穆の研究によると、匡・蒲の危難は異なった機会に、別の地方でおこったことでなく、同一時、同一地方での出来事が誤って、異なった時、異なった場所でおこった二つの事件として、伝説化されたものにすぎないそうである。匡の町はずれを、孔子の一行が馬車をつらねて旅していると、突如として攻撃をうけた。弟子たちはあわてさわいだ。魯の勇士の子で、武術のたしなみもあった孔子は、ちっともさわがず、弟子たちを励まし、このことばを吐いたのである。孔子は、自分の胸を指さして、周の文王が没してからその文化の伝統は伝わってここにあるのだ。もし天が周の文化を滅ぼすつもりなら、自分はここで一命を果たすかもしれない。一行で逃げて生き残ったものがあるとしても、自分とともに文化は滅びるのだから、もう永久に文化にあずかることはできないのだ。天がもし文化を滅ぼされない気なら、匡人が自分をどうすることもできないだろう、とそういったのである。弟子たちのなかには、子路《しろ》・冉求《ぜんきゅう》のような勇士もいる。この一言をきいて奮起して、一致して血路を開いたのである。孔子はふだんから、周の文化は天命によって自分のなかに生きて伝わっているという自信をもっていたのだが、そのそぶりはどこにも見せなかった。このときになってはじめて磐《ばん》石《じゃく》のような自信を表明し、この危難をきりぬけた。孔子の一生のなかでのもっとも劇的なシーンは、ヘブライの預言者モーゼの行動を思いおこさせるものがある。この文句には異説が多いが、文化の伝道者としての孔子の自信の強烈さについては、伊藤仁斎や吉川幸次郎博士がよくこれを説いている。私の説は、だいたいこれらの説によりながら、今までは「後《おく》れ死す者」が孔子自身と解されてきたものを、これを弟子たちに呼びかけたことばと解したところが独創である。逃げ散ろうとする弟子たちに大声で、逃げてもだめだ、あわてずに結束して血路を開こうと呼びかけたのだとする。こう解すると、この情景がさらに生きてくる。

六

大宰《たいさい》、子貢《しこう》に問いて曰わく、夫子《ふうし》は聖者か、何ぞそれ多能なる。子貢曰わく、固《もと》より天の縦《ゆる》せる将聖《しょうせい》にしてまた多能なり。子これを聞きて曰わく、大宰は我を知れる者か。吾少《われわか》くして賤《いや》しかりき。故に鄙事《ひじ》に多能なり。君子多《た》ならんや、多ならざるなり。

大宰問於子貢曰、夫子聖者与、何其多能也、子貢曰、固天縦之将聖、又多能也、子聞之曰、大宰知我者乎、吾少也賤、故多能鄙事、君子多乎哉、不多也、

呉《ご》の大臣が、子貢にきいた。

「先生は聖人であられるのか。それにしてはなぜあんなに多芸なのか」

子貢がこたえた。

「仰せのとおり先生は神さまにゆるされた大聖人ですが、またそのうえ多芸なのです」

先生がこのことを聞かれていわれた。

「大臣はよく自分のことを理解してるね。自分は若いとき身分が低かった。そのためたくさんつまらぬ仕事ができるようになったのだ。君子は多芸であっていいだろうか、いや、多芸ではいけないのだよ」
＊大宰《そう》は宋や呉国の総理にあたる要職である。大宰の国と名をあきらかにしていないので、宋・呉どちらの国の大宰かわからないという説もある。しかし、ここで大宰の国名と人名とを明記していないのは、それを明記しないでもわかっていたからで、孔子と同時代の新興の覇者の国、呉の大宰として有名であった大宰嚭《ひ》をおいて他に人を求めることはできない。『左伝《さでん》』によると子貢は哀公七年（前四八八年）と哀公十二年（前四八三年）の二回にわたって魯国を代表して呉の大宰嚭と対談している。前の会談のときは孔子はまだ亡命中であるから、この後の会談のさいに出た話にちがいない。大宰嚭が君の先生はいったい聖人なのか、それにしてはつまらないことに多芸すぎるではないかときいたのだと古注は解する。新注はこれにたいして、聖人を全知全能として、ほんとに聖人で多能な人なのかときいたのだと釈する。私は古注のほうをとる。さすが弁舌の雄がこの答えには口ごもって、天から許されたほんとの聖人なのだが、そのうえに多芸なのだと、

まったく明確さを欠く答えをしている。それはまた孔子が、「君子は器《うつわ》ならず」（為政篇第十二章）といっているように、多芸なのはりっぱな人間にとっては似つかわしくないことだからである。まして聖人が多芸であってはおかしいという考えが時代の通念であったにちがいない。このことは孔子の子貢にたいすることばの、自分の多芸は、青年時代の貧しさのため、やむをえずそうなったのだといったのによくあらわれている。新注は孔子を全知全能の聖人とみようとして、かえってこの真意を誤解することになった。

**七**　牢《ろう》曰わく、子云《のたも》う、吾《われ》試《もち》いられず、故《ゆえ》に芸ありと。

　牢曰、子云吾不試、故芸、

琴牢《きんろう》がいった。

「先生は、『自分は世間に用いられなかったため多芸になったのだ』といわれた」

〈牢〉孔子の弟子。姓は琴、牢はその名。

＊これは、前章の孔子のことばをそばできいていた弟子の琴牢が、その結論のところの片端だけを記憶していたのであろう。

**八**　子曰わく、吾知ることあらんや、知るなきなり。鄙夫《ひふ》あり、来《きた》りて我に問う、空空如《こうこうじょ》たり。我その両端《りょうたん》を叩いて竭《つ》くす。

子曰、吾有知乎哉、無知也、有鄙夫、来問於我、空空如也、我叩其両端而竭焉、

先生がいわれた。

「わたしが物知りだって、いや物知りなぞでないよ。しかし、名もない男が訪ねてきてわたしに質問し、その態度がばか正直だとしよう。わたしは話のはじめから終わりまで問いただして、じゅうぶんに答えてやってるまでだよ」

〈空空如たり〉「空空」は「悾悾」と同じ。くそまじめな態度をいう。

〈両端を叩く〉「叩く」とは反問すること。はじめから終わりまで話をきいて、問いの意味の不明なところは反問して意味をはっきりさせる。

**九**　子曰わく、鳳鳥《ほうちょう》至らず、河《か》、図《と》を出《い》ださず。吾已《や》んぬるかな。

子曰、鳳鳥不至、河不出図、吾已矣夫、

先生がいわれた。

「めでたい鳳凰《ほうおう》の鳥は舞い下りてこない。黄河からだれも神秘の図書を背負って出てこない。わたしの運命もこれでおしまいだ」

＊空想の霊鳥である鳳凰が地上に舞い下り、黄河から亀《かめ》が神秘的な内容をえがいた図書を背負って出現する。この瑞兆《ずいちょう》がおこると天下に聖人が出て王となるという言い伝えがある。孔子は、不世出の才をいだき、高遠な理想をもちながら、王者でない悲しさにそ

の道を天下に行なって、乱世を太平の世にかえすことができないのを遺憾《いかん》に思っていた。孔子は、口には怪・力・乱・神を語らなかった（述而篇第二十章）が、万一の奇跡の出現に期待をかけていたのであった。これを迷信と笑ってはいけない。孔子も古代人であるから、やはり奇跡に希望をつなぐことはさけられなかった。孔子が七十歳をこえて、そろそろ死期がせまってきても、ついに奇跡はあらわれなかった。孔子はとうとう絶望せざるをえなかった。

一〇　子、斉衰《しさい》の者と冕衣裳《べんいしょう》の者と瞽者《こしゃ》とを見れば、これを見て少《わか》しと雖《いえど》も必ず作《た》つ。これを過ぐれば必ず趨《はし》る。

子見斉衰者冕衣裳者与瞽者、見之雖少者必作、過之必趨、

先生は、あらい麻布で裁《た》ちはなしの喪服をつけた人と、高官の礼服をつけた人と、盲目の楽師に会われたときは、出会った相手が年若くてもかならず座から立ちあがり、通りこすときは敬意をはらって小走りされた。

〈斉衰〉古代の喪服の一種。そまつな麻布で裁ちはなしにして、縁を縫いかえししない。三ヵ月以上近親の喪に服する人がつける。
〈冕衣裳〉大夫《たいふ》以上の礼服礼冠。
〈瞽者〉盲目者だが、とくに世襲の音楽師はみな、みずから盲目者となっていた。孔子は彼

らについて『詩経』を習ったので、先生として敬意をはらったのである。

二　顔淵《がんえん》、喟然《きぜん》として歎《たん》じて曰わく、これを仰げば弥《いよいよ》高く、これを鑽《き》れば弥《いよいよ》堅く、これを瞻《み》るに前に在《あ》れば、忽焉《こつえん》として後《しりえ》に在り。夫子《ふうし》、循循然《じゅんじゅんぜん》として善《よ》く人を誘《いざな》う。我を博《ひろ》むるに文を以てし、我を約《やく》するに礼を以てす。罷《や》まんと欲すれども能《あた》わず。既《すで》に吾が才を竭《つ》くす。立つところありて卓爾《たくじ》たるが如《ごと》し。これに従わんと欲すと雖《いえど》も由《よ》る末《な》きのみ。

顔淵喟然歎曰、仰之弥高、鑽之弥堅、瞻之在前、忽焉在後、夫子循循然善誘人、博我以文、約我以礼、欲罷不能、既竭吾才、如有所立卓爾、雖欲従之、末由也已、

顔淵が、ほっとため息をついていった。
「先生の人格は、仰げば仰ぐほど高く、切り込もうとすればするほどかたく感じられる。前におられるかと思うとふいと後ろに立っておられる。先生は順序だててよく人を導かれる。詩書をよませて私の視野を広くさせ、礼を実習しながら知識を整理させてくださった。私はなんどか学問をやめようと思ったが、どうしてもやめられない。自分の才能はもうすっかり出しきってしまったが、先生はあちらの高みにすっくと立っておられる。ついて行きたいと心ははやるが、手段がまったく見つけられないのだもの」

〈喟然〉ため息をつくさま。

〈鑽る〉玉や石に穴をあけること。
〈循循然〉休まず秩序整然と。
〈卓爾〉高くそびえること。

三　子、疾《やまい》、病《へい》なり。子路《しろ》、門人をして臣たらしむ。病、間《かん》あるとき曰わく、久しいかな、由《ゆう》の詐《いつわ》りを行なうや。臣なきに臣ありと為《な》す。吾誰《たれ》をか欺《あざむ》かん、天を欺かんか。且《か》つ予《われ》その臣の手に死せんよりは、無寧《むしろ》二三子の手に死せんか。且つ予縦《たと》い大葬を得ざるも、予道路に死なんや。

子疾病、子路使門人為臣、病間曰、久矣哉由之行詐也、無臣而為有臣、吾誰欺、欺天乎、且予与其死於臣之手也、無寧死於二三子之手乎、且予縦不得大葬、予死於道路乎、

先生のご病気が重体に陥った。子路が門人を孔子の家臣に仕立てて手伝わせた。ご病気が小康を得たとき、先生がいわれた。

「ずっと昔からのことだが、おまえの偽善はちっとも変わらないね。家臣がいないのに家臣のある体《てい》にして、わしにだれをだまさせるのか。天をだまさせるのか。それに偽《にせ》の家来にみとられて死ぬよりいっそ諸君の世話になって死ぬほうが、わしはどんなに気持がいいだろう。また、わしはたとえりっぱな葬式をしてもらえなくとも、わしが道路で野垂れ死

にすることはありえないだろうよ」

＊中国古代の葬式では、大夫《たいふ》の身分の場合、神主《かんぬし》をはじめ、多くの行事にはそれぞれ家臣に分掌させるようにきめられていた。孔子はかつて大夫であったが、隠退していたので家臣がなかった。子路は、大夫の礼遇で孔子の葬式を行ないたいと考え、自分の門人を臨時に孔子の家臣に仕立てたのである。孔子の病気がよほど重体だったので、このような手配をしたのである。孔子も病気がよくなってから、子路のやり方をきいて、こごとをいったのである。

三　子貢《しこう》曰わく、斯《ここ》に美玉あり、匵《ひつぎ》に韞《おさ》めて諸《これ》を蔵せんか、善賈《ぜんこ》を求めて諸を沽《う》らんか。子曰わく、沽らんかな、沽らんかな。我は賈を待つ者なり。

子貢曰、有美玉於斯、韞匵而蔵諸、求善賈而沽諸、子曰、沽之哉、沽之哉、我待賈者也、

子貢がおたずねした。

「かりにきれいな宝石があるとします。箱にいれてしまいこんでおいたものでしょうか。いい買い手を見つけて売ったものでしょうか」

先生がこたえられた。

「売るよ、もちろん売るよ。でも、自分は店で買い手を待って売ろうというのだがね」

＊子貢が、魯国を辞職した晩年の孔子に、もう一度仕官する希望をもっているかどうか、その先生の意志をこのたとえ話によって推察しようとしたのである。孔子のこたえは、もちろん仕官したいが、こちらからおしかけて、売りこみなぞはしないで、店で買い手のくるのを待って売ろうとするのだという。仕官するにも、こちらから君主のところにおしかけて、職を求めるのではない。君主が招聘《しょうへい》するのを待っているのだ。これが古注の解釈である。新注では、なんでも売りに出そうというので、これよりもっと積極的に猟官運動をすることを意味する。私は、古注のように控えめな態度が孔子らしいと思う。

一四　子、九夷《きゅうい》に居らんことを欲す。或るひと曰わく、陋《いや》しきことこれを如何《いかん》せん。子曰わく、君子これに居らば、何の陋しきことかこれあらん。

子欲居九夷、或曰、陋如之何、子曰、君子居之、何陋之有、

先生が東方海上の未開民族九夷の国に移住しようとされた。さるお方がいわれた。

「むさくるしい所だが、どんなものかな」

先生がいわれた。

「君子がそこに住めば、自然に文化に化せられます。むさくるしいことなぞ問題ではありません」

〈九夷〉『後漢書《ごかんじょ》』東夷伝によると、九夷の古名は畎夷《けんい》・干夷・方夷・黄夷・白夷・赤夷・玄夷・風夷・陽夷であるが、後漢ごろは、一、玄菟《げんと》、二、楽浪《らくろう》、三、高麗《こうらい》、四、満飾《まんしょく》、五、鳧臾《ふゆ》、六、索家《さくか》、七、東屠《とうと》、八、倭人《わじん》、九、天鄙《てんぴ》にあてられた。一から三までは朝鮮半島、四から七までは中国東北、八は日本にあてられている。孔子はその位置を明瞭に知っていたわけではない。ことに日本人の古い呼称である倭人については、直接になんの知識もなかったであろう。山東半島から海上を航海して、せいぜい朝鮮半島の北部ぐらいにおちつこうと考えたのであろう。

＊孔子が、桴《いかだ》に乗って海上にのがれようとしたことがあった（公冶長篇第七章）。これも同じ事件についてのすこし変わった角度からの会話である。魯国の政治は豪族の専制によって腐敗していたが、とくに季氏の執事の陽虎《ようこ》が前五〇五年から五〇一年にかけて、季氏をおさえて一時魯の国政を左右するにいたって、混乱はその極に達した。孔子が海上にのがれようとしたのはこのころのことであろう。人気のある学者の孔子を味方にしようと熱心に勧誘していた陽虎がこの噂をきいて、孔子を引きとめようとした。「或るひと」とは、たぶん陽虎のことであろう。孔子はここでも断固として陽虎の誘いをはねつけたのであった。

一五　子曰わく、吾衛《えい》より魯《ろ》に反《かえ》り、然《しか》る後に楽《がく》正しく、雅頌《がしょう》各《おのおの》その所を得たり。

子曰、吾自衛反於魯、然後楽正、雅頌各得其所、

先生がいわれた。

「自分が衛から魯に帰国した以後、音楽の調子が整い、雅・頌それぞれあるべき位置におちついた」

〈雅頌〉現在の『詩経』では、だいたい周王朝の饗宴《きょうえん》に奏される楽曲を「雅」、宗廟《そうびょう》で祖神を祭るときに奏する舞楽を「頌」とよび、これに「国風」をあわせて三部に編されている。従来の注釈は書物としての『詩経』の編成のみに注意を向けてきたが、楽曲としての雅頌の分類のほうが重要である。

＊孔子が衛国から魯に帰り、長い流浪《るろう》の旅に終止符をうったのは前四八四年、孔子六十九歳のときである。孔子は、中原《ちゅうげん》の鄭《てい》・衛などの諸国に滞在して、その古典音楽、つまり『詩経』の諸篇の演奏を実地に見聞し、楽曲の分類配列、とくにこれを演奏する楽曲の調子に、ひじょうな異同・混乱のあることを知った。この経験をもとにして、『詩経』の古典音楽の整理を孔子が行なった。従来の注釈は、『詩経』の分類などの誤りをなおし、本文を校正したことにとっている。しかし、孔子の時代では、『詩経』は今のように読む詩の本ではなく、音楽の伴奏に合わせて歌う歌曲集であった。従来、暗記で伝わってきた歌詞と音譜のくいちがい、雅《が》の調子で歌わるべきものが風《ふう》・頌《しょう》によって歌われるなどの間違いが、孔子の訂正したもっとも重大な点であったらしい。清《しん》朝の注釈家は

この点を重要視しだした。私もこの意味に読んだ。

一六　子曰わく、出《い》でては則《すなわ》ち公卿《こうけい》に事《つか》え、入りては則ち父兄に事う。喪《も》の事は敢《あ》えて勉《つと》めずんばあらず、酒の困《みだ》れを為《な》さず、我に於《お》いて何かあらんや。

子曰、出則事公卿、入則事父兄、喪事不敢不勉、不為酒困、何有於我哉、

先生がいわれた。

「外に出ると公や卿の高い身分の人々に奉仕し、家に帰ると父や兄に奉仕する。葬式にはいっしょうけんめいにつとめるし、宴会では酔っぱらったりしない。そんなことは自分にとってなんでもない」

＊社会人として、平凡な道徳を完全に守ることは、この乱世で、社会生活が常軌を失っているときでは珍しいことかもしれない。これをなんでもないといえる孔子は、非凡な平凡人であった。しかし、「我に於いて何かあらんや」は、注釈家がずいぶんもってまわった解釈をしているが、私はもっとも平凡に理解する。

一七　子、川の上《ほとり》に在《いま》して曰わく、逝《ゆ》くものは斯《か》くの如《ごと》きか、昼夜を舎《す》てず。

子在川上曰、逝者如斯夫、不舎昼夜、

川岸に立っておられた先生がいわれた。

「過ぎ去ってゆくものはみなこのとおりなのだな。昼も夜もすこしも休まない」

*この川のほとりにおける孔子の詠嘆は、たいへん有名な文句である。ふつうは朱子の新注をもとにして、川の流れが混々《こんこん》として昼夜休まないように、人間もまたそのように不断に進歩してやまないようにせねばならぬというふうに説かれてきた。吉川幸次郎博士がくわしく論じられているように、古注では人間が川の流れのように、どんどん年をとってゆくことを嘆いたとみる説が多く、六朝《りくちょう》の詩人たちもそういう故事としてこの詩をつかっている。「逝く」はやはり過ぎ去って帰らないものをさすのが原義であろうし、孔子が川の岸に立って不遇のうちに年老いてゆくのを嘆いたという解釈がもっとも適切なようである。この句を人生の前進にたいする積極的意義によんだ宋代以後の解釈は、もちろん原義からはずれてはいるが、孔子の思いもおよばなかった新解釈をうち出した点において驚嘆に値する。宋代の新興儒教のエネルギーの発露といえるであろう。

一八　子曰わく、吾《われ》未《いま》だ徳を好むこと色を好むが如くする者を見ざるなり。

子曰、吾未見好徳如好色者也、

先生がいわれた。

「わたしは美人を愛するほど熱烈に有徳者を愛する人をまだ見たことがない」

*「色を好む」の「色」が美人をさすように、「徳を好む」の「徳」を有徳者ととる徂徠《そらい》ら

の解釈に私は賛成する。美人と有徳者を対照としてとることは、ふつうの道徳家には考えようもないことであろう。しかし音楽や、礼や、文や、すべて美にたいしてたいへん敏感であった孔子にとって、この発想はけっして偶然ではなかった。美も善も調和の感覚の上に立っており、孔子の求めたのが調和の世界であったからであろう。

一九　子曰わく、譬《たと》えば山を為《つく》るが如し、未だ一簣《いっき》を成さざるも、止《や》むるは吾止《や》むなり。譬《たと》えば地を平らにするが如し、一簣を覆《ふく》すと雖《いえど》も、進むは吾往《ゆ》くなり。

子曰、譬如為山、未成一簣、止吾止也、譬如平地、雖覆一簣、進吾往也、

先生がいわれた。

「ちょうど山をつくるようなものだ。最後にもうひと簣《もっこ》というところをやりとげないのは、やめた自分がわるいのである。ちょうど土地をならすようなものだ。最初にひと簣をあけるだけでも進行したのは、自分の手柄である」

＊この解釈は新注によった。古注では「止まるような君主のところには、自分はゆかない、進む君主のところには自分はいって仕える」という意味にとる。しかし、新注でりっぱに意味がとおるし、原義である可能性もあるので、それによって人間の意志力の賛美と解した。

二〇　子曰わく、これに語りて惰《おこた》らざる者は、それ回《かい》か。
　子曰、語之而不惰者、其回也与、
　先生がいわれた。
「わたしが教訓を述べているとき、しまいまでちっとも飽きずにきいているのは、顔淵《がんえん》だけだな」
＊「語る」とは、古代の塾などで老先生が若い弟子たちの問いに応じて教訓を暗唱してきかせてやるのが原義である。ここではこのもとの意味に使っている。教訓は、話が長くなるので、その意味がよくわからない弟子はたいくつしてしまう。顔淵はその意味がよく理解できるので、最後までちっともいやな顔をせずにききいっていたのである。この解釈は古注によった。新注のなかに、たんに孔子の話をきくばかりでなく、そのとおり行なってたがわないという意味にとっているのもあるのは誤りである。

二一　子、顔淵を謂《い》いて曰わく、惜しいかな、吾その進むを見たるも、未だその止《や》むを見ざりき。
　子謂顔淵曰、惜乎、吾見其進也、未見其止也、
　先生が顔淵を評していわれた。
「惜しい人間を死なせたものだ。あの男の学問が日々に進歩しているのを見たが、その停

滞しているのを見たことがない」

二二　子曰わく、苗《なえ》にして秀《ひい》でざるものあり、秀でて実《みの》らざるものあり。

子曰、苗而不秀者有矣夫、秀而不実者有矣夫、

先生がいわれた。

「せっかく苗をうえているのに穂の出ないものがあるし、穂が出ているのに実《み》がいらないものがある」

＊教育による人間の才能の開発はむつかしいものだ。孔子は穀物の苗にたとえて、そのむつかしさを象徴している。若い時の秀才、中年の活動家で、学問を大成させることができないものがどんなに多いことだろう。孔子すら、なかなか若い弟子の才能の開花を予測することができなかった。

二三　子曰わく、後生畏《こうせいおそ》るべし。焉《いずく》んぞ来者《らいしゃ》の今に如《し》かざるを知らんや。四十五十にして聞こゆることなきは、これ亦《また》畏るるに足らざるのみなり。

子曰、後生可畏也、焉知来者之不如今也、四十五十而無聞焉、斯亦不足畏也已矣、

先生がいわれた。

「若い人は恐るべきだ。これから出てくる人が現在の自分たちほどになれないと、だれが

いえようか。四十歳・五十歳になって世間に少しも知られないようでは、これはまた恐れるに足りない」

＊後に生まれたもの、つまり青年は、具体的に顔淵をさしているという古注もあるが、そう解釈しなければならない必然性は乏しいので、新注の解釈にしたがった。魯に帰った晩年の七十歳代の孔子が、周囲に残っている四十歳以上も年少の子游・子夏・子張・曽子らにたいしていったことばであろう。彼らはたいてい二十歳代であったから、まさに「後生」とよばれてもよいであろう。四十歳・五十歳になるまでに、しっかり勉強するようにさとしたのである。

二四　子曰わく、法語《ほうご》の言《げん》は、能《よ》く従うことなからんや。これを改むるを貴《たっと》しと為《な》す。巽与《そんよ》の言《げん》は、能く悦《よろこ》ぶなからんや。これを繹《たず》ぬるを貴しと為す。悦《よろこ》びて繹ねず、従いて改めざるときは、吾これを如何《いかん》ともする末《な》きのみ。

子曰、法語之言、能無従乎、改之為貴、巽与之言、能無悦乎、繹之為貴、悦而不繹、従而不改、吾末如之何也已矣、

先生がいわれた。

「古典の格言をひいて忠告されれば、だれでもしたがわないものはあるまい。しかし、ほんとにそのことばによって行ないを改められるかどうかが問題である。やさしいことばだ

ったら、だれでも心から気持よく受けずにはいられまい。ただ、その意味をよく考えてみるかどうかが問題である。気持よく受けながら、その正しい意味を考えてみないもの、うわべはことばにしたがいながら、実際は行ないを改めないもの、そんなものは、自分もまったく処置のしようがないではないか」

〈法語の言〉徂徠と冢田大峰《つかだたいほう》が『孝経』の「先王の法言」にあてたのは正しい。古代の聖王の格言として語りつがれてきたことばである。

〈巽与の言〉「巽」は恭で、へりくだったことばだと解されている。そのことばのつきつめた意味はわからないが、通説にしたがっておく。

**二五**　子曰わく、忠信に主《した》しみ、己れに如《し》かざる者を友とすることなかれ、過《あやま》てば則ち改むるに憚《はばか》ること勿《な》かれ。(1)

子曰、主忠信、無友不如己者、過則勿憚改、

先生がいわれた。

「律義《りちぎ》で約束をたがえない人に昵懇《じっこん》をねがって、自分に及ばないものと友だちにならないこと。過ちがあれば、すなおに認めてすぐさま訂正することだ」

(1) 学而篇第八章の後半と同文。

二六　子曰わく、三軍も帥《すい》を奪うべきなり。匹夫《ひっぷ》も志《こころざし》を奪うべからざるなり。

子曰、三軍可奪帥也、匹夫不可奪志也、

先生がいわれた。

「三軍の大軍でも大将を捕えてむりに指揮権を横取りすることができる。一個の人民でもむりにその意志をまげさせることはできない」

〈三軍〉述而篇第十章の注参照。

＊三軍のような大軍でも意志が統一していないと、大将をとりこにして指揮権を奪い取ることができる。これに反して弱い一個の人民でも決心していると、暴力でその意志をまげさせることはできない。孔子はここでは一個の人間の意志力・精神力が確固としていれば、いかなる外界の暴力の圧迫にもうちかつことができると信じているように見える。

二七　子曰わく、弊《やぶ》れたる縕袍《うんぽう》を衣《き》て、狐貉《こかく》を衣る者と立ちて恥じざる者は、それ由《ゆう》か。忮《やぶ》らず求めず、何を用《もっ》てか臧《よ》からざらん。子路、終身《しゅうしん》これを誦《しょう》す。子曰わく、是《こ》の道や何を以て臧《よ》しとするに足らん。

子曰、衣弊縕袍、与衣狐貉者立而不恥者、其由与、不忮不求、何用不臧、子路終身誦之、子曰、是道也、何足以臧、

先生がいわれた。

「ぼろぼろの綿入れ羽織をきて、狐《きつね》や貉《むじな》の毛皮をきた人と並んで立って恥ずかしがらないものは、子路《しろ》ぐらいではないかね。

他人《あだびと》をねたまず、せがまずば
いかでか善き人ならざらん

という詩によく合っている」

喜んだ子路は、死ぬまでこの詩を口ずさんでいた。

この噂をきかれて、先生がいわれた。

「この行ないはりっぱだが、善はそれだけで済むものではないのに」

〈弊れたる縕袍〉破れて綿のはみでた、羽織にあたる上衣。当時は木綿はなく、庶民のもっとも普通の衣服は麻衣、麻綿であった。いちばんそまつな上衣。

〈狐貉〉貴族たちがきる毛皮。

〈由〉子路の名。

＊「不忮」以下は、旧注の『義疏《ぎそ》』も朱子の『集註《しっちゅう》』も、みな合わせて一章としているが、孔広森《こうこうしん》や徂徠らは独立の章とみなしている。「不忮不求、何用不臧」は、『詩経』邶《はい》風の雄雉《ゆうち》篇の句であり、その詩の句が、子路の粗衣を恥じない行ないにぴったり合わないのが理由である。しかし、春秋時代には「断章、義を取る」といって、詩全体の意味とは無関係に詩の一句をひっぱりだして、場合場合に都合のいいように解釈している。他人

を「ねたまず、せがまず」という意味なら、ぼろをきて、ぜいたくな衣裳《いしょう》をきた人と並んで、少しも気おくれしないという子路の行為をほめて引用して、ちっともさしつかえない。私はこの意味で通説によって、全体を一章として取り扱うこととした。子路が終身これを誦したというのがもし真実なら、子路は前四八〇年、孔子の死ぬ前年に死んでいるから、その噂をきいた孔子の評言は、その死後、つまり孔子の最晩年の発言ということになる。

**二八**　子曰わく、歳《とし》寒くして、然《しか》る後、松柏《しょうはく》の彫《しぼ》むに後《おく》るるを知る。

子曰、歳寒、然後知松柏之後彫也、

先生がいわれた。

「寒気のきびしい年になって、はじめて松と柏《ひのき》の葉がほかの樹木におくれて枯れ落ちることがわかる」

＊これは孔子が前四九七年から四八四年まで、十四年の長期にわたる亡命の旅の終わりのころ発言したものにちがいない。はじめはかなり多数にのぼった随従の弟子は、歯が抜けるように立ち去ってゆく。この寂しい境遇において、正面から去り行く弟子を非難せず、寒気のなかで最後まで緑を維持しながら、ついに少しずつ枯れてゆく松柏の姿をもってみずからを象徴したのである。口でりっぱな主義を主張し、高遠な理想を語る人々

が、きびしい弾圧にあうとたちまち転向し、はては時局に迎合していったありさまを、私たちはいやというほど見せつけられた。孔子のことばは、ほんとの信念を持つものと、そうでない口先だけの人間との差をみごとに表わしている。

二九　子曰わく、知者は惑《まど》わず、仁者は憂《うれ》えず、勇者は懼《おそ》れず。

子曰、知者不惑、仁者不憂、勇者不懼、

先生がいわれた。
「知恵のある人は迷わない。
仁徳ある人は心配しない。
勇気ある人はこわがらない」

＊前章に続けて難局におかれた知者・仁者・勇者の態度を巧みに描き分けて、孔子はその文学者的才能を遺憾《いかん》なく発揮している。

三〇　子曰わく、与《とも》に共に学ぶべし、未《いま》だ与に道に適《ゆ》くべからず。与に道に適くべし、未だ与に立つべからず。与に立つべきも未だ与に権《はか》るべからず。唐棣《とうてい》の華《はな》、偏《へん》としてそれ反せり、豈爾《あになんじ》を思わざらんや、室これ遠ければなり。(1)子曰わく、未だこれを思わざるなり、それ何の遠きことかこれあらん。

子曰、可与共学、未可与適道、可与適道、未可与立、可与立、未可与権、唐棣之華、偏其反而、豈不爾思、室是遠而、子曰、未之思也、夫何遠之有哉、

先生がいわれた。

「いっしょに同じ学問をすることができても、いっしょに同じ道をゆくことができない。いっしょに同じ道をゆくことができても、いっしょに同じ位置に立つことができない。いっしょに同じ位置に立つことができても、いっしょに同じ利益を求めることができない。

詩に、

唐棣《にわざくら》の花
風にゆらゆら
飛び立つばかり思わざらめや
主《ぬし》の家居《いえい》のあまりに遠くして

とある」

先生はまたいわれた。

「真実恋しているのではないからだ。もし真実恋していたら家の遠さなどものの数ではないはずだ」

〈唐棣〉にわざくら。

〈偏として…〉ふつうの花と違って、つぼみのようになるとも解される。鄭玄《ていげん》のように花が

風にゆすられて、枝がたわむと見るのがいいであろう。

（1）これは現在の『詩経』には載っていない。おそらく孔子時代の新しい流行歌謡であろう。孔子は新しい歌をきくと、もう一度歌わせて、それについて唱和したというから（述而篇第三十一章）、熱心に覚えた歌の一つであったろう。そしてその歌の文句に人間の真情の発露を見たのであろう。

＊新注では詩の句以下を独立の文とするが、私は古注にしたがった。もちろん古注の解が絶対ではない。同学の人間が同じ主義で活動することはむつかしい。同じ主義で働くことはまだやさしいが、同じ位置に並んでおちつくことはむつかしい。それでも同じ位置におちつくことはまだやさしい。同じ利害関係をもつと、とかく争いが生じやすい。孔子はこう述べておいてから、恋するどうしだって家が離れると心も離れ離れになるという流行歌をひいた。だがもし真実愛していたら、家が離れていることは問題ではないはずだ。もし朋友《ほうゆう》が真実仲がよかったら、利害関係で仲たがいになることはないのかもしれぬ、といっていると解する。私はこの解釈のほうがより人情の機微をとらえ得ていると感ずる。

# 第十　郷党篇《きょうとう》

『論語』は孔子の言行の記録であるが、孔子のことばや弟子たちとの会話がおもな部分をなしていて、孔子の行動についての記録は、あまり多くない。この郷党篇は、『論語』のなかでは例外で、孔子の行動の記録が主体となっている。行動といっても、郷党つまり都の近郊の郷里の、孔子の本宅における日常の生活ぶりを主とし、それに付随して朝廷における孔子の公的生活のありさまが記述されている。注釈家のなかには、この篇に収めた文章の主格が明示されていないので、かならずしも孔子個人の生活の仕方を記《しる》したものでなく、不定の主格のもとに、正しい礼の作法を記したものにすぎないとみるものもある。孔子の学派たちの間に伝わった礼儀作法の伝承は、孔子の公私の生活のなかで孔子のとった行動を模範とし、源泉としたものである。主格が明示されていないとしても、孔子の生活ぶりと考えて、だいたい支障はないであろう。この篇に記された公私生活の行儀作法、伝統的な礼の規則は、それぞれの場合にふさわしく、調和するように、細かい配慮のもとに実践されている。衣服の配色などについても、細心の注意がはらわれている。生活は細部にいたるまで、非常に神経がゆきわたり、高度に洗練された趣味によって仕上げられている。こういう生活を実際に行なうことができる人は、すぐれた芸術的感性に恵まれた孔子をおいては不可能であったと考えられる。

一　孔子、郷党《きょうとう》に於《お》いては恂恂如《じゅんじゅんじょ》たり。言う能《あた》わざる者に似たり。その宗廟《そうびょう》・朝廷に在《あ》りては便便《べんべん》として言い、唯《ただ》謹《つつし》めり。

孔子於郷党恂恂如也、似不能言者、其在宗廟朝廷、便便言、唯謹爾、

孔子は在所《ざいしょ》では控えめで、口ごもってものがいえないようであられた。国家のご先祖のお霊屋《たまや》や政府の会議場などではすらすらと発言された。ただ謹厳な態度はけっして失われなかったが。

〈郷党〉魯《ろ》につかえて大夫《たいふ》となり、さらに大司寇《だいしこう》の職について、卿《けい》つまり大臣の一員となった孔子の本宅は、当時の曲阜《きょくふ》の城外の闕党《けっとう》にあった。現在の曲阜市内闕里街はこの旧宅のあとにあたるとされている。曲阜近郊は三郷《きょう》に区分され、士大夫《したいふ》つまり貴族階級はそこに住んでいた。郷は一万二千五百家、党は五百家からなっている。孔子は非番のとき、この郷党つまり近郊の居宅に帰って、近隣の村の寄合いなどに出席していた。

〈恂恂如たり〉この語は恭慎《きょうしん》とも注されるが、むしろ口をもぐもぐさせてよくしゃべれない、実直ないなか者をさす。

〈朝廷〉この時代の魯国のような都市国家の政治は、宮門外の外朝、宮門内の内朝などすべて門の内外の広場に毎朝貴族たちが参列して行なわれた。この毎朝開かれる野天の会議場

が朝廷の原義である。

〈便便〉弁舌にすぐれているさま。

＊孔子の言動を述べるため、まず非番で郊外の本宅に帰った孔子の、私人として近隣の人にたいする素朴で親しみやすい好々爺《こうこうや》ぶりと、朝廷における公人としての孔子の活動的な態度とを対比させる。

二　朝《ちょう》にして下大夫《かたいふ》と言えば、侃侃如《かんかんじょ》たり、上大夫《じょうたいふ》と言えば、誾誾如《ぎんぎんじょ》たり。君在《いま》すときは、踧踖如《しゅくせきじょ》たり、与与如《よよじょ》たり。

朝与下大夫言侃侃如也、与上大夫言誾誾如也、君在踧踖如也、与与如也、

会議場で下役の下大夫と話されるときは、なごやかで、同役の上大夫と話されるときは、ほどがよかった。殿さまがお出ましになるとうやうやしく、またしずしずとなさった。

〈下大夫・上大夫〉魯国の朝廷の会議に毎朝出席するおもだった成員は、卿つまり大臣である上大夫と、これにつぐ下大夫であった。大司寇の職についた孔子が上大夫に列したか、下大夫にとどまっていたか、注釈家の間に異説がある。私は金鶚《きんがく》の説にしたがって、上大夫つまり卿の一員であったという説をとりたい。以下の語釈にも述べるように、毎朝の会議に際し、下役である下大夫にたいして、温和な態度をとり、同役である上大夫には中正な態度をとったというのが、いかにも孔子にふさわしいように感じられる。

〈侃侃如たり〉このことばの意味について、古注には「和楽《わらく》のさま」となっているが、新注には「剛直」といっているから、ぴしぴしと話すことになる。新注も漢代の一説をもとにしているので捨てがたいものがあるが、ここでは古注によって解した。

〈誾誾如たり〉古注によると中正の状態である。新注はなごやかに論争すると解する。

〈踧踖如たり〉恭敬のさま。

〈与与如たり〉儀式中に遅からず、速からず、適当の速さで歩むさまをいう。動作一般についての形容にもなる。「しずしずと」と意訳することにした。

三　君召《め》して擯《ひん》せしむるときは、色勃如《ぼつじょ》たり、足躩如《かくじょ》たり。与《とも》に立てる所を揖《ゆう》するときは、その手を左右にして、衣《い》の前後、襜如《せんじょ》たり。趨《はし》り進むには翼如《よくじょ》たり。賓退《ひんしりぞ》くときは必ず復命して曰《のたま》わく、賓顧《かえり》みずと。

君召使擯、色勃如也、足躩如也、揖所与立、左右其手、衣前後襜如也、趨進翼如也、賓退、必復命曰、賓不顧矣、

殿さまから召されて国賓の接待役を命じられると、顔色は改まり、歩き方はためらい、ゆるくされた。役をおおせつけられた同列の仲間に挨拶《あいさつ》なさるのに、組み合わせた手を左側の人には左に、右側の人には右にあげられ、そのたびごとに衣服の前後をきちんとさばかれた。それから少し身をかがめ、小走りでするすると位置につかれた。国賓が退出され

ると、

「お客さまの帰りがけのご会釈《えしゃく》がおすみになりました」

と、必ず報告された。

〈擯せしむ〉賓客を迎え、接待させる。

〈色勃如たり〉緊張によって顔色がにわかに変わる。

〈足躩如たり〉歩みぶりはためらったところが見える。

〈揖す〉両手を組んでやや高く挙げて軽く会釈する。

〈襜如たり〉衣服がゆれ動くさま。

〈趨る〉礼に、上位の人の前で趨る、つまり小走りするのに、徐趨《じょすう》、おもむろに足を運ぶのと、疾趨《しっすう》、速く足を運ぶのと二種ある。これは疾趨をさしている。上体は前にかがめるが、頭はまっすぐに立っている。

〈翼如たり〉うやうやしく敬い慎んでいる形容。

〈復命して曰わく…〉君主は中門のところまでしか見送らず、そこに立ったままでいる。接待役は大門の外まで見送り、うしろを振り返って会釈していた賓客が、もううしろを見なくなったことを中門につめている君主に伝える。

**四** 公門に入るときは、鞠躬《きっきゅうじょ》如として容《い》れられざるが如《ごと》くす。立つに門に中《ちゅう》せず、行くに閾《しきい》を履《ふ》まず。位《くらい》を過ぐれば、色勃如《ぼつじょ》たり、足躩如《かくじょ》たり。その言うこと足らざる者に似たり。斉《し》を摂《かか》げて堂に升《のぼ》るに、鞠躬如たり。気を屏《おさ》めて息《いき》せざる者に似たり。出《い》でて一等を降《くだ》れば、顔色《がんしょく》を逞《はな》って怡怡如《いいじょ》たり。階を没《つ》くして趨《はし》り進むときは、翼如《よくじょ》たり。その位に復《かえ》るときは、踧踖如《しゅくせきじょ》たり。

入公門、鞠躬如也如不容、立不中門、行不履閾、過位色勃如也、足躩如也、其言似不足者、摂斉升堂鞠躬如也、屏気似不息者、出降一等、逞顔色怡怡如也、没階趨進翼如也、復其位踧踖如也、

孔子が宮城のご門にはいられるときは、体を丸くかがめて、まるで狭い門をやっとくぐり抜けるようになさる。門内では殿さまの通り道である中央部にはけっして立たれない。門の敷居を踏まず、またぎ越される。広場にはいって、儀式のとき殿さまがきまってすわられる場所を通り過ぎるときは、殿さまがそこにいられるかのように顔色は改まり、歩き方はためらってゆるく、ことば少なになられる。ご用で、衣の裾《すそ》を持ち上げて宮殿の階段を堂上にのぼられるときは、体を丸くかがめられ、息を吐くのをとめて、まるで呼吸しないかのようにされる。堂から退出して階段を一段おりられると、顔つきはほぐれてのびのびとされる。階段をおりきると、少し身をかがめて小走りでするすると

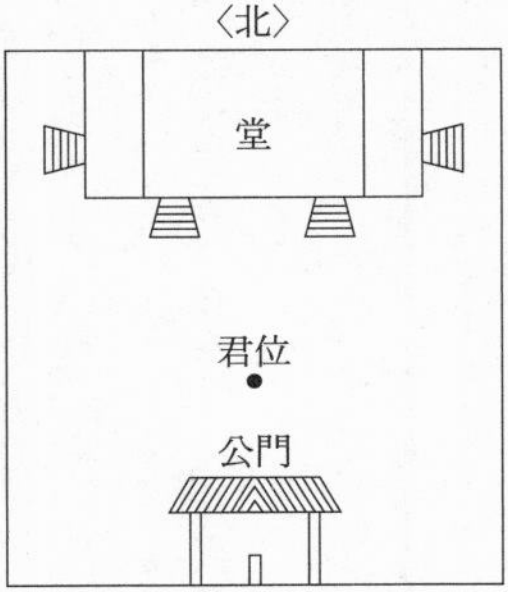

宮殿略図
清代江永「郷党図考」による

進まれる。もとの殿さまの座席のそばにもどられると、またうやうやしくなさる。

〈鞠躬如たり〉ふつうからだを鞠《まり》のように丸く曲げることだとされている。これにたいして盧文弨《ろぶんしょう》は「鞠窮」という熟語として、恐れ慎む形容だとしている。このほうがよさそうである。恐れ慎むのが原義だとしても、ここでは恐れ慎むのあまり、体をすくめて門にはいりこむことをいっているのであるから、身をかがめてと意訳した。

〈斉を摂げて〉袴《はかま》の裾をよごさないように持ち上げて階段をのぼる。

〈顔色を逞って…〉「逞」は「快」とも「通」とも解される。顔つきをやわらげること。「怡如たり」とは喜ぶ形容詞。

〈階を没くす〉階段をおりきること。

＊この章は、朝廷に出席したときの孔子の行動を、礼儀作法の典型として記録したものである。

五　圭《けい》を執《と》るときは、鞠躬如《きっきゅうじょ》として勝《た》えざるが如《ごと》し。上ぐること、揖《ゆう》するが如くし、下《くだ》すこと、授くるが如くす。勃如《ぼつじょ》として戦色《せんしょく》あり。足、蹜蹜如《しゅくしゅくじょ》として循《したが》うことあり。享礼《きょうれい》には容色あり、私覿《してき》には愉愉如《ゆゆじょ》たり。

執圭鞠躬如也、如不勝、上如揖、下如授、勃如戦色、足蹜蹜如有循也、享礼有容色、私覿愉愉如也、

使者のしるしとして、玉《ぎょく》の細長い板つまり圭をささげ持たれるときには、恐れ慎んで、

その重さに耐えられないようなありさまに見える。これを持ち上げるときは、他人に挨拶するように、これを下ろすときは、他人に物をささげるようにていねいに行なわれ、顔つきはぴりりとしまって身震いされ、小またでつま先を上げてすり足で歩まれる。謁見のあと君主の贈り物をさし上げる享《きょう》の式典になると感情を態度に示される。公式の行事が済んで、私的の会見になると、楽しげな表情になられる。

〈圭〉玉で作った笏《しゃく》で、本来、天子が諸侯に与えたもの。それを使者がたずさえて主君の敬意を相手の君主に伝えた。

〈戦色あり〉緊張のあまり身震いする。

〈蹜蹜如〉足の歩幅が狭いさま。

〈循うことあり〉つま先を上げ、すり足で進む。わが国の能《のう》や舞《まい》の足の運びは、まったくこのことばどおりである。おそらく中国の古代の式典の作法が、奈良朝のころ日本に輸入され、いろいろの経路をとおって伝承され、能楽や、これと密接な連関をもっている舞のなかに保存されたのであろう。前述の尊者の前で趨つまり小走りする作法も、上方《かみがた》舞などのなかに残っている。

〈享礼〉使者が外国にゆくと、第一回の正式の拝謁のあと、第二回めの謁見に国君からの贈り物をさし上げ、庭に陳列する儀式があり、これを享とよぶ。

〈容色あり〉第一回めの謁見では殺していた感情が、こんどは態度に少しあらわれてくる。

〈私覿〉行事終了後の、外国の官吏や知人との私的な会談。

＊外国に使節として派遣されたときの行動である。孔子が外国に使節となって正式に派遣された記録はないので、孔子の行動とはいえないといわれる。しかし、孔子の死後この学園では、孔子のとった行動を典範として作法を実習していた。いつの間にか孔子の行動として伝えられたのであろう。

六　君子、紺緅《かんしゅう》を以《もっ》て飾らず。紅紫《こうし》以て褻服《せっぷく》と為《な》さず。暑に当たりては縝《ひとえ》の絺綌《ちげき》、必ず表《ひょう》して出《い》ず。緇衣《しい》には羔裘《こうきゅう》、素衣《そい》には麑裘《げいきゅう》。黄衣には狐裘《こきゅう》。褻裘《せっきゅう》は長く右の袂《たもと》を短くす。必ず寝衣あり、長《たけ》一身有半。狐貉《こかく》の厚き以て居《お》る。喪《も》を去《のぞ》いては佩《お》びざるところなし。帷裳《いしょう》に非《あら》ざれば必ずこれを殺《さい》す。羔裘玄冠《げんかん》しては以て弔《ちょう》せず。吉月には必ず朝《ちょう》服《ふく》して朝《ちょう》す。

君子不以紺緅飾、紅紫不以為褻服、当暑縝絺綌、必表而出、緇衣羔裘、素衣麑裘、黄衣狐裘、褻裘長、短右袂、必有寝衣、長一身有半、狐貉之厚以居、去喪無所不佩、非帷裳必殺之、羔裘玄冠不以弔、吉月必朝服而朝、

君子たるものは、ものいみの服の色である紺《こん》や喪明けの衣の色である緅《ときいろ》の糸で衿《えり》や袖口の縁《ふち》どりをしない。入りまじった色である紅と紫の色の平服の上着《うわぎ》を作らない。暑中は葛《くず》の布の目のつまったのや、布目のあらい生地《きじ》の単《ひとえ》の上着を、体がすけて見えないように下着をつけ、その上に着る。寒中は黒木綿《もめん》の上着の下に黒い子羊の毛皮を着込む。白の上

着の下には、白っぽい子鹿の毛皮、黄の上着の下には同じ黄色の狐《きつね》の毛皮を着込む。ふだん着の毛皮の衣は長く、じゃまにならぬように右の袂《たもと》は短くつめてある。夜着を用いるが、身丈《みたけ》は身長の一倍半に決められている。お客には狐や貉《むじな》の厚い毛皮を敷いてその上にすわらす。喪が明けると、喪中ははずしていた玉の首飾りの類などを全部もとどおりつける。朝服の裳《も》である帷裳が上下同じ幅の布片をいくつか縫い合わせ、使用のとき上半部をしぼって着るのは例外で、ほかの裳は縫いこみを作って、上部をせばめる。めでたい吉事用の羔裘と玄《くろ》色の冠をかぶって、凶事の見舞には絶対に出かけない。月の朔日《ついたち》には必ず朝廷の礼服をつけて出仕される。

〈紺緅を以て飾らず〉喪服の色である紺や緅の糸で、服の袖口を縫いとって飾りとしない。「緅」は赤茶色。

〈紅紫以て褻服と為さず〉一般にはツーピースからなる当時の服の上着は正色つまり原色、裳つまりスカートの部分は間色を使った。間色である紅・紫はふだん着の上着の色として不適当である。「褻服」はふだん着。

〈縝の絺綌〉「縝」は単《ひとえ》。葛の皮をさらし、それからとった繊維を織った布の目のつまったのが「絺」、目のあらいのが「綌」。

〈必ず表して出ず〉いろいろの解釈があるが、清《しん》朝の江永《こうえい》の説によって、肌がすけて見えないように上に着て出ると訳した。

〈緇衣には羔裘〉「羔裘」は羊のかわごろも。冬は、諸侯国の君臣が朝に出席するときつける朝服と、祭のときの祭服は、黒色の衣つまり緇衣に子羊の黒い毛皮を着る。

〈素衣には麑裘〉諸侯の国で、月の朔日《ついたち》を告げる儀式に君臣が着る衣服。白色の上着に子鹿の白っぽい色の毛皮を着込む。

〈黄衣には狐裘〉君主が大蜡《たいそ》つまり豊年祭を行なうとき、国民の着る祭服。黄色の上着に狐の毛皮の衣を重ねる。

〈褻裘〉常用の皮ごろも。

〈狐貉の厚き以て居る〉新注では、平生、家にいるとき、狐と貉の毛皮を敷いて座すると解する。鄭玄の古注により、家で賓客をもてなすとき、この毛皮を敷くという説をとった。

〈帷裳に非ざれば必ずこれを殺す〉帷裳は男子の裳つまり袴《はかま》。朝服の帷裳では布片をたんに縫い合わせるだけで、上部でしぼって身につけるようになっている。これにたいして略式の服ははじめから斜めに縫い込んで仕立てられる。

〈羔裘玄冠しては以て弔せず〉吉事に使われる黒い子羊の衣に、黒い絹をかぶせた冠などで弔問に出かけない。

〈吉月〉毎月の朔日。

＊この朝服、祭服、吉事の服、凶事の服などについての作法は、君子の生き方の典型として示されている。君子は、孔子をさしているという注釈もある。この作法も孔子の行動がもととなっているからだとするのである。これは前章に述べたように、孔子教団の作法の教習にともなった伝承である。

七　斉《さい》するときは必ず明衣《めいい》あり、布《ぬの》なり。斉するときは必ず食を変じ、居《きょ》は必ず坐《ざ》を遷《うつ》す。

斉必有明衣、布也、斉必変食、居必遷坐、

斎戒《さいかい》（ものいみ）して沐浴《もくよく》（身をきよめる）するときには必ず明衣《めいい》（ゆかた）を着る、生《き》地《じ》は麻《あさ》である。斎戒には必ずふだんと食事を変え、住居も必ずふだんとすわる場所を変える。

＊朱子の『集註』は、このあとに「必ず寝衣あり、長《たけ》一身有半」が続いていたのが、誤って前章に紛れ込んだとしている。なかなかよい意見であるが、ここは通説にしたがった。

八　食《いい》は精《しらげ》を厭《いと》わず、膾《なます》は細きを厭わず。食《いい》の饐《い》して餲《あい》せると、魚《うお》の餒《あさ》れて肉の敗《やぶ》れたるは食らわず。色の悪《あ》しきは食らわず。臭《にお》いの悪しきは食らわず。飪《じん》を失えるは食らわず。時《とき》ならざるは食らわず。割《きりめ》正しからざれば食らわず。その醬《しょう》を得ざれば食らわず。肉は多しと雖《いえど》も、食の気《し》に勝《か》たしめず。唯《ただ》酒は量なく、乱に及ばず。沽酒《こしゅ》と市脯《しほ》は食らわず。薑《はじかみ》を撤《す》てずして食らう、多くは食らわず。

食不厭精、膾不厭細、食饐而餲魚餒而肉敗不食、色悪不食、臭悪不食、失飪不食、不時不食、割不正不食、不得其醬不食、肉雖多不使勝食気、唯酒無量、不及乱、沽酒市脯不食、不撤薑食、不多食、

（孔子は）飯は精白されているほど好まれ、膾の肉は細かく刻んだものほど好まれた。飯がすえて味が変わり、魚がいたみ、肉が腐ったのは食されなかった。食物の色の悪いのは食べず、においの悪いのも食べず、煮加減《にかげん》がよくなければ食べず、季節はずれは食べず、切りめが正しくなければ食べず、だし汁なしには食されない。肉はいくら多くても飯の量を越すことはない。酒量はきまっていないが、いくら飲まれても乱れるまでいかれない。自家造り以外、市場で買った酒や肉の乾物《ひもの》はけっしてとられなかった。添えられた生薑《しょうが》を避けはされなかったが、多量に食べることはなさらなかった。

〈食は精を厭わず〉「食」はご飯。よく精白されたのをきらうどころか、むしろ好まれた。

〈膾は細きを厭わず〉生の肉を刻んだ膾は、ぞんざいにぶった切ったのはきらって、細かく刻んだほうを好かれた。

〈饐して餲せる〉ご飯のへんなにおいがして腐敗したもの。

〈魚の餒れて肉の敗れたる〉「餒」も「敗」も腐敗すること。

〈飪を失える〉生煮えや煮つまったり、すべて煮方の適度を失ったもの。

〈割正し〉肉の調理には、内臓や各部分の肉などの切り方に定めがあった。

〈醬〉肉などをひたすだし汁。

〈沽酒と市脯〉市場で売っている酒と肉の乾物のこと。孔子は自家製以外のものを食べなかった。

〈薑を撤てず…〉刺激性のものでも、料理の味つけなので捨てずに食べたが、多量には食べなかった。「多くを食らわず」は独立の文章として、食物の食べすぎはしないとする説があるが、誤っている。

＊この章を、古注はすべて斎戒のときの作法と解する。しかし、新注のように孔子の平生の嗜好《しこう》を描いたとするほうが、より生き生きとしている。晩年の孔子の食物の好みは、衛生的であるとともに、老年でもあったせいかなかなか凝《こ》っていた。黒いそまつな飯より、白いご飯、細かく刻んだ膾の肉、適当なだしのついた料理、自家製の自分の好みに合った酒と乾物でないと口にしない。生薑は味の濃い料理の口直しとして食べるが、大量には食べない。すべて現代の食通《しょくつう》の食べ方によく似ている。孔子は味についてもなかなか繊細な感覚をそなえていたのである。「酒は量なく、乱に及ばず」を、私の恩師で大酒飲みの湯浅廉孫先生は、「酒は量なし。及ばざれば乱《らん》す」と読み、量に及ばないと怒って乱暴するのだ、と解された。もちろんこじつけ読みだが、ちょっとおもしろいではないか。

九　公《こう》に祭《まつり》するときは肉を宿《しゅく》せず。祭の肉は三日を出《い》でず。三日を出でたるはこれを食らわざるなり。

祭於公不宿肉、祭肉不出三日、出三日不食之矣、

殿さまのお祭のおさがりの肉は、その日のうちに食べて、翌日まで残されなかった。お

家の祭のおさがりの肉は、三日以上とっておかれない。三日を越すと食されなかった。
*殿さまの祭のおさがりは、たいせつにしてとっておかないで、その日のうちにいただくのが礼であるという。まことに古い教えはそうであったかもしれない。

一〇　食らうに語らず、寝ぬる《い》に言わず。

食不語、寝不言、

食事中には教訓の物語はなさらず、寝るときはものを言われなかった。
*「語」とは教訓の物語、改まった態度で語ることである。これは徂徠《そらい》説によった私の民俗学的解釈である。

一一　疏食《そし》と菜羹《さいこう》と瓜《うり》と雖《いえど》も、祭るときは必ず斉如《さいじょ》たり。

雖疏食菜羹瓜、祭必斉如也、

そまつなご飯や野菜汁や瓜の食事でも、初穂をとって神にお供えするときは、厳粛な態度をなさった。

一二　席《せき》正しからざれば、坐《ざ》せず。

席不正不坐、

座蒲団《ざぶとん》は、まっすぐ向いていないとすわられない。

＊中国の古代は、日本と同じくすわっていたので、席つまり座蒲団の向きを正してすわられたのだ。

一三　郷人《きょうじん》の飲酒するときは、杖者出《じょうしゃい》ずれば斯《すなわ》ち出《い》ず。

郷人飲酒、杖者出斯出矣、

村人の酒盛りでは、六十歳以上の老人が杖《つえ》をついて退席されるのを待って退席される。

〈郷人の飲酒〉郷党、つまり都市近郊の五百戸からなる共同体では、冬に老人を主賓とした酒宴が開かれ、若者は老人から教訓を受ける。この行事を郷飲酒礼《きょういんじゅれい》という。

〈杖者〉六十歳以上の老人は、郷飲酒の席に杖をついて出席する権利をもっている。

一四　郷人の儺《おにやらい》には、朝服《ちょうふく》して阼階《そかい》に立つ。

郷人儺、朝服而立阼階、

村人の疫病《やくびょう》神を追う行列が門内にはいってくると、朝廷に出る礼服をつけて、わが家の宗廟《おたまや》の正殿の東寄りの階段のもとに立って迎えられた。

〈儺〉わが国の節分の夜に行なわれる追儺《ついな》、つまり疫病神の鬼を追う行事にあたる。

＊追儺の行列の群れが村中の戸ごとにはいってきて、口々に「鬼は外」などと唱えてゆく

わが国のそれと、中国の昔の郷村も変わりはなかったらしい。この行列にたいして、孔子は礼服をつけ、威儀を正して、わが家の中心である宗廟の正殿の東寄りの階段のもとに立って、これを迎えられた。名もなき村人の迷信の行事をなにゆえに孔子がこんなに儀式ばって迎えたのか、注釈家たちは解しかねて、さまざまの説を立てている。孔子の、村の行事を無視しない謹直さのあらわれだというのが新注、鬼やらいの群れが祖先の神を驚かさないように、階段のもとで応接して帰したのだというのが古注である。もっとも古い解釈によると、礼服を着て威儀を正し、祖神の霊をわが身の上に下ろして、これを安心させたとも説いている。祖先の霊を招き下ろしてこれを代表して追儺の列に応対したのだと解したい。

一五 人を他邦《たほう》に問えば、再拝してこれを送る。

問人於他邦、再拝而送之、

他国の友人にたいして使者をさし立てるときには、出発の際、再拝して送り出した。

＊使者に、他国の友人に手土産《てみやげ》をもって訪問させるとき、ていねいに再拝して送り出すのは、友人にたいすると同じ礼をもってしたのだと新注は解する。

一六 康子《こうし》、薬を饋《おく》る。拝してこれを受く、曰《のたま》わく、丘《きゅう》未だ達《さと》らず、敢《あ》えて嘗《な》めず。

康子饋薬、拝而受之、曰、丘未達、不敢嘗、

季康子殿から薬をおくられた。先生はこれをお辞儀していただいて言われた。

「私はまだその効能をよく存じませんので、服用はできません」

＊魯の家老からの見舞に妙薬をおくられたとき、孔子は、「効能がよくわからないので服用はできません」といった。朱子の新注は、こう読んで、これこそ孔子の率直ないい方とほめたたえた。古注では薬にはいろいろの中毒があり、その薬効がよくわからないから服用できかねると答えるのが礼の作法だと解している。家老から薬をもらったが、そんなものは断わりたいのが本心だったが、その顔をつぶすのはよくないので、礼によってその薬を受け取っておき、効能がよくわからぬので服用しかねるといって、断わりたいのが本心だということを暗示したのである。むしろ孔子の婉曲《えんきょく》な外交辞令のやりとりのおもしろさがあらわれていると私は解したい。

一七　厩焚《うまやや》けたり。子、朝《ちょう》より退《しりぞ》きて曰わく、人を傷《そこ》なえりやと。馬を問わず。

厩焚、子退朝曰、傷人乎、不問馬、

孔子の家の馬小屋が火事で焼けた。朝廷の会議に出席した先生は退出してから、

「けがした人はなかったか」

といわれただけで、馬のことを問われなかった。

＊大臣の職にあって毎日馬車で出勤する孔子にとって、馬は平生たいへんたいせつにしてかわいがっている家畜であるはずであった。留守中の火事で馬がどうなったのかは、まず第一に聞きたいことであろうのに、人間の死傷をきいただけで、馬のことを問題にしなかったのは、さすが孔子らしい。人道主義を唱えながら、犬や家畜を人間より愛する西洋の習慣は、本末を取り違えている。家畜を愛することには反対しないが、人間よりたいせつにするのはおかしい。合理的な人道主義者である孔子の一面をよく示している。

一八　君、食を賜《たも》うときは、必ず席を正して先ずこれを嘗《な》む。君、腥《なまぐさ》きを賜うときは、必ず熟《に》てこれを薦《すす》む。君、生《い》けるを賜うときは、必ずこれを畜《やしな》う。

君賜食、必正席先嘗之、君賜腥、必熟而薦之、君賜生、必畜之、

殿さまから食べものをいただくと、必ずいずまいを直してまず毒味された。殿さまからいただいたのが、祭のお供物《くもつ》の生肉であったら、必ずこれを煮て祖先の廟《びょう》に供えられた。殿さまから生きものをいただけば、必ずこれを飼育された。

〈腥き〉生のままの肉、たいてい宗廟・社などの祭の犠牲《いけにえ》のおさがりである。

一九　君に侍食《じしょく》するに、君祭れば先《ま》ず飯《はん》す。

侍食於君、君祭先飯、

殿さまに陪食《ばいしょく》したときに、主君がまず初穂を神にささげて祭られると、先生は先にご飯に手をつけられた。

＊主君が初穂をささげている間に、臣下がご飯に手をつけるのは、たいへん失礼なように見えるが、これは主君のためにお毒味する意味だったと解するのが古注である。新注では、自分は臣下だから祭らずに、ただご飯に手をつけるのだと解する。どちらの解釈がいいか問題である。

二〇　疾《しつ》ありて、君これを視《み》たもうときは、東首《とうしゅ》して朝服を加え、紳《しん》を拖《ひ》く。

疾君視之、東首加朝服、拖紳、

先生がご病気で、殿さまのお見舞を受けられたときは、東枕にして礼服を掛け、広帯《ひろおび》をその上に横たえられた。

〈紳〉礼服用の大きな帯。

＊孔子が臣下として君主の見舞を受けられたとき、朝服つまり礼服を着られなくとも、着た体《てい》にされた。これが臣下としての礼なのであろう。

二一　君、命じて召《め》せば、駕《が》を俟《ま》たずして行く。

君命召、不俟駕行矣、

殿さまからお召しの命を受けると、馬車に馬をつける間を待たず、ただちに歩き出された。

＊孔子が歩き出してから、用意を終わった馬車があとから追いついて乗せたのだと注釈家はいう。そんなことはわからないが、すぐ座を立って出かけるところに、孔子の誠実さがあらわれている。

三　大廟《たいびょう》に入り、事ごとに問う。(1)

入大廟、毎事問、

先生が、役人としてはじめて魯《ろ》のご先祖の廟にお参りされたとき、ことごとに心得を係の者にたずねられた。

（1）八佾篇第十五章の前半と同文。

亖　朋友《ほうゆう》死して帰する所なし。曰わく、我に於《お》いて殯《ひん》せよと。朋友の饋《おく》りものは、車馬と雖《いえど》も、祭肉にあらずんば拝せず。

朋友死無所帰、曰、於我殯、朋友之饋、雖車馬、非祭肉、不拝、

友人が死んでたよる場所のない場合には、先生は、「わたしの家に棺《ひつぎ》を置いて殯《かりもがり》しなさい」

といわれた。友人の贈り物はたとえ車や馬のようにりっぱなものでも、祭のおさがりの肉でなければ、ていねいにお辞儀をして感謝されなかった。

〈殯す〉死体を入れた棺を保存しておいて、死者があたかも生きているようにお供えしてこれを祭ること。

二四　寝《い》ぬるに尸《し》のごとくせず、居《お》るに容《かたちつく》らず。

寝不尸、居不容、

先生は寝られるときも、死体のように仰向けに大の字になられない。家にいるときは、むつかしい顔をなさらなかった。

〈寝ぬるに尸のごとくせず〉「尸」は死体。死体のように仰向けにだらりとなって寝ないこと。

〈容らず〉「容」は容儀、他人行儀にしないこと。「容」は一本には「客」とも書く。

二五　子、斉衰《しさい》の者を見ては、狎《な》れたりと雖《いえど》も必ず変ず。冕者《べんしゃ》と瞽者《こしゃ》とを見ては、褻《な》れたりと雖も必ず貌《かたち》を以てす。凶服の者にはこれを式《しょく》す。負販者《ふばんしゃ》に式す。盛饌《せいせん》あれば必ず色を変じて作《た》つ。迅雷《じんらい》風烈《はげ》しきときも必ず変ず。

子見斉衰者、雖狎必変、見冕者与瞽者、雖褻必以貌、凶服者式之、式負販者、有盛饌必変色而作、迅雷風烈必変、

先生は斉衰の喪服を着た人に会うと、平生懇意でも、必ず顔色を変えいずまいを正された。冕《べん》の冠をかぶった人や盲目の楽師に会うと、仲のよい間がらでも、必ず態度を改められた。軽い喪服を着た人には馬車の前の横木に手をあて、敬礼をなさった。戸籍台帳の木簡《もっかん》を背にかついで歩いている人にも同じく礼を行なわれた。りっぱなご馳走《ちそう》をふるまわれると、必ず顔色を変え態度を改めて立ち上がられ、激しい雷雨・暴風にあうと、必ずいずまいを正された。


〈負版者〉木の札に書いた戸籍簿を背負って歩いている人。

〈盛饌〉大宴会。

〈迅雷風烈しき〉激しい雷雨と風のこと。こんな災いのなかでも、なんとか生きのびたいと孔子は考えて、顔色を変えたのであろう。

＊前半は子罕篇第十章とだいたい同じ文である。孔子が斉衰《しさい》の喪服を着た人や朝服を着た人、盲目の楽師に会ったとき顔色を変えられる理由は前に説いた。戸籍簿を背負っている人に会って車上から会釈した理由はよくわからない。雷難や暴風雨にあって顔色を変えられたのは、いくら勇気のある孔子でも、やはり少しびくびくしたところに彼の人間らしさがあったのであろう。

二六　車に升《のぼ》るときは必ず正しく立ちて綏《すい》を執《と》る。車の中にては内顧《ないこ》せず、疾言《しつげん》せず、親指《しんし》せず。

升車、必正立執綏、車中不内顧、不疾言、不親指、

馬車に乗られるには、必ずまっすぐに立ち、たよりにおろした綱をしっかり握られた。車上ではうしろを振り向かず、声高にしゃべらず、他人を指さしたりなさらなかった。

〈綏〉馬車は高いので、乗るとき車上からおろした綱につかまる。「綏」はこの綱である。

＊馬車に乗れるのは貴族の身分の者で、他人の注目を受けるから、それにふさわしくかるはずみの動作をしない。車に乗るときからちっともびくびくせず、落ち着いて確実に動作する。

二七　色斯《おどろ》きて挙《あ》がり、翔《かけ》りて而《しか》して後集《とど》まる。曰わく、山梁《さんりょう》の雌雉《しち》、時なるかな時なるかなと。子路これに共《むか》えば、三たび臭《はねひろ》げて作《た》つ。

色斯挙矣、翔而後集、曰、山梁雌雉、時哉、時哉、子路共之、三臭而作、

雉《きじ》が人の気配に驚いてぱっと飛び立ち、ぐるぐると飛び回ってから木にとまった。これを見て先生が言われた。

「山中の橋にいる雌雉、時機を心得ている、よくも心得ている」

お供の子路が向かってゆくと、三度ばかり羽ばたきして飛び去った。

〈色斯きて〉「色斯」は二字で熟語となっている。驚くさま。

〈山梁〉山中の橋、たぶん丸木橋だろう。

〈子路これに共えば〉子路が雉をとって料理して孔子にさし上げたと解する説もあるが、とらない。

〈臭げて〉「臭」は「狊《けつ》」の誤字。おどろいて羽ばたくこと。

＊この文章の意味がよくわからないので、文字や文句が抜けているのではないかという説も出されている。徂徠は「色斯きて挙がり、翔りて後集まる」を詩の文句とし、これについて孔子が解説しているのだとしている。おそらく孔子が長い流浪の旅路の山中でこういう雉を見かけたのであろう。わが身の不幸にひきかえ、人の迫る気配に飛び立ちながら、何事もないとわかると樹木の枝にとまる。なにげない行動だが、いかにも時宜に適していると感動した。心ない子路が雉に近寄るとさっと飛び立った。孔子のしみじみとした感慨と無理解な無骨者の子路の間の抜けた行動、それが弟子たちの話題となって、ここに記録されたのであろう。話はこれだけで完結していて、別に教訓的意味をつけないでよろしい。脱文があるなどというのは、例によって何事にも教訓を読みこまねば承知しない道学者のたわごとである。

論語　第六巻

# 第十一　先進篇《せんしんへん》

この篇は、合計二十六章、最初の孔子のことばをとって篇名としたことは、今までの篇と同じである。弟子《でし》たちを先進《せんしん》つまり先輩と、後進《こうしん》つまり後輩の二群に分け、さらに徳行・言語・政事・文科の四科に分けて、それぞれの専門を得意とする弟子たちの名をあげる。さらに進んで、各弟子の学問と人物とを批評したことばを主体として二十五章を編集した。このなかには、弟子たちの言行にたいする、かなり手きびしく非難した孔子のことばがはいっている。この篇の編集は、前の十篇よりはかなりあとの時代に下るので、孔子の直接の弟子のまた弟子たちが互いに師である孔子の直《じき》弟子をかついで競争した結果、こういうことばが登載されたのである。

一　子曰《しのたま》わく、先進《せんしん》の礼楽《れいがく》に於《お》けるや野人《やじん》なり、後進《こうしん》の礼楽に於けるや君子なり。如《も》しこれを用うれば、則《すなわ》ち吾《われ》は先進に従わん。

子曰、先進於礼楽野人也、後進於礼楽君子也、如用之、則吾従先進、

先生がいわれた。

「弟子たちの先輩連《れん》は、礼と音楽にたいしては野蛮人らしい態度をとっている。後輩連は、礼と音楽にたいしては君子、つまり文化人らしい態度をとっている。実際にあたっては、わたしは先輩の態度にくみしたいものである」

〈先進〉孔子の弟子のなかで、孔子が魯《ろ》国から亡命する前四九七年以前に入門した人たち、つまり子路《しろ》・冉有《ぜんゆう》・宰我《さいが》・子貢《しこう》・顔淵《がんえん》・閔子騫《びんしけん》・冉伯牛《ぜんはくぎゅう》・仲弓《ちゅうきゅう》・原憲《げんけん》・子羔《しこう》・公西華《こうせいか》などをさす。彼らは力を政治に尽くし、事績をあげようとした。

〈野人〉当時の魯などの都市国家の近郊ではなく、ずっと離れた郊外に居住する農民たちのこと。

〈後進〉前四九七年、孔子が魯国から亡命したのちに弟子入りした後輩、子游《しゆう》・子夏《しか》・子《し》張《ちょう》・曽子《そうじ》・有若《ゆうじゃく》・樊遅《はんち》・漆雕開《しっちょうかい》・澹台滅明《たんだいめつめい》などをさす。おもに精力を礼楽制度の研究に費やした。

〈君子〉ここでは、国都の近郊以内に住む文化的な自由人の市民をさしていう。

*この先進篇の一篇は孔子の、弟子たちの言行にたいする批判のことばを編集している。孔子は弟子たちを魯国亡命の前後をもって先輩と後輩とに分類している。先輩の学問にたいする研究はあまり専門的ではなく、素朴《そぼく》ではあるが、信念に満ち実行力をそなえていた。これに反して後輩の学問にたいする研究は、精密であって、文化的には教養が高

かったが、あまりに学究的すぎて、繊細で実行力に欠けていた。わが徂徠《そらい》の説から暗示を得た清朝《しん》の劉宝楠《りゅうほうなん》は、次のように説く。孔子はかねがね、文化を質の文化つまり素朴主義と、文の文化つまり文明主義とに分け、質と文、素朴主義と文明主義とがほどよく調和し、多様的な文化の花を咲かせた周の文化を理想としていた。ここで孔子が素朴主義の先進にくみし、文明主義の後進をすてたとすると、孔子の文化にたいする持論と矛盾することになる。そこで、「先《ま》ず礼楽に進むは野人なり、後《のち》に礼楽に進むは君子なり」と読む。当時の貴族政治のもとでは、政治は世襲化していた。孔子の弟子たちのように、野人つまり無名の身分からおこって、まず礼楽の勉強をして、それによって職を得ようとする新興階級がある。これが先進のグループである。これにたいして、貴族は職を世襲しているので、まず仕官してから後に礼楽の勉強を始める。それが後進グループである。孔子は新興の先進グループに応援したいと述べたのだという説をとっている。

しかしこの章に述べられたことばは、すでに孔子の手もとから飛び立って各国の政治界に活躍している先進つまり先輩の弟子たちを、孔子の手もとに残って学問を勉強し、理論に長じているが実行力に欠けた若い弟子つまり後進とひきくらべ、はるかに先進の弟子たちをなつかしがった孔子の晩年の心境を述べたものである。先輩と後輩とを比較しつつ前者をなつかしがったのが主眼で、必ずしも文化の本質の理論とかみ合わせなくてもいいのではなかろうか。

二　子曰わく、我に陳《ちん》・蔡《さい》に従える者は、皆《みな》門に及ばざるなり。

子曰、従我於陳蔡者、皆不及門者也、

先生がいわれた。

「亡命した自分に最後までしたがって、陳・蔡の国境近くで危難にあった弟子たちは、就職する機会をとうとうとり逃がしてしまったことだな」

＊前四九七年、魯国を出て旅行に出かけてから八年目、前四八九年、孔子は陳の国境に孤立し、ほとんど餓死寸前に追いこまれたことがある。孔子は前四八四年、帰国後に当時を回顧し、忠実に孔子にしたがったため、ついに就職の機を失した弟子たちに同情した詠嘆である。古注の鄭玄《ていげん》と朱子《しゅし》の新注は、次の章は陳・蔡まで同行した顔淵以下の十人の弟子の名をあげたのだと解説する。

三　徳行には顔淵《がんえん》・閔子騫《びんしけん》・冉伯牛《ぜんはくぎゅう》・仲弓《ちゅうきゅう》、言語には宰我《さいが》・子貢《しこう》、政事には冉有《ぜんゆう》・季路《きろ》、文学には子游《しゆう》・子夏《しか》。

徳行顔淵閔子騫冉伯牛仲弓、言語宰我子貢、政事冉有季路、文学子游子夏、

このときしたがった面々は、徳行にすぐれた顔淵・閔子騫・冉伯牛・仲弓、言論に名だたる宰我・子貢、政治の力をそなえた冉有・季路、文学の才ある子游・子夏らであったと

先生から聞いている。

＊鄭玄と朱子の説によると、この第三章は、第二章に直接つづけて孔子のことばをもとにして、弟子たちがつづった文章だとする。なるほど顔淵以下みな名を呼び捨てにしないで、字《あざな》をあげているから、孔子の追憶のことばをもとにした弟子たちの記述とみなければならない。このリズムをもった文章は、吉川幸次郎博士の指摘されるようにいかにも暗唱に適した文体である。弟子たちはこれを朗々と読みあげて記憶したのであろう。十人の弟子の才能を徳行・言語・政事・文学の四科に分けた見識は、孔子以外の何人《なんびと》にもできることではあるまい。孔子のもとのことばから語りついできた伝承とみられる。

四　子曰わく、回《かい》や我を助《たす》くる者に非《あら》ず、吾《わ》が言に於《お》いて説《よろこ》ばざるところなし。

子曰、回也非助我者也、於吾言無所不説、

先生がいわれた。

「回という男はどうもわしの学問の助けにはならない。わしの話すことをそっくり喜んで聞いているばかりだから」

〈回〉弟子の顔淵の名。

〈説ぶ〉「説」を「悦」すなわち「よろこぶ」の意味にとった。その字のまま「説く」つまり意味を解するととる説もあるが、それにしたがわなかったわけは以下で説明する。

＊顔淵は孔子にもっとも愛された弟子で、まるで孔子の生まれ変わりのように好悪《こうお》まで一致していたといわれる。孔子のいうことに喜んで聞きいっていて、少しも反問しない。ほかの弟子のように反問してくれると、孔子はそこで考え直して、思想を発展させる助けとなる。頭のいいおまえのことだから、喜んで聞いているばかりでなく、ときには反問してくれたらどうだと、さすがの孔子も文句をいったのだというのが岡田正三氏の説である。従来の注釈家は、顔淵が孔子の愛する弟子で、よき理解者であるということと矛盾しないようにこのことばを解釈しようとして、「説」を「よろこぶ」と読まず、「解く」と読むものもあった。しかし、岡田説のようにすなおに読んだほうがよい。いくら好きな弟子にたいしても、ときにはむりな注文を出したところに孔子の教師としての偉大さがある。

五　子曰わく、孝なるかな、閔子騫《びんしけん》。人、その父母昆弟《こんてい》を間《かん》するの言《こと》あらず。

子曰、孝哉、閔子騫、人不間於其父母昆弟之言、

先生がいわれた。

「孝行者だな、閔子騫は。彼の父母や兄弟を人々が非難することばも聞いたことがない」

〈閔子騫〉孔子の弟子。姓は閔、名は損、字《あざな》は子騫。

〈間する〉「非間」つまり非難の意。

＊弟子である閔子騫を「損《そん》」と呼び捨てにしていないので、「孝なるかな閔子騫」は、孔子が世人のほめことばを引用したのだと解される。閔子騫はなんらかの理由で字《あざな》で呼ぶ慣例になったもので、孔子がもともと名のほうを呼び捨てにしていたのが、閔子騫と代えられたものと思われる。閔子騫は孝子の典型とされ、漢代以後、継母の迫害に耐え忍んだ孝行物語の主人公となった。冬の一日、子騫が父を乗せた車を馬に引かせていて、思わず手綱を離した。父が彼の手をとってみると、単《ひとえ》の手袋をはめているためこごえているのを知った。家に帰って継母の実子の手袋を調べると厚く暖かにできていた。父は継母をもらったのは、子騫を育てるためであったのだとして、継母を離婚しようとしたが、閔子騫の反対によって思いとどまった。継母も後悔して、仲よく暮らすことができるようになった。すでに孔子の時代に同じ物語があったかどうかはわからないが、継母とその実子たちに迫害された閔子騫の話がひろまり、彼の父や継母、その子らが非難されたのだろう。その非難がいつかなくなったのは、彼が孝行だったためだと孔子は考えたのであろう。

六　南容《なんよう》、三たび白圭《はくけい》を復《くりかえ》す。孔子、その兄の子を以《もっ》てこれに妻《めあわ》す。

南容三復白圭、孔子以其兄之子妻之、

南容は、詩の「白き圭《たま》の玷《か》けたるは……」の文句を日になんどもくり返すのをならわしとした。これを知った孔先生は自分の兄の娘を嫁にやられた。

*「白圭」は『詩経』大雅の抑《よく》篇の第五章の句で、

白き圭《たま》の玷《か》けたるは
尚《な》お磨く可《べ》きなり
斯《こ》の言の玷けたるは
為《な》す可《べ》からざるなり

（吉川幸次郎博士訳による）

とある。玉のきずは磨いて消せるが、人間の失言は取り返しがつかない、と歌った美しいことばを愛唱する南容の慎み深い人柄をみこんで、孔子は姪《めい》を妻にやられた。これに関し、べつの話が公冶長篇第二章に出ている。

七　季康子《きこうし》問う、弟子《ていし》孰《たれ》か学を好むと為《な》す。孔子対《こた》えて曰わく、顔回《がんかい》という者あり。学を好みしが、不幸、短命にして死せり、今や則《すなわ》ち亡《な》し。

季康子問、弟子孰為好学、孔子対曰、有顔回者、好学、不幸短命死矣、今也則亡、

季康子殿がたずねられた。

「弟子《でし》のなかでだれがいちばん学問好きと思われるか」

孔子がおこたえになった。

「顔回というものがいました。学問好きでしたが、無惨にも年若く死にました。今はもう

学問好きはいません」

〈季康子〉魯国の家老の季孫肥《そんひ》のこと。

＊顔回つまり顔淵が死んだのは前四八二年であるから、このときから孔子が死んだ前四七九年まで、足かけ四年間のことである。ほとんど同じ趣旨の問答が魯の哀公との間にもかわされている。（雍也篇第三章参照）

八　顔淵《がんえん》死す。顔路《がんろ》、子《し》の車を以《もっ》てこれが椁《かく》を為《つく》らんことを請う。子曰わく、才も不才も亦各《またいず》れもその子《こ》を言うなり。鯉《り》の死せるや、棺《かん》ありて椁なかりき。吾《われ》徒行《とこう》して以てこれが椁を為らず。吾大夫《たいふ》の後に従えるを以て、徒行すべからざるなり。

顔淵死、顔路請子之車以為之椁、子曰、才不才、亦各言其子也、鯉也死、有棺而無椁、吾不徒行以為之椁、以吾従大夫之後、不可徒行也、

顔淵が死んだ。父の顔路が、先生の車をいただいて外側の棺を作りたいと願い出た。先生がいわれた。

「才能のあるのとないのとの差異があっても、自分の子のためということには変わりはない。自分の子の鯉が死んだときも、棺だけで外側の棺はこしらえなかった。自分の車をこわし、徒歩で外出してまで、死んだ子のために外側の棺をこしらえなかった。自分も大夫のはしくれにいるので、馬車に乗らずに徒歩で外出するわけにはいかないからだ」

〈顔路〉孔子より六歳年下の弟子。顔淵の父。
〈鯉〉孔子の子。名は鯉。字は伯魚。
〈椁〉この時代、身分のあるものは、葬るのに二重の棺を用いた。椁はその外側の棺。
＊貧しい顔路が、子の顔淵の葬式のため、孔子の馬車の木材を使って椁をこしらえたいと願った。孔子は、二年前に死んだ、自分の不肖《ふしょう》の子である孔鯉《こうり》のためにも椁を作ってやらなかったといって断わった。資力があればこしらえてやりたいのはやまやまだが、大夫の乗用車をこわすわけにはゆかないからである。顔路の願いはたいへんぶしつけであつかましいようにとられるかもしれないが、中国、ことに古代では、葬式のときりっぱな棺を作るのは、死後の生活を安楽に送るために必要なことであったから、むりもない願いであったかもしれないのである。

九　顔淵死す。子曰わく、噫《ああ》、天予《われ》を喪《ほろ》ぼせり、天予を喪《ほろ》ぼせり。

顔淵死、子曰、噫天喪予、天喪予、

顔淵が死んだ。先生がいわれた。

「ああ、神さまが私を滅ぼされた。神さまが私を滅ぼされた」
＊顔淵が四十一歳で死んだのは前四八二年のことだと推定される。もっとも信頼し、自分の後継者と心に定めていた弟子の死は、二年前（前四八四年）に子の孔鯉を失ったとき

よりも、さらに大きな打撃を孔子に与えた。よき人間に幸運を与えるはずの天の神が、こともあろうにこの大事な弟子を若死《わかじに》させるとは、あまりに残酷ではないか。彼は怒りをこめて、天が自分を滅ぼしたと大声をあげた。ふだんは温厚に見える孔子は、たいへんな感情家なのであった。つい天の神に怒りをたたきつけてしまったのだ。

一〇　顔淵《がんえん》死す。子哭《しこく》して慟《どう》す。従者曰《い》わく、子慟せりと。子曰《のたま》わく、慟するありしか、夫《か》の人の為《ため》に慟するに非《あら》ずして誰《た》が為にか慟せん。

顔淵死、子哭之慟、従者曰、子慟矣、子曰有慟乎、非夫人之為慟、而誰為慟、

顔淵が死んだ。見舞に行かれた先生は霊前で大声をはりあげて泣きくずれられた。帰宅してから従者が申し上げた。

「先生はさきほど泣きくずれられましたね」

先生がいわれた。

「泣きくずれたかって。あの男のために泣きくずれないで、いったいだれのために泣きくずれることがあるというのか」

〈哭して慟す〉哭とは、死者のため大声をあげて泣く、古代の喪礼の一つの作法であった。作法であるから、泣き方にはきまりがあった。孔子は顔回の弔問《ちょうもん》に行って哭されたが、激情のあまりつい礼の規定を通り越してしまったのである。

二　顔淵死す。門人厚く葬らんと欲《ほっ》す。子曰わく、不可《ふか》なり。門人厚く葬る。子曰わく、回は予《われ》を視《み》ること猶《なお》父のごとくなり。予は視ること猶《なお》子のごとくするを得ざるなり。我には非《あら》ざるなり。夫《か》の二三子《にさんし》なり。

　顔淵死、門人欲厚葬之、子曰、不可、門人厚葬之、子曰、回也視予猶父也、予不得視猶子也、非我也、夫二三子也、

顔淵が死んだ。門人たちが分を越えた盛大な葬式を行なおうとした。先生がいわれた。

「それはよくない」

門人たちは、きかずに盛大な葬式を行なってしまった。

先生がいわれた。

「顔回がわたしにたいするのは、まるで父にたいするのと変わらなかった。今度、わたしは彼にたいするのに自分の息子と同じように分に応じた心のこもった葬式をしてやれなかった。これはわたしの責任ではない。あの門人たちの責任なのだ」

＊最愛の弟子顔淵の死をあんなに悲しんだ孔子が、葬式のことになると貧しく身分も低い顔淵に相応しない華美なそのやり方に反対した。この葬式の当事者はたぶん顔淵の弟子ではなく、孔子の直接の弟子である友人たちであったろう。孔子の悲しみを目撃して、口で孔子は拒否しても、りっぱな葬式を望んでいるのだと錯覚して、かってに盛大に葬

式をとりはこんでしまった。これを残念がる孔子の気持と、礼の護持者としての立場を堅持しようとした態度とはりっぱである。

三　季路《きろ》、鬼神《きしん》に事《つか》えんことを問う。子曰《のたま》わく、未《いま》だ人に事《つか》うる能《あた》わず、焉《いずく》んぞ能《よ》く鬼に事えん。曰《い》わく、敢《あ》えて死を問う。曰《のたま》わく、未だ生を知らず、焉んぞ死を知らん。

季路問事鬼神、子曰、未能事人、焉能事鬼、曰、敢問死、曰、未知生、焉知死、

子路がどうして死者の霊魂におつかえしたらよいかとおたずねした。先生がこたえられた。

「生きている人間にじゅうぶんつかえることすらできないで、どうして死者の霊魂におつかえすることができようか」

子路がさらに死についておたずねした。先生がこたえられた。

「生についてまだよくわかっていないのに、どうして死のことがわかるものか」

〈季路〉仲由、字は子路。季路はまた別の字だといわれる。

〈鬼神〉「鬼」は死んだ祖先の霊魂。「神」は人間の直接の祖ではない天の神の霊。多くは人面蛇身のように、異形《いぎょう》をなしていた。春秋時代からこの異形の神はしだいに人間化される傾向をとっていた。ここでは鬼・神を区別しないで、祭をうける霊として総称し、むしろ鬼つまり祖先の霊に重点をおいている。

＊子路の問いに応じた孔子の「未だ生を知らず、焉んぞ死を知らん」は、死後の世界を問題としない孔子の現世主義、非宗教性をあらわすものと考えられている。しかし、孔子は人間以上の力をもった神を全然信じなかったわけではないし、死後の世界を問題としなかったわけでもない。そういう一見不可知のものについての信仰をいだいていたが、学問の問題としてあまりとり上げなかっただけにすぎない。

三　閔子騫《びんしけん》、側《かたわ》らに侍《じ》す。誾誾如《ぎんぎんじょ》たり。子路《しろ》は行行如《こうこうじょ》たり、冉子《ぜんし》と子貢《しこう》とは侃侃如《かんかんじょ》たり。子《し》楽しむ。曰わく、由《ゆう》の若《ごと》きはその死を得じ。

　閔子騫侍側、誾誾如也、子路行行如也、冉子子貢侃侃如也、子楽、曰[1]、若由也不得其死然[2]、

閔子騫らが先生のおそばにすわっていた。閔子騫のさまはほどがよい。子路のさまはぎしぎししている。冉子と子貢とはなごやかにしている。先生はいかにも楽しげであるが、いわれた。
「子路のような態度では、天寿をまっとうすることはできまい」

〈誾誾如たり〉中正を得たさま。（郷党篇第二章参照）
〈行行如たり〉剛直なさま。角《かど》がたちすぎること。
〈侃侃如たり〉なごやかなこと。（郷党篇第二章参照）

（1）「楽」と「曰」の二字を清家本《せいけ》・皇侃本《おうがん》によって補う。
（2）「然」は助字で、「焉」のようにこの場合は読む必要はない。

＊弟子たちに囲まれて、裏の居間で一休みしている孔子のありさまを描いた。弟子たちの態度はそれぞれ個性を発揮し、彼らにとり巻かれた孔子はたいへん楽しげに見えたが、ただ子路の肩いからしたようすに心を痛めた。はたして子路は孔子の予感したように衛《えい》国で非業《ひごう》の死を遂げる。この席に最愛の弟子顔淵があらわれないところをみると、彼の死んだ前四八二年から子路の死んだ前四八〇年までのほぼ二年間のある日の出来事である。

一四　魯人《ろひと》、長府《ちょうふ》を為《つく》る。閔子騫《びんしけん》曰わく、旧貫《きゅうかん》に仍《よ》らばこれを如何《いかん》、何ぞ必ずしも改め作らん。子曰わく、夫《か》の人は言《ものい》わず、言えば必ず中《あ》たる。

魯人為長府、閔子騫曰、仍旧貫如之何、何必改作、子曰、夫人不言、言必有中、

魯国が長府という蔵《くら》を造営した。閔子騫がいった。

「昔からのしきたりどおりにしたらどうだろう。なにもしきたりを改めて新しい組織をつくる必要があるだろうか」

これを聞いて先生がいわれた。

「あの人物は平常は発言しないが、発言すると必ず的《まと》にあたる」

〈魯人〉魯国の人々つまり魯国の政府当局。

〈長府〉前五一七年、魯の昭公が季氏以下三桓氏《さんかんし》の専制を打倒するため、財貨・兵器などを納め、季氏らとの内戦の際の昭公側《がわ》の経済上の拠点として、この新倉庫を作ったのである。

〈旧貫〉「貫」は事。旧貫はほとんど現在の旧慣というのに当たるであろう。

*長府の新築造営ができたその年の九月に、昭公の長府を根拠としたクーデターはみごとに失敗し、昭公は斉《せい》国に逃亡せざるをえなくなった。閔子騫はこの運命を予言しているようにみえる。長府の造営についてはいろいろの異説があるが、いずれも想像説にすぎないので、もっとも妥当と思われる閻若璩《えんじゃくきょ》の説によった。

**一五**　子曰わく、由《ゆう》の瑟《しつ》、奚為《なんす》れぞ丘《きゅう》の門に於《お》いて為《せ》ん。門人、子路を敬わず。子曰わく、由は堂に升《のぼ》れるも、未だ室に入《い》らざるなり。
子曰、由之瑟、奚為於丘之門、門人不敬子路、子曰、由也升堂矣、未入於室也、
先生がいわれた。

「子路の瑟《こと》の弾き方では、なにも私に入門して学ぶ意味がないではないか」

このことばを聞いてから、門人たちは子路を尊敬しなくなった。先生はそこでいわれた。

「子路の学問は殿上にはのぼっている。しかし、まだ廊下にいて、部屋にもう一歩、はいれていないだけなのだ」

〈瑟〉詩を習うときには、ふつう瑟という二十五絃《げん》の琴で弾き語りをする。

〈堂〉宮殿。郷党篇挿図（二七三ページ）参照。

＊無骨《ぶこつ》な子路の瑟の弾き方を見て、孔子はからかってみた。お気にいりの子路のことだから、愛情に満ちたユーモアたっぷりのからかい方であったが、それを本気にとられて門人に軽蔑《けいべつ》されたので、孔子はまた比喩《ひゆ》をもってその取り消しをしたのである。弟子たちはたがいに先生の愛情を独占しようと競争しているのでこんな事件がもち上がる。孔子でもときには気をゆるして失策したのである。

一六　子貢問う、師《し》と商《しょう》と孰《いず》れか賢《まさ》れる。子曰わく、師は過ぎたり、商は及ばず。曰わく、然《しか》らば則《すなわ》ち師愈《まさ》れるか。子曰わく、過ぎたるは猶《なお》及ばざるがごとし。

子貢問、師与商也孰賢乎、子曰、師也過、商也不及、曰、然則師愈与、子曰、過猶不及也、

子貢がおたずねした。

「子張と子夏とどちらがまさっていますか」

先生がこたえられた。

「子張はやり過ぎで、子夏は足りない」

子貢が念を押した。

「それなら子張のほうがすぐれているというのですね」

先生はこたえられた。

「やり過ぎでも足りないでも、適度を失していることでは同じだよ」

〈師〉子張の名。

〈商〉子夏の名。

＊実際の人間の評価にあたって、才の回り過ぎたものを、適度を得ていない点では才の足りない人間と同じだという判断をくだすことはたいへんむつかしい。孔子は一、二の例外はあっても、だいたい弟子たちを神のようにくもりのない目でながめて、長所・短所をよく見抜いていた。

一七　季氏《きし》、周公より富めり。而して求《きゅう》はこれが為《ため》に聚斂《しゅうれん》して附益《ふえき》す。子曰わく、吾《わ》が徒《ともがら》に非ざるなり。小子《しょうし》鼓《こ》を鳴らして攻《し》めて可《か》なり。

季氏富於周公、而求也為之聚斂而附益之、子曰、非吾徒也、小子鳴鼓而攻之、可也、

季氏の一家は魯国のご先祖の周公より金持であった。それなのに弟子の冉求《ぜんきゅう》が、季氏のため税を取りたてて財産をふやしている。先生が弟子にいわれた。

「彼はもはやわれわれの同志ではなくなった。諸君、鼓を鳴らして攻めたてていいよ」

〈求〉弟子の冉求。

〈聚斂〉十分の一税という標準を越えて税金を取りたてること。

＊孔子が軍隊を集め、鼓を鳴らして冉求を攻め、内乱をはじめるのではない。軍隊にたとえて、大いに冉求を批判し、かれの政策を改めさせよといいたいのである。

一八　柴《さい》は愚《ぐ》、参《しん》は魯《ろ》、師は辟《かざ》り、由は喭《いや》し。

柴也愚、参也魯、師也辟、由也喭、

子羔《しこう》は愚直、曽子《そうじ》は遅鈍、子張は誇張、子路は粗暴。

〈柴〉高柴《こうさい》、字は子羔。

〈参〉曽参《そうしん》、字は子輿《しよ》。『論語』には曽子としてあらわれる。

〈由〉仲由《ちゅうゆう》、字は子路。

＊このことばは独立していて、だれのいったことばかわからない。弟子たちを呼び捨てにしている点から、孔子のことばらしくみえる。しかし、孔子は弟子たちの長所・短所をよく見分けて、短所を指摘するとともに、それを矯《た》めて、長所をのばす教育方法をとっていた。この文章のように、弟子たちの短所だけをえぐり出すことはなかったようだ。吉川幸次郎博士の説かれるように、次の顔淵と子貢との比較論の前文が、分離独立したのであろう。おそらく子張・曽子などにたいする評言があまり辛辣《しんらつ》すぎたので、『論語』

のこの部分が編集されたころ、この弟子たちの門弟のてまえもあり、「子曰わく」を略して、孔子の批評とみえないようにしたのではなかろうか。孔子だってときにはこんな残酷な批評をしたこともあったのである。

一九　子曰わく、回はそれ庶《ちか》きか、屢《しばしば》空《むな》し。賜《し》は命《めい》を受けずして貨殖《かしょく》す。億《おもんばか》れば則ち屢《しばしば》中《あ》たる。

子曰、回也其庶乎屢空、賜不受命而貨殖焉、億則屢中、

先生がいわれた。

「顔淵はまず完全に近いであろう。残念なことに貧乏でたびたび無一物《むいちもつ》だった。子貢は殿さまから命令を受けないで、自分かってに商売を営んだ。思惑《おもわく》をするといつも適中した」


〈それ庶きか〉顔淵の学問・徳行どちらも孔子の理想つまり道にほとんど近づいている。

〈屢空し〉つねに貧乏して無一物であること。

〈命を受けずして貨殖す〉「命」は天命、また孔子の教令などともとれるが、ここでは適切でない。愈樾《ゆえつ》の説によると孔子の時代では、商業は原則的には官営であったのに、子貢は商業を営んで成功したのだと説く。国内の商業はすでに官営ばかりでなく、個人営業も行なわれていたが、外国貿易はずっと制限されていた。子貢はよく使節として外国に往来した。彼はこの往来を利用して、ひろく外国貿易を行ない、物資を動かして大利を得たのである。

「命を受けずして」とは、こういう子貢の行動をさしているとみてよかろう。思惑《おもわく》することをさしている。

〈億れば〉「億」は「意」とも書くが、どれも「憶」の意に使っている。

＊このことばは前の章に続いて、子羔・曽参・子張・子路などの四弟子の欠点の多いのにくらべて、はるかに欠点の少ない秀才の顔淵と子貢を孔子が比較したのである。どちらも秀才だが、顔淵の学・徳はほとんど完全に近い。だが学問・徳行の修養に一生懸命のあまり、生活は窮乏しているのを孔子は遺憾《いかん》とした。そこで孔子は、顔淵には劣るが、これに次ぐ秀才の子貢を連想した。彼のほうは外国貿易の禁令などを無視して、どしどし商品の思惑をやって大もうけしている。顔淵の奴《やつ》はかわいそうだなと嘆いたのである。

二〇　子張、善人の道を問う。子曰わく、迹《あと》を践《ふ》まず。亦《また》室に入らざるなり。

子張問善人之道、子曰、不践迹、亦不入於室、

子張が善人の生き方についておたずねした。先生はいわれた。

「生まれつきの善人は、古人の歩んだ道の跡を追って修行しなければならない。そうでないと堂にのぼるだけで、室にはいり、奥義に達することはできない」

＊古注では、「跡を践まず」ということを古い慣例にこだわらず、やや創意があると解し、「亦室に入らず」を、しかし奥義には遠く、じゅうぶん創造的でないと読む。孔広森《こうこうしん》の

説をもとにした劉宝楠の『論語正義』は、善人は生まれながらの素質をもつ人とし、そんな人でも古人を模範として勉強しないとある点でとまって、じゅうぶんに進歩して学問の奥義に達することはできないと説明する。私はこれにしたがった。

二　子曰わく、論の篤《あつ》きにこれ与《くみ》すれば、君子者《くんししゃ》か、色荘者《しきそうしゃ》か。

子曰、論篤是与、君子者乎、色荘者乎、

先生がいわれた。

「議論の誠実さだけを信頼すると、じっさい君子である人か、うわべだけの人かよくわからない」

〈色荘者〉顔色にまで厳格さのあらわれている人。

＊古注はこの章は前章につづいたものとし、「論篤《とく》なるもの是与《これか》、君子なる者か、色荘なる者か」と読む。論篤なもの、君子らしいもの、荘重な容貌《ようぼう》をしたもの、この三者はどれも善人に当たると解する。これにたいして、私は新注の読み方を採用し、前章と無関係の独立の文章として解釈することにした。新注の立場は、議論だけにたよっていると、ほんとうの君子か、うわべだけの人かよくわからないと解している。

三　子路問う、聞くままにこれ行なわんか。子曰わく、父兄在《いま》す有り、如何《いかん》ぞ、それ聞くままにこれ行なわんや。冉有《ぜんゆう》問う、聞くままにこれ行なわんか。子曰わく、聞くままにこれ行なえ。公西華《こうせいか》曰わく、由が聞くままにこれ行なわんかと問えるとき、子は父兄在す有りと曰《のたま》えり。求が聞くままにこれ行なわんかと問えるとき、子は聞くままにこれ行なえと曰《のたも》う。赤《せき》や惑う。敢《あ》えて問う。子曰わく、求や退《しりぞ》く、故にこれを進む。由や人を兼ねんとす、故にこれを退く。

子路問、聞斯行諸、子曰、有父兄在、如之何其聞斯行之也、冉有問、聞斯行諸、子曰、聞斯行之、公西華曰、由也問、聞斯行諸、子曰、有父兄在、求也問、聞斯行諸、子曰、聞斯行之、赤也惑、敢問、子曰、求也退、故進之、由也兼人、故退之、

子路がおたずねした。

「聞いたらすぐにそのとおり実行しましょうか」

先生がこたえられた。

「父兄がまだ世の中で現存されている。どうしてそのまま実行しよう。父兄に告げて賛成を得てからにせねばなるまい」

冉求《ぜんきゅう》がおたずねした。

「聞いたらすぐにそのとおり実行しましょうか」

先生がこたえられた。

「聞いたらすぐにそのとおり実行するのがよい」

公西華がおたずねした。

「子路が、『聞いたらすぐにそのとおり実行しましょうか』とおたずねしたとき、先生は、『父兄がまだ現存されているではないか』とおこたえになりました。今度、冉求が、『聞いたらすぐにそのとおり実行しましょうか』とおたずねしたとき、先生は、『聞いたらすぐそのとおり実行しろ』とこたえられました。わたくしはわからなくなりました。どちらがほんとうなのかぜひお聞かせください」

先生はこたえられた。

「冉求は消極的である。だからこれを励ました。子路は他人の仕事にまで手を出そうとする。だからこれを控えさせたのだ」

〈赤〉公西華の名。

〈人を兼ねる〉「兼」は一人で他人の仕事を兼任すること。ここでは他人の仕事までやりたがる意味であろう。

＊消極的な冉求と積極的な子路とではまったく反対の答えをした。この話は、弟子の性格・才能によって、それぞれ個性に適した指導を与えた孔子の教育のもっともよい例である。

三 子《し》、匡《きょう》に畏《おそ》わる。顔淵後《おく》る。子曰わく、吾汝《なんじ》を以て死せりと為《な》せり。曰《い》わく、子在《いま》す、回《かい》何ぞ敢《あ》えて死せん。

子畏於匡、顔淵後、子曰、吾以汝為死矣、曰、子在回何敢死、

先生が匡で賊に襲われたとき、顔淵がはぐれておくれてしまった。やっとめぐりあうと先生はいわれた。

「わたしはおまえがすっかり死んだものだと思いこんでいたよ」

顔淵は答えた。

「先生が生きていらっしゃるかぎり、わたくしはどうして死んだりしましょうか」

＊孔子の一行が匡において危難を受けたことについては、子罕《しかん》篇第五章に詳しい。突如攻撃を受けて命からがら逃げたので、孔子と顔淵は分かれ分かれになってしまった。再会することができた師弟の間に、生死をともにしようという愛情を確かめる会話がかわされた。師弟の情誼《じょうぎ》を越えた同性愛に近いものを感ずる。

二四　季子《きし》然《ぜん》問う、仲由と冉求《ぜんきゅう》とは大臣と謂《い》うべきか。子曰わく、吾《われ》子《し》を以て異なるをこれ問うと為《な》せり。曽《すなわ》ち由と求とをこれ問えるか。所謂《いわゆる》大臣なる者は道を以て君に事《つか》え、不可《ふか》なれば則ち止《や》む。今、由と求とは具臣《ぐしん》と謂うべし。曰わく、然《しか》らば則ちこれに従う者か。子曰わく、父と君とを弑《しい》せんとすれば亦《また》従わざるべし。

季子然問、仲由冉求、可謂大臣与、子曰、吾以子為異之問、曽由与求之問、所謂

大臣者、以道事君、不可則止、今由与求也、可謂具臣矣、曰、然則従之者与、子曰、弑父与君亦不従也、

季子然がおたずねした。

「わが家につかえている子路と冉求とは、大臣といえるでしょうか」

先生がお答えになった。

「自分は、あなたがもっと変わったことをたずねられるものと思っていましたが、子路と冉求についてご質問されるのか。世でいっている大臣というものは、道にしたがってつかえ、道に合わないことがあれば諫《いさ》め、きかれなかったら辞職する。現在の子路と冉求とは、頭数だけをそろえた家来といったらよろしい」

季子はまたおたずねした。

「それならば、二人は季氏のいうとおりになるでしょうか」

先生がこたえられた。

「しかし、父と君主とを殺させようとされても同意はしないでしょう」

〈具臣〉並び大名のように、形式だけ顔をそろえている家臣。

＊季子然は魯の豪族季氏の一族で、子路・冉求の二人を家来としているのが自慢で、二人は大臣といえるだろうといって、孔子の同意を求めたのであるが、季氏の専制を快く思わない孔子に手ひどくやりこめられた。

二五　子路、子羔《しこう》をして費《ひ》の宰《さい》たらしむ。子曰わく、夫《か》の人の子《こ》を賊《そこ》なわん。子路曰わく、民人あり、社稷《しゃしょく》あり、何ぞ必ずしも書を読みて、然《しか》して後、学びたりと為《な》さん。子曰わく、是《こ》の故に夫《か》の佞者《ねいじゃ》を悪《にく》む。

子路使子羔為費宰、子曰、賊夫人之子、子路曰、有民人焉、有社稷焉、何必読書然後為学、子曰、是故悪夫佞者、

子路が子羔を季氏の費の城主にとりたてた。先生がいわれた。

「あの未熟でちっぽけな子羔をだいなしにするのではないか」

子路がこたえた。

「あの町には人民が住んでいます。土地の神社もあります。人民を治め、神社の祭祀《さいし》を行なうのも学問でしょう。書物を読むだけが学問だと、どうして決められましょうか」

先生がいわれた。

「これだから、あの口巧者《くちごうしゃ》が憎らしくなるのだ」

〈費〉費の邑は季氏の本拠となる荘園《しょうえん》で、魯国の南方の関門ともいうべき要点におかれた。堅固な城《しろ》が築かれ、多数の兵士が守っていた。あまり強大な城になったので、その城主つまり荘園の地頭《じとう》は、これを背景にしてたびたび季氏に反逆を企てた。『史記』では子羔が郈《こう》の邑の宰になったといっているが、『論語』の一本にそう書いたものがあったものかど

うか、よくわからない。

＊子羔つまり高柴《こうさい》は孔子より三十歳年少である。三十一歳年少の子貢と同年輩で、孔子の弟子では中年組で、四十歳から四十八歳年少の公西華・子夏・曽子・子張らの青年組よりは、十年以上年上である。彼を若い弟子の仲間にはいれられない。彼は、『史記』によると身長五尺に足りぬ小男で、孔子から愚物《ぐぶつ》とみられていた。こんな人物をよりによって軍事的な危機をはらんでいる費の城主に任命したのは無謀というほかはない。たぶん子路が彼一流の男気《おとこぎ》から、あまり目にたたない友だちを抜擢《ばってき》してやったのであろう。彼は孔子の批判に勇敢に抗弁した。子路や子貢の先輩組は、政治家として活動した孔子の前期の弟子であるから、書籍と礼とを通じて周公の理想をあきらかにし、それを実際の政治に応用することをたてまえとして育てられた。子路は、この前期の孔子の理想を盾《たて》として孔子に反撃したのである。すでに政治から引退した晩年の孔子は、『詩経《しきょう》』などによって周の礼を教えることに力点をおいていたものの、前期の政治的活動を重視する理想をかかげて反駁《はんばく》する子路にはたじたじとして、正面から説き伏せることができなかった。そこで口巧者のやつにはかなわないと降伏せざるをえなかったのである。顔淵に次いで愛していた子路から、こんな反撃を受けた孔子は、すっかり成長して時を得ている子路のえらそうな口ぶりを聞いて、こにくらしく感じたのであった。

二六　子路・曾皙《そうせき》・冉有《ぜんゆう》・公西華《こうせいか》、侍坐《じざ》す。子曰わく、吾《われ》、一日爾《なんじ》に長ぜるを以《もっ》て、吾を以てすることなかれ。居《お》れば則《すなわ》ち曰わく、吾を知らずと。如《も》し爾を知るもの或《あ》らば則ち何を以てせんや。子路、率爾《そつじ》として対《こた》えて曰わく、千乗《せんじょう》の国、大国の間に摂《せっ》して、これに加うるに師旅《しりょ》を以てし、これに因《よ》るに飢饉《ききん》を以てせんに、由やこれを為《おさ》めて三年に及ぶ比《ころ》、勇あり且《か》つ方《みち》を知らしむべきなり。夫子《ふうし》これを哂《わら》う。求よ爾は何如《いかん》。対えて曰わく、方六七十、如《も》しくは五六十、求やこれを為《おさ》めて三年に及ぶ比《ころ》、民を足らしむべきなり。その礼楽の如きは以て君子に俟《ま》たん。赤よ爾は何如。対えて曰わく、これを能《よ》くすと曰《い》うには非《あら》ず。願わくは学ばん。宗廟《そうびょう》の事、如《も》しくは会同のとき、端章甫《たんしょうほ》して、願わくは小相《しょうしょう》たらん。点よ爾は何如。瑟《しつ》を鼓《ひ》くことを希《や》め、鏗爾《こうじ》として瑟を舎《お》きて作《た》ち、対えて曰わく、三子者《さんししゃ》の撰《せん》に異《こと》なり。子曰わく、何ぞ傷《いた》まん、亦各《またおのおの》その志《こころざし》を言うなり。曰わく、暮春《ぼしゅん》には、春服既《すで》に成り、冠者《かんじゃ》五六人・童子《どうじ》六七人を得て、沂《き》に浴し、舞雩《ぶう》に風《ふう》し、詠《えい》じて帰らん。夫子、喟然《きぜん》として歎《たん》じて曰わく、吾は点に与《くみ》せん。三子者出《い》ず。曾皙後《おく》る。曾皙曰わく、夫《か》の三子者の言は何如《いかん》。子曰わく、亦各《おのおの》その志を言えるのみ。曰わく、夫子何ぞ由を哂《わら》える。子曰わく、国を為《おさ》むるには礼を以てす、その言譲《じょう》ならず。是《こ》の故にこれを哂えり。求と唯《いえど》も則ち邦《くに》に非ずや、安《いずく》んぞ方六七十如《も》しくは五六十にして邦に非ざるものを見ん。赤と唯《いえど》も則ち邦に非ずや、宗廟と会同とは諸侯に非ずして如何。赤これが小相たらば、孰《たれ》か能くこれが大相と為《な》らん。

子路曽皙冉有公西華侍坐、子曰、以吾一日長乎爾、無吾以也、居則曰、不吾知也、如或知爾則何以哉、子路率爾而対曰、千乗之国、摂乎大国間、加之以師旅、因之以飢饉、由也為之、比及三年、可使有勇且知方也、夫子哂之、求爾何如、対曰、方六七十、如五六十、求也為之、比及三年、可使足民也、如其礼楽、以俟君子、赤爾何如、対曰、非曰能之也、願学焉、宗廟之事、如会同、端章甫、願為小相焉、点爾何如、鼓瑟希、鏗爾舎瑟而作、対曰、異乎三子者之撰、子曰、何傷乎、亦各言其志也、曰、暮春者春服既成、得冠者五六人童子六七人、浴乎沂、風乎舞雩、詠而帰、夫子喟然歎曰、吾与点也、三子者出、曽皙後、曽皙曰、夫三子者之言何如、子曰、亦各言其志也已矣、曰、夫子何哂由也、子曰、為国以礼、其言不讓、是故哂之、唯求則非邦也与、安見方六七十如五六十而非邦也者、唯赤則非邦也与、宗廟会同非諸侯如之何、赤也為之小相、孰能為之大相、

子路と曽皙と冉有と公西華が、おそばにすわってうちくつろいでいたときのこと、先生が話し出された。

「わたしが諸君より少し年長だからといって、今日は少しも遠慮はいらない。諸君は平生『自分たちはちっとも認められない』と不平をいっているが、もしだれか諸君たちを認めるものがあるとしたら、いったい何をやるつもりか聞かせてほしいね」

せっかちに子路が立って、かしこまっておこたえした。

「千台の戦車の兵力をもったなみの国家が、大国の間にはさまり、その侵略を受け、おまけに飢饉がおこったとします。わたくしにその国の政治を担当させたら、三年間のうちに、勇敢で責任感のある国民に仕立ててみせます」

先生は微笑されて、

「冉有よ、おまえはどうするかね」

と聞かれた。冉有はかしこまっておこたえした。

「わたくしの対象とするのは、方六、七十里か、方五、六十里の小国です。わたくしがその政治を担当しましたら、三年間で国民の生活を満足なものにしてやれましょう。礼・楽など文化的な面は、りっぱなかたがたが控えていられますから、そのかたがたにお願いします」

先生はまたたずねられた。

「公西華よ、おまえはどうするかね」

公西華はかしこまっておこたえした。

「これから申し上げることは、やりおおせる自信があるわけではありません。学んでそうしたいだけなのです。国のご祖先の廟のお祭や、外国の殿さまとご会合なさる席で、玄端《げんたん》の服をつけ、章甫《しょうほ》の冠をいただき、儀式の進行係になりたいと願っているのです」

先生はいわれた。

「曽皙《そうせき》よ、おまえはどうするかね」

瑟《こと》を爪《つま》びきしていた曽皙は、ひざの上の瑟をぶるんといわせて下に置いてから立ち上がり、かしこまっておこたえした。

「わたくしのは、いままで三君が述べられたのとだいぶ違いますので……」

先生はいわれた。

「何も気にすることはない。思い思いに自分の希望を述べるのだから」

曽皙はおこたえした。

「春の終わりごろ、春の晴れ着もすっかり仕立てあがって、冠をかぶった大人《おとな》の従者五、六人、未成年の従者六、七人をうちつれ、沂水《きすい》でみそぎし、そこの雨乞《あまご》い台で舞を舞わせてから、歌を口ずさみながら帰ってまいりたいものだと存じます」

先生は、「ううん」とうなって、感心していわれた。

「わたしは曽皙に賛成だ」

三人が退席して、曽皙が一歩おくれたので、彼は先生におたずねした。

「ほかの三君の意見をどうお考えになりますか」

先生はいわれた。

「思い思いに自分の希望を述べたのだから、べつに批評することはないよ」

曽皙がまたおたずねした。

「先生はなぜ子路のことばを笑われたのですか」

先生はいわれた。

「国家を治めるには、礼によらねばならない。子路の発言には、謙譲が欠けていた。そこで笑ったのだ。冉有《ぜんゆう》の場合、治める対象は方六、七十里か、五、六十里にしているが、いずれにしても、邦《くに》つまり国家をなしていないものがどこにあろうか。公西華の場合でも、小さくとも国家を目標にしているのではないか。宗廟のお祭や会合が諸侯のなすべき職務でないとすれば、どういうことになるだろう。それに公西華がたんなる進行係になるなら、全体の儀式の監督になるものがなくなるだろう」

〈曽晳〉姓は曽、名は点、字《あざな》は晳。曽参の父で、孔子の弟子。

〈率爾として〉無造作で、無作法のさま。

〈会同〉二つの国の君主が会合することを「会」といい、多数の国の君主が集会することを「同」という。

〈端章甫〉「端」は玄端という赤黒色の礼服。「章甫」は礼式の冠。

〈小相〉儀式の介添え役を相という。「小相」はその補助役で、進行係に当たる。

〈瑟を鼓く〉瑟を爪で軽く、低くかき鳴らす。

〈鏗爾〉楽音の形容。

〈沂〉曲阜《きょくふ》の郊外を流れる沂水。あまり大河ではないが、中国の川としては水がわりあい澄んでいる。

〈舞雩に風す〉沂水の城門に接したところに雨乞いの土壇がある。「風す」は、そこで風にさらして、浴《ゆあみ》した体をかわかすという説もある。たぶんみそぎをしてから、「雩」つまり雨乞い台の上で、雨乞い祭の舞をさせたのであろう。この舞も儀礼的なものから、しだいに民俗芸術的な舞踊になりつつあったらしい。

〈大相〉小相にたいして、儀式を主宰する礼の総監督。

＊この章は、『論語』第一の長文として有名である。そのなかでも曽晳が、暮春のころ新しい春服を着て、従者と童子をつれて郊外の沂水に浴し、舞雩《ぶう》で舞を舞わし、詩を口ずさみながら帰ってくるのが、人生の最も楽しいときだと説くこの章の中心をなす文章は、『論語』第一の名文といわれる。孔子は、道徳堅固な厳粛主義者のようにとられている。しかし、曽晳の意見に賛成した孔子は、人生の目的は幸福を求めることにあるとしたのである。もちろん、永久的で、できるだけ多数の人間とともにする幸福を求めたのである。孔子の道徳は、こういう幸福論によって基礎づけられていたとみてよかろう。

## 第十二　顔淵《がんえん》篇

顔淵《がんえん》と孔子との仁《じん》の問答によって始まるこの篇は、顔淵を篇名としている。この顔淵との仁の問答は、『論語』のなかでももっとも有名なことばであるから、強くこの篇を印象づけているが、かならずしも仁がこの篇の問答の主題となっているわけではない。かえって政治や政策について、時の政治家との議論などがあらわれ、時代の政治的な背景と密接しつつ、孔子や弟子《でし》のことばが語られている。また第十章の「崇徳弁惑」などのように、古語についての弟子の質問も出ていて、孔子の学園における学習の状態がわかる。

一　顔淵《がんえん》、仁《じん》を問う。子曰《しのたま》わく、己れに克《か》ちて礼に復《かえ》るを仁と為《な》す。一日己れに克ちて礼に復れば天下仁に帰す。仁を為すは己れに由《よ》る、而《しこう》して人に由らんや。顔淵曰《い》わく、請う、その目《もく》を問わん。子曰わく、礼に非《あら》ざれば視《み》ること勿《な》かれ、礼に非ざれば聴くこと勿かれ、礼に非ざれば言うこと勿かれ、礼に非ざれば動くこと勿かれ。顔淵曰わく、回《かい》、不敏《ふびん》と雖《いえど》も、請う、斯《こ》の語を事《こと》とせん。

　顔淵問仁、子曰、克己復礼為仁、一日克己復礼、天下帰仁焉、為仁由己、而由人乎哉、顔淵曰、請問其目、子曰、非礼勿視、非礼勿聴、非礼勿言、非礼勿動、顔淵曰、回雖不敏、請事斯語矣、

顔淵が仁の徳についておたずねした。先生がこたえられた。

「自己にうちかって礼の規則にたちかえることが仁ということである。一日でも自己にうちかって礼の規則にたちかえることができたら、天下中の人がこの仁徳になびき集まるで

あろう。仁徳の実践は自己の力がたよりで、他人の力にたよってできることではけっしてないのだ」

　顔淵がさらにおたずねした。

「仁徳の実践要項について、詳しくお聞かせねがいたいと存じます」

　先生がいわれた。

「礼の規則にはずれたものに目を向けてはいけない、礼の規則にはずれたものに耳を傾けてはいけない、礼の規則にはずれた発言をしてはいけない、礼の規則にはずれた動作をしてはいけない」

　顔淵が申し上げた。

「わたくしはまことに鈍物でございますが、どうか、先生のお教えを実行させていただきたいと存じます」

〈己れに克ちて礼に復る〉古注の馬融《ばゆう》は「克は約なり」といって、自分の身をとりしまり、身を修めることと解しているが、的確さを欠いている。このほか、「己れを責める」とか、いろいろの訳があるが、「克」は敵と戦争して勝利をおさめるというのが原義である。新注は、自己の欲望にうちかって、礼の規則にたちもどると解釈する。欲望とはかぎらないで、むしろ自我であり、小さい自我を乗り越えると見るべきである。

〈天下仁に帰す〉天下の人がその仁徳を称することと解する古い注釈は、的をはずれている。

新注の線によりつつ、天下の人がこの仁者に帰服するとすなおに読むべきだ。

＊『論語』のなかの仁についての問答で、これほど理論的なものはないであろう。これにたいする注釈家の意見はまちまちである。この孔子のことばは、狭い自我を乗り越えて、大きい社会的な自我に目ざめ、礼の規則に自覚的に服従することが、仁の徳の本質だと述べている。「己れに克ちて礼に復る」というのは、しかし礼つまり社会の規律、客観的に存在する規律に、他律的に服従することを意味すると、とられるおそれがある。そこで「仁を為すことは己れに由り、人に由らず」といって、礼の規律に自律的に服従するのが、仁徳であると孔子は断わっている。顔淵ははたしてその真意をどこまで理解していただろうか。顔淵はさらに、礼の実践の要項の説明を求めているところからみると、顔淵では、その自律的に礼にしたがう考え方は弱いようにとれる。「一日己れに克ちて礼に復れば天下仁に帰す」の句は、この問答のなかであまりにも表現がおおげさで、控えめで内省的な孔子の考え方と合わないように感ぜられる。清の潘維城《はんいじょう》の『論語古注集箋』が、阮元《げんげん》の説をもととして、これと、これにつづく仲弓との仁の問答において、孔子は政治の主権者としてあるいは大臣として、国家を統治するものの立場から仁の徳を論じているといったのはおもしろい。とくに君主たるものが、一日仁の立場に立って政治を行なえば天下の民がこれに帰服するという考え方は、後の孟子の、王道によって天下を統一できるという論法とよく似ている。これは、春秋末の孔子のもとの考え方に、

戦国初期の孔子の孫弟子たちの、とくに子思《しし》たち以後の時代の儒教思想の解釈が、付加されていると見られる。

二　仲弓《ちゅうきゅう》、仁を問う。子曰わく、門を出《い》でては大賓《だいひん》を見るが如《ごと》くし、民を使うには大祭に承《つか》うるが如くす。己れの欲せざるところを人に施すこと勿《な》かれ。邦《くに》に在《あ》りても怨《うら》みなく、家に在りても怨みなし。仲弓曰《い》わく、雍《よう》、不敏と雖《いえど》も、請う、斯《こ》の語を事とせん。

仲弓問仁、子曰、出門如見大賓、使民如承大祭、己所不欲、勿施於人、在邦無怨、在家無怨、仲弓曰、雍雖不敏、請事斯語矣、

仲弓が、仁の徳についておたずねした。先生がいわれた。

「大門を出て人を迎えるときは、いつでもたいせつな国賓に会うような心持で応対する。国民を使役するときは、国の祖廟《そびょう》の大祭をつとめるような心持でのぞむ。自分がしてほしくないことを、他人にしない。そうすれば、国につかえていても、恨みを受けることなく、家庭で生活していても恨みを受けることはない」

仲弓は申し上げた。

「私はまことに鈍物でございますが、どうか、先生のお教えを実行させていただきたいと存じます」

〈仲弓〉姓は冉《ぜん》、名は雍《よう》、字《あざな》は仲弓。「雍」は、仲弓が先生に話すとき、自分の名をいったの

である。

＊孔子は仲弓を「南面せしむべし」（雍也篇第一章）といって、人の上に立てる人物だと保証している。ここでも、大臣としての心がけを説いているが、孔子はいつも、弟子の性格・才能などに応じて、仁の実践の心得を説いているのである。

三　司馬牛《しばぎゅう》、仁を問う。子曰わく、仁者《じんしゃ》はその言や訒《じん》。曰わく、その言や訒、これこれを仁と謂《い》うべきか。子曰わく、これを為《な》すこと難《かた》し。これを言うに訒なることなきを得んや。

司馬牛問仁、子曰、仁者其言也訒、曰、其言也訒、斯可謂之仁已矣乎、子曰、為之難、言之得無訒乎、

司馬牛が、仁の徳についておたずねした。先生はいわれた。

「仁徳ある人は、ことばがすらすら出ない」

司馬牛はまたおたずねした。

「ことばがすらすら出ない人だったら、みな仁者と呼んでもいいのですか」

先生がこたえられた。

「仁を実践することがむずかしいのだから、ことばもすらすらゆかないではないか」


〈司馬牛〉姓は司馬、名は耕または犂《り》、字は子牛。宋《そう》の貴族である。孔子が、前四九二年宋

を訪れたとき、孔子を襲って殺そうとした向魋《しょうたい》または桓魋《かんたい》ともいわれる司馬魋は、司馬牛の兄である。孔子が魯《ろ》に帰国したのち、前四八四年に、司馬魋は宋の景公の寵愛《ちょうあい》をたのんで反乱をおこし、国外に追放された。司馬牛は自己の領地を国に返して、斉《せい》国に亡命した。

＊司馬牛はひどく多弁だったので、その癖をなおすため、孔子は、仁者は口ごもるものだといったのである。これにたいして司馬牛は、話がへたでありさえすれば、仁者といえるかと反問して、孔子を困らせた。この時代には、「正の命題が正しかったとしても、逆は必ずしも真ではない」という論理学の初歩が、よくわかっていなかった。しかし、孔子は、「逆は必ずしも真ならず」という原理を、直観的には知っていたらしいが、この難問に正面から解答することはできなかったのである。

**四** 司馬牛、君子を問う。子曰わく、君子は憂《うれ》えず、懼《おそ》れず。曰わく、憂えず、懼れず、これこれを君子と謂《い》うべきか。子曰わく、内に省《かえり》みて疚《やま》しからざれば、それ何をか憂え何をか懼れん。

司馬牛問君子、子曰、君子不憂不懼、曰、不憂不懼、斯可謂之君子已乎、子曰、内省不疚、夫何憂何懼、

司馬牛が、君子についておたずねした。先生はいわれた。

「君子というものは、心配したり、こわがったりなどしない」

司馬牛はまたおたずねした。

「心配したり、こわがったりさえしなければ、だれでも君子といってもよろしいでしょうか」

先生がこたえられた。

「自分で反省して、良心に咎《とが》めることがなかったら、ほかに何も心配し、何もこわがることはないではないか」
＊司馬牛は、また君子について、命題を逆にして孔子を困らせたのである。司馬牛は、兄の桓魋が孔子を襲って危難にあわせたことを、絶えず気にやんでいたらしい。孔子が、自分の過失でもないものを気にする必要はないといったのは、この無用の心配を除いてやろうとしたからであろう。

五　司馬牛、憂えて曰わく、人は皆兄弟《けいてい》あれども、我独《ひと》り亡《な》し。子夏曰わく、商《しょう》これを聞けり、死生《しせい》、命《めい》あり、富貴《ふうき》、天に在《あ》り。君子敬《つつし》みて失《しつ》なく、人と与《まじ》わり恭《うやうや》しくして礼あらば、四海《しかい》の内《うち》皆兄弟たらん。君子何ぞ兄弟なきを患《うれ》えん。

司馬牛憂曰、人皆有兄弟、我独亡、子夏曰、商聞之矣、死生有命、富貴在天、君子敬而無失、与人恭而有礼、四海之内、皆為兄弟也、君子何患乎無兄弟也、

司馬牛が、浮かぬ顔をしていった。

「世の人々は、みな兄弟《きょうだい》があるのに、私だけはない」

子夏が慰めた。

「私は、死ぬも生くるも命《さだめ》あり、富むも貴きも神のみ心のまま、という諺《ことわざ》を覚えている。兄弟のあるなしは、いまさらどうにもなるものではないが、君子たるものが行ないを慎んで落度がなく、他人と交わって礼儀正しかったら、世界中の人は残らず兄弟となる。君子は、兄弟のないことなどちっとも気にしないものだよ」
＊前四九二年、孔子の一行が宋で司馬牛の兄の桓魋の妨害にあってから九年後、桓魋はついに宋の景公に反逆を企てて失敗し、衛《えい》に逃亡した。責任を感じた弟の司馬牛すなわち向巣《しょうそう》は、所領を奉還して斉国に亡命した。衛に逃亡した兄の桓魋が、また斉に亡命してくると、せっかく斉で好遇されていた司馬牛は、すぐこれを捨てて魯国に逃げて、そこで一生を終えた。『論語』の司馬牛を、宋の桓魋の弟の向巣と同一人とすることには、注釈家のうちに異説がある。それは『左伝』によると、前四八一年、魯に逃亡してきた司馬牛が、その年に死亡したように書かれている。桓魋の死亡した年はよくわからないが、前四八一年よりは後のことであるから、前四八一年、魯に逃亡した司馬牛が、さっそく孔子の門にはいったとしても、そのときはまだ桓魋が生きていて、この『論語』の問答のように、兄弟がないといって嘆くことはありえない。それにこの年のうちに司馬牛は死んでしまうのだから、この『論語』の司馬牛が、『左伝』に出てくる、宋から魯

に逃げてきた司馬牛とは同一人ではありえないと考えられたからである。しかし、宋の司馬牛は、斉に兄の桓魋が逃げてくると、すぐさま斉から魯に去ったことからみると、反逆者の兄桓魋と絶交し、兄弟の縁を切っていたらしい。また『左伝』はちょっと読むと、前四八一年、魯に着いた司馬牛が間もなく死亡したようにとられるが、古代の物語的歴史は、必ずしも厳密にその年におこったことをその年に書くわけでなく、実はもっとずっと後年に死んだのを、ついでに逃亡の事件のおこった前四八一年のところで書いておいたのだと解釈される。したがって、前章の司馬牛と孔子との問答は、司馬牛が魯に来た、前四八一年から孔子の死ぬ前四七九年までの足かけ三年の間の出来事であるが、この子夏との会話は、孔子の死後まで生きていた司馬牛と子夏との間に交わされたものかもしれない。宋から逃げてきた司馬牛は、このようにかなり責任感の強い人物であったから、すでに縁を切ったか、あるいはその後死別したかもしれない兄の桓魋が、孔子の一行を弾圧した旧悪について、たいへん心を苦しめていた。それで、前章のように孔子は、そんなことを気にやまないでよろしいといってやったのである。粗暴な人間であった兄とは違って、道徳心の強い弟ではあったが、兄弟の血のつながりは争えず、多言で少し騒がしい点があったので、孔子から、仁者は口数が少ないものだと忠告されたりした。孔子のことばにたいして、すぐ逆の命題を出して反駁《はんばく》したりするのは、とても普通の身分のものではなく、宋の貴族出身であったので、孔子に会っても遠慮しなかったからかもしれない。この司馬牛を宋の亡命貴族の司馬牛と同一人でないとする説は、『左伝』を詳しく読まず、その記述の仕方に理解を欠いたために出てきたのであるから、私が今述べたように、この支障が取り去られた以上、『論語』の司馬牛は、宋の司馬牛にちがいないことは確かとなった。義絶し、または死別したかもしれない乱暴者の兄をもち、それからのがれて魯まで流れてきた、道徳意識の強い弟司馬牛のいだいた深い孤独感から、子夏との対話が出てきたのである。この子夏のことばにあらわれる「四海の内皆兄弟たらん」という文句は、学問のみならず、同じ宗教や同じ政治・社会の理想をもつ者の同志愛を表現するものとしてよく使われるようになる。とくに俠客《きょうかく》・土匪《どひ》や革命運動の団体のような秘密結社の同志愛を表明するのに、うってつけのことばとしてよく利用された。中国近代の秘密結社はすべて、この文句のような思想を背景とし、同志はすべて義兄弟の縁を結び、これを紐帯《ちゅうたい》としてきわめて強固に団結している。

六　子張、明《めい》を問う。子曰わく、浸潤《しんじゅん》の譖《そし》り、膚受《ふじゅ》の愬《うった》え、行なわれざる、明と謂《い》うべし。浸潤の譖り、膚受の愬え、行なわれざる、遠しと謂うべし。

子張問明、子曰、浸潤之譖、膚受之愬、不行焉、可謂明也已矣、浸潤之譖、膚受之愬、不行焉、可謂遠也已矣、

子張が、聡明《そうめい》とはどういうことかとおたずねした。先生がこたえられた。

「じわじわとしみこんでくるような他人の中傷と、皮膚にじかに感じさせる無実の罪の訴え、これを受けつけないのが聡明である。じわじわとしみこんでくるような中傷と、皮膚にじかに感じさせる無実の罪の訴えを受けつけなければ、それは聡明を越えて遠大な前方を見とおす見識といってもよい」

〈浸潤の譖り〉じわじわと水がしみこむように心にくい入ってくる中傷のことば。

〈膚受の愬え〉古注は皮膚のように浅薄なことばをいうとするが、新注のように皮膚にじかに痛みを感じさせる訴えとみるのが妥当だ。

＊「浸潤の譖り、膚受の愬え」という表現の仕方は、さすがに感覚の鋭い孔子らしく、まったく新鮮である。乱れ飛んでくる情報を絶えず批判し、感傷的なアピールにめったに動かされない、それが過去の君主の資格であるとともに現代の知的エリートの資格でもあるが、その資格に欠けた疑似《ぎじ》知的エリートがいかに多いことであろう。

七　子貢、政《せい》を問う。子曰わく、食を足らしめ、兵を足らしめ、民をして信あらしめよ。子貢曰わく、必ず已《や》むを得ずして去らば、斯《こ》の三者に於《お》いて何をか先にせん。曰《のたま》わく、兵を去れ。曰わく、必ず已《い》むを得ずして去らば、斯の二者に於いて何をか先にせん。曰《のたま》わく、食を去れ。古《いにしえ》より皆死あり、民《たみ》信なくんば立たず。

子貢問政、子曰、足食足兵、使民信之矣、子貢曰、必不得已而去、於斯三者、何

先、曰去兵、曰必不得已而去、於斯二者、何先、曰去食、自古皆有死、民無信不立、

子貢が、政治のやり方についておたずねした。先生がいわれた。

「食物をじゅうぶんにし、軍備をじゅうぶんにし、人民に信用させることだ」

子貢がおたずねした。

「万一、やむをえない理由で、この三つのうちどれか一つを省くとしましたら、何を先にしましょうか」

先生がこたえられた。

「軍備を省くことだ」

子貢が、またおたずねした。

「万一、やむをえない理由で、この二つのものから一つを省くとしたら、何を先にしましょうか」

先生がこたえられた。

「食物を省こう。昔から、死はだれも免れることはできない。人民というものに信頼がなければ、国家は立ってゆかない」

八 棘子成《きょくしせい》曰わく、君子は質のみ、何ぞ文を以《もっ》て為さんや。子貢曰わく、惜しいかな夫《か》

の子《し》の君子を説くや。駟《し》も舌に及ばず。文は猶《なお》質のごとく、質は猶文のごときならば、虎豹《こひょう》の鞹《かく》は猶犬羊の鞹のごときなり。

棘子成曰、君子質而已矣、何以文為矣、子貢曰、惜乎夫子之説君子也、駟不及舌、文猶質也、質猶文也、虎豹之鞹、猶犬羊之鞹也、

棘子成がいった。

「君子は実質をたいせつにすればよい。装飾なぞなんの必要があろうか」

子貢が、この話を聞いていった。

「惜しいことをされた、あのおかたの君子についておっしゃったおことばは。ことばはいったん口から出すと、四頭だての馬車で追いかけても、その失言を取り消すことはできない。装飾があるのもないのも同じだ、装飾がないのもあるのも同じだというと、虎や豹の鞹《なめしがわ》も、犬や羊の鞹と同じだということになるではないか」

〈棘子成〉衛国の大夫《たいふ》だというが、あきらかでない。子貢が「夫の子《かし》」といって一目おいているところから察すると、身分あり、実力をもった人にちがいない。

〈鞹〉毛皮の毛を抜いたなめし皮。

＊棘子成の、君子は実質がたいせつだという発言は、儒教が礼をたいせつにし、作法、しきたりを問題にしているのにたいする批評だとみえる。これにたいして子貢はさすがに頭がいい。じょうずなたとえ話で皮肉っている。

九　哀公《あいこう》、有若《ゆうじゃく》に問いて曰わく、年饑《う》えて用足《た》らず、これを如何《いかん》。有若対《こた》えて曰わく、盍《なん》ぞ徹《てつ》せざるや。曰わく、二だにも吾猶《われなお》足らず、これを如何ぞ、それ徹せんや。対えて曰わく、百姓《ひゃくせい》足らば、君孰《たれ》と与《とも》にか足らざらん。百姓足らずんば、君孰と与にか足らん。

哀公問於有若曰、年饑用不足、如之何、有若対曰、盍徹乎、曰、二吾猶不足、如之何其徹也、対曰、百姓足、君孰与不足、百姓不足、君孰与足、

魯の哀公が、有若にたずねられた。

「ことしは不作で、財源が不足している。どうして補ったらよかろうか」

有若がかしこまっておこたえした。

「どうして十分の一をとる徹の税法になさらないのでございますか」

哀公がいわれた。

「十分の二の税を取り立てても、まだ不足しているのに、十分の一税法にしたらどうなるだろう」

有若はかしこまってこたえた。

「人民たちの生活が足りていれば、殿さまはいったいだれといっしょに足りないといわれるのですか。人民たちの生活が足りないならば、殿さまはだれといっしょに足りるといわれるのですか」

〈徹〉周の税法で、農民の収穫の十分の一を取り立てる。「徹」は「通」で、天下に通ずる法だといわれる。

＊国家の財源は、人民から取り立てているのだから、人民の生活を豊かにすれば、しぜんに財源がふえてくる。有若の説く財政は、長期経済の立場に立って発言しているが、これが儒教の財政論の基本だといってもよかろう。ただ目前の財政の不足を救う政策を持ち合わせていないのが問題だった。そこで書生論、学者の学説ということになってしまう。

一〇　子張、徳を崇《たか》くし惑《まど》いを弁ずることを問う。子曰わく、忠信に主《した》しみて義に従《うつ》るは、徳を崇くするなり。これを愛するときはその生を欲し、これを悪《にく》むときはその死を欲す。既《すで》にその生を欲して、またその死を欲するは、これ惑いなり。

子張問崇徳弁惑、子曰、主忠信徙義、崇徳也、愛之欲其生、悪之欲其死、既欲其生、又欲其死、是惑也、

子張が「徳をたっとび、惑いを弁ずる」という諺《ことわざ》の意味をおたずねした。先生がこたえられた。

「誠があり、約束を守る人間に交わって、正義に近づいていくことが、徳をたっとぶことである。愛するときは、その人の長生を望みながら、いったん憎悪すると、その人の死を望むものがある。このように、かつてその人の生を望みながら、その死を欲するのが惑い

なのだ。それを弁別せねばいけないのだ」

＊子張は、古語あるいは諺を持ち出して、その意味をたずねた。これにたいする孔子の答えの後半、愛している間は生を欲しながら、憎悪しあうとその死を欲する、という愛欲の矛盾をとりあげて、これを惑いの例としてこたえた。孔子は無骨者《ぶこつ》に見えるが、このことばからすると、人間の愛欲の実相を体験した通人《つうじん》のようだ。

二　斉《せい》の景公、政《せい》を孔子に問う。孔子対《こた》えて曰わく、君君たり、臣臣たり、父父たり、子子たり。公曰わく、善《よ》いかな、信《まこと》に如《も》し君君たらず、臣臣たらず、父父たらず、子子たらずんば、粟《ぞく》ありと雖《いえど》も、吾《われあに》豈得て諸《これ》を食らわんや。

斉景公問政於孔子、孔子対曰、君君、臣臣、父父、子子、公曰、善哉、信如君不君、臣不臣、父不父、子不子、雖有粟、吾豈得而食諸、

斉の景公が、政治について孔子に質問された。孔子はかしこまってこたえた。

「主君は主君らしく、家来《けらい》は家来らしく、父は父らしく、子は子らしくあれ、ということでございます」

景公がいわれた。

「なるほど。もしほんとに主君が主君らしくなく、家来が家来らしくなく、父が父らしくなく、子が子らしくなかったならば、米があっても食べられなくなる」

〈斉の景公〉名は杵臼《しょきゅう》、前五四七年から前四九〇年まで五十八年間位についていた。孔子は前五一七年三十六歳のとき、魯の昭公の後を追って斉国にのがれ、数年後、斉を去って帰国した。

＊この問答について新注は、孔子が斉にいた前五一七年から五一五年までの出来事とみなす。しかし、孔子はそのころはまだ無名の士であったから、大国である斉の主君に会見し、会話をすることはできなかったであろう。前五〇〇年、魯の大臣であった孔子が魯の定公にしたがって斉の景公と夾谷《きょうこく》で会盟《かいめい》しているから、おそらくこのときの対話であろう。当時の斉国は、陳恒《ちんこう》が実権を握っていて、公はほとんど無力であった。景公は陳恒の権力をそぐ工夫《くふう》は少しもせず、私財をたくわえることに熱心なだけで、平凡な君主であった。孔子のことばは、このありさまについて、景公に警告したものであるが、あまり反応がなかったのである。

三　子曰わく、片言《へんげん》以て獄《うった》えを折《さだ》むべき者は、それ由《ゆう》か。子路は諾《だく》を宿《とど》むることなし。

子曰、片言可以折獄者、其由也与、子路無宿諾、

先生がいわれた。

「原告・被告の一方のことばだけを聞いて判決を下せるのは、子路だけだな」

子路は、承諾したことはその日のうちに実行し、明日に引き延ばすことはなかった。

〈片言以て獄えを折む〉「片」は「偏」、「折」は断ずること、つまり判決すること。「獄」は訴訟事件のこと。裁判にあたって、原告・被告の陳述を両辞という。子路は両辞をきかずに、片言つまり一方のことばを聞いて、それを信じて判決するのである。

＊孔子は子路の果断ぶりを、危なげに感じながらも、好感をもってながめている。「子路は諾を宿むることなし」という後の文章は、子路の人柄について、その弟子たちがつけ加えたものであろう。

一三 子曰わく、訟《うった》えを聴くは、吾猶《われなお》人のごときなり。必ずや訟え無からしめんか。

子曰、聴訟吾猶人也、必也使無訟乎、

先生がいわれた。

「訴訟の処理をやらせたら、わたしも余人と変わりはないだろう。むしろ訴訟がおこらないように仕向けるだろうよ」

＊訴訟の裁判をうまくやることより、人民の紛争をなくし、訴訟事件をなくするのが、政治として大事だと孔子は考えた。

一四 子張、政《せい》を問う。子曰わく、これに居《お》りて倦《う》むことなく、これを行なうには忠を以てせよ。

子張問政、子曰、居之無倦、行之以忠、

子張が政治の心得をおたずねした。先生はいわれた。

「議席についている間はちっとも怠ってはいけない。人民にたいしては、誠意をもって取りはからわなければいけない」

〈居りて〉この「居りて」とは、位にいること。毎朝、広場で君主のご機嫌を伺《うかが》い、そこで会議を開く。各人の着くべき定まった座席が位である。

〈行なう〉朝会から帰って、人民にたいして会議で決まったことを実施すること。

一五　子曰わく、君子博《ひろ》く文を学びて、これを約《やく》するに礼を以てすれば、亦《また》以て畔《そむ》かざるべし。(1)

子曰、君子博学於文、約之以礼、亦可以弗畔矣夫、

先生がいわれた。

「学問に志す人が、できるだけいろいろの文献を読んで、その知識を礼の理念によって統一するならば、正しい道からはずれることはまずあるまいな」

(1)　雍也篇第二十七章と同文。子罕篇第十一章参照。

一六　子曰わく、君子は人の美を成し、人の悪を成さず。小人《しょうじん》は是《これ》に反す。

子曰、君子成人之美、不成人之悪、小人反是、

先生がいわれた。

「君子は他人の善事を助成し、他人の悪事を助成しない。小人はこれと反対である」

**一七** 季康子《きこうし》、政《せい》を孔子に問う。孔子対《こた》えて曰わく、政とは正なり、子帥《しひき》いるに正を以てすれば、孰《たれ》か敢《あ》えて正しからざらん。

季康子問政於孔子、孔子対曰、政者正也、子帥以正、孰敢不正、

季康子殿が、孔子に政治の心得をたずねられた。孔子はかしこまってこたえた。

「政とは正です。家老であるあなた自身が、すすんで正しくふるまわれたならば、国中のだれが不正なことを行なうでしょうか」

〈帥いるに正を以てすれば〉正卿《せいけい》つまり一国の総理たる季康子が、率先して正しい行ないをしたらば、ということ。「以」を「而」の意に解して、「帥いて正しければ」とも読むが、意味は大差ない。

*孔子は、政治の責任者である季康子自身の行動が正しくないから、まずそれから直さねばならないと説いた。

**一八** 季康子、盗《とう》を患《うれ》えて孔子に問う。孔子対えて曰わく、苟《いやし》くも子《し》の欲するなくんば、こ

れを賞すと雖《いえど》も竊《ぬす》まじ。

季康子患盜、問於孔子、孔子対曰、苟子之不欲、雖賞之不竊、

季康子殿が、国中に盗賊の多いことを心配され、孔子に対策をたずねられた。孔子は、かしこまってこたえた。

「かりに貴殿が無欲であられたとしたら、国民はほうびを出しても盗みをはたらきますまい」

＊季康子が人民から重い税を取り立て、自分の家の財産をふやすことに全力をそそいでいるから国民が困り、また不正の手段で盗みをしてまで財産を得ようとするものが出てくるのだ。孔子は婉曲《えんきょく》に季康子の政策の批判をしたのである。孔子の生きていた春秋末期から戦国にかけては、各国で盗賊が盛んに横行した。たんなるこそどろでなくて、多人数の集団強盗が多かったらしい。それは国家の治安に関する重要問題となってきた。農民の蜂起《ほうき》最近の中国の社会経済史家は、この集団強盗を農民一揆《いっき》と同一視している。農民の蜂起そのものではあるまいが、少なくとも、その一歩手前の観を与える。そこで次の問題が出てくる。

一九　季康子、政を孔子に問いて曰わく、如《も》し無道を殺して以て有道を就《な》さば何如《いかん》。孔子対《こた》えて曰わく、子、政を為すに焉《なん》ぞ殺すことを用いん。子、善を欲すれば、民善ならん。

君子の徳は風なり。小人の徳は草なり。草はこれに風を上《くわ》うるとき必ず偃《ふ》す。

季康子問政於孔子、曰、如殺無道以就有道、何如、孔子対曰、子為政、焉用殺、子欲善而民善矣、君子之徳風也、小人之徳草也、草上之風必偃、

季康子殿が、政治について孔子にたずねられた。

「不法な行為をするものを死刑に処し、律義《りちぎ》な人民を育成する政策はどうであろうか」

孔子は、かしこまってこたえた。

「殿が政治をなされるのに、なぜ死刑を使われるのですか。殿がもしみずから善を欲せられたら、国民は善くなります。なぜかといえば、君子つまり支配者の徳は風にたとえられます。小人つまり被支配者の徳は草にたとえられます。草の上に風が吹いてくると、きっとなびくからです」

〈無道〉従来の注釈は、不道徳なものと解してきた。漢代の法律用語では、不法行為を「不道」とよんでいる。この無道は、不道つまり不法行為のことであってたんなる不道徳ではない。

＊季康子は、盗賊が多く、社会の治安が悪化したのにたえかね、刑法を改正し、不法行為をなすものは一律に死刑に処し、一方では律義な百姓にほうびをやって奨励するという政策をとろうとした。こういう法律万能主義に反対する孔子は、政治家自身の姿勢を正すことが第一だとした。

二〇　子張問う。士何如《いか》なればこれこれを達《たつ》と謂《い》うべき。子曰わく、何ぞや、爾《なんじ》の謂うところの達とは。子張対《こた》えて曰わく、邦《くに》に在《あ》りても必ず聞こえ、家に在りても必ず聞こゆ。子曰わく、これ聞《ぶん》なり、達に非《あら》ざるなり。それ達なる者は、質直《しっちょく》にして義を好み、言を察して、色を観《み》、慮《はか》りて以て人に下《くだ》る。邦に在りても必ず達し、家に在りても必ず達す。それ聞なる者は色に仁を取りて行ないは違《たが》い、これに居りて疑わず。邦に在りても必ず聞こえ、家に在りても必ず聞こゆ。

子張問、士何如斯可謂之達也、子曰、何哉、爾所謂達者矣、子張対曰、在邦必聞、在家必聞、子曰、是聞也、非達也、夫達者、質直而好義、察言而観色、慮以下人、在邦必達、在家必達、夫聞者色取仁而行違、居之不疑、在邦必聞、在家必聞、

子張がおたずねした。

「知識人がどのようであったら『達』といえるでしょうか」

先生が反問された。

「どういう意味かね、君のいう『達』とは」

子張が、かしこまってこたえた。

「国家につかえるときっと評判になり、豪族の家につかえても、きっと評判になるということです」

先生がいわれた。

「君のいっているのは『聞』ということで、『達』ではない。いったい『達』とは、まっ正直で正義を愛し、相手のことばの意味を推察し、顔色によって心持を理解し、よく思慮して他人にへりくだる。それだから、国家につかえてもきっと達し、豪族につかえてもきっと達する。一方の『聞』というのは、表面は仁らしくしているが、実行はまったく逆であり、このやり方に満足して疑問をもたない。そこで、国家につかえても評判がよく、豪族につかえても評判がよくなるのだ」

〈達〉実力によって社会的な地位を得ること。

〈邦〉国家。

〈家〉卿《けい》・大夫《たいふ》などの豪族の家。

〈聞〉口さきだけで、社会的な地位を得ること。

＊孔子の弟子たちは、生まれつきの貴族が少なく、才能によってつかえる先を求める新興の士人階級に属している。どうしたら就職できるかをたえず心にかけていた。これにたいして、孔子は実力によって進路を開拓できると信じていたのである。

二一　樊遅《はんち》、従いて舞雩《ぶう》の下《もと》に遊ぶ。曰《い》わく、敢《あ》えて徳を崇《たか》くし慝《とく》を脩《おさ》め惑《まど》いを弁《べん》ぜんことを問う。子曰《しのたま》わく、善《よ》いかな、問うこと。事を先にして得《う》るを後《のち》にするは、徳を崇くするに非《あら》ずや。その悪を攻めて人の悪を攻むるなきは、慝を脩むるに非ずや、一朝の忿《いきどお》りにその身を忘れて以てその親《しん》に及ぼすは、惑いに非ずや。

樊遅従遊於舞雩之下、曰、敢問崇徳脩慝弁惑、子曰、善哉問、先事後得、非崇徳与、攻其悪無攻人之悪、非脩慝与、一朝之忿忘其身以及其親、非惑与、

樊遅が、先生のお供をして雨乞いの舞台の近くに遊んだとき、いった。

「恐れ入りますが、『徳を崇くし慝を脩め惑いを弁ずる』という古語の意味をお教えくださいませんか」

先生がいわれた。

「いい質問だね。まず仕事に努力し、利益をとるのはあと回しにする、それが崇徳つまり徳を充実させることにならないかな。自分の悪いことを責めて、他人の悪いことを責めない、それが修慝《しゅうとく》つまり隠れた悪いことを除くことではないかな。一時の怒りにわれを忘れ、親族まで巻き添えにするのが惑いではなかろうかな」

〈樊遅〉姓は樊、名は須《す》、字《あざな》は子遅《しち》。孔子より三十六歳年少の弟子。

〈舞雩〉先進篇第二十六章参照。

〈徳を崇くし…〉孔子のころ、古人の教訓として伝承された語であり、弟子たちはこのことばだけは覚えさせられたが、意味が不明なので質問したのである。（「崇徳弁惑」は本篇第十章参照）

＊弟子たちは、この問答のように、古くから伝承された教訓的文章のなかの、意味不明な箇所などについて、ときどき、おそるおそる孔子に質問したこともあった。孔子はこういう質問を歓迎していたのだが、弟子のほうはなかなか質問が切り出しにくかったので、孔子はいい質問だといって奨励したのである。

三　樊遅《はんち》、仁を問う。子曰わく、人を愛す。知を問う。子曰わく、人を知る。樊遅未《いま》だ達せず。子曰わく、直《なお》きを挙《あ》げて諸《これ》を枉《まが》れるに錯《お》けば、能《よ》く枉れる者をして直からしむ。樊遅退き、子夏に見《まみ》えて曰《い》わく、嚮《さき》に吾夫子《われふうし》に見《まみ》えて知を問いしに、子は直きを挙げて諸を枉れるに錯けば、能く枉れる者をして直からしむと曰《のたま》えり。何の謂《いい》ぞや。子夏曰わく、富めるかな、是《こ》の言や。舜《しゅん》、天下を有《たも》ち、衆に選んで皐陶《こうよう》を挙げしかば、不仁者遠ざかりぬ。湯《とう》、天下を有ち、衆に選んで伊尹《いいん》を挙げしかば、不仁者遠ざかりぬ。

樊遅問仁、子曰愛人、問知、子曰知人、樊遅未達、子曰、挙直錯諸枉、能使枉者直、樊遅退、見子夏曰、嚮也吾見於夫子而問知、子曰、挙直錯諸枉、能使枉者直、何謂也、子夏曰、富哉是言乎、舜有天下、選於衆挙皐陶、不仁者遠矣、湯有天下、選於衆挙伊尹、不仁者遠矣、

樊遅が、仁についておたずねした。先生はいわれた。

「人を愛することだ」

知についておたずねした。先生はいわれた。

「人を知ることだ」

樊遅は、意味がじゅうぶんにわからない。先生はいわれた。

「正直者を引き立てて、不正直者の上におけば、不正直者を正直にすることができる」

樊遅は退座して、子夏に会ってきいた。

「さきほど僕が先生にお目にかかって、知についておたずねしたところ、先生は『正直者を引き立てて、不正直者の上におけば、不正直者を正直にすることができる』とおっしゃった。どういう意味だろう」

子夏がいった。

「なんとゆたかな意味をもつことだろう、そのおことばは。舜帝が天下を支配したとき、おおぜいの中から選んで皐陶《こうよう》を引き立てたので、悪者どもは遠ざかった。湯王が天下を支配したとき、おおぜいの中から選んで伊尹《いいん》を引き立てたので、悪者どもは遠ざかったのだ」

〈直きを挙げて諸を枉れるに錯く…〉為政篇第十九章、哀公と孔子との問答にも出てくる。
〈皐陶〉舜帝がとりたてて裁判官としてから、大いに政治が治まったといわれる。
〈湯〉夏《か》王朝を滅ぼして、殷《いん》王朝の開祖となった王。
〈伊尹〉湯王を助け、さらにその子の大甲《たいこう》の補佐となった殷代の名臣。

三 子貢、友を問う。子曰わく、忠もて告げ善もてこれを導く。不可なれば則ち止《や》む。自《みずか》ら辱《はずかし》むることなかれ。

子貢問友、子曰、忠告而以善導之、不可則止、無自辱焉、

子貢が朋友《ほうゆう》についておたずねした。先生がいわれた。

「まごころをもって告げ、善をすすめる。しかし、きき入れられなければそこで止める。それ以上に出て自己をはずかしめることになってはいけない」

*孔子は、子貢が多弁で、とかく朋友たちにおせっかいしかねないので、朋友への忠告にも限界があることを説かれた。個人の自由を重んずる意味で、朋友の交わりの本質をあきらかにしているといえるだろう。

四 曽子《そうじ》曰《のたま》わく、君子は文《ぶん》を以て友を会《かい》し、友を以て仁を輔《たす》く。

曽子曰、君子以文会友、以友輔仁、

曽先生がいわれた。

「君子は学問によって友だちを集め、友だちの交わりによって仁徳の完成の助けとする」

〈文を以て友を会し〉「文」とは周代の古典である詩・書・礼・楽などをさす。ここでは、こういう古典の学習によって、同学の友と会合することをいう。

論語　第七巻

# 第十三　子路《しろ》篇

顔淵篇に続いて、孔子が愛した弟子の子路《しろ》との政治問答に始まる本篇三十章についても、特別の主題を見つけだすことはむつかしい。しかし、顔淵篇にもすでに兆候があらわれているが、政治的なものにたいする関心が高まり、政治的な問答が、学問論を圧倒してゆく形勢があきらかになっている。それとともに、当代の政治改革に失敗して隠退した晩年の孔子のなかに、真の王者による中国の統一と、平和の時代の到来にたいする希望がしだいに芽ばえているのがわかる。

一　子路《しろ》、政《せい》を問う。子曰《しのたま》わく、これに先んじこれを労す。益《えき》を請《こ》う。曰わく、倦《う》むことなかれ。

子路問政、子曰、先之労之、請益、曰、無倦、

子路が政治の心得をおたずねした。先生がいわれた。

「人民の先頭に立って働け、そして人民をいたわれ」

子路は、もう少し続きをいってくださいとお願いした。先生はいわれた。

「中途でいやにならないようにせよ」

〈これを労す〉人民の労苦をよくねぎらうこと。
＊子路はたいへん積極的な人間なので、人民の先頭に立って働いたり、人民をねぎらってやることとぐらいでは満足できない。そこで、もっといろいろな注文を出してくれとせがんだ。孔子は、子路が意気込みは盛んだが、中途で飽きやすい性格であることを見抜いていたので、飽きないようにせよとつけ加えたのである。

二　仲弓《ちゅうきゅう》、季氏《きし》の宰《さい》と為《な》りて、政を問う。子曰わく、有司《ゆうし》を先にし、小過《しょうか》を赦《ゆる》し、賢才を挙げよ。曰《い》わく、焉《いずく》んぞ賢才を知りてこれを挙げん。曰わく、爾《なんじ》の知れるところを挙げよ。爾の知らざるところは、人それ諸《これ》を舎《す》てんや。

仲弓為季氏宰、問政、子曰、先有司、赦小過、挙賢才、曰、焉知賢才而挙之、曰、挙爾所知、爾所不知、人其舎諸、

仲弓が季氏の執事となったので、政治の心得をおたずねした。先生がいわれた。

「下役を得ることがまっ先で、過去の小さい過失を大目に見て、優秀な才能の持ち主を引き立てねばならない」

仲弓がさらにおたずねした。

「どういうようにして優秀な才能を見つけて、引き立てたらよいでしょうか」

先生がいわれた。

「おまえの知っている才能の持ち主を引き立てろ。おまえの知らない人材は、他人がどうしてこれをほうっておくだろう」

三　子路曰《い》わく、衛《えい》の君《きみ》、子《し》を待ちて政を為《な》さしむれば、子将《まさ》に奚《なに》をか先にせん。子曰わく、必ずや名を正さんか。子路曰わく、是《これ》あるかな、子の迂《う》なるや。奚《なん》ぞそれ正さん。子曰わく、野《や》なるかな由や。君子はその知らざるところに於《お》いて蓋闕如《かつけつじょ》たり。名正しからざれば則《すなわ》ち言順《したが》わず、言順わざれば則ち事成らず、事成らざれば則ち礼楽《れいがく》興らず、礼楽興らざれば則ち刑罰中《あ》たらず、刑罰中たらざれば則ち民手足《しゅそく》を措《お》くところなし。故に君子これに名づくれば必ず言うべきなり。これを言えば必ず行なうべきなり。君子その言に於いて苟《いやし》くもするところなきのみ。

子路曰、衛君待子而為政、子将奚先、子曰、必也正名乎、子路曰、有是哉、子之迂也、奚其正、子曰、野哉由也、君子於其所不知、蓋闕如也、名不正則言不順、言不順則事不成、事不成則礼楽不興、礼楽不興則刑罰不中、刑罰不中則民無所措手足、故君子名之必可言也、言之必可行也、君子於其言、無所苟而已矣、

子路がおたずねした。

「衛の殿さまが先生をお引きとめして、政治を任されることになったら、何から手をつけられましょうか」

先生がいわれた。

「何よりも混乱した名目を正しくしたいね」

子路がいった。

「これだから困りますよ、先生の迂遠《うえん》なのには。よりによって、何を正しくされるというのですか」

先生がいわれた。

「あいかわらず野蛮だな、おまえという男は。君子は自分のよくわからないことは知らん顔をしているものだ。名目が正しくたっていないと、話の筋がとおらない。話の筋がとおらないと、政治が成功しない。政治が成功しないと、礼楽つまり文化は振興しない。文化が振興しないと、裁判が公平でなくなる。裁判が公平でないと、国民は手足を伸ばして休息することができない。だから、君子は何かに名をつけるとき、ことばではっきりわかるようにし、そしてそれを発言すれば、必ず実行できるようにする。君子は何か発言するにあたって、軽はずみなことはしないのだ」

〈衛の君〉衛の出公輒《しゅっこうちょう》（前四九二年〜四八一年在位）をさす。（述而篇第十四章参照）

〈名を正す〉「名」つまりことばと「実」つまり実在とが一致することが必要である。実在に適合した「名」をあたえねばならない。衛国から亡命していた父の荘《そう》公蒯聵《かいかい》と、祖父の霊《れい》公の遺命によってその死後即位した出公輒とに、それぞれ妥当な名、つまり称号を与えることによって、内乱を解決しようとする。

〈迂〉迂遠。まわりくどい。理論的すぎて現実とかみ合わないことをさす。

〈蓋闕如たり〉いままでは「蓋《けだ》し闕如す」と読まれてきた。清《しん》朝の段玉裁《だんぎょくさい》らが、『論語』のほかの「踧踖《しゅくせき》如《じょ》たり」「鞠躬《きっきゅう》如《じょ》たり」のように、「如」を語尾につけた形容詞だとして、知らないことを黙っていわないありさまをさすと解したのによった。

〈名正しからざれば則ち言順わず〉「名」は単語であり、「言」は文章である。単語の意味がはっきりしていないと、文章の意味がよく通らなくなることをさしている。漢語は単綴《たんてつ》語で、一字が一語をなしているから、「名」はまた「字」と訳してもよい。

＊子路と孔子とのこの対話は、いつ行なわれたか。ここに出てくる衛君がだれをさしているかが問題である。前四九七年、孔子は魯国を逃げて衛国に亡命した。前四九三年に衛の霊公が死ぬと、夫人南子《なんし》が公の遺命によるとして、公子郢《えい》を立てようとしたが承諾しない。ついに南子に反対して亡命していた後の荘公蒯聵の子で、霊公の孫にあたる出公輒を即位させた。蒯聵は大国の晋《しん》の後援を得て衛の要地の戚《せき》の城に潜入し、ここを根拠地として内乱を起こした。すでに述而篇第十四章で説明したように、この衛の君は衛の出公をさしている。これにたいして孔子の立場は、荘公蒯聵は亡父霊公から追放されて

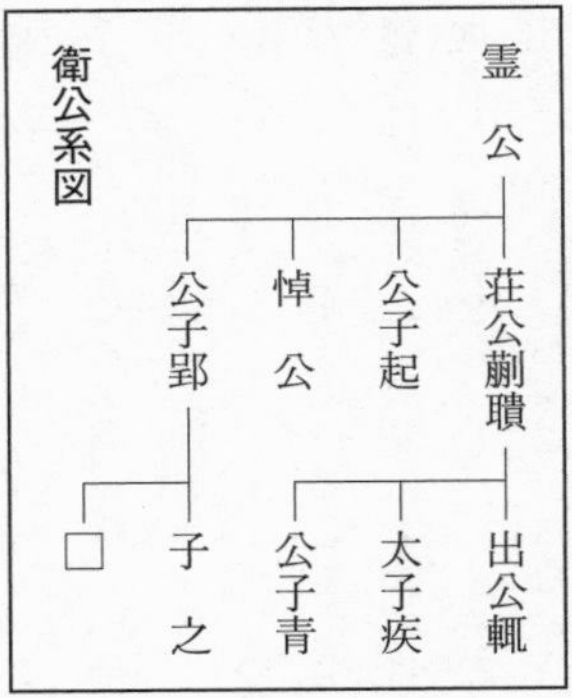


はいるが、父子の縁は切れていないし、また太子の地位は失っていないから、出公は父である蒯聵に位を譲らねばならないと考えた。「名を正さん」とはこのことをさしている。子路はそんなことを出公が承知するはずがないから、孔子の言は理論としては正しいが、現実的でないとして非難したのである。孔子はしかし、自己の「名を正す」という立場が絶対に正しいことを確信して、子路を説得しようとした。「名」つまりことばと、「実」つまり実在とが一致せねばならないという「名実論」は、これ以後中国の知識論の基本となっている。「名」つまり単語の意味が明確でないと、「言」つまり文章の意味が不明になるというのが中国の文法論の基礎となり、また論理学の基本となった。その意味でこれは非常に重要な文章である。しかし、孔子が「名実論」をはっきり意識していたかどうかについては若干の疑いがある。孔子のもとの発言が、弟子たちにより、「名実論」「大義名分論」の立場で解釈され、発展させられてこの形となったのであろう。

**四** 樊遅《はんち》、稼《か》を学ばんことを請う。子曰わく、吾《われ》、老農に如《し》かず。圃《ほ》を為《つく》ることを学ばんことを請う。子曰わく、吾、老圃に如かず。樊遅出《い》ず。子曰わく、小人《しょうじん》なるかな樊須《はんす》や。上《かみ》礼を好めば則ち民は敢《あ》えて敬せざること莫《な》く、上義を好めば則ち民は敢えて服せざること莫く、上信を好めば則ち民は敢えて情《こころ》を用いざること莫し。それ是《か》くの如くなれば則ち四方の民はその子を襁負《きょうふ》して至らん。焉《いずく》んぞ稼を用いん。

樊遅請学稼、子曰、吾不如老農、請学為圃、子曰吾不如老圃、樊遅出、子曰、小人哉樊須也、上好礼則民莫敢不敬、上好義則民莫敢不服、上好信則民莫敢不用情、夫如是則四方之民襁負其子而至矣、焉用稼、

樊遅が、穀物の栽培について教えていただきたいといった。先生が断わられた。

「とても篤農家に及ばないから」

樊遅が、今度は野菜の栽培について教わりたいといった。先生はまた断わられた。

「とても園芸家に及ばないから」

樊遅が帰ると先生がいわれた。

「なんとつまらない人物だろう、樊須という男は。政治家が礼をたいせつにすると、国民は彼を尊敬しないものはなく、正義を愛すると、国民は彼に服従しないものはなく、信用を尊ぶと、国民は誠実でないものがなくなる。ほんとうにそうなると、四方の国民が幼い子供を背負ってこの政治家のもとに集まってくる。どうして農作などをやる必要があるだろう」

〈稼〉田畑に穀物を作ること。

〈老農・老圃〉中国ではこのころ、穀物作りの専門家と野菜作りの専門家とが分業になっていた。

〈圃〉野菜の畑。

〈樊須〉須は樊遅の名。孔子の弟子で字《あざな》は子遅《しち》。

〈襁負して〉背中に子供をくりつけて背負うこと。

＊樊遅は、『論語』ではいつも先生にとんちんかんな質問をしていて、やや三枚目的な存在であった。孔子は若いときは貧乏なため、農作に従事していたこともあったろうから、孔子にこれを習いたいと願ったことには少しは理由がある。しかし、成人後の孔子は農作から離れて、知識人としての生活をしているから、この質問をはねつけ、詳しく教えさとしてはいない。

五　子曰わく、詩三百を誦《しょう》するも、これに授くるに政を以《もっ》てして達せず、四方に使いして専《ひと》り対《こた》うること能《あた》わざれば、多しと雖《いえど》も亦奚《またなに》を以て為《な》さん。

子曰、誦詩三百、授之以政不達、使於四方不能専対、雖多亦奚以為、

先生がいわれた。

「詩経三百篇を暗唱していても、これに政治の要務を任してもうまく果たすことができず、

外国に使節として派遣されても、全権をもって談判できないというのでは、まったくしかたがないではないか」

〈詩三百〉現在の『詩経』は三百五篇から成っている。孔子のときも、弟子に同じ『詩経』の三百余篇を暗唱させていたのである。（為政篇第二章参照）

〈専り対う〉使節として全権を委任され外国と談判すること。

＊孔子が弟子たちに『詩経』を学習させたのは、これが当時の列国の貴族階級の共通の教養であり、宴会の席上で、詩に託して意見を表明し、相手を説得していたからである。『詩経』三百篇をたんに暗唱し、その意味を正しく理解するだけでなく、これを応用して自分の感情が表現できないとだめだと、孔子は教えていたのである。

六　子曰わく、その身正しければ、令《れい》せずして行なわれ、その身正しからざれば、令すと雖《いえど》も従わず。

子曰、其身正、不令而行、其身不正、雖令不従、

先生がいわれた。

「政治家の姿勢が正しければ、命令をくださないでも実行される。政治家の姿勢が正しくないと、いくら命令をくだしても国民は服従しない」

七　子曰わく、魯《ろ》・衛《えい》の政は兄弟《けいてい》なり。

子曰、魯衛之政兄弟也、

先生がいわれた。

「魯・衛両国の政治は、昔は兄弟《きょうだい》のようなものだった」

〈兄弟〉魯の先祖周公と衛の先祖康叔《こうしゅく》とは、ともに武王の弟。

＊魯国を亡命した孔子は、前に五年、後に五年、合計十年間も衛国に滞在し、君主や政治家・学者とも親しく交わったので、衛国の事情は手に取るように知っていた。魯・衛両国の政治は、それぞれ混乱をきわめているが、歴史をさかのぼってみると先祖は兄弟で、同じように周の文化に浴していた。孔子が現実の魯・衛から、周の盛時を回想して嘆息したのがこのことばであると、新注が解しているのはまったく正しい。

八　子、衛の公子荊《けい》を謂《のたま》わく、善《よ》く室を居《たくわ》う、始めて有《と》むときは苟《いささ》か合《た》れりと曰《い》い、少し有むときは苟か完《まった》しと曰い、富《おお》いに有《と》むときは苟か美《よ》しと曰えり。

子謂衛公子荊、善居室、始有曰苟合矣、少有曰苟完矣、富有曰苟美矣、

先生が衛の公達《きんだち》の公子荊のことを批評していわれた。

「家計がじょうずだ。はじめて家産ができたときは、『これでやっと足りた』といった。少し家産がたまってくると、『まあこれでなんとか整った』といった。すっかり財産がで

きると、『まあこれでなんとかよくなった』といった」

〈室を居う〉「室」は家の私有財産。奴隷・家財を含む。「居」は貯える意味。

＊衛の皇族の一人公子荊のことについては、詳しいことは伝わっていない。しかし、財産を貯蓄するものの心掛けとして、古今に通じる教訓といえるであろう。孔子はこれをすなおにほめたたえている。

九　子、衛《えい》に適《ゆ》く。冉有僕《ぜんゆう》たり。子曰わく、庶《おお》きかな。冉有曰わく、既《すで》に庶し、また何をか加えん。曰わく、これを富まさん。曰わく、既に富めり、また何をか加えん。曰わく、これを教えん。

子適衛、冉有僕、子曰、庶矣哉、冉有曰、既庶矣、又何加焉、曰富之、曰既富矣、又何加焉、曰教之、

先生が衛国に行かれたとき、馬車の御者《ぎょしゃ》を勤めていた冉有にいわれた。

「なんと人間が多いことだろう」

冉有がおたずねした。

「人間が多いのはけっこうですが、そのうえ何が必要でしょうか」

先生がいわれた。

「この人たちをもっと富裕にすることだ」

冉有がおたずねした。

「この人たちが富裕になったとしたら、そのうえ何が必要でしょうか」

先生がいわれた。

「教育だ」

＊前四九七年、孔子が魯国から衛国に亡命したとき、律義な門弟で、孔子の信用の厚かった冉有が、馬車の御者を勤めた。衛の国都朝歌《ちょうか》の市中を通って行ったとき、魯の国都曲阜《きょくふ》とはうってかわった、はじめて見る都の繁華なさまを、車上からながめた孔子の第一印象は、人出が多いということであった。しかし、よく見ると市民たちの中には、必ずしも魯国の市民と比べてあまり生活が豊かでなさそうなものもいる。そこでもっと富裕にしなければいけないと孔子は思い、さらにもっと教育を高めねばと考えた。斉《せい》の管子《かんし》の「衣食足りて礼節を知る」ということばがあるが、これは、法治主義の法家《ほうか》の思想だとされている。孔子は顔淵のような特殊な人物や孔子の門下生は別として、一般の市民は、相当な生活水準を確保してやったうえではじめて教化が可能となると考えたので、その点では法家の思想とは対立しない。

一〇　子曰わく、苟《いやし》くも我を用うる者有らば、期月《きげつ》のみにして可《か》なり。三年にして成る有らん。

子曰、苟有用我者、期月而已可也、三年有成、

先生がいわれた。

「もしほんとうに私を採用して、政治を任せてくれる君主があったら、一年間でもじゅうぶんだ。欲をいえば、三年間あれば完全な政治を実現してみせるのだが」

＊司馬遷《しばせん》は『史記』の孔子の伝（「孔子世家《こうしせいか》」）のなかで、このことばは衛国に在住中、霊公にほんとうに認められなかったのに失望した孔子の発言としている。確かな証拠はないけれども、事実ではありうる。魯から亡命した孔子が政策の実行を求めて大いにあせっていた気持がよくあらわれている。

二　子曰わく、善人邦《くに》を為《おさ》むること百年ならば、亦《また》以て残《ざん》に勝ち殺《さつ》を去るべしと。誠《まこと》なるかな、是《こ》の言や。

子曰、善人為邦百年、亦可以勝残去殺矣、誠哉是言也、

先生がいわれた。

「『ふつうの善人でも百年間ひきつづいて国家を統治すると、乱暴者を押えて死刑を廃止することができる』という。ほんとうだね、このことばは」

〈善人〉最上の人格者である聖人には劣るが、一般の善人つまり賢者をもさす。

＊聖人というほどの偉人ではなくて、賢者といわれる善人でも、百年間引きつづいて一国

を治めていれば、死刑をなくせるくらいの平和な社会に化することができるという諺《ことわざ》に、孔子は同感している。

三　子曰わく、如《も》し王者《おうじゃ》有らば、必ず世《よ》にして後《のち》仁ならん。

子曰、如有王者、必世而後仁、

先生がいわれた。

「もし天命を受けて王者があらわれたとしても、きっと一世代、三十年を経た後、はじめて仁の世界が実現するだろう」

〈世〉「よよ」と読み、何代もたってからと解する説もあるが、一世代三十年とする説にしたがう。

＊王者とは天の神から命《めい》を受けて、地上の世界を統一する使命をもって生まれてきた偉人である。孔子の時代に東周王朝はすでに見る影もなく衰え、天下は十二列国などに分裂して戦争しあっているので、統一のめどはつかない。孔子は、天命を受けて天下を統一する王者の出現を、どれほど希望していたかわからない。しかし、晩年の孔子はほとんど王者の出現に絶望していた。この篇の第十章で、一年間でも自己の政策を行なわせてくれる君主を待望し、大臣にしてくれたら三年間で理想の社会にしてみせるといったが、そんな希望はとげられない。第十一章で、聖人ではなくとも、善人つまり賢者でも百年

国を治めれば、暴力を絶滅し、死刑を廃止できるという諺はうそでないといったが、その善人の君主さえ見当たらない。ついに絶望の極に達して、この章のように、天下を統一する王者のあらわれる夢を描きつつ、そういう王者でも三十年くらいは、つまり一世代を統治した後でなければ、仁徳の主宰する社会の実現はむつかしいと考えて、やっと希望をとりなおすのであった。天命を受け、天下を統一する王者という考えは、孟子《もうし》に至って王道思想として定着する。しかし、王者を待望する気分は、すでに晩年の孔子にできていたのである。孟子の王道思想もこれをもととして発展させたものにちがいない。

一三　子曰わく、苟《いやし》くもその身を正しくせば、政に従うに於いて何か有らん。その身を正しくすること能《あた》わずば、人を正しくすることを如何《いかん》せん。

子曰、苟正其身矣、於従政乎何有、不能正其身、如正人何、

先生がいわれた。

「もし自分の生活の姿勢が正しくさえあれば、政治にたずさわるくらいはたやすいことである。自分の生活の姿勢を正しくすることができなかったら、他人の生活の姿勢を正しくすることは思いもよらない」

＊この篇の第六章と趣旨はまったく同じで、表現の仕方が少し変わっているだけである。

一四　冉子《ぜんし》、朝《ちょう》より退《しりぞ》く。子曰わく、何ぞ晏《おそ》きや。対《こた》えて曰わく、政あり。子曰わく、それ事ならん、如《も》し政あらば、吾以《われもち》いられずと雖《いえど》も、吾それこれを与《あずか》り聞かん。

冉子退朝、子曰、何晏也、対曰、有政、子曰、其事也、如有政、雖不吾以、吾其与聞之、

冉先生が朝の会議をすまして帰ってきた。先生がいわれた。

「どうしてこんなにおそくなったのだ」

冉先生がかしこまってこたえられた。

「政治問題があったからです」

先生がいわれた。

「おまえがいっているのは国家の政事でなくて、季氏の家の用事のことだろう。もし政治上の問題があったら、隠退してはいても、大夫《たいふ》のわたしはきっとその相談にあずかるはずだから」


〈冉子〉冉有。その弟子たちが尊んで、冉子すなわち冉先生といったのである。

〈朝〉宮中の広場で毎日、早朝行なわれる会議を朝という。冉有は季氏につかえ宰となっているから、この朝は魯国の宮廷ではなく、季氏の家の朝つまり私朝であったと解される。

〈事〉がんらい国家の朝で決められた方針にしたがって、人民に命令をくだし、勤めさせること。ここでは季氏の私朝で行なわれる日常の用務。

＊季氏の宰となった冉有は、あまり熱心に季氏のために働いて、魯国の君主や国家についてまったく関心をはらわない。孔子は政と事との礼の用語のまちがいを指摘することによって、そっと冉有の行動について反省を求めているのだ。

一五　定公問う、一言にして以て邦《くに》を興《おこ》すべきものありや。孔子対《こた》えて曰わく、言は以て是《か》くの若《ごと》くなるべからざるも、それ幾《ちか》きなり。人の言に曰わく、君たること難《かた》く、臣たること易《やす》からずと。如《も》し君たることの難きを知らば、一言にして邦を興すに幾からずや。曰わく、一言にして邦を喪《ほろ》ぼすべきものありや。孔子対えて曰わく、言は以て是くの若くなるべからざるも、それ幾きなり。人の言に曰わく、予《われ》君たることを楽しむことなし。唯《ただ》、その言いて予に違《たが》うもの莫《な》きを楽しむなりと。如しそれ善くしてこれに違うもの莫きは、亦《また》善からずや。如し善からずしてこれに違うもの莫きは、一言にして邦を喪ぼすに幾からずや。

定公問、一言而可以興邦有諸、孔子対曰、言不可以若是、其幾也、人之言曰、為君難、為臣不易、如知為君之難也、不幾乎一言而興邦乎、曰、一言而可喪邦有諸、孔子対曰、言不可以若是、其幾也、人之言曰、予無楽乎為君、唯其言而楽莫予違也、如其善而莫之違也、不亦善乎、如不善而莫之違也、不幾乎一言而喪邦乎、

魯の定公《ていこう》がおたずねになった。

「ほんの短い一句で、国家を隆盛にする金言のようなものはないか」

孔子が慎んでおこたえ申し上げた。

「ことばと申すものは、そんな便利なものではございませんけれど、それに近いものならございます。世間の人が申しています、『よき君主となることは困難であり、よき家来となることもやさしくはない』ということばがあります。もしほんとうによき君主たることの困難さがわかったら、このことばこそ短い一句で国家を勃興《ぼっこう》させるものにちかいといえるのではございませんか」

定公がまたおたずねになった。

「短い一句で国家を滅亡させるようなものはないかね」

孔子が慎んでおこたえ申し上げた。

「ことばはそんな便利なものではございませんけれど、それに近いものならございます。世人の言に、『自分は君主となったことを少しも楽しいと思ったことはない。ただ自分が発言すると、臣下がだれもこれに反対するものがない。それを楽しく思っている』というのがございます。もし殿さまのおっしゃったことばが正しくて、それに臣下に反対するものがないときは、いかにもけっこうです。もしことばがまちがっているのに臣下に反対するものがないなら、これこそ短い一句で、国家を滅亡させる原因となるといってもよいのではございませんか」

〈定公〉前五〇九年から四九五年にかけて在位した魯国の君主。
＊魯の定公はけっして暗君ではないが、王族らしく、あまりにもせっかちで、政治の効果を早くあげようとする傾向があった。そして自分の頭脳を信頼して、家来の批判や忠言を聞くことを好まなかった。定公の失脚はこの結果だといえるであろう。孔子の諫言《かんげん》は、まさによく的《まと》を射ている。

一六　葉《しょう》公、政を問う。子曰わく、近き者説《よろこ》ぶときは遠き者来たらん。

葉公問政、子曰、近者説、遠者来、

葉の殿さまが、政治の心得をきかれた。孔子がこたえられた。

「近所の人が喜びなつくようなら、遠方の人も自然に集まってくる」

〈葉公〉楚《そ》の賢者、沈諸梁《しんしょりょう》のことで、葉県の長官。（述而篇第十八章参照）
＊孔子が陳国の難をのがれて、葉公のもとに立ち寄ったのは前四八九年、孔子六十四歳のころのことである。葉公は孔子を認めたらしく、そう長い間の滞在でもないのに、たびたび孔子を召して問答している。これはその一つ。穏やかで真実のこもった忠言というべきであろう。

一七　子夏《しか》、莒父《きょほ》の宰《さい》と為《な》り、政を問う。子曰わく、速やかにせんと欲する毋《な》かれ。小利を見ること毋かれ。速やかにせんと欲すれば則ち達せず。小利を見れば則ち大事成らず。

子夏為莒父宰、問政、子曰、毋欲速、毋見小利、欲速則不達、見小利則大事不成、

莒父の町長となった子夏が、政治の心得をおたずねした。先生はこたえられた。「あせってはいけない。小さい利益に目を奪われてはいけない。あせると見通しがきかなくなる。小さい利益に目を奪われると、大きな事が成功しない」

〈莒父〉現在の山東省莒県、魯国の東南の辺境の新開拓地である。

＊若い子夏が、魯国の東南の辺境の莒父の町長に命ぜられた。いや城主といったほうが適当であろう。若い弟子が、この新しい地方の開拓に従事したのである。あまり性急になってはいけない。また局部的な小利に目を奪われてはいけない。長期的に、大局的にものを考えるようにという、じつに時宜にかなった忠言を与えるところが孔子の偉大さである。

一八　葉公、孔子に語《かた》りて曰わく、吾《わ》が党に直《ちょく》、躬《きゅう》なる者有り。その父、羊を攘《ぬす》みて、子《こ》これを証《あら》わせり。孔子曰わく、吾が党の直《なお》き者は是《これ》に異なり、父は子の為《ため》に隠し、子は父の為に隠す。直きことその中《うち》に在《あ》り。

葉公語孔子曰、吾党有直躬者、其父攘羊、而子証之、孔子曰、吾党之直者異於是、父為子隠、子為父隠、直在其中矣、

葉の殿さまが、孔子に自慢話をされた。

「近郷に正直者の躬《きゅう》という者がおる。彼の父が羊を盗んだところ、息子《むすこ》の躬が証人となって訴え出たのである」

孔子がこたえた。

「私の近郷の正直者はちと変わっています。親父《おやじ》は息子の罪をないしょにしますし、息子は親父の罪をないしょにします。そういう見かけの不正直のなかにほんとうの正直がこもっているのです」

〈直躬〉ふつうは「躬《み》つまり身を直《なお》くし」と読み、まっすぐな行動をするものと解されている。ところが「躬」はまた弓とも書かれ、「正直な弓（躬）という者」という読み方もあり、それにしたがった。

＊春秋末期は社会の治安が悪く、盗賊が横行していた。それだからこそ葉公は、父の窃盗罪を訴え出た息子のことを得々として自慢話した。「語る」とは、抑揚をつけて「物語る」ことである。家族道徳の基礎の上に国家の治安が維持されるのを当然とする孔子は、これに反対した。孔子の持ち出した物語のほうは、あるいは架空の話であるかもしれない。新中国でかつて国民党のスパイをつとめた父を子が密告し、たいへんな美談として宣伝されたことがある。反革命の動きが絶えず潜んでいる新中国のきびしい現実のなかで、社会の平和が家庭の平和を犠牲にして維持されなければならないことは、やむをえ

ないにしてもほんとに悲しい事態である。この事態は早晩解決し、安定した時代が到来し、こんな悲しい話は忘れられてしまうにちがいない。私は孔子とともにこのことを祈らずにはいられない。

一九　樊遅《はんち》、仁を問う。子曰わく、居処《きょしょ》は恭《うやうや》しく、事を執《と》りて敬《つつし》み、人に与《まじ》わりて忠あれば、夷狄《いてき》に之《ゆ》くと雖《いえど》も、棄《す》てられざるなり。

樊遅問仁、子曰、居処恭、執事敬、与人忠、雖之夷狄、不可棄也、

樊遅が仁についておたずねした。先生はいわれた。
「ふだんのふるまいはへりくだり、仕事にあたっては慎重で、他人との交際では誠実であれ。そういう人なら、たとえ野蛮人の住む地方に行っても、けっしてほうっておかれないはずだ」

*樊遅は仁について孔子に質問して、「人を愛せよ」「人を知れ」などといわれて、さっぱり意味がわからなかった男である（顔淵篇第二十二章）。孔子はそこでべつの機会にむつかしいことは抜きにして、手近な起居ふるまい、友人との交際を話したのであろう。

二〇　子貢問いて曰わく、何如《いか》なるをか、これこれを士と謂《い》うべき。子曰わく、己れを行なうに恥有り、四方に使いして君命を辱《はずか》しめざる、士と謂うべし。曰わく、敢《あ》えてその次

を問う。曰わく、宗族《そうぞく》は孝を称し、郷党《きょうとう》は弟《てい》を称す。曰わく、敢えてその次を問う。曰わく、言《こと》は必ず信、行は必ず果《か》、硜硜然《こうこうぜん》たる小人《しょうじん》なるかな。抑《そもそ》も亦《また》以て次と為《な》すべし。曰わく、今の政に従う者は何如《いかん》。子曰わく、噫《ああ》、斗筲《としょう》の人、何ぞ算《かぞ》うるに足らん。

子貢問曰、何如斯可謂之士矣、子曰、行己有恥、使於四方不辱君命、可謂士矣、曰、敢問其次、曰、宗族称孝焉、郷党称弟焉、曰、敢問其次、曰、言必信、行必果、硜硜然小人也、抑亦可以為次矣、曰、今之従政者何如、子曰、噫、斗筲之人、何足算也、

子貢がおたずねした。

「どのような条件を備えたら、士《さむらい》とよべましょうか」

先生がいわれた。

「恥を知り自分で行動をさし控える、ほうぼうの外国に使節となってりっぱに使命を果たす、これが士とよばれる条件であろう」

子貢がおたずねした。

「それが士の理想でしょうが、これに次ぐ条件をお教えください」

先生はいわれた。

「親族一同から孝行者とよばれ、郷里の人々から年上を敬うとほめられることだ」

子貢がまたおたずねした。

「またその次にくる条件をお教えください」

先生がいわれた。

「ことばにけっして偽りがなく、行動は常に思い切っている。かちかちの小人《しょうじん》ではあるが、それでも次におくことができるだろう」

子貢がまたおたずねした。

「現代の政治家はいかがでしょうか」

先生がいわれた。

「ああ、器量の小さい者ばかりで、とても問題にならないよ」

〈宗族〉同じ祖先を祭る親族・分家が、「宗」つまり祖先の位牌《いはい》を祭る本家を中心として団結しているので宗族という。

〈硜硜然たり〉角張《かどば》った小人物の形容。

〈斗筲の人〉「斗」は当時の一斗、「筲」は当時の一斗二升。そうしたますで量れるような小人物。

＊恥を知り、使節として君命をはずかしめないというのが士の理想像だとすると、士は近代の知識階級よりはむしろ日本の封建武士を連想させる。この時代では、文武の両道に達することが士の要件であったのである。

二一　子曰わく、中行《ちゅうこう》を得てこれと与《とも》にせずんば、必ずや狂狷《きょうけん》か。狂者《きょうしゃ》は進みて取り、狷《けん》者《しゃ》は為《な》さざるところあるなり。

子曰、不得中行而与之、必也狂狷乎、狂者進取、狷者有所不為也、

先生がいわれた。

「調和のとれた中庸《ちゅうよう》の人間を見つけて友とすることができない場合は、やむをえない、狂者か狷者を友とするか。狂者つまり熱情家は積極的に行動するし、狷者つまり強情屋は絶対に妥協しないところがある」

〈中行〉中庸を得た人。
〈狂者〉熱狂的な人。
〈狷者〉潔癖で強情な偏人《へんじん》。

＊穏健な人柄の孔子が、中庸の人間が近くにいないときは、狂者・狷者を友にせよというのはまったく私たちの予想に反する。おとなしく見える孔子のなかに狂者・狷者に共鳴する熱情が潜んでいるからであろう。彼はたんなる常識家や俗物をむしろ軽蔑《けいべつ》していた。政治社会から隠退した晩年の孔子の心境には、こういうはげしいものがまだ残っていたのである。

二二　子曰わく、南人《なんじん》言えることとあり。曰わく、人にして恒《つね》なければ、以て巫医《ふい》と作《な》るべか

らずと。善《よ》いかな。その徳を恒にせざれば、或いはこれに羞《はずか》しめを承《う》けん。子曰わく、占《せん》せざるのみ。

子曰、南人有言、曰、人而無恒、不可以作巫医、善夫、不恒其徳、或承之羞、子曰、不占而已矣、

先生がいわれた。

「南方の人から、『変わりやすい確かでない性質の人間は、巫《みこ》や医者になれない』と聞いたが、いいことばではないか。『易経《えききょう》』に、『その徳（みさお）を変わらず保持していないと、恥辱を受けることがある』といっている文句が、このことによく当たっている」

先生がいわれた。

「恒《つね》のない者に未来を占うことができるはずがないのだ」


〈南人〉孔子がその諺《ことわざ》を聞き伝えた南人つまり南方の人とは、具体的にどの地方の住民をさすであろうか。孔子の時代の魯国は、長江《ちょうこう》の南の蘇州《そしゅう》を本拠とする呉《ご》国、さらに一歩おくれて進出してきた越《えつ》国とすでに交渉をもっていた。しかしこれらの国は東南、むしろ東方の国と見られていた。春秋時代の南国といえば、武漢地方によった楚《そ》国をさすのがふつうで、楚国の軍務の不振なのを「南風《なんぷう》競わず」と歴史にも書いている例がある。

＊この孔子のことばは、簡単なようで異説があって、意味がよくわからないところがある。鄭玄《ていげん》の古注は、「人にして恒なくんば、以て巫医を作《た》つべからず」として、恒のない人

は巫や医者にもかけることができないと解する。これにたいして新注では、恒のない人は巫・医になることはできぬと解す。私はこれによった。「その徳を恒にせざれば、或いは羞しめを承けん」は『易経』の恒卦《こうか》の文章であるが、孔子は五経《ごきょう》のなかで弟子におもに教えたのは『詩経』『書経』と礼とであるから、戦国時代以後の儒者が『易経』を尊ぶようになってから書き込んだのではないかと疑われている。また、「占せざるのみ」ということばが、「子曰わく」としてつけ加わっているのも問題である。私は、この『易経』の文句をここに書き入れたため、もとからあった「不占而已矣」という文句を「子曰わく」としてべつの文章に立てざるをえなくなったのだと解釈したい。

二三　子曰わく、君子《くんし》は和して同ぜず、小人《しょうじん》は同じて和せず。

子曰、君子和而不同、小人同而不和、

先生がいわれた。

「君子は他人と心から一致するが、うわべだけ同調することはしない。小人はうわべだけ同調するが、心から一致することはない」

＊「和」ということは、二つの異なる心を持った人間が、心から打ち解けて友となることである。これにたいして、「同」とはほんのうわべだけの友となることである。孔子は君子の交わりを求め、小人の交わりを軽蔑《けいべつ》し、排斥《はいせき》した。

二四　子貢問いて曰わく、郷人《きょうじん》皆これを好まば何如《いかん》。子曰わく、未《いま》だ可《か》ならざるなり。郷人皆これを悪《にく》まば何如。子曰わく、未だ可ならざるなり。郷人の善き者これを好み、その善からざる者これを悪むに如《し》かざるなり。

子貢問曰、郷人皆好之何如、子曰、未可也、郷人皆悪之何如、子曰、未可也、不如郷人之善者好之、其不善者悪之也、

子貢がおたずねした。

「郷里の人がみな好きな人物ならどうでしょうか」

先生がいわれた。

「まだじゅうぶんでないね」

子貢がさらにおたずねした。

「郷里の人がみなきらいな人物ならどうでしょうか」

先生がいわれた。

「まだじゅうぶんでないね。郷里の人のなかで、善人に好かれ悪人にきらわれるという人物には及ばないのだ」

＊孔子は八方美人のいわゆる円満な人格者より、味方も敵もある人物のほうが人間として好きだった。そしてこのことばは、八方美人になりやすい才子である子貢にたいするも

っとも適した忠告でもあった。

二五　子曰わく、君子は事《つか》え易《やす》くして説《よろこ》ばし難《がた》きなり。これを説《よろこ》ばすに道を以てせざれば、説ばざるなり。その人を使うに及びてや、これを器《うつわ》とす。小人は事《つか》え難《がた》くして説ばし易《やす》きなり。これを説ばすに道を以てせずと雖《いえど》も説ぶなり。その人を使うに及びてや、備わらんことを求む。

子曰、君子易事而難説也、説之不以道、不説也、及其使人也、器之、小人難事而易説也、説之雖不以道、説也、及其使人也、求備焉、

先生がいわれた。

「君子のもとで働くのはたやすいが、心から喜ばせることはむつかしい。なぜなら正しい道によって喜ばせなければ、けっして喜んではくれないからだ。しかも、君子が人を使うにあたっては、器具と同じように、それぞれの役目が果たされるだけで満足する。小人のもとで働くのはむつかしいが、その心を喜ばせるのはたやすい。なぜなら、正当な道によらないで喜ばせても、じゅうぶん喜んでくれるからだ。しかも、小人が人を使うにあたっては、すべての点でその人が完全無欠な人間であることを要求するのである」

〈器とす〉器物は限られた用途をもっている。人間を器にするとは、器物の用途のように限られた役目を果たすことだけを要求して、他の点を論じないことをいう。

二六　子曰わく、君子は泰《ゆた》かにして驕《おご》らず、小人は驕りて泰かならず。

子曰、君子泰而不驕、小人驕而不泰、

先生がいわれた。

「君子はのびのびしているが、いばらない。小人はいばるが、のびのびとしていない」

〈泰か〉古注によると、気ままにのびのびしているさまという。

二七　子曰わく、剛毅木訥《ごうきぼくとつ》は仁に近し。

子曰、剛毅木訥近仁、

先生がいわれた。

「無欲と果敢と質朴《しつぼく》と訥弁《とつべん》、この四つの性質は仁の徳にかよっている」

＊孔子は巧言令色《こうげんれいしょく》の見かけだけの人間よりは、飾り気のない人間のほうに好感をいだいていた。

二八　子路問いて曰《い》わく、何如《いか》なるをかこれこれを士と謂《い》うべき。子曰わく、切切《せつせつ》・偲偲《しし》・怡怡如《いいじょ》たる、士と謂うべし。朋友には切切・偲偲たるべし、兄弟には怡怡如たるべし。

子路問曰、何如斯可謂之士矣、子曰、切切偲偲怡怡如也、可謂士矣、朋友切切偲

　偲、兄弟怡怡如也、
子路がおたずねした。

「どういう人間が士といえるでしょうか」

先生がいわれた。

「ぴしぴしと励まし、なごやかに親しまねばならない。友だちにはぴしぴしと励ましながら、兄弟にはなごやかでないといけない」

〈切切・偲偲〉ともに懇切に励まし合う形容。

〈怡怡〉なごやかに親しみ合う形容。

二九　子曰わく、善人、民を教うること七年ならば、亦《また》以て戎《いくさ》に即《つ》かしむべし。
　子曰、善人教民七年、亦可以即戎矣、
先生がいわれた。
「善人が上に立って人民を七年間教化したら、兵士として戦いに臨ませることができる」
〈戎〉戦争。軍事。

三〇　子曰わく、教えざる民を以て戦わしむる、これこれを棄《す》つと謂《い》う。
　子曰、以不教民戦、是謂棄之、

先生がいわれた。

「教化のゆきとどいていない国民を用いて戦争させるのは、国民を捨てるというべきだ」

＊前の第二十九章とほとんど同じ趣旨である。何も知らない民を駆って戦争におもむかせている乱戦の中国の状態に、孔子の人道主義ははげしく反発した。

## 第十四　憲問《けんもん》篇

第一章の「憲問恥《けんはじをとう》」の首句によって名づけられたこの篇四十六章は、『論語』中での最長篇である。したがって内容も雑多であるけれども、第九章・第十章・第十二章・第十三章・第十四章・第十五章・第十六章・第十七章・第十八章・第十九章・第二十章・第二十六章の各章はみな、春秋《しゅんじゅう》時代の有名な政治家の人物論がのっている。孔子にたいし思想的に先駆者の位置にある鄭《てい》の子産《しさん》をはじめとして、春秋時代最大の政治家である管仲《かんちゅう》にたいする孔子の評論は、この篇のいちばん興味ある部分である。管仲は、戦国時代にはいると、法家《ほうか》の思想の系列に入れられ、その経済政策が高く評価されるようになる。孔子は管仲のそういう面をまったく無視して、中国を蛮族の侵入から防止し、東周《とうしゅう》王朝に代わって中国民族の統一を維持した救国の英雄として、最大級の賛辞をささげている。管仲の著述と伝えられる『管子《かんし》』のような書物は、まだ世に出ていなかったためであろうが、むしろ意外の感をあたえるかもしれない。斉《せい》国の政治的影響を深く受けた隣国の魯《ろ》国の人で斉にも在留した孔子には、管仲の巨大さがいっそう強く感ぜられたためであろう。

一　憲《けん》、恥を問う。子曰《のたま》わく、邦《くに》道あれば穀《こく》す。邦道なきときに穀するは恥なり。

憲問恥、子曰、邦有道穀、邦無道穀恥也、

原憲《げんけん》が恥についておたずねした。先生がいわれた。

「国家が道徳にかなった政治を行なっていれば、俸給を受けて働くのはいい。しかし、国家が道徳にかなった政治を行なっていないのに、俸給を受けて働くのは恥である」

〈憲〉孔子の弟子。姓は原、名は憲、字《あざな》は子思《しし》。

＊道徳国家で官吏となるのはいいが、不道徳な国家では官吏になるのは恥だといえば、現代では、どこの国家でも官吏となることはできなくなるかもしれない。とくに国家をほとんど離れることのできない島国の日本では、どうしたらよいか問題であろう。春秋時代は中国は十二の列国をはじめ多数の都市国家が対立していた。ほとんど同じ人種からなる中国のことであるから、貴族や有能な人材はたやすく他国に亡命して、職につくことが可能であった。孔子の発言は、こういう春秋時代を背景として、はじめて可能であることが考えられる。

二 克《こく》・伐《ばつ》・怨《えん》・欲《よく》、行なわれざる、以《もっ》て仁《じん》と為《な》すべきか。子曰わく、以て難《かた》しと為すべし。仁は則《すなわ》ち吾《われ》知らざるなり。

克伐怨欲不行焉、可以為仁矣、子曰、可以為難矣、仁則吾不知也、

だれかがおたずねした。

「勝ちたがること、いばること、怨恨《えんこん》をいだくこと、欲ばること、これらを経験したことがない人を仁とよべるでしょうか」

先生がいわれた。

「それはむつかしいことにちがいないね。しかし、それが仁かどうか知らないな」

*この文章の前半は、だれかが孔子に問いかけたことばにちがいない。司馬遷は、『史記』の弟子《ていし》列伝で、この部分を「子思《しし》曰」として、原憲の発言として引用している。朱子の新注もこの説に賛成している。しかし、漢代以後の『論語』のいろいろの伝写本のなかに、「子思曰」あるいは「原憲曰」の三字があるものはなかったらしいことから、たぶん司馬遷が想像によってつけ加えたものと推定される。そこで私は、不明の人物の質問として取り扱うことにした。

三 子曰わく、士《し》にして居《きょ》を懐《おも》うは、以て士と為すに足《た》らず。

子曰、士而懐居、不足以為士矣、

先生がいわれた。

「士でありながら生まれ故郷にひかれる人間は、とても士の仲間に入れられないな」

〈居を懐う〉「君子は……居安からんことを求むるなく」（学而篇第十四章）を連想しつつ、快適な私的生活を気にすることにとる。そして「小人土《ど》を懐う」（里仁篇第十一章）の、生まれ故郷（土）に執着することと合わせ解した。

＊ここで孔子のいう「士」とは、道を求める同志の意味がつよい。「士」というものは、理想の実現できる国を求めて、どこにでも出かけなければいけない。小さな魯《ろ》国のような故郷にばかりしがみついていてはいけない。そんな人間は小人《しょうじん》にすぎない。武士の子として生まれた男性的な、いわゆる大丈夫《だいじょうふ》であった孔子は、生まれ故郷に恋々としているような女性的な男は大きらいであった。

四　子曰わく、邦《くに》道あるときは言を危《ただ》しくし、(1)行《おこ》ないを危しくす。邦道なきときは行ないを危しくして言は孫《したが》う。

子曰、邦有道危言危行、邦無道危行言孫、

先生がいわれた。

「国家が秩序正しい政治を行なっているときは、正直に発言し、正直に行動する。国家が秩序正しい政治を行なっていないときは、正直に行動するが、控えめに発言せねばならない」

（1）「危」は古注で「はげしくす」と読み、新注で「たかくす」と読んでいる。楊伯峻《ようはくしゅん》の訳注が王念孫《おうねんそん》の説を引いて、「危は正なり」と解しているのにしたがった。

＊乱世に生まれ、祖国から亡命し、諸国を流浪《るろう》し、たびたび危険をくぐりぬけてきた孔子は、高遠な理想を持ちつづけながら、いかにして生き抜くかを、自分の体験をもととして語っている。正しい政治の行なわれている国なら、思いのままに行動し、発言してもよい。不正な政治の行なわれている国では、それではとても一身の安全は期せられない。行動においては、けっして邪悪な政治家と妥協したり、迎合したりしてはいけないが、発言は慎重にしなければならないといっているのは、意味深長な教訓である。

五　子曰わく、徳ある者は、必ず言あり、言ある者は必ずしも徳あらず。仁者は必ず勇あり、勇者は必ずしも仁あらず。

子曰、有徳者必有言、有言者不必有徳、仁者必有勇、勇者不必有仁、

先生がいわれた。

「徳のある人は、ことばも必ずりっぱであるが、りっぱなことばをはく人が、必ず徳のある人とはかぎらない。仁徳ある人は、必ず勇気があるが、勇気ある人が、必ず仁徳ある人

とはかぎらない」

＊これは論理学における「逆は必ずしも真ならず」という原理の例にすぎないから、近代人にとってはあまり注目を引かないであろう。体験に即して発言しながら、論理学の原理に一致したところは、孔子のすぐれた感性の力といえよう。

六　南宮适《なんきゅうかつ》、孔子に問いて曰わく、羿《げい》は射《しゃ》を善《よ》くし、奡《ごう》は舟を盪《うご》かす。倶《とも》に、その死を得ず。禹《う》と稷《しょく》とは躬《みずか》ら稼《か》して天下を有《たも》つと。夫子《ふうし》答えず。南宮适出《い》ず。子曰わく、君子なるかな 若《かくのごと》き人、徳を尚《たっと》べるかな、若《かくのごと》き人。

南宮适問於孔子曰、羿善射、奡盪舟、倶不得其死然、禹稷躬稼而有天下、夫子不答、南宮适出、子曰、君子哉若人、尚徳哉若人、

南宮适が孔子にたずねた。

「昔の羿の君は弓の名人であったし、奡の君は陸上で舟をひきずる力持ちであったが、両人とも非業《ひごう》の死を遂げてしまった。禹と稷の王様は、自分で耕作されたが、ついに天下を統一された。なぜでしょうか」

先生がおこたえにならないので、南宮适は退出した。そのあとで先生がいわれた。

「君子だな、あのような方は。徳を尊ぶ人だな、あのような方は」

〈南宮适〉この南宮适の字《あざな》は子容で、公冶長篇の南容にほかならない。さらに『左伝』には

魯の孟僖子《もうきし》の子、南宮閲《えつ》また南宮説とも書かれ、南宮敬叔《けいしゅく》と諡《おくりな》された人を南宮适つまり南容と同一人とする説があった。これにたいしては、非同一人説がほとんど通説となっていた。本文を見ると、この問答、南宮适が孔子に問うという形は、魯の哀公や季康子と孔子との問答と同じ形式で書いてある。これは孔子が南宮适を魯の貴族として、身分的尊敬を払い、弟子たちもこれによって書いたからである。魯の貴族のなかで南宮适の属する南宮氏というのは、孟僖子一家の南宮説の属する南宮氏以外の氏を考えることはおそらく不可能であろう。従来の通説を排して、古注の南宮适と南宮閲・南宮説・南宮敬叔同一人説を復活し、彼を孟孫氏一家の貴族とみなすことにした。

〈羿〉有窮《ゆうきゅう》国の君主。武力によって夏《か》王朝の位を奪ったが、その臣下の寒浞《かんさく》のために殺された。

〈奡〉寒浞が羿の夫人に生ませた子。舟をひきずるほどの強力《ごうりき》であったが、夏王の少康《しょうこう》のために殺された。

〈禹〉夏王朝の開祖。大洪水《こうずい》を治め、中国の国土を九つの州に区分し、農業の基礎をきずいた。

〈稷〉また后稷《こうしょく》ともいう。周王朝の遠祖で、農業を周民族に教えた。

＊朱子の説くところによると、南宮适は、武力によって天下を取り、やがて没落した羿・奡にことよせて当代の豪族を風刺したのであるという。孔子はその旨を察し、心では賛成しながらも、肯定するのをさけて、退出するのを待ってから、弟子たちに君子だとほめたのだという。孔子のことばは「君子つまり支配階級の貴族のなかにも、こんな異色

の人物がある」と、嘆賞しているのである。

七　子曰わく、君子にして不仁なる者あらんか。未《いま》だ小人にして仁なる者あらざるなり。

子曰、君子而不仁者有矣夫、未有小人而仁者也、

先生がいわれた。

「君子でありながら仁徳に欠けている者もあることはあるだろうよ。しかし小人でありながら仁徳を備えた者があったためしはない」

＊ここの君子は、たんにすぐれた徳性の人ではなく、支配階級である貴族で徳行のすぐれた人である。これにたいして小人は、被支配階級の庶民の身分に属し、必然的に徳性の劣った人たちと孔子は考えていた。典型的な貴族にだって仁徳を備えていない者が少しはいる。ところが「庶民のなかには仁徳を備えた人はけっして見いだすことができない」というのが、このことばのもとの意味であったろう。この発想法も、「逆は必ずしも真ならず」という論理学の原則の変形した一つの例である。この篇をはじめとして、第十一篇以下の新しく編集された『論語』のなかの孔子のことばが、しきりにこの論法を使っていることは、孔子の弟子や孫弟子たちの間で、しだいに論理学の体系化がはじまり、その頭で孔子のことばを整理したことを示しているといえるであろう。

八　子曰わく、これを愛し、能《よ》く労すること勿《な》からんや、忠ありて能く誨《おし》うること勿からんや。

子曰、愛之能勿労乎、忠焉能勿誨乎、

先生がいわれた。

「愛するからには、いたわらずにいられようか。まごころがあるからには、教えないでいられようか」

九　子曰わく、命《めい》を為《つく》るや、卑諶《ひじん》これを草創《そうそう》し、世叔《せいしゅく》これを討論し、行人《こうじん》の子羽《しう》これを脩飾《しゅうしょく》し、東里《とうり》の子産《しさん》これを潤色《じゅんしょく》す。

子曰、為命卑諶草創之、世叔討論之、行人子羽脩飾之、東里子産潤色之、

先生がいわれた。

「鄭《てい》の国では外交の文案は、卑諶が草稿を書き、世叔が検討し、外務の子羽が添削し、東里に住む子産が表現を文学的に仕上げた」

〈卑諶〉鄭の大夫《たいふ》。

〈世叔〉鄭の大夫、游吉《ゆうきつ》、世叔は諡《おくりな》。

〈行人の子羽〉鄭の大夫、公孫揮《こうそんき》、字は子羽。「行人」は外交官。

〈子産〉鄭の名宰相、公孫僑《きょう》、字は子産。

＊鄭の国は中原《ちゅうげん》の先進国、その名宰相子産は孔子より一世代昔の大政治家・名外交官で、孔子も先輩として尊敬をはらっていた。たぶん鄭の外交がなぜ成功したのかというだれかの問いにこたえたことばであろう。賢人たちが協力して文案を練って、最後に子産の手ですばらしい名文に仕上げられるからだと孔子は説明したのである。次の問答にその人物評が出ている。

一〇　或《あ》るひと、子産を問う。子曰わく恵人《けいじん》なり。子西《しせい》を問う。曰わく、彼哉《かれか》、彼哉。管仲《かんちゅう》を問う。曰わく、人なり、伯氏《はくし》の駢邑《べんゆう》三百を奪い、疏食《そし》を飯《く》らいて歯《とし》を没《お》わるまで、怨言《えんげん》なかりき。

或問子産、子曰、恵人也、問子西、曰、彼哉、彼哉、問管仲、曰、人也、奪伯氏駢邑三百、飯疏食、没歯無怨言、

さるお方が、鄭の子産の人物についてたずねられた。先生がこたえられた。

「恵み深い人です」

楚《そ》の子西のことをたずねられた。先生がこたえられた。

「あの人ですかね、あの人ですかね」

斉《せい》の管仲のことをたずねられた。先生がこたえられた。

「相当の人物です。伯氏の駢の邑《まち》の三百戸の領地を奪いました。ところが伯氏は、粗末な

飯を食べながら死ぬまで恨み言《うらごと》をいわなかったのですから」

〈子西〉春秋時代の政治家で子西という字を持った人は、『左伝』によると鄭の公孫夏《こうそんか》、楚の闘宜申《とうぎしん》、同じく楚の公子申《こうししん》の三人がある。第二の闘宜申は時代が少し離れるので、鄭の公孫夏、楚の公子申のどちらかを当てる。二人のうち、政治家としての有名度からいけば、楚の公子申ということになる。楚の首相すなわち令尹《れいいん》として兄の楚の昭王を助け、呉《ご》国の闔閭《こうりょ》に国都を占領された後、よく楚国を復興した名相である。昭王は亡命した孔子を迎えて用いようとしたが、子西がこれに反対して実現することができなかったという事件がある。こんなことから、この名相にたいする意見を求められた孔子が、「あの人ですかね」を連発するだけで、ついに意見をあきらかにしなかった。たぶんこの事件についての不快な思い出があったので、その感情のもつれをそのまま人物評に出すことを抑制した結果であろう。

〈管仲〉斉の宰相。桓《かん》公を助けて覇者《はしゃ》とした春秋時代最大の政治家。

〈伯氏〉「伯氏」というのは、伯という氏の人という意味ではない。伯氏とは、諸侯の陪臣が主《あるじ》である諸侯の大夫を尊んだ称号である。その姓名が忘れられ、称号が人名のように誤伝されたものであろう。

〈駢邑〉漢代の斉郡臨朐《りんこう》県の臨朐山に駢邑があったと伝えられているが、事実かどうかわからない。

## 一一

子曰わく、貧しくして怨《うら》むなきは難《かた》く、富みて驕《おご》るなきは易《やす》し。

子曰、貧而無怨難、富而無驕易、

先生がいわれた。

「貧乏でいて、恨み言をいわないのはむつかしく、金持でいて人にいばらないのはたやすい」

＊これを前章の続きとする説があるが、独立していても意味がとれないわけではないから、分離して別の文章としておいたほうがよい。この章は、子貢《しこう》の「貧しくして諂《へつら》うことなく、富みて驕ることなき」（学而篇第十五章）と似ている。ひょっとすると子貢との問答がそれと引き離されて伝承され、この形の金言となったのかもしれない。

三　子曰わく、孟公綽《もうこうしゃく》、趙《ちょう》・魏《ぎ》の老《ろう》と為《な》れば則《すなわ》ち優《ゆた》かならん。以《もっ》て滕《とう》・薛《せつ》の大夫《たいふ》と為《な》すべからず。

子曰、孟公綽為趙魏老則優、不可以為滕薛大夫、

先生がいわれた。

「魯の孟公綽は、趙氏や魏氏の家の執事となったらじゅうぶんに勤まるだろう。しかし、滕・薛の小国の大臣では勤まるまい」

〈孟公綽〉魯の名家孟孫《もうそん》氏の一族で、賢者と伝えられている。『左伝』の前五四八年の条に、彼の名言がのせられているが、それ以外詳しいことはわからない。『史記』には、孔子が

崇拝し師としてつかえたといっているが、たぶん誤解であろう。

＊孟公綽は次章に述べるように無欲の人柄なので、晋《しん》の大臣として羽振りのいい大家の趙・魏につかえて、家老つまり家事取締りをさせれば、家計をまちがいなく見てゆけるだろう。しかし、滕・薛といった小国の大臣となると人手が足りないから、政治万端を取りしきらねばならないので、孟公綽の手にあまるにちがいないと孔子は観測した。孔子は他人の人物・才能をじつによく観察している。

一三　子路、成人《せいじん》を問う。子曰わく、臧武仲《ぞうぶちゅう》の知、公綽《こうしゃく》の不欲、卞荘子《べんそうし》の勇、冉求《ぜんきゅう》の芸の若《ごと》き、これを文《かざ》るに礼楽を以《もっ》てせば、亦《また》以て成人と為《な》すべし。曰わく、今の成人は何ぞ必ずしも然《しか》らん。利を見ては義を思い、危《あや》うきを見ては命《めい》を授《さず》く、久要《きゅうよう》、平生の言を忘れざる、亦以て成人と為すべし。

子路問成人、子曰、若臧武仲之知、公綽之不欲、卞荘子之勇、冉求之芸、文之以礼楽、亦可以為成人矣、曰、今之成人者、何必然、見利思義、見危授命、久要不忘平生之言、亦可以為成人矣、

子路が、出来物《できぶつ》についておたずねした。先生がいわれた。

「臧武仲の知恵、孟公綽の無欲、卞荘子の勇気、冉求の才能、これに礼楽の教養を加えたら、まず出来物となるであろうか」

先生がまたいわれた。

「現在、世間でいう出来物は、これとだいぶ違っているらしい。しかし、世間でいうことのなかで、利益を目の前にしながら義理を考え、危機にあたって命を投げ出す、ずっと昔の約束したことばを忘れないでこれを守る、こんな人なら出来物といってもよかろうかな」

〈臧武仲〉臧孫紇《ぞうそんこつ》、略して臧紇または臧孫、諡は武。季氏らとの勢力争いに敗れ、孔子の生まれた翌々年の前五五〇年、斉国に亡命した。一時代前の魯の賢人政治家であったので、孔子はその博学ぶりにかなり敬意を払っていた。

〈卞荘子〉卞は孟孫氏の領地であったので、卞荘子は、『左伝』に出てくる孟荘子《もうそうし》つまり仲孫速《ちゅうそんそく》にあたるという説がある。彼は前五五七年、斉国が魯に侵入し、郕邑《せいゆう》を囲んだとき大勇を示した。この説は正しいであろう。

＊子路の「成人」、つまり出来物についての孔子のこたえが、あまり子路の予期に反していたので、孔子がつけ加えて、世人のいう「成人」説との調和をはかったのである。さらに想像をめぐらすと、世人のいう「成人」とは、「利を見ては義を思い」とか、「危うきを見ては命を授く」とか、「久要、平生の言を忘れざる」とか、すべて俠客《きょうかく》めいたことがいわれている。子路はおれこそ「成人」だとの自負をもってきいたので、孔子は勇気だけでは足りない、知恵も才能も教養もいるのだとたしなめたのだろう。

一四　子、公叔文子《こうしゆくぶんし》を公明賈《こうめいか》に問いて曰わく、信《まこと》なるか。夫子《ふうし》は言《い》わず笑わず取らずと。公明賈対《こた》えて曰わく、以て告げし者の過《あやま》つなり。夫子は時にして然《しか》る後に言う、人その言うことを厭《いと》わざるなり。楽しくして然る後に笑う、人その笑うことを厭わざるなり。義ありて然る後に取る、人その取ることを厭わざるなり。子曰わく、それ然り、豈《あに》それ然らんや。

子問公叔文子於公明賈、曰、信乎、夫子不言不笑不取乎、公明賈対曰、以告者過也、夫子時然後言、人不厭其言也、楽然後笑、人不厭其笑也、義然後取、人不厭其取也、子曰、其然、豈其然乎、

先生が公叔文子のことで、公明賈にたずねられた。

「いったいほんとうのことかね。あの方は、言いもせず、笑いもせず、取りもしないというが」

公明賈がかしこまってこたえた。

「先生にお告げした人の言い方がまちがっているのです。あの方は、よほどの場合には発言されます。ですから人々は、あの方のことばを気にしないのです。よほど楽しい場合には笑われます。人々はあの方の笑われるのを気にしないのです。よほど取るべき筋合いの場合には取られる。人々はあの方が取るのを気にしないのです」

先生はいわれた。

「そうかしらん。いや、そうでもないかもしれんね」

〈公叔文子〉衛の大臣公孫抜《こうそんばつ》のこと。文はその諡である。

〈公明賈〉衛の人であろうが、詳しいことはわからない。

〈時にして然る後に言う〉適当の時にはじめて発言する。吉川幸次郎博士は、この「時」という用法によって、学而篇第一章の「学んで時に習う」の「時」が、しかるべき時という意味である証拠だとされている。私が学而篇でいったように、「時」を助字として使うのが、その古典的用法である。これにたいしてこの場合のように、「時」を実字として、適当な時という意味として使うのは、孔子時代あるいはそれ以後のいわば現代的用法である。この場合に、「時にして然る後」というように、「時」の古典的用法からはずれて、現代的用法で使うには、かなりこの「時」ということばに念を入れて発音する必要があったのである。このことから考えると、「学んで時に習う」の「時」は、ずっと軽く使われているから、古典的な助字として使われており、適当な時にという意味ではないと私は考える。
＊衛の公叔文子は、呉《ご》国の賢太子季札《きさつ》が衛《えい》国で彼に会って、その言に感心したという伝説があるくらいで、衛国の賢大夫として有名である。前五〇四年、すでに隠退していたが、車で参内《さんだい》して衛の霊公をいさめた話が残っている。前四九四年、ほとんど死期の迫った公叔文子は、史鰌《ししゅう》という賢者から、「あなたは富みすぎているから、貪欲《どんよく》な殿さまの霊公にねたまれている。それに息子《むすこ》さんの公叔成はいばりやだ。死後は危ないです」と忠

告されたことがある。前四九七年、孔子は魯国から衛国に亡命している。公叔文子の家が、大金持のことは聞いて知っているはずである。だから公明賈のことばのなかの最後の「義ありて然る後に取る、人その取ることを厭わざるなり」を信用しなかった。そこで「それ然り、豈それ然らんや」という半信半疑のことばをはいたのである。

一五　子曰わく、臧武仲《ぞうぶちゅう》、防《ぼう》を以て後《のち》を魯《ろ》に為《た》てんことを求む。君を要せずと曰《い》うと雖《いえど》も、吾《われ》は信ぜざるなり。

子曰、臧武仲以防求為後於魯、雖曰不要君、吾不信也、

先生がいわれた。

「追放された臧武仲が防の城にたてこもり、城とひきかえに、魯国にわが家の後継ぎを立てることを要求した。たとえ魯の君に強要しなかったと言いわけしても、わたしは信用できない」

〈防〉防という邑《まち》は魯に三ヵ所あるが、この防は山東省費県の東北にあって斉の国境に近く、昔から臧氏の領地であった。

＊臧武仲は魯の豪族孟孫氏の陰謀にかかって、季氏・孟氏の攻撃を受け、隣国の邾《ちゅ》に亡命した。彼は邾から魯に潜入し、領地防に拠《よ》って、もし臧氏を滅ぼさず、後継者の相続が許されるならば、防の城を魯国に引き渡すが、もし許されなかったら、引き渡さないと

声明した。魯国が臧為《ぞうい》の相続を認めたので、防を引き渡して事件は落着した。外国に亡命した貴族の領地は国家に帰属するのが当時の慣例である。臧武仲の行動はこれに違背するものであったから、孔子がきびしくこれを非難したのである。この出来事は、孔子の生まれた翌々年の前五五〇年に起こった。孔子はたぶん孟氏の陰謀によって引き起こされたものであった内情を知っていたはずである。しかし、その事情はどうであっても、国家社会の原則を破ることは黙視できないとして、大義名分の立場から臧武仲の責任を追及したのである。

一六　子曰わく、晋《しん》の文《ぶん》公は譎《いつわ》りて正しからず。斉《せい》の桓《かん》公は正しくして譎らず。

子曰、晋文公譎而不正、斉桓公正而不譎、

先生がいわれた。

「晋の文公は手管《てくだ》にたけていたが、筋を通すことができなかった。斉の桓《かん》公は筋は通っていたが、手管はさっぱりへただった」

〈晋の文公〉名は重耳《ちょうじ》。故国を出奔して、国外に三十八年にわたって亡命し、ついに前六三六年即位、前六二八年に死ぬまで、南方の楚国に対抗するために、中原《ちゅうげん》の諸侯を会して連盟を組織し覇者となった。

〈譎〉普通は詐《いつわ》り、まやかしと読んできたが、清《しん》朝の学者は権宜《けんぎ》つまりそれぞれの時に応じた処置と読む。

〈正〉清朝の学者は「正は経なり」と読む。根本法則に合すること。

〈斉の桓公〉名は小白《しょうはく》。前六八五年から前六四三年まで在位。管仲の助けにより、尊王攘夷《そんのうじょうい》の標語のもとに諸侯を会して最初の覇者となった。

*斉の桓公、晋の文公は春秋時代に覇者として、つまり周の王室に代わって中国の列国の主導者となった代表的な名君とされている。この二人の覇者についての孔子の批評を、もし従来のように、「譎」を「詐《いつわ》り」と解するならば、晋の文公は全面的に否定され、斉の桓公は全面的に肯定されることになる。実際の政治から見ると、文公のほうが実質的に成功し、桓公のほうはそれほど実質的に成功していない点が多い。清朝の劉宝楠《りゅうほうなん》の『論語正義』などのように、「譎」を時宜にかなった処置、「正」を原則にかなった行動と解すると、両覇者の性格の差がはっきりするようにみえる。しかし、孔子は次章の問答でもわかるように、桓公と管仲の手柄は非常に高く買っているが、晋の文公については、これ以外のところではほとんど言及していない。孔子がなぜ斉の桓公を問題にし、晋の文公をあまり問題にしていないか、その理由はよくわからないが、ともかくこの文章は、晋の文公を下げて、斉の桓公を上げる立場で解釈すべきである。

一七　子路曰《い》わく、桓《かん》公、公子糾《こうしきゅう》を殺す。召忽《しょうこつ》これに死し、管仲《かんちゅう》は死せず。曰わく、未だ仁ならざるか。子曰わく、桓公、諸侯を九合《きゅうごう》して、兵車を以てせざるは、管仲の力なり。その仁に如《し》かんや、その仁に如かんや。

子路曰、桓公殺公子糾、召忽死之、管仲不死、曰未仁乎、子曰、桓公九合諸侯、不以兵車、管仲之力也、如其仁、如其仁、

子路がおたずねした。

「斉の桓公が競争者の兄公子糾を殺したとき、その付き人であった召忽は君に殉《じゅん》じて死んだが、管仲は生き残って桓公につかえました。これは仁徳に反するといえませんか」

先生がいわれた。

「桓公は諸侯を九度集めて会盟《かいめい》を開いたが、武力をもって強制したのではなかった。これはまったく管仲のおかげであった。だれがこの仁徳に及ぶものがあろうか。だれがこの仁徳に及ぶものがあろうか」

〈公子糾〉斉の襄《じょう》公の子、桓公小白の兄にあたる。

〈召忽〉公子糾の保《ほ》つまり付き人であった。

〈九合〉古注では、九度諸侯を会して盟約をしたと解く。これにたいして、新注では、「九」は「糾」と通じるから、「九合」は諸侯を率いて集めると解する。九度集めるとみるほうがいい。

＊襄《じょう》公が内乱で死んだ後、公子糾と小白の二人の兄弟が外国から帰って位を継ごうとし

たが、小白が一歩早く帰国して桓公となり、兄の公子糾を殺した。そのとき付き人の召忽は殉じて死ぬが、同役の管仲はのめのめと生き残り、桓公に乗り換えて首相となって大功をたてた。正義派の子路は、管仲の変節を攻撃する。これにたいして孔子は、管仲の功績を高く買って、これを仁者として推す。これは大義名分論者の孔子にとっては、一つの大きな矛盾を犯したことになる。この孔子のことばは孔子の死後、斉国に定着した儒学の学派が付加したものだとの解釈もある。斉国の儒教の伝承であるとしても、孔子のことばがまったく後世の付加であるとは断言できない。管仲の功績と変節をいかに評価するか。こういった問題については、管仲の場合にかぎらず、世界の古今の歴史事件と人物の評価において、いつも同じような論争が繰り返されてきた。孔子が春秋時代の最大の政治家の管仲の人物論において、この矛盾を回避しえなかったのは、むしろ孔子の歴史にたいする取り組み方が、真剣であったことを証明するものではないか。

一八　子貢曰《い》わく、管仲は仁者に非《あら》ざるか。桓公、公子糾を殺す。死すること能《あた》わず、またこれを相《たす》く。子曰わく、管仲、桓公を相けて諸侯に覇《は》たらしめ、天下を一匡《いっきょう》す。民、今に到《いた》るまでその賜《たまもの》を受く。管仲微《な》かりせば、吾《われ》それ髪《はつ》を被《こうむ》り衽《じん》を左にせん。豈《あに》匹夫《ひっぷ》匹婦《ひっぷ》の諒《まこと》を為《な》すや、自《みずか》ら溝瀆《こうとく》に経《くび》れてこれを知るもの莫《な》きが若《ごと》くならんや。

子貢曰、管仲非仁者与、桓公殺公子糾、不能死、又相之、子曰、管仲相桓公覇諸

侯、一匡天下、民到于今受其賜、微管仲、吾其被髪左衽矣、豈若匹夫匹婦之為諒也、自経於溝瀆而莫之知也、

子貢がおたずねした。

「管仲は仁徳ある人ではないのでしょう。桓公が公子糾を殺害したとき、死におくれてしまい、それどころか、桓公の宰相になってこれを助けたのですから」

先生がいわれた。

「管仲は桓公を助けて諸侯の覇者とならせ、天下を改革した。人民は現在までそのおかげをこうむっている。管仲が出なかったとしたならば、われわれは今、さんばら髪に衿《えり》を左前に着ているだろうよ。どうして管仲のような大人物が、一般の男女のように、ちょっとした誠を立てるために首つり自殺をして、死骸《しがい》を溝《どぶ》に投げ込まれ、だれにもわからなくってしまうのと同じようにすべきだと考えられよう」

〈天下を一匡す〉「匡」はただす。天下を革新すること。

〈髪を被り衽を左にせん〉中国民族みずからは衣冠の俗と称して、頭髪を結髪し、冠を着けていることが、文化民族の資格と心得ていた。頭髪に笄《こうがい》などをつけ、髪を結い上げることをしないさんばら髪、左前の衣服をつけることは、北方の塞外《さいがい》の民族の野蛮な風習と見ていた。

〈諒〉誠。まごころ。

〈自ら溝瀆に経れて…〉首つり自殺をして死体を溝にほうりこまれ、名も知られなくなる。

＊子貢も孔子にたいして、変節をした管仲を仁者の仲間には入れられないだろうと質問した。孔子は大政治家が天下の利益のために身を捨てて運動する場合には、一般男女のような小さな堅苦しい正義にこだわるのは、無意味だと思ったのである。

一九　公叔文子《こうしゅくぶんし》の臣、大夫僎《たいふせん》、文子と与《とも》に同じく諸《これ》を公に升《のぼ》す。子、これを聞きて曰わく、以て文《ぶん》と為《な》すべし。

公叔文子之臣大夫僎、与文子同升諸公、子聞之曰、可以為文矣、

公叔文子の家来の大夫僎が、主君の文子の手引きで国家の大臣に引き立てられた。先生はこの噂《うわさ》を聞かれてこういわれた。

「それなら彼こそ『文』と諡《おくりな》しても恥ずかしくないよ」

〈公叔文子〉衛の大夫公孫抜。（本篇第十四章参照）

〈大夫僎〉衛の人であろうか、不詳。

＊大夫僎は公叔文子に先導されて衛君にお目見えして、陪臣から公臣つまり国家の直接の臣となったのである。有能なものを自家の陪臣として勢力をはる当時の風潮のなかで、自家の良い家来を公臣にさせるとは、まことに異例であったので、孔子はこれを奇特としたのである。

二〇　子、衛《えい》の霊《れい》公の無道《むどう》を言う。康子《こうし》曰わく、それ是《か》くの如《ごと》くんば奚《なん》ぞ喪《ほろ》びざる。孔子曰わく、仲叔圉《ちゅうしゅくぎょ》は賓客を治め、祝鮀《しゅくだ》は宗廟《そうびょう》を治め、王孫賈《おうそんか》は軍旅を治む。それ是くの如くんば、奚ぞそれ喪びん。

子言衛霊公之無道也、康子曰、夫如是、奚而不喪、孔子曰、仲叔圉治賓客、祝鮀治宗廟、王孫賈治軍旅、夫如是、奚其喪、

先生が衛の霊公の無軌道ぶりを話されたので、季康子殿が問われた。「それほどの君主だったのに、どうして位を失わずにすんだのだろう」

孔先生がこたえた。

「あの仲叔圉が国賓を接待し、かの祝鮀が祖先の廟のお祭をつとめ、かの王孫賈が軍隊を指揮していました。このようなしだいですから、君位を失うことがありえましょうか」

〈仲叔圉〉衛の名臣。姓は孔、名は圉、諡は文子。孔文子として公冶長篇第十五章にあらわれる。

〈祝鮀〉「祝」は神主のこと、鮀は本名。国の神社の神主をつとめる鮀という人。博学雄弁で有名であった。（雍也篇第十六章参照）

〈王孫賈〉衛国の大夫。（八佾篇第十三章参照）

二　子曰わく、その言にこれ怍《は》じざるときは、則《すなわ》ちそれこれを為すに難《かた》し。

子曰、其言之不怍、則其為之難也、

先生がいわれた。

「自分の吐いた大言壮語を気恥ずかしく思わないようでは、そのことばを実行することはむつかしい」

＊この訳は新注によった。古注は、「それをいう時、てれないほどの自信がないと、それを実行することはむつかしい」と読むが、不自然さがあるので新注にしたがった。

三　陳成子《ちんせいし》、簡《かん》公を弑《しい》す。孔子、沐浴《もくよく》して朝《ちょう》し、哀《あい》公に告げて曰わく、陳恒《ちんこう》、その君を弑す。請う、これを討たん。公曰わく、夫《か》の三子に告げよ。孔子曰わく、吾大夫《われたいふ》の後《のち》に従えるを以て、敢《あ》えて告げずんばあらざるなり。君曰わく、夫の三子者に告げよと。三子に之《ゆ》きて告ぐ。可《き》かず。孔子曰わく、吾大夫の後に従えるを以て、敢えて告げずんばあらざるなり。

陳成子弑簡公、孔子沐浴而朝、告於哀公曰、陳恒弑其君、請討之、公曰、告夫三子、孔子曰、以吾従大夫之後、不敢不告也、君曰、告夫三子者、之三子告、不可、孔子曰、以吾従大夫之後、不敢不告也、

陳成子が斉の簡公を殺したてまつった。孔先生は髪を洗い、身を清めて朝廷に出て、魯

の哀公に申し上げた。

「陳恒めがその君を殺したてまつりました。なにとぞ彼を征伐するようお取り計らい願います」

哀公が申された。

「孟孫・叔孫・季孫の、あの三方《さんかた》にいってみてくれ」

孔先生は退出するといわれた。

「わたしも大夫の末席をけがしている者だ。申し上げずにいられなかったのだ。殿さまが、『あの三方にいってみてくれ』といわれたのだ」

季孫ら三方をたずねて申し入れられたが、聞き届けられなかった。孔先生はいわれた。

「わたしも大夫の末席をけがしている者だ。申し上げずにいられなかったのだ」
＊斉の陳成子、陳恒が前四八一年、簡公を殺害した。孔子は七十二歳の老軀《ろうく》をおして、さっそく登城して、この逆賊を殺すため、軍をおこして征伐されたいと願った。実権を失っていた哀公は、孟孫・叔孫・季孫の三家に交渉してみろというだけだった。孔子はすぐ三家を回ったが、だれも相手にしてくれない。孔子は嘆息した。このとき、隠退した大夫の身分として、礼に決められたできるだけの手段を尽くした孔子の行動が、細かく書かれている。絶えず隣の大国の斉から圧迫をこうむり、その侵略を防ぎ止めるのが関の山である小国の魯が、大義名分をただし、天下の秩序を維持するために、この大国に

征伐軍を送る。孔子は、そんなことが不可能だとはじゅうぶん承知していたにちがいない。知っていながら、大義名分のため、できるだけのことをやってみないではいられない。七十二歳といえば、当時としてはたいへんな高齢である。その孔子がこれだけ運動を試みずにはいられなかった。それはいちおう抗議のデモに加わっておくというだけのものではない。もし征伐軍が派遣されたら、孔子はきっと、老いの身でありながら戦車を駆《か》って従軍するだけの気概を持っていたにちがいない。

三　子路、君に事《つか》えんことを問う。子曰わく、欺《あざむ》くこと勿《な》かれ。而《しこう》してこれを犯《おか》せ。

子路問事君、子曰、勿欺也、而犯之、

子路が主君につかえる心得をおたずねした。先生はいわれた。

「主君をだましてはいけない。そうして主君に逆らっていさめなければいけない」

＊子路は前四八一年の終わりか翌四八〇年のはじめころ、衛国につかえることになった。この問答はたぶん、そのときに行なわれたものであろう。一本気の子路だから主君をだますことはありえないとして、前の教訓はたやすく実行できる。しかし、主君の意に反していさめることは、もうすこしむつかしい。この平凡な教訓を教訓としてあたえずにいられなかったのが、死期の迫った老先生の老婆心であった。

二四　子曰わく、君子は上達《じょうたつ》し、小人は下達《かたつ》す。
子曰、君子上達、小人下達、
先生がいわれた。
「君子はしだいに高級なことがわかるようになるが、小人はしだいに低級なことがわかるようになる」

二五　子曰わく、古《いにしえ》の学者は己れの為《ため》にし、今の学者は人の為にす。
子曰、古之学者為己、今之学者為人、
先生がいわれた。
「昔の学者は自分のために勉強し、今の学者は人のために勉強する」
＊今の学者は人のために勉強するとは、朱子の新注のように、人に名を知られるために勉強すると解すべきである。現在の学者にとって、すこし耳が痛い教訓ではある。

二六　蘧伯玉《きょはくぎょく》、人を孔子に使いせしむ。孔子これに坐《ざ》を与えて問いて曰わく、夫子《ふうし》は何をか為《な》す。対《こた》えて曰わく、夫子はその過ちを寡《すく》なくせんと欲すれども未だ能《あた》わざるなり。使者出《い》ず。子曰わく、使いなるかな、使いなるかな。
蘧伯玉使人於孔子、孔子与之坐而問焉、曰夫子何為、対曰、夫子欲寡其過而未能

也、使者出、子曰、使乎使乎、

衛の蘧伯玉が、孔子の所に使いを出した。孔先生は使いを請《しょう》じ入れて席に着かせ、たずねられた。

「あの先生はどうしておられますか」

使者はかしこまってこたえた。

「あの先生は過失を少なくしたいとねがっておられますが、まだじゅうぶんできておられません」

使者が退席すると、先生がいわれた。

「りっぱな使者だね、りっぱな使者だね」

〈蘧伯玉〉衛の賢者として有名な大夫、名は瑗《えん》、伯玉は字である。「年五十にして、四十九年の非を知る」というくらいに反省力のすぐれた人で、孔子はじゅうぶんに敬意を払っていた。

*孔子が衛に滞在していたときのことか、魯に帰国してからのことか、おそらく帰国してからのことではなかろうか。使者がりっぱであることは、それだけ仕込んだ主人の人格にたいする敬意を新たにさせた。

二七　子曰わく、その位に在《あ》らざれば、その政を謀《はか》らず。(1)

子曰、不在其位、不謀其政、

先生がいわれた。

「責任ある地位にいない場合、政治のことを論議してはいけない」

（1）泰伯篇第十四章と同文。

二八　曽子《そうじ》曰《のたま》わく、君子は思うことその位より出《い》でず。

曽子曰、君子思不出其位、

曽先生がいわれた。

「君子はその職務以外のことは考えない」

＊前章の孔子のことばと同じ趣旨である。職務以外のことを考えないということは、人間としては不可能であろう。むしろ孔子と同じく「君子はどんな考えを持っていても、職務以外のことには口出ししない」といいたいところである。曽子の表現は『易経』の艮《こん》卦《か》の本文にこだわって、孔子の本旨からはずれている。

二九　子曰わく、君子はその言[1]の、その行《こう》に過ぐるを恥ず。

子曰、君子恥其言之過其行也、

先生がいわれた。

「君子は自分のいうことが、行為以上になることを恥じる」

（1）「之」は普通の本では「而」となっているが、日本の清家本《せいけ》と皇侃《おうがん》の『義疏《ぎそ》』にしたがった。

＊新注は「之」を「而」と書いた本により、「その言を恥じて、その行を過ごす」と読む。本旨は変わらないが、表現はだいぶ違う。

三〇　子曰わく、君子の道なる者三《み》つ。我能《よ》くすることなし。仁者は憂《うれ》えず、知者は惑《まど》わず、勇者は懼《おそ》れず。子貢曰わく、夫子《ふうし》自《みずか》ら道《い》えるなり。

子曰、君子道者三、我無能焉、仁者不憂、知者不惑、勇者不懼、子貢曰、夫子自道也、

先生がいわれた。

「君子のなすべき道が三つあるが、自分にはどれもできていない。それは、『仁徳の人は心配しない。知性の人は迷わない。勇気の人はびくびくしない』というのだが」

うけたまわっていた子貢が、口をはさんだ。

「その道は先生ご自身のことをいわれているのですね」

＊君子の道三つは、子罕《しかん》篇第二十九章の「子曰わく、知者は惑わず、仁者は憂えず、勇者は懼れず」と順序がちがっているだけである。たぶん子貢との問答のなかでいっている

孔子のことばが、べつの弟子の伝承では、これと切り離され、金言として記憶されたのであろう。

三一　子貢、人を方《ただ》す。子曰わく、賜《し》は賢なるかな。それ我は則ち暇《いとま》あらず。

子貢方人、子曰、賜也賢乎哉、夫我則不暇、

子貢が他人をよく批評した。先生はいわれた。

「子貢よ、おまえは偉いね。わたしにはそんな暇がないのに」

〈方〉日本の後藤点では「たくらぶ」と読ませている。他人を比較し、論評すること。

*このおせっかいな子貢にたいする孔子の教訓は、直接にこれをささず、持って回っていて、いやな感じを与える。孔子でもこんな言い回しをするのかとさえ思わせる。『論語』のこの篇をはじめ、すべて「下論《かろん》」といわれる後代の編纂《へんさん》になる後の十篇では、あるいは強調しすぎあるいは皮肉すぎる表現を用いることが多い。孔子のもとの談話を、正しく伝えたものとはいえないかもしれない。

三二　子曰わく、人の己れを知らざるを患《うれ》えず、己れの能《のう》なきを患えよ。

子曰、不患人之不己知、患己無能也、

先生がいわれた。

「他人が自分を認めてくれないことを気にかけるな。自分に能のないことを気にかけよ」

＊他人に認められることを求めないで、自分の実力をつけ、また他人を認めることに努力せよという教訓を、孔子はほうぼうで言っている（学而篇第十六章・里仁篇第十四章・衛霊公篇第十九章）。孔子は新興の官僚として出世しようとあせる弟子たちに、口癖のようにさとしていたからである。

三 子曰わく、詐《いつわ》りを逆《むか》えず、不信を億《おもんぱか》らず、抑《そもそ》も亦《また》先《ま》ず覚《さと》る者は、これ賢なるか。

子曰、不逆詐、不億不信、抑亦先覚者、是賢乎、

先生がいわれた。

「人からだまされないかと用心せず、うそをいうかと邪推もせず、それでいて人より先に感づく、これが賢者というものだろう」

＊新注の解釈によった。古注によると「他人の気持を一手早く気づくのは賢者といえるか、これでは他人に恨まれることもある」と説いている。人間の心理をあまり深く解剖《かいぼう》しすぎているので、孔子のもとの意味に遠ざかっているようである。ここまで逆手に出ない新注の解釈のほうが、すなおで妥当である。この文章でも、孔子は鋭い感覚の持ち主であったので、鈍感な人間には救いがたい感じをいだいていたらしいことがわかる。

三四　微生畝《びせいほ》、孔子に謂《い》いて曰わく、丘《きゅう》は何為《なんす》れぞこれ栖栖《せいせい》たる者ぞ、乃《すなわ》ち佞《ねい》を為《な》すことなからんや。孔子対《こた》えて曰わく、敢《あ》えて佞を為すに非《あら》ざるなり。固《こ》なるを疾《にく》めばなり。
微生畝謂孔子曰、丘何為是栖栖者与、無乃為佞乎、孔子対曰、非敢為佞也、疾固也、
微生畝が孔先生を批評していった。

「おまえはなぜそんなにうろちょろしているのかね。まさか弁舌にまかせて、人に取り入ろうとしているのではなかろうね」

孔先生はかしこまってこたえられた。

「弁舌にまかせて人に取り入ろうとは思いもよりません。ただかたくなになるのがいやなだけです」

〈栖栖〉おちつかないさま。
＊微生畝というのはどんな人物かよくわからない。孔子の本名丘をよびつけにしているところをみると、郷里の先輩であろう。郷党の寄り合いの節に先輩づらして、この有名な学者を批評したものとみえる。郷党では年齢階級が厳重で、また和気藹々《あいあい》としているのを礼だと考えている孔子は、逆らわずにことば少なにこたえたのである。

三五　子曰わく、驥《き》はその力を称せず、その徳を称するなり。

子曰、驥不称其力、称其徳也、

先生がいわれた。

「驥という名馬は脚力をほめられているのではない、その品格をほめられているのだ」

〈驥〉中国の古典では、一日に千里を駆ける名馬だとされている。

三六 或るひと曰わく、徳を以《もっ》て怨《えん》に報ぜば何如《いかん》。子曰わく、何を以てか徳に報ぜん、直《なお》きを以て怨に報じ、徳を以て徳に報ぜよ。

或曰、以徳報怨何如、子曰、何以報徳、以直報怨、以徳報徳、

さるお方がいわれた。

「徳をもって恨みに返したらどうであろう」

先生がこたえられた。

「そうすると、徳に何を返すのでしょう。やはり恨みには正しい返しをし、徳には徳をもって返さねばなりますまい」

*ある高位の人物、この人は力で高位をかちとったので、他人からずいぶん恨みをうけているのかもしれない。ひょっとすると孔子の恨みを買っているのかもしれない。そこで、徳をもって恨みに報じたらどうかと、はなはだ底気味の悪いなぞを孔子にかけたのであろう。

三七　子曰わく、我を知る莫《な》きかな。子貢曰わく、何為《なんす》れぞそれ子を知る莫きや。子曰わく、天をも怨《うら》みず、人をも尤《とが》めず、下学《かがく》して上達《じょうたつ》す。我を知る者はそれ天か。

子曰、莫我知也夫、子貢曰、何為其莫知子也、子曰、不怨天、不尤人、下学而上達、知我者其天乎、

先生がいわれた。

「残念だな、自分を理解するものがだれもいないのは」

子貢が口をはさんだ。

「先生を理解するものがいないとは、いったいなぜなのですか」

先生がいわれた。

「天を恨むまい。人もとがめまい。下は人間社会から勉強しはじめ、上は天命まで理解が及んでゆく。この自分を理解するものは、やはり天しかないのだろうよ」

〈下学して上達す〉古注の「下《しも》は人事を学び、上《かみ》は天命を知る」という解釈は、ここではたいへん適切である。

＊子貢は顔淵《がんえん》没後、孔子門下の第一の秀才である。先生の学問を自分はかなり理解しているつもりである。先生がだれも自分を理解するものがないと嘆かれると、なにか寂しい気になる。ここに先生を理解しているものがいるではないか。そういう気持から、「そ

れはなぜでしょうか」という反問が生まれる。だが、晩年の孔子は自分を理解するものはこの人間世界ではもう得られないという絶望感をいだいていた。だから自分を理解できない一般の人間を非難しようという気はなくなっている。自分の思索はもう現実の人間社会から離れて、広大で高遠で、歴史を越えた永遠の世界、人間の運命がそこで決定される世界のほうに引かれているのだ。それはまさに天である。自分はこの世界のなかに安住の地を見いだそうとしているのだ。この心持は、子貢おまえなぞにはとてもわかってもらえないのだ。それが孔子のことばの意味であろう。

三八　公伯寮《こうはくりょう》、子路《しろ》を季孫《きそん》に愬《うった》う。子服景伯《しふくけいはく》以て告げて曰わく、夫子《ふうし》、固《もと》より公伯寮に惑《まど》える志有り、吾が力、猶《なお》能《よ》く諸《これ》を市朝《しちょう》に肆《さら》さしめん。子曰わく、道の将《まさ》に行なわれんとするや、命《めい》なり。道の将に廃《すた》れんとするや、命なり。公伯寮、それ命を如何《いかん》せん。

公伯寮愬子路於季孫、子服景伯以告曰、夫子固有惑志於公伯寮、吾力猶能肆諸市朝、子曰、道之将行也与、命也、道之将廃也与、命也、公伯寮其如命何、

公伯寮が季孫に子路を訴え出た。子服景伯が孔子に報告していった。

「あの方つまり季武子殿は公伯寮に心を迷わせられています。しかし、わたくしは微力といえども公伯寮を捕えて、市や朝の広場で処刑するくらいの力があります。安心してその処分をお任せください」

先生がいわれた。

「しかし、わたくしの政策が実行されますのも、天命によります。わたくしの政策が失敗するのも天命です。もし天命があれば、公伯寮ひとりの力でどうすることもできないでしょう。ご好意はありがたいですが、どうかお控えねがいます」

〈公伯寮〉字は子周《ししゅう》。魯の人で、孔子の弟子のひとりに数えられている。

〈季孫〉当時の魯の実権者季武子をさす。

〈子服景伯〉魯の叔孫氏の一族である子服氏。名は何忌《かき》、伯は字。景は諡である。

〈諸を市朝に肆す〉罪人を処刑して、市・朝の広場に死体をさらすこと。

＊この出来事は、前四九八年、季武子に信用された孔子が、子路を推薦して季氏の本拠の費《ひ》城の城主とし、季氏を説きつけて費の城壁を撤去させた事件に関連している。孔子は季氏の本城である費をはじめ、叔孫氏の郈《こう》、孟孫氏の郕《せい》の三城の防備を撤廃させ、三氏の勢力をそぎ、魯の君主権を強化させようとした。費城の撤去には内乱を伴ったが、いちおう成功した。しかし、郕城は孟孫・叔孫氏らの反撃にあって成功せず、結局、孔子の改革運動は失敗に帰した。このエピソードは、季武子がたぶん公伯寮の告発によって、孔子の弟子の子路の三城撤去の政策の隠れた目的について疑念をいだきはじめたのであろう。孔子を信奉する子服景伯は、叔孫氏の支族としての実権を行使して、公伯寮を捕えて処刑し、破綻《はたん》の拡大するのを未然に防ごうとしたのである。孔子は道義にもとづく

革新政治の成功を、このような強権の不法な行使によってもたらすことに反対したのである。もし天が革新運動に幸いするならば、公伯寮一個人の力で防ぎ止めえないと楽観したからであろう。しかし、この予想はもろくもくずれ、革新運動は失敗し、孔子は結局、国外に亡命せざるをえなくなる。子路が季武子の信頼を失うか否かに、孔子の革新政治の成功か失敗かがかかっていたという政治的背景を知って、この問答の意味がはじめて理解される。

三九 子曰わく、賢者は世を避け、その次は地を避け、その次は色を避け、その次は言を避く。子曰わく、作《な》す者七人あり。

子曰、賢者避世、其次避地、其次避色、其次避言、子曰、作者七人矣、

先生がいわれた。

「すぐれた人物は、乱れた時代から逃避する。その次の人物は、乱れた地方から逃避する。その次の人物は、人の顔色を見て逃避し、その次の人物は、人のことばを聞いて逃避する」

先生はさらにいわれた。

「このことができた人物が七人いる」

＊孔子がことばに出して、こんな逃避主義を支持したのは異例である。しかし、乱世にあ

きれてこれを逃避する隠士は孔子の時代に相当いたらしく、ただ政治の表面にあらわれないため、歴史に記載されることが少なかっただけである。次章以下にこういう隠士の例が出てくる。七人がだれをさすかは問題である。この本文は、古注によって、「子曰わく、作す者七人あり」を続けて一章として取り扱った。古注によると、七人は、『論語』に出てくる隠士たち、長沮《ちょうそ》・桀溺《けつでき》・丈人《じょうじん》・石門《せきもん》・荷蕢《かき》・儀《ぎ》の封人《ほうじん》・楚《そ》の狂《きょう》、接輿《せつよ》にあてる。ひょっとすると道家《どうか》の隠遁《いんとん》主義が流行してから、道家の影響を受けた儒家が、この七人にあたるよう孔子のことばを書き加えたのかもしれない。

四〇　子路、石門《せきもん》に宿る、晨門《しんもん》曰わく、奚《いず》れ自《よ》りするか。子路曰わく、孔氏自りせり。曰わく、これその不可なることを知りて、而《しか》もこれを為《な》さんとする者か。

子路宿於石門、晨門曰、奚自、子路曰、自孔氏、曰、是知其不可而為之者与、

子路が石門に宿泊した。門番がいった。

「どちらからおいでかな」

子路がこたえた。

「孔氏の家からやってきた」

門番がいった。

「ああ、それは不可能だとわかっていながら、しかもそのため働いている方ですね」

〈石門〉鄭玄の注によると魯の城外の門、つまり近郊から遠郊にうつる境の門と見られる。

〈晨門〉門番、ふつう閽人《こんじん》といった。
＊この門番は、きっと世を捨てた隠士にちがいない。「その不可なることを知りて、而もこれを為さんとする者」という批評は、前期の孔子の積極的な政治行動の一面をよく表現している。

**四**　子、磬《けい》を衛に撃つ。蕢《き》を荷《にな》いて孔氏の門を過ぐる者有り。曰わく、心有るかな磬を撃つこと。既《すで》にして曰わく、鄙《いや》しいかな、硜硜乎《こうこうこ》たり。己れを知ること莫《な》ければこれ已《や》まんのみ。深きときは則ち厲《れい》し、浅きときは則ち掲《けい》せよ。子曰わく、果《か》なるかな、これを難《かた》しとする末《な》し。

子撃磬於衛、有荷蕢而過孔氏之門者、曰、有心哉撃磬乎、既而曰、鄙哉、硜硜乎、莫己知也斯已而已矣、深則厲、浅則掲、子曰、果哉、末之難矣、

先生が衛国で磬を鳴らしておられた。もっこをかついで孔家の門前を通りかかったものがいった。

「心ありげだな、この磬のならしかたは」

しばらくするといった。

「つまらないね。それにこちこちになっている。自分を理解するものがない。なければそ

れまでではないか。それ、

深きときは則ち厲し（深い川ならざんぶりと）

浅きときは則ち掲せよ（浅い川なら裾《すそ》をつまめ）

と詩に歌っているではないか」

これを聞き伝えられた先生がいわれた。

「思いきりのいいことだな。もっともそうむつかしいことではないが」

〈磬〉堅い石をへの字形に作り、吊《つ》り下げてたたく石の打楽器。多数を楽律順にならべた編磬もある。

〈蕢〉土を入れてかついで運ぶもっこ。

〈硜硜乎たり〉石の音がかたいさま。

〈深きときは則ち厲し、浅きときは則ち掲せよ〉『詩経』の邶《はい》風の匏有苦葉《ほうゆうくよう》篇の第一章から抜いた。深い川なら衣を脱いで渡る、浅い川なら裾をからげて渡る。一つの理想を実現するために何をくよくよしているのだ。時世に合わせて適当に暮らせばよいと風刺している。

四三　子張曰わく、書に云《い》う、高宗《こうそう》、諒陰《りょうあん》三年言《ものい》わずとは、何の謂《いい》ぞや。子曰わく、何ぞ必ずしも高宗のみならん。古《いにしえ》の人は皆然《しか》り。君薨《こう》ずれば、百官、己れを総《す》べて以て冢《ちょう》宰《さい》に聴《き》くこと三年なり。

子張曰、書云、高宗諒陰三年不言、何謂也、子曰、何必高宗、古之人皆然、君薨百官総己以聴於冢宰三年、

子張がおたずねした。

『殷《いん》の高宗は三年の喪《も》に服している間、一度もものをいわなかった』という『書経』の文句は、どういうことでしょうか」

先生がいわれた。

「なにも高宗だけにかぎらない。昔の人は皆そんなふうであった。君主がなくなると、官吏が残らず自分の職務をとりまとめ、総理大臣の指揮を仰ぐこと三年間にわたったのだ」

〈高宗〉殷王朝中興の祖の武丁《ぶてい》のこと。高宗はその廟号《びょうごう》。

〈諒陰三年〉「諒陰」はまた「梁闇」とも書く。天子が父王の喪に服する間居住する喪屋《もや》で草ぶきの粗末な建物である。喪中はそこに三年いるから諒陰三年という。

〈冢宰〉天子の六人の卿《けい》つまり大臣のうちの首席。今の総理大臣。天に関することをつかさどるという。

＊子張のような年少の弟子のグループが、老師孔子をつかまえて、こういう『書経』『詩経』の文句の意味の不明なところを問いただしていたありさまがよくわかる。この『書経』の文句は、現在の『書経』の本文にはなくなった文つまり佚文《いつぶん》である。偽作の『古《こ》文尚書《ぶんしょうしょ》』の「説命《えつめい》」という篇に取り入れられている。

四三　子曰わく、上《かみ》礼を好めば、則ち民使い易《やす》し。

子曰、上好礼、則民易使也、

先生がいわれた。

「人の上に立つものが礼を好む人であったら、人民は自然にさしずがしやすくなる」

＊上位の人が礼を好めば、なにゆえに人民が使いやすくなるのか。古注はそれに化せられて敬虔《けいけん》になるからだとし、新注は礼は身分制だから、身分の制限をよく守るようになるからだと解する。

四四　子路、君子を問う、子曰わく、己れを脩《おさ》めて以て敬す。曰わく、斯《か》くの如《ごと》きのみか。曰わく、己れを脩めて以て人を安んず。曰わく、斯くの如きのみか。曰わく、己れを脩めて以て百姓《ひゃくせい》を安んず、己れを脩めて以て百姓を安んずるは、堯舜《ぎょうしゅん》もそれ猶諸《なおこれ》を病《や》めり。

子路問君子、子曰、脩己以敬、曰如斯而已乎、曰脩己以安人、曰如斯而已乎、曰脩己以安百姓、脩己以安百姓、堯舜其猶病諸、

子路が君子の心得をおたずねした。先生がいわれた。

「自分の行ないを正しくして、慎み深くすることだ」

子路はまたおたずねした。

「それだけのことですか」

先生がいわれた。

「自分の行ないを正しくして、仲間の君子の人々を安心させること」

子路はまたおたずねした。

「それだけのことですか」

先生はいわれた。

「自分の行ないを正しくして、百姓つまり人民一般を安心させる。自分の行ないを正しくして、百姓を安心させることは、堯・舜のような聖人でも、実現がむつかしかったのだ」
＊子路は、自分にとってやさしい君子たる心得に満足せず、どんどんむつかしい条件を聞きたいとせがんだ。子路の積極的性格がよく出ている。

四五　原壌《げんじょう》、夷《い》して俟《ま》つ。子曰わく、幼にして孫弟《そんてい》ならず、長じて述べらるるなく、老いて死せざる、是《これ》を賊と為すと。杖《つえ》を以てその脛《はぎ》を叩《たた》く。
原壌夷俟、子曰、幼而不孫弟、長而無述焉、老而不死、是為賊、以杖叩其脛、
原壌が、片足を立てひざしてすわったまま待ちうけていた。先生は、
「おまえは、幼年のときはすなおでなく、おとなになってから他人にほめられたことなく、

年寄って死にもしない。こういう人間をごくつぶしというのだ」

といいながら、ついていた杖で立てひざしている片脛《かたすね》をたたかれた。


〈原壌〉孔子のふるい友だち、詳しいことは不明。

〈夷して〉立てひざしてすわること。

〈孫弟〉すなお、柔順。

＊旧友で落ちぶれた原壌にたいする孔子の批判は、なかなかきびしかった。

四六　闕党《けっとう》の童子《どうじ》、命《めい》を将《おこ》なう。或るひとこれを問いて曰わく、益《えき》する者か。子曰わく、吾《われ》その位に居《お》るを見たるなり。その先生と並び行けるを見たるなり。益を求むる者に非《あら》ざるなり。速やかに成らんことを欲する者なり。

闕党童子将命矣、或問之曰、益者与、子曰、吾見其居於位也、見其与先生並行也、非求益者也、欲速成者也、

闕の村の少年が、客の取次ぎをしていた。さるお方がきかれた。

「あの子の学問は、進歩するでしょうか」

孔子がこたえられた。

「わたしは、あの子が郷党の行事に、中央部の成人のすわる席に平気ですわっているのを見ました。村の老人の先生と並行して歩いているのを見かけたことがあります。学問や人

格の向上を求める少年ではありません。仕事を速成させようという少年なのです」

〈闕党〉孔子の生まれ故郷の闕里《けつり》。その村が組合を作っていたのである。

〈童子〉まだ元服せず、冠をかぶれない少年たちのこと。

〈命を将なう〉取次ぎ役を勤める。

＊有能な少年を愛育された孔子であるが、実力のないのにでしゃばる少年は、あまり好きでなかったのである。

論語　第八巻

# 第十五　衛霊公《えいれいこう》篇

衛《えい》の霊《れい》公が孔子に陣立《じんだ》てをきいた、首章の最初の文字をとってこの篇は名づけられた。合計四十二章で、憲問篇に次ぐ長篇である。孔子の短いことばを多く収め、内容は憲問篇よりさらに雑多で、篇としての特徴をもたない。短い金玉の名言が含まれてはいるものの、憲問篇とともに、これまでの諸篇にもれた孔子のことばをかき集めた感じが濃厚である。

一　衛《えい》の霊《れい》公、陳《じん》を孔子に問う。孔子対《こた》えて曰《のたま》わく、俎豆《そとう》の事は則《すなわ》ち嘗《かつ》てこれを聞けるも、軍旅《ぐんりょ》の事は未だこれを学ばざるなりと。明日《めいじつ》、遂《つい》に行《さ》る。

衛霊公問陳於孔子、孔子対曰、俎豆之事則嘗聞之矣、軍旅之事未之学也、明日遂行、

衛の霊公が陣立《じんだ》てについて孔先生におたずねになった。孔先生はかしこまってこたえられた。

「儀式のことなら、わたくしは少しは知識を持っています。軍隊のことは今まで習ったことがありません」

その翌日、衛の国を立ちのかれた。

〈陣〉「陣」に同じ。

〈俎豆の事〉「俎」は祭の際、お供えの肉をのせる器、「豆」はお供えの野菜を盛る器である。「俎豆の事」とは結局、儀式・礼に関する知識のことである。

〈軍旅の事〉軍事の知識。「軍・旅」はいずれも当時の軍隊の単位で、軍は一万二千五百人で最大の単位、今日の軍団にあたるであろう。旅は五百人で、大隊くらいにあたる。

＊孔子が衛国の乱脈に見切りをつけて立ち去ったのは、銭穆《せんぼく》の説によると霊公の死の直後、後継者の問題で内乱が起こった前四九三年のこととされている。霊公に軍旅のことを聞かれて、愛想をつかして衛国を立ち去ったということの記事は、歴史的事実かどうか疑いがかけられている。孔子は陳《ちん》・蔡《さい》・楚《そ》などの国を流浪して、前四八九年再び衛国に帰り、前四八四年、祖国魯《ろ》の招きに応じて衛国から帰国する。『左伝』にはこの年、衛の大夫孔文子《こうぶんし》が大叔《たいしゅく》を討とうとして、孔子に意見を求めたところ、孔子は、「胡簋《こき》の事は嘗てこれを学びたり。甲兵《こうへい》の事は未だこれを聞かず」といって、駕《が》を命じて去ろうとしたことが書かれている。これをそのまま信用すると、孔子が第一回めに衛を立ち去るときの動機は、霊公の質問、第二回めは孔文子の質問によるとするのは、あまりにも奇怪な一

致で、『左伝』『論語』どちらかの記事が誤りであろう。崔述《さいじゅつ》らは、孔文子との対話がもとであり、『論語』はそれを霊公のことにしたのだと見ている。『左伝』は、諸国の記録と伝説とを寄せ集めてできたものであるから、孔子と孔文子との対話の内容のほうが、かえって『論語』から影響を受けていると考えることもできる。孔子が衛を立ち去る動機となったのは、そのときの君主あるいは実力者から軍事のことを問われ、内乱の渦中に巻き込まれることを恐れたからであった。ただ、軍事のことを問うたのは、ある伝説は衛の霊公とし、ある伝説は孔文子とするが、どちらもそのころ行なわれた伝説で、どちらが正しいか、今ここで早急に結論をくだすことはできない。

二　陳《ちん》に在《あ》りて糧《りょう》を絶《た》つ。従者病んで能《よ》く興《た》つこと莫《な》し。子路慍《いか》りて見《まみ》えて曰わく、君子《くんし》も亦《また》窮することあるか。子曰《しのたま》わく、君子固《もと》より窮す、小人窮すれば斯《ここ》に濫《みだ》す。

在陳絶糧、従者病莫能興、子路慍見曰、君子亦有窮乎、子曰、君子固窮、小人窮斯濫矣、

陳の国において食糧の補給が絶えた。お供の弟子たちは病み疲れ果てて、立ち上がる元気もない。子路が憤然として、孔子にお目にかかっていった。

「君子でも困りきることがあるものでしょうか」

先生がいわれた。

「君子でもむろん困りきることはある。しかし、小人が困りきるとやけくそになるものだ」

〈陳〉現在の河南省淮陽県《わいよう》にあたる小国。

〈濫す〉「濫」は「溢」で、自暴自棄に陥ること。鄭玄《ていげん》の注によると「濫」は盗みをすること、それでも通じる。

＊孔子が衛国を去って陳国に寄ったのは、前四九二年のことであったが、ここに滞在しているうち、前四八九年、新興の呉《ご》国が楚《そ》の同盟国である陳国を攻めたので、楚は援軍を派遣して陳国を助け、陳国は大混乱に陥った。孔子のような大人数の外国の旅行団が、こういう場合、食糧の補給の道がつかなくなったことは、じゅうぶんありうることであった。幸いにして、楚の昭王が兵を出して孔子を迎えたので、やっと生命をまっとうすることができたのであった。(先進篇第二章参照)

三　子曰わく、賜《し》よ、女予《なんじわれ》を以て多く学びてこれを識《し》れる者と為《な》すか。対《こた》えて曰《い》わく、然《しか》り、非《しか》ざるか。曰《のたま》わく、非ず、予一《いつ》以てこれを貫く。

子曰、賜也女以予為多学而識之者与、対曰然、非与、曰、非也、予一以貫之、

先生がいわれた。

「子貢よ、おまえは、わたしを多方面の学問を習って、それを記憶している物知りだと思

うかね」

子貢は、かしこまっておこたえした。

「そうです。そうではないのですか」

先生がいわれた。

「そうではないのだ。わたしは、一本を通してきたのだよ」
＊里仁篇第十五章で、孔子は「吾が道は一以てこれを貫く」と曽子《そうじ》に教えている。こうした一貫の教えは、宋《そう》以後の儒学では儒教の根本の教義として重要視されてきた。この教訓が、里仁篇のいうように曽子を通じて伝わったのか、この篇でいうように子貢を通じて伝わったのか、このいずれが、儒教の正統の伝わり方であるか、たいへん重要な問題となった。根本の教義として重要なものであるなら、孔子が子貢や曽子をはじめいろいろの弟子に、いろいろの機会に同じ教えを語ったことも、ありえないことではないから、どちらの話が真実かは問わないでもいいであろう。

四　子曰わく、由《ゆう》よ、徳を知れる者鮮《すく》なし。
子曰、由、知徳者鮮矣、
先生がいわれた。
「子路よ、徳のわかる者はほんとに少ないのだ」

＊古注によると、このことばは、第二章の陳の難にあって、空腹の不満をぶちまけた子路に対する、孔子のことばの続きと解している。そうすると、これは「世の中には、徳のありがたさがわからぬ人間がたくさんいる。それだから、自分はここでそういう人間のために迫害されているのだ。仕方がないではないか」という慰めととられる。ふだんなら子路のように、徳のありがたさがあまりわからぬ直情の人に、こんなことばを述べてもあまり反応がないことを、孔子は知っていたはずである。危急の場合、困難の場合だから、こんなことばも出るというのかもしれない。私は、この古注の意見にはだいたい賛成である。

**五** 子曰わく、無為《むい》にして治《おさ》むる者はそれ舜《しゅん》か。夫《かれ》何をか為《な》さんや、己れを恭《うやうや》しくして正《まさ》しく南面《なんめん》せるのみ。

子曰、無為而治者、其舜也与、夫何為哉、恭己正南面而已矣、

先生がいわれた。

「何もしないでいて、うまく天下を治められた人は、まず舜ぐらいであろうか。あの人はそもそも何をなされたのだろう。ただ身を持すること謹厳で、帝位についていられただけなのだ」

〈舜〉堯《ぎょう》帝を継いで天下を治めた古代の理想的君主。

〈南面〉君主の位にあるものは、北面する臣下にたいして、南面して相対する。南面するとは、君主の位について臣下に臨むことである。

六　子張《しちょう》、行なわれんことを問う。子曰わく、言《げん》忠信、行篤敬《とくけい》ならば、蛮貊《ばんばく》の邦《くに》と雖《いえど》も行なわれん。言忠信ならず、行篤敬ならざれば、州里と雖も行なわれんや。立てば則ちその前に参《あ》たるを見、輿《くるま》に在《あ》るときは則ちその衡《よこぎ》に倚《よ》るを見る。それ然《しか》る後に行なわれん。子張、諸《これ》を紳《しん》に書《しる》せり。

子張問行、子曰、言忠信、行篤敬、雖蛮貊之邦行矣、言不忠信、行不篤敬、雖州里行乎哉、立則見其参於前也、在輿則見其倚於衡也、夫然後行也、子張書諸紳、

子張がどうしたら自分の主張が行なわれるかおたずねした。先生がいわれた。「ことばにまごころがあり、たがえることがなく、行動は実直で慎み深かったら、南蛮《なんばん》・北狄《ほくてき》の異民族の国でも、その主張は行なわれるであろう。ことばにまごころがなく、たがえることが多く、行動がいいかげんであったら、たとえ郷里の中でさえ、どうしてその主張が行なわれるだろうか。立てばまっすぐに正面を見ているのが見られる。輿《くるま》に乗れば、前の横木に寄りかかっているのが見られる。そのように威儀を正してはじめて主張が行なわれるのである」

子張はこのことばを忘れないように、広帯《ひろおび》の端に書きつけた。

〈蛮貊〉「蛮」つまり南方の蛮族と、「貊」つまり北方の蛮族。

〈州里〉「州」は二千五百家、「里」は二十五家、郷村の単位。二字で漠然と郷里をさす。

〈参たる〉いろいろの説があるが、王念孫の、「参は直なり」の解にしたがって、まっ正面を見ると訳す。

〈衡〉馬車の座席の前にある横木。乗客がつかまるために設けてある。

〈紳に書す〉「紳」は礼服用の広い帯。その端を三尺ほど垂らして飾りとした。そこに筆で書きつける。

＊子張は孔子の訓戒を忘れないように、帯の端に書きつけておいた。孔子の語ったことばは、たいてい聞き手の弟子が記憶していたのが、後に記録されて『論語』のもとになった。しかし、子張のようにメモにとっておいたものも『論語』の一つの重要な材料となったのであろう。

七 子曰わく、直《ちょく》なるかな史魚《しぎょ》。邦《くに》道あるときも矢の如《ごと》く、邦道なきときも矢の如し。君子なるかな蘧伯玉《きょはくぎょく》。邦道あるときは則《すなわ》ち仕え、邦道なきときは則ち巻いてこれを懐《ふところ》にすべし。

子曰、直哉史魚、邦有道如矢、邦無道如矢、君子哉蘧伯玉、邦有道則仕、邦無道則可巻而懐之、

先生がいわれた。

「まっすぐだな、史魚は。国家が秩序正しいときは矢のように生き、国家の秩序がこわれるときも矢のように生きる。君子らしいな、蘧伯玉は。国家が秩序正しいときは仕官し、国家の秩序がこわれると、巻いて懐中に入れておける」

〈史魚〉衛の大夫《たいふ》。史鰌《ししゅう》とも書く。歴史官を世襲、「史」を氏の名としている。

〈矢の如し〉『詩経』小雅の大東篇の「直《なお》きこと矢の如し」の句を使った。

〈蘧伯玉〉衛の大夫。（憲問篇第二十六章参照）

＊史魚の人物についてのこの形容は、詩の文句からとられた。蘧伯玉の「巻いてこれを懐にすべし」のほうも、あるいは故事によったのかもしれない。「巻いてこれを懐にす」は、その持てる才能や主張をいさぎよく引っこめて、隠してしまうことである。それにしても、この二つの表現は、感覚的・直感的で、人物の性格をみごとに象徴している。孔子のすぐれた芸術的才能のあらわれである。

八　子曰わく、与《とも》に言うべくしてこれと言わざるときは、人を失う。与に言うべからずしてこれと言うときは、言《ことば》を失う。知者《ちしゃ》は人をも失わず、亦《また》言をも失わず。

子曰、可与言而不与之言、失人、不可与言而与之言、失言、知者不失人、亦不失言、

先生がいわれた。

「共に語るにたる人物であるのに、共に語り合わないのは、人をとり逃がすことである。共に語るにたらない人物であるのに、共に語り合うのは、ことばをむだにすることである。知者は人をとり逃がさないし、ことばをむだにすることもしないものだ」
＊あのときもう少し話を聞いておけばという嘆息は、だれでも経験している。人間との触れ合いをたいせつにした孔子は、これを痛感している。それに比べると、日常なんとつまらない会話に時を失っているであろうかと孔子は反省する。

九　子曰わく、志士仁人《ししじんじん》は生を求めて以て仁を害することなく、身を殺して以て仁を成すことあり。

子曰、志士仁人、無求生以害仁、有殺身以成仁、

先生がいわれた。

「志士・仁人といわれる人たちは、生命を惜しんで仁徳を傷つけることをしないで、身を殺して仁徳を完成することができる」
＊仁徳の完成と、現実の生活とが矛盾する極限の場合をいったのだが、孔子にはこういった表現は珍しい。「朝《あした》に道を聞かば、夕《ゆうべ》に死すとも可《か》なり」（里仁篇第八章）と、その表現の仕方が似ていて、それゆえに、ともにわが国で愛唱されている。

一〇　子貢《しこう》、仁を為《な》すことを問う。子曰わく、工《こう》、その事を善《よ》くせんと欲するときは、必ず先《ま》ずその器《うつわ》を利《と》くす。是《こ》の邦《くに》に居《お》りては、その大夫《たいふ》の賢なる者に事《つか》え、その士の仁なる者を友とせよ。

子貢問為仁、子曰、工欲善其事、必先利其器、居是邦也、事其大夫之賢者、友其士之仁者也、

子貢が仁徳を実現する方法をおたずねした。先生がこたえられた。「職人はいい仕事をしようと思うと、まず道具をとぐ。一つの国家にあっては、まずその役について大夫のなかのすぐれた人につかえ、士のなかの仁徳ある人と友になることである」

＊『論語』では、弟子などが孔子に「仁」を問う場合、たいていたんに、「仁を問う」と書いてある。ここではとくに、「仁を為すことを問う」になっている。孔子は「仁」を定義するよりは、実際に「仁」を実現する方法をいつも問題にしている。だから私はこういう場合、「仁の心得をおたずねした」というように訳してきた。伊藤仁斎は、子貢の「仁を為すことを問う」という問い方は、必ず一般の「仁を問う」とは差があるはずだということから、仁を助ける方法をたずねたのだと解した。荻生徂徠《おぎゅうそらい》と吉川幸次郎博士が批判されたように、それは確かに行きすぎである。しかし、子貢の問いが「仁」でな

く、「仁を為すこと」であったのは、頭脳がすぐれ、理性にまさった子貢が、仁をなす方法を意識し、それを問題として孔子にただしたからであろう。これにたいする孔子のこたえは、大工が、まず刃物をとぐように、賢者・仁人と交わって自己を磨くようにせよと、巧みな比喩《ひゆ》をもってした。子貢のように、自分の才能をたのみ、他人を見くだしかねない弟子にたいして、まず先輩と友とをたいせつにせよと教えたのである。

二 顔淵《がんえん》、邦《くに》を為《おさ》めんことを問う。子曰わく、夏《か》の時《とき》を行ない、殷《いん》の輅《ろ》に乗り、周の冕《べん》を服し、楽《がく》は則ち韶舞《しょうぶ》、鄭声《ていせい》を放ち、佞人《ねいじん》を遠ざく。鄭声は淫《いん》に、佞人は殆《あや》うし。

顔淵問為邦、子曰、行夏之時、乗殷之輅、服周之冕、楽則韶舞、放鄭声、遠佞人、鄭声淫、佞人殆、

顔淵が、国家を治める方法をおたずねした。先生がいわれた。「暦《こよみ》は夏王朝の暦を採用し、車は殷王朝の輅に乗り、衣服は周王朝の冕の冠《かんむり》をいただき、音楽は舜《しゅん》帝の韶を舞わせる。鄭の音曲《おんぎょく》を追放し、追従《ついしょう》をいう人間を排斥《はいせき》する。鄭の音曲は美しすぎるし、追従をいう人間はあぶないからだ」

〈時〉この場合は時間でなく、暦をさし、暦に付随する年中行事まで含められている。

〈輅〉大きな馬車のことだといわれてきた。殷の王朝のときに、二頭立て、ときに副《そ》え馬の二頭を含めて四頭立ての戦車ができた。殷の都の遺跡である殷墟《いんきょ》などから続々と発掘され、

実物によってまのあたりに見ることができる。
〈冕〉周代の儀礼用の冠。上に板がありその前後にふさが垂れているもの。
〈韶舞〉舜の作った音楽。（八佾篇第二十五章・述而篇第十三章参照）
〈鄭声〉鄭国は小国であるが、中原《ちゅうげん》では文化的には先進国であった。隣国の衛国とともに、新しい音楽が行なわれていたので、しばしば「鄭衛の楽」として儒者から排斥されている。

＊顔淵はさすがに孔子の第一の弟子であったので、国家をりっぱに治める政治の方法を問題にして「邦を為める」ことをきいた。過去の文化というものは、夏・殷・周・舜いずれの王朝を問わず、これを採用した。新興の鄭の音楽と佞人だけは、文化を破壊するから絶対に排撃したが、過去の文化のよいものを選んで、それを取り入れるというのが孔子の文化政策であった。過去の文化の長所を取り、それを共存させることが孔子の意図した文化政策であるとすると、それは文化の総合 synthesis でなく、混合 syncretism である。総合では異なる要素が一つの文化のなかに止揚され、完全に一つの統一をなしている。混合では個々の要素がそのままの形で共存している。その間には自然の調和があるが、意識的に一つの統一をもっていない。おそらくこの文化の総合における孔子の立場が、中国や日本の文化の形式において、一つの原型となったのではなかろうか。ただ、文化を破壊する非常に危険な要素は排斥されるが、たいていの要素はそのまま保存されないまでも、自然に放任されているのである。

三 子曰わく、人にして遠き慮《おもんぱか》りなければ、必ず近き憂《うれ》いあり。
子曰、人而⑴無遠慮、必有近憂、
先生がいわれた。
「人として遠い先のことを考えないと、きっと手近な心配事が起こる」
（1）「而」の字は、清家《せいけ》本・皇侃《おうがん》本によって補う。

亖 子曰わく、已《や》んぬるかな、吾未《いま》だ徳を好むこと色を好むが如《ごと》くする者を見ざるなり。
子曰、已矣乎、吾未見好徳如好色者也、
先生がいわれた。
「おしまいだな、わたしは美人を愛するほど熱烈に有徳者を愛する人をまだ見たことがない」
＊「已んぬるかな」つまり「おしまいだな」の語がつけ加わっただけで、子罕篇第十八章と同文である。

亖 子曰わく、臧文仲《ぞうぶんちゅう》はそれ位を窃《ぬす》める者か。柳下恵《りゅうかけい》の賢を知りて而《しか》も与《とも》に立たざるなり。

子曰、臧文仲其窃位者与、知柳下恵之賢、而不与立也、(1)

先生がいわれた。

「臧文仲は禄盗人《ろくぬすっと》といえないだろうか。柳下恵のすぐれた人物であることを知りながら、推薦して同役にしなかったのだから」

〈臧文仲〉魯国の大夫、臧孫辰《ぞうそんしん》。（公冶長篇第十八章参照）

〈柳下恵〉姓は展《てん》、名は獲《かく》、字《あざな》は子禽《しきん》、また展季とよぶ。魯国の賢者として有名である。「柳下」は、家に柳があったから人がそうよんだのだともいう。「恵」は諡《おくりな》である。

（1）兪樾《ゆえつ》のように、「立」は「位」に通ずるとして、「位を与えず」との読み方もある。

＊臧文仲の伝記は、『左伝』などでかなりあきらかであるが、柳下恵については、多少伝説が残っているだけで、確かな資料はない。臧文仲が迫害しないまでも、少なくとも疎外したことは、これ以外に何も伝わっていない。

一五　子曰わく、躬自《みずか》ら厚くして、薄く人を責むれば、則ち怨《うら》みに遠ざかる。

子曰、躬自厚、而薄責於人、則遠怨矣、

先生がいわれた。

「自分自身についてはきびしく責め、他人はあまり深く責めなければ、他人の恨みは自然に遠ざかる」

〈躬自ら厚くして〉伊藤仁斎のように、「自分の身を治め、徳を厚くする」と読む説もあるが、一般には、「躬自ら厚く責める」の意味に読んでいる。

一六　子曰わく、如之何《いかん》、如之何と曰《い》わざる者は、吾《われ》如之何ともする末《な》きのみ。

子曰、不曰如之何如之何者、吾末如之何也已矣、

先生がいわれた。

「『どうしようか、どうしようか』とたずねない者は、自分もどうしようもないのだ」

＊孔子の教育は、弟子に教義を教え込むのではなく、弟子の問いにしたがって指導するという、いわゆる啓発主義の教育であった。

一七　子曰わく、群居《ぐんきょ》して終日、言《げん》、義に及ばず、好んで小慧《しょうけい》を行なう。難《かた》いかな。

子曰、群居終日、言不及義、好行小慧、難矣哉、

先生がいわれた。

「寄り集まって一日中おしゃべりをしながら、ついぞ一度も話が正義に触れることがなく、こざかしい悪知恵を働かしている。これではどうにもならない」

＊孔子の弟子たちは、いつも寄り合っていろいろと議論をしていた。孔子の目からすると、どうも、もうひとつ本質に触れない談義ばかりしていると感じたのであろう。まさか喫

茶店などにたむろして、悪事を働こうと謀議している者に警告を発しているわけでもあるまい。しかし、そうともとれるのは、簡潔なことばの中に、古今に通じた教訓を含んでいるからであろう。

一八　子曰わく、義以て質と為《な》し、礼以てこれを行ない、孫《そん》以てこれを出《い》だし、信以てこれを成す。君子なるかな。

子曰、君子(1)義以為質、礼以行之、孫以出之、信以成之、君子哉、

先生がいわれた。

「正義をもって本質とし、礼にしたがって実行し、謙遜《けんそん》なことばでいいあらわし、信義をたがえないことによって完成する。このような人こそまことの君子だね」

〈孫以てこれを出だし〉「孫」は謙遜の意。「これを出だす」は、鄭玄《ていげん》の注が、ことばにあらわすことだとしているのが適切である。

(1)「君子」の二字は『経典釈文《けいてんしゃくもん》』の本文にはなかったらしく、そのほうがいいという武内義雄博士の説にしたがって読まないことにした。

一九　子曰わく、君子は能《のう》なきを病《うれ》う。人の己れを知らざるを病えざるなり。

子曰、君子病無能焉、不病人之不己知也、

先生がいわれた。

「君子は自己の才能の乏しいのを気にかけるが、他人が自己を認めないのを気にかけない」

二〇　子曰わく、君子は世を没《お》わるまで名の称せられざるを疾《や》む。

子曰、君子疾没世而名不称焉、

先生がいわれた。

「君子は一生を終えるまでに、自分の名が世にたたえられないのを気に病む」

＊前章でいうように、他人に認められるために勉強しているのではないが、勉強して実力がつけば、必ず世間に出て、その理想を実現するために働かなければいけないと考えていた。そうすれば、きっと世の中の人に知られる仕事もできるはずである。こういう前提がないと、前章と本章とは矛盾する。一見矛盾するが、終局的に道義・学問は世に知られずにはおかれないという手放しの楽天論的にだけ理解するのは、孔子の本旨ではあるまい。孔子の学問は実践的であり、積極的であるからである。

二一　子曰わく、君子は諸《これ》を己れに求め、小人《しょうじん》は諸を人に求む。

子曰、君子求諸己、小人求諸人、

先生がいわれた。

「君子は自己の中に求めるが、小人は他人にたいして求める」
＊求めるものは何であるか、いろいろあるであろう。ともかく期待するものは、自己の中にある。自己の力によって期待を実現する。他人から与えられることを期待してはいけないということであろう。

二二　子曰わく、君子は矜《きょう》にして争わず、群するも党せず。
子曰、君子矜而不争、群而不党、
先生がいわれた。
「君子は、厳然として犯すべからざる態度をとってはいるが、他人と争いを起こそうとしない。おおぜいの人と交わるが、党派にははいらない」
〈矜〉おごそかにそれを持することである。矜持《きょうじ》ということばがこれから生まれる。

二三　子曰わく、君子は言を以て人を挙げず、人を以て言を廃《す》てず。
子曰、君子不以言挙人、不以人廃言、
先生がいわれた。
「君子は、人のいったことばによってその人を推薦しない。それをいった人によってそのことばを捨てることはしない」

〈廃てず〉「廃」は「すつ」と読む。

＊前半の、ことばだけを信用しないで、よく人柄を見てから推薦するというのは、これを実行することはそんなに困難ではない。後半の、人によってことばを捨てないほうが、実行がむつかしい。あいつの言《げん》だから信用しない、あの学派のいうことだからなんでも反対するという態度から、完全に免《まぬが》れうる人が、現在この日本にいるであろうか。

二四 子貢問いて曰わく、一言にして以て身を終《お》うるまでこれを行なうべき者ありや。子曰わく、それ恕《じょ》か、己れの欲せざるところを人に施《ほどこ》すこと勿《な》かれ。

子貢問曰、有一言而可以終身行之者乎、子曰、其恕乎、己所不欲、勿施於人也、

子貢がおたずねした。

「ほんの一言で死ぬまで行なえるものがありますか」

「それは『恕』だろうね。自分にしてほしくないことは、他人にしてはならないということだ」

先生がいわれた。

＊曾子は孔子から、「吾が道は一《いつ》以て貫く」ということばを聞いて、自分の弟子にそれは「忠恕《ちゅうじょ》」だと語った（里仁篇第十五章）。同じように、「予一《われいつ》以て貫く」という教えを受

けた（本篇第三章）子貢が、またこの「一貫」の原理は「恕」だと孔子から教えられている。仁を「恕」つまり思いやりと解する解釈は、子貢と曽子の両弟子が伝え聞いたことになり、二つの伝承が『論語』の中に保存されているのである。

二五　子曰わく、吾《われ》の人に於《お》けるや、誰《たれ》をか毀《そし》り、誰をか誉《ほ》めん。如《も》し誉むべき者あらば、それ試みるところあらん。斯《こ》の民や、三代の直道《ちょくどう》にして行なう所以《ゆえん》なり。

子曰、吾之於人也、誰毀誰誉、如有可誉者其有所試矣、斯民也、三代之所以直道而行也、

先生がいわれた。

「わたしは村の人々にたいするときは、だれかをほめ、だれかをくさすということはしない。もしほめる人物があるなら、とっくに試験を受けて用いられてしまっているだろうから。この村にいる人民たちは、夏《か》・殷《いん》・周《しゅう》の三代の時代から変わりなく、まっすぐな道でやってきている人たちだ」

＊この文章は難解で、古注・新注どれも持ってまわった解釈で、意味がすっきりしない。私は、徂徠の「吾の人に於けるや」の「人」を孔子の郷党《きょうとう》つまり郷里の村人たちと解する説に暗示を受け、私なりの解釈に達した。村の寄り合いで、村人仲間をけっしてほめたことも、くさしたこともない。なぜならほめるような人物があったら試験を受けて

採用され、村じゅうに残っているはずはないからである。村の農民たちは、そんなほめるとか、くさすとかいうこともなく、この三代以来の直道で、心の思うとおり、感情の向くままに楽しく暮らしてきた人たちなのであるというのである。素朴な農村社会は、夏・殷・周の三代以来少しも変わることがない。そして自分が郷里に帰ったときは、この社会の人々とすべてを忘れて楽しく暮らす。それが孔子の郷党における道徳以前の態度なのだ。古今の注釈家は、道徳の世界に引きつけて、持ってまわった解釈を試みて失敗している。

二六 子曰わく、吾は史《し》の闕文《けつぶん》に及ぶ猶《べ》きか。馬ある者は、人に借《か》してこれに乗る。今は則ち亡《な》きかな。

子曰、吾猶及史之闕文也、有馬者借人乗之、今則亡矣夫、

先生がいわれた。

「自分は、歴史に記述が欠けている部分は論及しないことにしている。馬を持っている人は、自分が乗れなくとも、だれかに乗せてもらうことができる。記述が欠けているのは、馬を持たないのと同じではないか」

〈猶〉「猶は可なり」というもっとも普通の意味にしたがって、「べし」と読んだ。

＊これは古今の注釈家がもっとも読みかねた文章である。新注では、この章は「義疑《ぎ》わし、

強《し》いて解すべからず」といっている。自信満々のわが荻生徂徠先生も、このままでは読みかねたと見える。「闕文也」の「也」の上に文字が欠けていたので、注釈家がここは闕文と注しておいたのを、後の人がそのまま本文に「闕文」の字を入れたのだと解する。こういう奇手《きしゅ》でも出してみないと、この文章は読めない。そのように読みくだせない文章であったのだ。私は「猶」を「可」と読むことから始めて、字づらのとおりすなおに読んでみた。歴史に記述が欠けているところは、いくらむりに想像で補ってみてもしかたがない。それは馬を持っていれば、自分が乗れなくても、だれかに乗せてもらって道を行くことができる。歴史に記述が欠けていることは、馬を持っていないと同じではないか。それだけのことなのである。この比喩《ひゆ》を比喩として読む機転が、古今の注釈家に欠けていたのである。

二七　子曰わく、巧言は徳を乱《みだ》る。小、忍ばざれば、則ち大謀《たいぼう》を乱る。

子曰、巧言乱徳、小不忍、則乱大謀、

先生がいわれた。

「上手《じょうず》すぎる弁説は、徳性に害がある。小さいことは大目に見ておかないと、大きい計画に害がある」

二八　子曰わく、衆これを悪《にく》むも必ず察し、衆これを好むも必ず察す。

子曰、衆悪之必察焉、衆好之必察焉、

先生がいわれた。

「おおぜいが皆きらう人でも、ほんとうにそうなのかどうかを詳しく調べる。おおぜいが皆好む人でも、ほんとうにそうなのかどうかを詳しく調べる」

＊大衆の人気・不人気に影響されずに、自分で人物を納得するまで観察してみる。噂などによらず、自分の目と耳で見聞し、独自の判断をくだすことを孔子は力説している。

二九　子曰わく、人能《よ》く道を弘《ひろ》む。道人を弘むるにあらざるなり。

子曰、人能弘道、非道弘人也、

先生がいわれた。

「人間が道をひろめるのだ。道が人間をひろめるのではない」

＊「道」とは、思想・主義・宗教などすべて一定のイデオロギー形態をさすと考えてもよいであろう。人は思想・主義・宗教などが独自で存在しているように誤って考えるが、あくまで人間が主体であり、人間によって考えられ、人間によって信じられ、人間によって主張されつつ世の中にひろまり、後世に残ってゆく。ここに孔子の人間中心主義、いわゆる人本《じんぽん》主義がある。

三〇　子曰わく、過ちて改めざる、是《これ》を過ちと謂《い》う。

子曰、過而不改、是謂過矣、

先生がいわれた。

「過って改めないこと、これを過ちという」

＊「過てば則ち改むるに憚《はばか》ること勿《な》かれ」ということばが二度『論語』に出てくる（学而篇第八章・子罕篇第二十五章）。たんなる過ちは問題でない。過ちの処置がたいせつである。たんなる過ちは過ちでないという考え方は、なかなかおもしろい。

三一　子曰わく、吾嘗《われかつ》て終日食《く》らわず、終夜寝《い》ねず、以て思う。益なし。学ぶに如《し》かざるなり。

子曰、吾嘗終日不食、終夜不寝、以思無益、不如学也、

先生がいわれた。

「私は以前に一日じゅう絶食し、一晩じゅう眠らず思索しつづけた。しかし、効果はなかった。書物と師について学ぶのに及ばなかった」

＊孔子が、「思いて学ばざれば則ち殆《うたが》う」（為政篇第十五章）といったのは、ここで体験として述べたことを、たんなる思索では学問が成り立たないと一般化して述べたのである。

三 子曰わく、君子は道を謀《はか》りて食を謀らず。耕して餒《う》えその中《うち》に在《あ》り。学びて禄《ろく》その中に在り。君子は道を憂《うれ》えて貧を憂えず。

子曰、君子謀道、不謀食、耕也餒在其中矣、学也禄在其中矣、君子憂道、不憂貧、

先生がいわれた。

「君子は道を得ようと考えるが、食を得ようとは考えない。耕作していても、年により飢えることもある。学問していても、俸給はその中に生まれる。君子は道を気にかけるが、貧乏を気にかけない」

*食を得るために農業に従事していても、年によって飢饉《ききん》のため食が得られないことがある。これに反して、食を得ることを目的として学問してはいないのに、学問ができ上がると、自然に諸侯や貴族に招かれて俸禄《ほうろく》にありつける。この逆説がないと、このことばはまったく平凡なお説教におちいる。

三 子曰わく、知はこれに及ぶも、仁これを守る能《あた》わざれば、これを得《う》と雖《いえど》も必ずこれを失う。知これに及び、仁能《よ》くこれを守るも、荘《そう》以てこれに涖《のぞ》まざれば、則ち民は敬せず。知これに及び、仁能くこれを守り、荘以てこれに涖むも、これを動かすに礼を以てせざれば、未だ善《よ》からざるなり。

子曰、知及之、仁不能守之、雖得之必失之、知及之、仁能守之、不荘以涖之、則民不敬、知及之、仁能守之、荘以涖之、動之不以礼、未善也、

先生がいわれた。

「知識で、その地位までゆきつくことはできるが、仁徳によってその地位を守ることができないと、きっとその地位を失うはめになる。知識でその地位にゆきつき、仁徳で守っても、おごそかに地位についていないと、人民は敬意をはらわない。知識でその地位にゆきつき、仁徳で地位を守り、おごそかに地位についていても、人民を動かすのに礼の定めにしたがわないと、まだじゅうぶんではないのである」

〈荘〉厳格な態度。おごそかに。

〈涖む〉定められた位置につくこと。ここでは位について人民に対すること。

＊「知はこれに及ぶ」の「これ」、「仁能くこれを守る」の「これ」が何をさすか、はっきりしていない。私は、「荘以てこれに涖む」の「これ」が、おごそかに位につくことをさすことから、すべての「これ」は位をさすと考えた。これでじゅうぶん説明がつくと信じる。

三四　子曰わく、君子は小知《しょうち》すべからずして、大受《たいじゅ》すべし。小人は大受すべからずして、小知すべし。

子曰、君子不可小知、而可大受也、小人不可大受、而可小知也、

先生がいわれた。

「君子は小さいことはできないが、大きな任務を引き受けることができる。小人は大きな任務は引き受けられないが、小さいことはできる」

〈小知〉小さい事柄を理解し、それを実行するという意味。

〈大受〉大きい任務を引き受けること。

＊古注・新注・荻生徂徠の説いずれも意味が完全には通らないので、折衷的な立場で訳した。

三五　子曰わく、民の仁に於《お》けるは水火よりも甚《はなは》だし。水火は吾《われ》蹈《ふ》みて死する者を見るも、未だ仁を蹈みて死する者を見ざるなり。

子曰、民之於仁也、甚於水火、水火吾見蹈而死者矣、未見蹈仁而死者也、

先生がいわれた。

「人民の仁徳に依存する度合いは、水と火にたいするよりもずっと深いものがある。水と火に依存する結果、ときに焼死や溺死《できし》する人が出てくる。ところが、仁を守ってこれに殉ずるという人を、今まで見たことがないのはどうしたことか」

＊人間にとって、水と火とは欠くべからざるものである。仁徳もまた欠くべからざるもの

であるはずだが、それが理解されていない。水火という比喩《ひゆ》を持ち出して仁徳の尊さを説き、「水火は蹈みて死す」という極限の場合を持ち出してこれを説明する。この説明の仕方は、孟子《もうし》などのような戦国時代の雄弁術の影響を受け、かなり表現が戦国時代的になっているように感じられる。

三六　子曰わく、仁に当たりては、師にも譲《ゆず》らず。

子曰、当仁不譲於師、

先生がいわれた。

「仁徳を実行するにあたっては、先生にも遠慮してはならない」

＊師弟の関係を非常に重く考えたこの時代に、仁徳を実行するには、先生に気がねなどする必要はないという提言は、たいへん重大である。師弟の情義が昔のものとなった現代人には、この提言はひょっとすると訴えるところが弱いかもしれないけれども、私は孔子が、弟子たちがあまり自分のいうことをはいはいと聞いているのに愛想をつかし、仁に関することなら、もっと自分に反論するだけの元気を持てと鼓舞《こぶ》するために、こんな過激なことをいったのだと想像する。

三七　子曰わく、君子は貞《てい》にして諒《りょう》ならず。

子曰、君子貞而不諒、

先生がいわれた。

「君子は長い目で正しさを守るが、細かい正しさにこだわらない」

〈貞〉永久に変わらない正しさ。大きな信義。

〈諒〉小さな信義。諒解《りょうかい》つまり了解とする説もある。

三八　子曰わく、君に事《つか》うるには、その事を敬《つつし》みてその食を後《のち》にす。

子曰、事君、敬其事、而後其食、

先生がいわれた。

「主君につかえるには、仕事をたいせつに行なうこと。俸給は二の次にしろ」

〈食〉禄《ろく》、現在の俸給にあたる。

＊孔子の弟子は、才能によって各国や貴族に仕官しようとしている。弟子たちの間には、その待遇をやかましくいって、交渉がうまくいかないものもあった。このことばは、がんらいはそういう人たちに向かっての教訓であったのだろう。

三九　子曰わく、教えありて類なし。

子曰、有教無類、

先生がいわれた。

「人間は教育が問題で、身分の違いは問題にならない」

〈類〉貴賤《きせん》の身分。
＊孔子の教団は貴賤を問わず、学問を求める人々のために開放されているのだという、新教育のモットーのようなものであろう。

四〇　子曰わく、道《みち》同じからざれば相為《あいとも》に謀《はか》らず。
子曰、道不同、不相為謀、
先生がいわれた。
「目的が同一でなければ、お互いに相談し合うことはできない」
＊主義・主張など生活の信条を異にする人との間では、親身になって相談し合うことは不可能だし、また相談によって益を受けることはできないだろう。孔子の生きた春秋時代末期には、まったく異なる目的を立てる思想があらわれはじめてきた。孔子の力でもそれをじゅうぶん説得することはできなかった。そこでこのことばのように、それぞれ自己の志にしたがって、わが道をゆくほかはないという考えにもなったのだろう。

四一　子曰わく、辞《じ》は達するのみ。

子曰、辞達而已矣、

先生がいわれた。

「外交辞令は、意味が通じればよいのだ」

〈辞〉一般にはことばを意味するが、外交の問答という特殊な用法がある。荻生徂徠、清朝《しん》の銭大昕《せんだいきん》らは、ここでは外交辞令の意味で使われたとしている。

＊当時の外交官の問答の例は、『左伝』にたくさんある。博学を誇示するため故事を引用し、修飾の多い文体が多かった。ややもすると内容空疎で、まったく無意味になってしまうおそれがある。孔子は、外交官ははっきりと自国の主張を打ち出し、それを相手国にわからせなければいけないといっているのではなかろうか。小国の魯国に生まれた孔子は、祖国の利害を正しく大国に伝えることが困難であることをよく承知しながら、しかもこういう注文をつけずにいられなかったのだろう。

四二 師冕《しべん》見《まみ》ゆ。階《かい》に及べり。子曰わく、階なり。席に及べり。子曰わく、席なり。皆坐《ざ》す。子これに告げて曰わく、某《ぼう》は斯《ここ》に在《あ》り、某は斯に在り。師冕出《い》ず。子張問いて曰わく、師と言うの道か。子曰わく、然《しか》り、固《もと》より師を相《みちび》くの道なり。

師冕見、及階、子曰、階也、及席、子曰、席也、皆坐、子告之曰、某在斯、某在斯、師冕出、子張問曰、与師言之道与、子曰、然、固相師之道也、

楽師《がくし》の冕が面会に来た。階段の所に来ると、先生がいわれた。

「ここは階段ですよ」

座席に来ると、先生がいわれた。

「ここが席ですよ」

一同の席が決まると、先生は楽師の冕に向かって、

「某々はここにすわっています。某々はここにすわっています」

と紹介された。楽師の冕が退出すると、子張がおたずねした。

「先生が今なさったのは、師（盲目の楽師）と会うときの作法なのですか」

先生がいわれた。

「そうだ。これがほんとうに師を導く作法なのだ」

〈師冕〉当時の楽人で、冕という名の人である。

〈相く〉礼では賓客を先導することを「相く」という。
＊孔子はかつて楽人から『詩経』の伝授を受けた。当時の楽人は盲目者であった。孔子はたんに盲目の者をいたわるという人道主義からだけでなく、詩については教えを受けた先輩にたいする尊敬からも、楽師を手厚く待遇したのであろう。

# 第十六　季氏《きし》篇

この篇は、第一章の「季氏《きし》、将《まさ》に顓臾《せんゆ》を伐《う》たんとす」の最初の二字をとって名づけられた。第一章は『論語』の中では長文の章であるにもかかわらず、その歴史的現実性はかなり問題とされている。この篇を特徴づけるのは、むしろ第二章・第三章の、春秋時代の下剋上《げこくじょう》の政治社会の不安定性を指摘し、来たるべき社会の姿を暗示した孔子の予言的発想にある。それにつづいて、第四章・第五章・第六章・第七章・第八章・第十章などは、益者三友・損者三友・益者三楽《らく》・損者三楽・三愆《けん》・三戒・三畏《い》・九思など、箇条書きにした徳目の叙述がある。孔子が世を去り、すでに孔子をまのあたりに見ることができなくなった孫弟子以下の時代になると、孔子に人格的に接触し、会話を通して教育を受ける道は閉ざされてしまった。孔子のことばをまとめ、教義として固定し、徳目を箇条書きにして暗唱して伝える傾向が出てきた。この篇の大部分は、こういう時代の孔子学園の中で編纂《へんさん》された、後期の『論語』諸篇のもつ一つの性格を典型的に示しているといえよう。

一　季氏《きし》、将《まさ》に顓臾《せんゆ》を伐《う》たんとす。冉有《ぜんゆう》・季路《きろ》、孔子《こうし》に見《まみ》えて曰《い》わく、季氏、将に顓臾に事あらんとす。孔子曰《のたま》わく、求《きゅう》よ、乃《すなわ》ち爾《なんじ》これ過《あやま》てることなきか。それ顓臾は、昔者《むかし》先王以《もっ》て東蒙《とうもう》の主と為《な》し、且《か》つ邦域《ほういき》の中《うち》に在《あ》り。これ社稷《しゃしょく》の臣なり。何を以てか伐つことを為《な》さんや。冉有曰わく、夫子《ふうし》これを欲す。吾《われ》二臣は皆欲せざるなり。孔子曰わく、求よ、周任《しゅうにん》言えるあり、曰わく、力を陳《の》べて列に就《つ》き、能《あた》わざれば止《や》むと。危うくして持せず、顚《くつがえ》って扶《たす》けずんば、則《すなわ》ち将《はた》焉《いずく》んぞ彼《か》の相《しょう》を用いん。且つ爾の言過てり。虎《こ》・兕《じ》、柙《こう》より出《い》で、亀玉《きぎょく》、櫝《とく》の中《うち》に毀《こぼ》たるれば、これ誰《たれ》の過ちぞや。冉有曰わく、今夫《か》の顓臾は固くして費《ひ》に近し。今取らずんば、後世必ず子孫の憂いと為《な》らん。孔子曰わく、求よ、君子は夫《か》のこれを欲すと曰《い》うを舎《お》いて必ずこれが辞を為すものを疾《にく》む。丘《きゅう》は聞けり、国を有《たも》ち家を有つ者は、寡《すく》なきを患《うれ》えずして均《ひと》しからざるを患え、貧しきを患えずして安からざるを患うと(1)。蓋《けだ》し均しきときは貧しきことなく、和すれば寡《すく》なきことなく、安んずれば傾くことなし。それ是《か》くの如《ごと》し、故に遠人《えんじん》服せざるときは則ち文徳を修めて以てこれを来《き》たし、既《すで》にこれを来たすときは則ちこれを安んず。今、由《ゆう》と求とは夫子を相《たす》けて、遠人服せざるも来たすこと能《あた》わず、邦分崩離析《くにぶんぽうりせき》すれども守ること能わず、而して干戈《かんか》を邦内《ほうない》に動かさんことを謀《はか》る。吾恐る、季孫《きそん》の憂いは顓臾に在《あ》らずして蕭牆《しょうしょう》の内に在らんことを。

　季氏将伐顓臾、冉有季路見於孔子曰、季氏将有事於顓臾、孔子曰、求、無乃爾是過与、夫顓臾、昔者先王以為東蒙主、且在邦域之中矣、是社稷之臣也、何以為伐也、冉有曰、夫子欲之、吾二臣者、皆不欲也、孔子曰、求、周任有言、曰、陳力就列、不能者止、危而不持、顚而不扶、則将焉用彼相矣、且爾言過矣、虎兕出於柙、亀玉毀於櫝中、是誰之過与、冉有曰、今夫顓臾固而近於費、今不取、後世必更為子孫憂、孔子曰、求、君子疾夫舎曰欲之而必為之辞、丘也聞、有国有家者、不患寡而患不均、不患貧而患不安、蓋均無貧、和無寡、安無傾、夫如是、故遠人不服、則修文徳以来之、既来之則安之、今由与求也、相夫子、遠人不服、而不能来也、邦分崩離析而不能守也、而謀動干戈於邦内、吾恐季孫之憂、不在於顓臾、而在蕭牆之内也、

季氏が顓臾《せんゆ》を征伐しようとした。冉有と子路とが孔先生にお目にかかって申し上げた。

「季氏が顓臾に事を起こそうとしています」

孔先生がいわれた。

「冉有よ、それはおまえの過ちではないかな。いったい顓臾という国は、その昔ご先祖の王さまが東蒙の山神の祭主と定められ、魯《ろ》国の領域の中にある。属国としてれっきとした譜代《ふだい》の臣であるのに、なんの理由があって征伐するのだ」

冉有が申し上げた。

「かのお方、季康子《きこうし》どのが討とうと欲せられたのですが、わたくしども両名はどちらも欲しておりません」

孔先生がいわれた。

「冉有よ、大史《たいし》の祖周任《しゅうにん》の有名なことばに、『力のかぎりを尽くして任にあたり、及ばざる節はおいとま願う』とある。君の危うきを見て支えまつらず、倒れられても助けまいらせないというのでは、どこに宰相の役目があろうぞ。おまえのことばはさらにまちがいじゃ。虎《とら》と兕《じ》の猛獣が檻《おり》から逃げ出し、たいせつな亀の甲と玉の宝物が箱の中で壊れたとしたら、それはだれの落度になるのか。それとまったく同じではないか」

冉有が申し上げた。

「かの顓臾の国は、現に要害堅固で季氏の費の城に接近しております。現在この機をのがさず攻め滅ぼしておかないと、後世になって子孫の悩みの種となりましょう」

孔先生がいわれた。

「冉有よ、君子は正直に『ほしい』といわないで、べつな口上を考え出す、そんな人間をひどくきらうものじゃ。わたしの聞くところでは、『国を保ち大家を保つものは、人民の貧しいことを心配せず、不平均であることを心配する。人民が少数であることを心配しないで、人心の安定しないことを心配する』ということばがある。平均していれば貧しいことはなくなり、和合していれば少数は気にならなくなり、安定していれば危険はなくなるからである。こういう次第だから、そこで遠国が服従しないと、文化的な政策でなつかせて来朝させる。来朝すれば安定する。今、子路と冉有とは、かの季氏どのの補佐をしながら、遠国が服従せず、それをなつかせて来朝させることができない。それに国家が分裂分解して、これを防ぐことができない。しかも国内で軍隊を出動させようと計画している。自分がひそかに心配しているのは、季孫氏の災いは遠くの顓臾にあるのではなく、門内にひそんでいることである」

〈顓臾・東蒙〉周のはじめ魯国が曲阜《きょくふ》に建国したとき、この地方の先住民は大皞《たいこう》の子孫で風《ふう》の姓を持つ氏族であり、魯の属国とされた。顓臾はその一国、東蒙の山神の祭主となったという。その東蒙山すなわち蒙山は魯の東方、山東省蒙陰《もういん》県の南にあり、季氏の本拠の費城に近い。

〈社稷の臣〉「社」は土神、「稷」は穀物の神。魯国の君は都にこの神社を設置して祭った。社稷は春秋時代には国家の象徴と考えられたから、社稷の臣とは国家に直属するもの、つまり属国であることをさしている。

〈周任〉周の開国時代、文王ごろの周の大史、つまり歴史記録官であったという。この人のことばというのが断片的に引用されて残っている。

〈虎・兕、柙より出ず〉「柙」は穀物を入れておく檻。兕は野牛に似た一角の獣。虎と兕が檻から逃げ出すというのは、何か古い故事、つまり伝説があるのかもしれない。

〈亀玉、櫝の中に毀たる〉亀の甲は神聖な卜《うらな》いの道具として貴重品であり、「玉」はこれと並ぶ宝物であった。「櫝」はまた匱《き》といい、貴重品をしまう箱である。「亀玉、櫝の中に毀つ」というのも物語となっていたらしい。

〈蕭牆〉門内が見通しになるのを防ぐため門内の正面に作った塀である。「蕭牆の内」とは門内、この場合はつまり季氏の家の内。そこから災いが起こるとは、季氏の執事の陽虎《ようこ》が前五〇五年に季桓子《きかんし》を捕えて、前五〇二年まで魯を専制することをさすというが、これは問題である。

（1）すぐ次の「均しきときは貧《とぼ》しきことなく、和すれば寡なきことなし」から推論して、上の「寡」は「貧」、下の「貧」は「寡」の誤りと見る伊藤仁斎《いとうじんさい》の説がある。これにしたがって訳文は、「貧しきを患えずして均しからざるを患え、寡なきを患えずして安からざるを患う」の意味にとっておいた。これにたいして荻生徂徠《おぎゅうそらい》の反対もある。しかし人民の貧と均しからざることとは直接に結びつくが、人民の寡ないことと均しくないこととの結びつきが悪いため、持ってまわって説明している。要するに反対のための反対のこじつけにすぎないから、問題とするにたりない。

＊魯国の先住民の属国で、東蒙の山神の祭祀《さいし》を受け持っていた顓臾を、季氏が征伐しようと企図しているのを、季氏の臣となっていた冉有・子路が報告にきて、孔子から激しくしかられた。この出来事はいつのことであるかは問題である。崔述《さいじゅつ》は、子路が季氏の宰《さい》となったのは、魯の定公の世（前四九八年）、冉有が季氏の宰となったのは哀公の世（前四八四年）であるから、この章で述べられているように両者が季氏の朝《ちょう》に並び立ったことはありえないという。これをおもな理由として、季氏が顓臾を征伐したことが『左伝』に述べられていないからその事実も疑わしいとし、そのほかいくつかの理由をあげ

て、この章の事件が歴史的事実とは見なせないことを論じた。子路と冉有とが、同時に季氏の臣となったことはありえないとしてもいい。ここでは冉有が主役で、子路はまったくあってもなくてもよい端役《はやく》でしかない。子路を冉有の同役とした点は、この章の筆者の誤りかもしれない。子路を除き、冉有だけの問題とすると、それは歴史的事実であるかもしれない。顓臾を征伐する計画はあったが、孔子から元気づけられた冉有が、いさめて季氏に思いとどまらせたので、歴史の表面に出ていないのだとすれば説明がつくからである。この孔子の弁論は、崔述のいうように戦国時代の手がはいっていることはあらそえない。この説話の中心をなしている孔子の談話は、顓臾の昔からはじまって礼の制度・訓戒が述べられ、最後に季氏家内の災いの予言に終わっている。『左伝』や『国語《こくご》』の説話とよく似た形式の伝説である。孔子はここでは鄭《てい》の子産《しさん》などと同じように故事をよく覚えている博学の君子としてあらわれる。博学の君子としての孔子の故事・伝説は『国語』の魯語に類例が多い。魯語とこの伝説は、同じような時代と環境のもとに成立した同種の説話である。ただこの孔子の長い弁論を歴史的事実に結びつけるときに、多くの時代錯誤が起こった。冉有と子路とを同時に季氏の宰として取り扱ったのが第一点である。孔子の予言を陽虎《ようこ》のクーデターと結びつけるのが第二点である。陽虎のクーデターは前五〇五年から五〇二年である。これにたいして冉有は、二十年後の前四八四年にはじめて季氏の宰となったのであるから、この話は時代的に成立しないのである。説話の核となる孔子の昔話は確かに存在したのであるが、この編者は魯国の歴史に暗かったためか、とんだ時代錯誤を生むにいたった。それにもかかわらず、説話の核となる部分は以前から存在し、戦国時代になってまた潤色されて現在のような形に到達したのであろう。

二　孔子曰わく、天下道あれば、則《すなわ》ち礼楽征伐、天子自《よ》り出《い》ず。天下道なければ、則ち礼楽征伐、諸侯自り出ず。諸侯自り出ずれば、蓋《けだ》し十世《じっせい》にして失わざること希《まれ》なり。大夫《たいふ》自り出ずれば、五世にして失わざること希なり。陪臣《ばいしん》国命を執《と》れば、三世にして失わざること希なり。天下道あれば則ち政は大夫に在《あ》らず。天下道あれば則ち庶人《しょじん》議せず。

孔子曰、天下有道、則礼楽征伐自天子出、天下無道、則礼楽征伐自諸侯出、自諸侯出、蓋十世希不失矣、自大夫出、五世希不失矣、陪臣執国命、三世希不失矣、天下有道、則政不在大夫、天下有道、則庶人不議、

孔子がいわれた。

「天下に正しい秩序があれば、礼楽・征伐を行なう権利は天子に握られている。天下に正しい秩序が失われるときは、礼楽・征伐を行なう権利は諸侯に握られている。諸侯がこの権利を握るときは、十代になってこの権利を失わないものは実にまれである。諸侯の大夫が権利を握るときは、五代になってこの権利を失わないものは実にまれである。諸侯の陪

臣がこの国家の政治をとり行なうときは、三代までこの権利を失わないものは実にまれである。天下に正しい秩序があれば、政権が大夫の手に帰することはない。天下に正しい秩序があれば、庶民が政治の議論を戦わすことはない」

〈大夫〉諸侯の重臣。

〈陪臣〉諸侯の大夫の家につかえる家臣。諸侯から見ると陪臣になる。

＊春秋時代は下剋上《げこくじょう》の世界であった。周王朝の天子の全国を支配する権利は、諸侯とくにその中の覇者《はしゃ》の手に移っていた。諸侯の国家を支配する権利は、その大夫つまり豪族の重臣の手に帰し、さらに豪族の家令つまり陪臣の手に移った。しかし、下剋上の運動は加速度をもって進行するので、その政権の安定する期間は十代から五代、三代と縮まってきた。こういう下剋上の政権の転移のありさまを図式によって示すとともに、この無秩序の状態はいつかは極限に達し、天下に新しい秩序が回復される事態が再び出現することを予見し、また待望しているのが、この孔子のことばである。こういう未来への予見と待望は、晩年の孔子の心の中にしだいに起こってきつつあった。しかし、孔子の頭脳の中で、ここに述べられたような図式が、はっきりと形成されたわけではない。孔子の学説が弟子《でし》・孫弟子、さらにその弟子に伝わってゆく間に、しだいに体系化され、図式が明瞭《めいりょう》になっていったのである。現在、儒教学説史の研究家、たとえば武内義雄博士は、魯《ろ》から斉《せい》に移った孫弟子以後の時代に、この図式は成され、孔子が『春秋』を

制作することにより、この図式を暗示し、未来にたいして到来する社会を予言し暗示したという説を生んだのだとされる。ここに引かれた孔子のことばも、この斉学派の解釈によって書かれているので、孔子のもとのことばではないとされている。

三　孔子曰わく、禄《ろく》の公室を去ること五世なり。政の大夫に逮《およ》ぶこと四世なり。故に夫《か》の三桓《さんかん》の子孫は微《おとろ》えたり。

孔子曰、禄之去公室五世矣、政逮大夫四世矣、故夫三桓之子孫微矣、

孔先生がいわれた。

「爵禄《しゃくろく》を与える権利が魯の君から離れてから、宣公・成公・襄《じょう》公・昭公・定公の五代たった。政権が大夫の手に移ってから、季武子《きぶし》・季悼《とう》子・季平《へい》子・季桓《かん》子の四代たった。あの孟孫・叔孫・季孫の三桓の子孫も衰えたものだ」

＊孔子が活動した時代は、定公から哀公にかけての時代であるが、定公の五年、季孫氏つまり季氏の家令の陽虎が季桓子を捕え、魯の国政をほしいままにした。この政権は間もなく没落するが、三桓の政権にはひびがはいって、もとの権威は回復できなかった。この魯国の現実の政権の転移、下剋上の具体相を感慨深く述べた孔子のことばは、前章のことばと違って孔子のもとのことばであろう。そして前章の図式は、これをもとにして後代に付加されたとみてよい。

四　孔子曰わく、益者《えきしゃ》三友、損者《そんしゃ》三友。直《なお》きを友とし、諒《まこと》を友とし、多聞《たぶん》を友とするは、益なり。便辟《べんぺき》を友とし、善柔《ぜんじゅう》を友とし、便佞《べんねい》を友とするは、損なり。

孔子曰、益者三友、損者三友、友直、友諒、友多聞、益矣、友便辟、友善柔、友便佞、損矣、

孔先生がいわれた。

「ためになる三種の友人、損になる三種の友人。正直な人を友とし、誠実な人を友とし、博学な人を友とするのはためになる。見かけがいいだけの人を友とし、はだざわりがいいだけの人を友とし、口先のうまい人を友とするのは損である」

〈諒〉誠のあること。誠実なこと。

〈便辟〉体裁のいいこと。

〈善柔〉人あたりのいい態度やことばで接すること。

〈便佞〉口先のたっしゃなこと。

＊孔子のことばから益友《えきゆう》・損友《そんゆう》ということばがいまでも使われる。友を選ぶ心得を述べた金言として現代にもそのまま生きている。こういう益友三種、損友三種に整理した形で述べる孔子のことばはどうしてできたか。孔子の学園で、孔子のことばがしだいに教条化され、教訓を箇条書きにして暗記する学習法がとられてきたあらわれである。孔

子と弟子たちとの人格的な接触から生まれる会話の生き生きした味はなくなってくる。この傾向は次章以下によくあらわれている。

**五**　孔子曰わく、益者三楽《らく》、損者三楽。礼楽《れいがく》を節することを楽しみ、人の善を道《い》うことを楽しみ、賢友多きを楽しむは、益なり。驕楽《きょうらく》を楽しみ、佚遊《いつゆう》を楽しみ、宴楽《えんらく》を楽しむは、損なり。

孔子曰、益者三楽、損者三楽、楽節礼楽、楽道人之善、楽多賢友、益矣、楽驕楽、楽佚遊、楽宴楽、損矣、

孔先生がいわれた。

「ためになる楽しみ三種、損になる楽しみ三種。礼と音楽を節度をもって行なう楽しみ、他人の美点をたたえる楽しみ、すぐれた友をたくさん持つ楽しみ、これらはどんなにためになることだろう。おごりたかぶる楽しみ、家を外にして帰ることを忘れる楽しみ、酒食荒淫《こういん》の楽しみ、これらはどんなに損になることだろう」

**六**　孔子曰わく、君子に侍《じ》するに三愆《けん》あり。言未《いま》だこれに及ばずして而《しか》も言う、これを躁《そう》と謂《い》う。言これに及んで而も言わざる、これを隠《いん》と謂う。未だ顔色を見ずして而も言う、これを瞽《こ》と謂う。

孔子曰、侍於君子有三愆、言未及之而言、謂之躁、言及之而不言、謂之隠、未見顔色而言、謂之瞽、

孔先生がいわれた。

「君子のおそばにいるにあたっての過ち三種。まだ発言すべきでないのに発言する、これをがさつという。発言すべきときに発言しない、これを隠という。顔色を見ないで発言する、これを瞽《めしい》という」

〈愆〉過ち。

〈躁〉せっかち、がさつ。

＊これは孔子の学園で教習する弟子たちへの心得書であろう。しかし、目上の人ばかりに限らず、現代のあらゆる会合における会話の作法として通用する。外国では社交会話の厳重な作法がある。他人の発言をさえぎってはいけないし、他人と発言がかち合うと、必ずあやまって相手に先を譲る。こういう作法は中国でも日本でも古くから家庭や塾の中では守られてきた。この社交の作法を身につけていない現代日本人が、外国旅行に出かけると、あるいは無作法者と笑われ、あるいは手も足も出なくなってみじめになる。会話に限らず、もう一度新しい時代に生きる作法を復活しなければならない。中国から日本に伝わったこの会話の作法もその基本となるだろう。

七　孔子曰わく、君子に三戒《かい》あり。少《わか》き時は血気未《いま》だ定まらず、これを戒《いまし》むること色に在《あ》り。その壮なるに及びては、血気方《まさ》に剛《ごう》なり。これを戒むること闘《とう》に在り。その老ゆるに及びては、血気既《すで》に衰う。これを戒むること得《とく》に在り。

孔子曰、君子有三戒、少之時、血気未定、戒之在色、及其壮也、血気方剛、戒之在闘、及其老也、血気既衰、戒之在得、

孔先生がいわれた。

「君子には守るべき三つの戒めがある。年少の時代は血気がまだ安定していない、戒めは異性関係にある。壮年になると血気が盛んになる、戒めは闘争好きにある。老年になると血気はすでに衰える、戒めは欲張りにある」

八　孔子曰わく、君子に三畏《い》あり。天命を畏《おそ》れ、大人《たいじん》を畏れ、聖人の言を畏る。小人《しょうじん》は天命を知らずして畏れず、大人に狎《な》れ、聖人の言を侮《あなど》る。

孔子曰、君子有三畏、畏天命、畏大人、畏聖人之言、小人不知天命而不畏也、狎大人、侮聖人之言、

孔先生がいわれた。

「君子に三種の敬虔《けいけん》さが要求される。天命にたいして敬虔であり、大人にたいして敬虔であり、聖人のことばにたいして敬虔であるということである。小人は天命を解しないので

これに敬虔でなく、大人になれてずうずうしくなり、聖人のことばを軽視する」

〈畏れ〉たんなる普通の人間関係にたいする恐れではなく、人間をこえたものにたいしての恐れである。敬虔の感情に近いが、それがむしろ禁止的にはたらくので、的確には、敬虔の感情をともなった憚《はばか》りの意識である。

〈天命〉人間の意志をこえた秩序。中国の古代人は、天の神が人間にあたえた命令と理解した。天の神にたいする信頼が薄れて、それと関係なく、超越的な理性の意味になる。

〈大人〉『易経《えききょう》』にもっともよく出てくることばであるが、その定義はむつかしい。したがって異説が多い。大人と賢人とはきわめて近い観念である。どちらも道徳が常人よりすぐれているが、大人は君子と同じく支配者である。しかし君子と大人との区別はあきらかでない。ここでは大人を人間でありながら、同時に人間をこえた超越的権威者と解しておこう。

＊日本人は無宗教であるといわれる。そのことは、人間を超越するものを信ぜず、敬虔の感情を持たないということである。中国のかつての支配者は、天にたいして敬虔であった。西洋の支配者は神にたいして敬虔であった。日本の現代の支配者は自分より強い権力者は恐れるが、それだけで、敬虔の感情を持たない。私はこういう権力者の感情と行動とにたいしてあわれみを感じる。

九　孔子曰わく、生まれながらにしてこれを知る者は上なり。学びてこれを知る者は次なり。困《くる》しみてこれを学ぶはまたその次なり。困しみて学ばざるは、民にして斯《これ》を下と為《な》すす。

孔子曰、生而知之者上也、学而知之者次也、困而学之又其次也、困而不学民斯為下矣、

孔先生がいわれた。

「生まれたままで知っている人は上の部である。学習して知る人はその次の部である。むりに勉強して学習する人はそのまた次の部である。むりな勉強もできないのが人民で、これを下の部とする」

＊孔子は人間の先天的な能力に、かなりの差異のあることを経験として受け入れている。しかし最上と最下とを除いて、それぞれの能力に応じて、向上の道が残されていることを信じ、それぞれ努力せよと説いた。ただ人民を最下の能力として学習の余地なしとしたのは、この時代としてやむをえないが、現代には通用しない。

一〇　孔子曰わく、君子に九思《し》あり。視《み》ることは明を思い、聴くことは聡《そう》を思い、色は温を思い、貌《かたち》は恭を思い、言《ことば》は忠を思い、事は敬を思い、疑わしきは問いを思い、忿《いか》りには難を思い、得《う》るを見ては義を思う。

孔子曰、君子有九思、視思明、聴思聡、色思温、貌思恭、言思忠、事思敬、疑思問、忿思難、見得思義、

孔先生がいわれた。

「君子には九通りの考え方がある。見るときははっきり見たいと考える。聞くときははっきり聞き取りたいと考える。顔つきは温和でありたいと考える。態度はうやうやしくありたいと考える。ことばは誠実でありたいと考える。仕事は慎重にやりたいと考える。疑わしいことは問いただしたいと考える。怒ったときはやっかいができないかと考える。利益を前にしては取るべき筋合いかどうかと考える」

〈思〉日本の「思う」は漠然としていて、たんなる欲望も含まれる。中国古典語の「思」は、「考える」「反省する」「思索する」に限定して用いられる。ここでは生活の経験に即して考慮することで、行動の前に、行動しつつ、また行動のあとで「どうだかな」と考えてみることをさす。

二 孔子曰わく、善を見ては及ばざるが如《ごと》くし、不善を見ては湯《ゆ》を探《さぐ》るが如くす。吾《われ》その人を見る、吾その語を聞く。隠居《いんきょ》して以てその志《こころざし》を求め、義を行ないて以てその道に達す。吾その語を聞く、未だその人を見ざるなり。

孔子曰、見善如不及、見不善如探湯、吾見其人矣、吾聞其語矣、隠居以求其志、行義以達其道、吾聞其語矣、未見其人也、

孔先生がいわれた。

「『善を見ると取り逃がしはしないかと急いで追及し、不善を見ると熱湯《ねっとう》から手を引くように急いで身を引く』、わたしはこういうことを実行する人間を見たし、そういうことばも聞いている。『隠居していても理想を求め、正義を行なって独自の境地に達する』ということばをわたしは聞いているが、まだこれを実行した人間に会ったことがない」

三　（孔子曰わく、誠に富を以てせず、亦祇《またただ》異なれるを以てす。[1]）斉《せい》の景《けい》公、馬千駟《し》あり。死せる日、民《たみ》徳として称《ほ》むるなし。伯夷《はくい》・叔斉《しゅくせい》、首陽《しゅよう》の下《もと》に餓《う》う。民今に到《いた》るまでこれを称む。それ斯《これ》をこれ謂《い》うか。

　斉景公有馬千駟、死之日民無徳而称焉、伯夷叔斉餓于首陽之下、民到于今称之、
　其斯之謂与、

孔先生がいわれた。

「『ほんに人をはかるに金は無用、人にすぐれたところが大事じゃ』という諺《ことわざ》がある。斉の景公は馬を四千頭所有したが、死んだ日、人民はだれも景公を徳あるものとしてほめるものがなかった。伯夷・叔斉は首陽山のもとで餓死したが、人民は今に至るまでほめたたえている。これが、すなわち諺のいうことなのだ」

〈斉の景公〉名は杵臼《しょきゅう》、前五四七年から四九〇年まで在位。孔子より年長で、ほぼ孔子の時代まで生きていた。欲張りな君主として有名であった。

（1） 朱子の説にしたがって、この章の冒頭に、顔淵篇第十章にまぎれこんでいた「孔子曰、誠不以富、亦祇以異」（「孔子曰」につづく二句の詩は、『詩経』小雅《しょうが》の我行其野篇《がこうきや》にある）を補って加える。

＊朱子がこの章のことばを、『詩経』小雅の我行其野篇の、二句の詩を読んだ孔子の感想と見たのは正しい。

三 陳亢《ちんこう》、伯魚《はくぎょ》に問いて曰《い》わく、子《し》も亦《また》異聞《いぶん》あるか。対《こた》えて曰わく、未だし。嘗《かつ》て独り立てり。鯉《り》趨《はし》りて庭を過ぐ。曰《のたま》わく、詩を学びたるか。対えて曰わく、未だし。曰わく、詩を学ばずば、以て言うことなし。鯉退《しりぞ》きて詩を学ぶ。他日、また独り立てり。鯉趨りて庭を過ぐ。曰わく、礼を学びたるか。対えて曰わく、未だし。礼を学ばずば、以て立つことなし。鯉退きて礼を学ぶ。斯《こ》の二つの者を聞けり。陳亢退きて喜びて曰わく、一のことを問いて三のことを得たり。詩を聞き、礼を聞き、また君子のその子《こ》を遠ざくるを聞くなり。

陳亢問於伯魚曰、子亦有異聞乎、対曰、未也、嘗独立、鯉趨而過庭、曰、学詩乎、対曰、未也、曰、不学詩無以言也、鯉退而学詩、他日又独立、鯉趨而過庭、曰、学礼乎、対曰、未也、不学礼無以立也、鯉退而学礼、聞斯二者、陳亢退而喜曰、問一得三、聞詩、聞礼、又聞君子之遠其子也、

陳亢が孔子の子の伯魚にたずねた。

「あなたは、父上から何か特別のことを聞かれたことがあるか」

伯魚がかしこまってこたえた。

「いやいっこうにございません。あるとき父が庭に立っていられたとき、わたくしが小走りして庭を横切りました。父は『詩を勉強したか』といわれました。わたくしは慎んで『まだです』とこたえると、『詩を勉強しなければ、うまくものをいうことはできないよ』といわれました。わたくしはそれから部屋に帰って詩を勉強しました。またべつの日に父が庭に立っていられました。わたくしが小走りして庭を横切りました。父は『礼を勉強したか』ときかれました。わたくしが慎んで『まだです』とこたえると、『礼を勉強しないと社会に出られない』といわれました。わたくしは部屋に帰って礼の勉強をしました。わたくしが特別に父から聞いたのは、この二つのことだけでございます」

陳亢は帰って来て喜んでいった。

「今日は一つのことをたずねて、三つのことを得た。詩のことを聞き、礼のことを聞き、最後に君子が子を遠ざけて教えられたことを聞いた」

〈陳亢〉陳子禽《しきん》のこと。（学而篇第十章参照）

〈伯魚〉孔子の息子《むすこ》、孔鯉《こうり》。字《あざな》は伯魚。前四八四年、孔子六十九歳のとき死亡して孔子を悲しませ、老年の孔子の孤独感はますます深まった。

＊陳亢は身分のある人であったらしく、これへの伯魚のこたえはたいへん丁寧である。「君子は子を易《か》えて教える」という礼があって、身分のある人は自分の子を直接教えないたてまえであった。それは子を愛する愛情が、かえって教育の妨げとなることを恐れたからであろう。子は教えないというたてまえを守りながら、片言隻句《へんげんせっく》でよく子を教えている孔子はさすがにりっぱであった。

一四 邦君《ほうくん》の妻は、君これを称するとき夫人《ふじん》と曰《い》う。夫人自《みずか》ら称するとき小童《しょうどう》と曰う。邦《ほう》人《じん》これを称するとき君夫人《くんふじん》と曰う。諸《これ》を異邦に称するときは寡小君《かしょうくん》と曰う。異邦の人これを称するときもまた君夫人と曰う。

邦君之妻、君称之曰夫人、夫人自称曰小童、邦人称之曰君夫人、称諸異邦曰寡小君、異邦人称之亦曰君夫人也、

一国の君主の妻は、君主がこれを呼んで「夫人」という。夫人が自分を称して「小童」という。国民が夫人を呼んで「君夫人」という。国民が外国にたいして夫人を呼んで「寡小君」という。外国人が夫人を呼ぶときはまた「君夫人」という。

＊この章は、『論語』の編者あるいは筆写家が、心覚えに書き付けたものが、本文にまぎれ込んだのであろう。

論語　第九巻

# 第十七　陽貨《ようか》篇

「陽貨《ようか》、孔子を見《み》んと欲す」ではじまる第一章の最初の二字をとって名としたこの篇の特色をなすのは、第一章と、公山不擾《こうざんふじょう》が孔子を召した第五章、胇肸《ひっきつ》が孔子を召した第七章などである。陽貨は才知・武勇にすぐれ、季氏《きし》の執事、魯《ろ》国の陪臣《ばいしん》として、季氏をはじめ三桓氏《さんかんし》を圧して数年間にわたって国政をほしいままにし、ついに国外に追われた専制者である。公山不擾は季氏の本城である費《ひ》の城主で、陽貨の一味となって独立を企てた、魯国の反逆者である。胇肸は晋《しん》の豪族范《はん》氏の私城である中牟《ちゅうぼう》の城主であったが、范氏が晋国の指導権をもつ趙《ちょう》氏の攻撃を受けると、中牟に拠《よ》り、衛《えい》国にたよって独立した。孔子は、これらの魯・晋の内乱の謀主《ぼうしゅ》から招聘《しょうへい》を受けたとき、たとえ結局は実現しなかったにしても、一応その招聘に応じようとした。これは大義名分を尊んだ孔子にふさわしい行動とは考えられない。経学《けいがく》者や史学者のなかには、これらの孔子の聖徳をそこなうような『論語』の記事を歴史的事実でないとして、孔子の節操を弁護しようとするものもあるくらいであった。魯国に任用される以前から、魯国を亡命して各国を渡り歩いていた中年期の孔子は、豪族の専制を打倒し、魯国の君主権を回復し、さらに内乱に悩む中国の統一を再興しようという理想のもとに、自己の政策を採用するものを求めていた。魯国に限らず、豪族の伝統的権力の強い各国では、とてもこの新政策を受け入れるものがない。孔子は、その国の反逆者であっても、豪族を打倒し新政策を採用するものと協力しようとしたのであった。この行動は、既存の政治秩序を支持する保守主義的な儒教の大義名分論からみると、背徳の所業ととられるかもしれない。しかし、孔子が、ある場合には大理想の実現のためには、手段を選ばぬ気持にもなったこともありえない話ではない。この篇の第六章・第八章・第十六章には、道徳を箇条書きにして徳目を述べることばがのっている。とくに第八章では、孔子は「居《お》れ、吾汝《われなんじ》に語らん」と前置きした六言六蔽《りくげんりくへい》の徳目を子路に語っている。これは孔子学園の師弟の間の教義の伝授の形式を示す史料として重要である。しかし、師と弟子との間の自由な対話ではなく、暗唱しやすいようにまとめられた徳目をこの形式で伝授する習慣は、孔子の学園の成長とともに固定していったらしい。この形式は孔子の在世時から行なわれたものではあるが、この形式に固定するのは、孔子の死後、孫弟子くらいの時期に下るであろう。したがって、この篇はこの点においてもその編纂《へんさん》は孫弟子、あるいはそれ以後の時代にまで下ることがありうるといえよう。第一章・第五章・第七章のように、孔子の新興の政治家と結ぼうとする政治行動の記述にもまた、新しい時代を予言する『春秋《しゅんじゅう》』の編者として孔子を考える、斉《せい》地方に定着した孔子学派の影響が強くあらわれている。これらの章の対話は、戦国における斉学派の手によって『論語』に収録されるようになったのではあるが、この材料になるもとの対話は、孔子の門弟の間に早くから伝えられてきたものにちがいない。この篇には、第十章・第十一章・第十二章・第十三章・第十四章・第十五章・第十八章のような、短いが感覚的で新鮮で尖鋭《せんえい》な表現をとった金言が含まれている。このような新鮮さは、かえって第一篇から第十篇までの古い時代に編纂された諸篇には見いだしえないところである。それは、後期の諸篇編纂のとき、孔子学園の諸学派の伝承のなかから再発見されたものとみるべきであろう。

一　陽貨《ようか》、孔子を見《み》んと欲す。孔子見《まみ》えず。孔子に豚《いのこ》を帰《おく》る。孔子その亡《な》きを時《とき》として往《ゆ》きてこれを拝す。諸《これ》に塗《みち》に遇《あ》う。孔子に謂《い》いて曰《い》わく、来たれ、予爾《われなんじ》と言《かた》らん。曰わく、その宝を懐《いだ》きてその邦《くに》を迷わす、仁と謂《い》うべきか。曰《のたま》わく、不可。事に従わんことを好みて、亟《しばしば》時を失う、知と謂うべきか。曰わく、不可。日月《じつげつ》逝《ゆ》く、歳《とし》我と与《とも》にせず。孔子曰わく、諾《だく》。吾将《われまさ》に仕えんとす。

陽貨欲見孔子、孔子不見、帰孔子豚、孔子時其亡也、而往拝之、遇諸塗、謂孔子曰、来、予与爾言、曰、懐其宝而迷其邦、可謂仁乎、曰、不可、好従事而亟失時、可謂知乎、曰、不可、日月逝矣、歳不我与、孔子曰、諾、吾将仕矣、

陽貨が孔子に面会を申し込んだが、孔子は断わった。陽貨はさらに豚を進物とした。孔子は会いたくないので陽貨の留守をねらって答礼に出かけたが、途中で陽貨に出くわしてしまった。陽貨は孔子に重々しい調子で話しかけた。

「来たれ、弟子よ。いで、われそちに物語らん。身に珍宝をいだきつつ、国家を混迷に陥れる、これを仁と称せんや」

孔子はこたえた。

「仁といえないな」

陽貨は、またたずねた。

「好んで国事に奔走しつつ、しばしば好機を見すごす、これを知と称せんや」

孔子がこたえた。

「知といえないね」

陽貨はすかさずいった。

「月日は過ぎ去りゆく、歳年我を待たんや」

孔子はこたえた。

「承知しました。私もやがてご奉公いたしますよ」

〈陽貨〉陽貨は『左伝《さでん》』に出てくる陽虎《ようこ》のことだとされる。陽虎は魯国の季孫氏の家令として、主人をしのぐ実力者となり、前五〇五年ついに季桓子《きかんし》をとらえて魯国の独裁者となったが、前五〇二年、孟孫・叔孫・季孫三氏の反撃によって国外に逃亡せざるをえなくなった。

〈孔子に豚を帰る〉大夫《たいふ》から士に進物を贈ると、士はその家に出向いて答礼せねばならない。面会を拒否した孔子に、むりに会おうとして陽貨はこの計を立てたのである。

〈来たれ、予爾と言らん〉郷党《きょうとう》の塾で若者は立って、老人にせがんで昔話をしてもらう。そのとき老人は「来たれ、予爾と言らん」とか「座せよ、吾爾に語らん」とか前置きして昔話をはじめる。孔子の学園は郷党の塾を典型にしていたので、やはりこの習慣を取り入れていた。先生つまり子《し》が、弟子つまり小子《しょうし》に物語りするときは、やはりこの形式をもって語るのが例であった（詳しいことは、『貝塚茂樹著作集』第五巻所収「論語の成立」参照）。陽貨は勇士であるとともにたいへんな才物であったので、おどけてこの孔子の一門の礼式をもじって話しかけたのである。

＊陽貨が季氏の家令として三桓氏に並ぶ実力者となったのは、おそくとも前五一五年ごろからで、この実力を背景として前五〇五年の陽貨のクーデターは成功し、その政権は前五〇二年ごろまでつづく。斉国にのがれていた孔子は、前五一〇年ごろ魯国に帰っている。孔子と陽貨との出会いは、前五一〇年以後ならいつでも成立する可能性はある。しかし、陽貨が魯の全権をにぎった前五〇五年、政権の安定をはかるため、四十八歳に達し、しだいに名声の上がってきていた学者の孔子を任用して、看板にしようとしたと見るのが妥当である。この物語によると孔子は心ならずも反逆者陽貨に屈して、任官を承諾せざるをえなかった。もしこれが事実とすれば、偉大なる道徳家である孔子の純潔さ

を傷つけることになる。実証主義的な古代史家崔述《さいじゅつ》は、陽貨・陽虎別人説を提出して、孔子の名誉を擁護しようとしたが、その説得性を欠いている。学界は陽貨・陽虎同人説が有力で、私もこの立場をとるものである。陽貨すなわち陽虎は孔子を迎えようとしたが、孔子はこの臨時政権に協力するのをためらい、その面会の申し込みを拒否した。実力者陽貨はこんなことでは思いとどまらない。彼一流の悪知恵を働かせ、孔子の留守に進物を届けた。礼を重んずる孔子に、どうしても答礼に来させるように仕向けたのである。みすみすこの策謀にのるのがしゃくにさわった孔子はまた相手の計略を逆用し、陽貨の留守を見すまして、答礼に出かけようとして、途中で運悪く陽貨に出会ってしまったのである。『論語』にはそう書いてあるが、陰謀家の陽貨のことであるから、孔子の策略はとうに計算ずみで、留守の噂《うわさ》を流して孔子をおびき寄せたのかもしれない。そして孔子はうまうまとこの陽動作戦にひっかかったのではないかと私は想像する。孔子と道路で出会うと、目下の孔子に向かって陽貨のほうから話しかけた。この話しかけに、注でも述べたが、孔子一門における師匠が弟子に物語りする形式を使ったのは、さすが一世の政治家陽貨らしい機転のきかせようである。以下の陽貨のことばは、四字句を主体として荘重な調子をとっている。あっけにとられすっかり圧倒されてしまった孔子は、切り返すどころか、いずれ時を見てといった意味のことをいって時間を少しかせぐだけで、原則的には仕官することを承諾してしまったのである。今までの注釈家は、この会話のやりとりで、陽貨が孔門の問答形式を使っていることに気づかなかった。私の新解釈によってはじめてそのおもしろさがあきらかになった。要するに大学者の孔子も実力政治家、しかも勇気と才気にすぐれた陽貨の前には、完全に手玉に取られた形である。陰謀が職業の政治家に弄《ろう》されたのは、学者としての孔子にとって名誉ではないが、やむをえないところがあって必ずしも不名誉ではない。それに陽貨が孔子にたいして、「好んで国事に奔走しつつ、しばしば好機を見すごす」と評したのは、孔子が季氏の失礼を激しく非難し、季氏に追われた昭公を追って斉国にのがれたことを暗にさしている。前期の孔子は季氏らの三豪族を打倒して、魯公のもとに周公の礼を復活しようという復古的革新主義思想の持ち主であった。孔子には政治的な関心がじゅうぶんにあり、季氏を打倒しつつある陽貨の政治の方向に、若干の同情をもっていることすら、陽貨は読んでいたらしい。このことについては第五章においてさらに説明したい。

二　子曰わく、性《せい》は相《あい》近し。習えば相遠ざかる。

子曰、性相近也、習相遠也、

先生がいわれた。

「人間の生まれつきの素質はそんなに差があるものではない。生まれた後の習慣によってたがいに遠く離れるのである」

＊朱子らは「性は気と質とを兼ねる」とか、宋学の理論によって、いろいろこの章の意味を論じている。わが伊藤仁斎がこれを排して、その本来の意味を闡明《せんめい》した。私もこれにしたがい、訓読は清家《せいけ》本によった。「性」ということばは、「生」から派生した。「性」とは生まれつきの素質と解すべきである。人間が生まれついた素質というとき、古代人はやはり天から人間に賦与されたものと考えるであろう。天が人間に与えている共通のものは何か。それは結局善に向かう意志つまり善意だと孔子は漠然と考えていたらしい。この点において「性は相近し」なのである。この考え方は、フランスのデカルトの、良識は人間に均等に分配されているという考え方に類似しているところがある。人間の性質にそう変わりはなく、習慣つまり学習によって人間はいくらでも向上できる。しかし、これは例外がある。この章に直接連関する次の章をつづけて読んでいただきたい。

三　子曰わく、唯上知《ただじょうち》と下愚《げぐ》とは移らず。
　子曰、唯上知与下愚不移、

先生がいわれた。

「ただ最上の知者と最下の愚物とは、習いによって変化しない」
＊前章の人間の性質に生まれつき違いがなく、習いにより勉強しだいで変わってくるというのにつづいて、上知と下愚は例外と考えた。経験主義の孔子は原則を大上段に振りか

ぶらず、いつも理論の限界を考えるのであった。孔子のことばには、いつもいいすぎがない。たぶん孔子は前のことばを述べたあとで、すぐいいすぎに気がつき、あらためてことばをついだのが、この章なのであろう。

四　子、武城《ぶじょう》に之《ゆ》き絃歌《げんか》の声を聞く。夫子《ふうし》莞爾《かんじ》として笑いて曰わく、鶏《にわとり》を割《さ》くに焉《いずく》んぞ牛刀を用いん。子游《しゆう》対《こた》えて曰わく、昔者《むかし》、偃《えん》や、諸《これ》を夫子《ふうし》に聞けり。曰わく、君子道《みち》を学べば則ち人を愛し、小人《しょうじん》道を学べば則ち使い易《やす》きなりと。子曰わく、二三子よ、偃の言《ことば》是《よ》きなり、前《さき》の言はこれに戯《たわむ》れしのみ。

子之武城、聞絃歌之声、夫子莞爾而笑曰、割鶏焉用牛刀、子游対曰、昔者偃也、聞諸夫子、曰、君子学道則愛人、小人学道則易使也、子曰、二三子、偃之言是也、前言戯之耳、

先生が武城におもむかれると、絃の伴奏に合わせて詩を歌っている声が聞こえてきた。先生はにっこり笑っていわれた。

「鶏を料理するのになぜ大きな牛切り包丁を使うのだろう」

武城の城主をしていた子游が、かしこまっておこたえした。

「わたくしはかつて先生からうけたまわったことがあります。『君子が道を学ぶと、民を愛するようになる。被治者の小人が道を学ぶと使いやすくなる』。わたくしはこの趣旨に

もとづいて、礼楽を教習しているのです」

先生は弟子たちを振り返っていわれた。

「諸君、子游のいうとおりだ。さっきのは冗談だよ」

〈武城〉現在の山東省費県にあたる。魯の都の曲阜《きょくふ》からすると東南の辺境の城である。この時代では、長江流域の新興の覇者の呉《ご》国、さらに少しおくれて越《えつ》国が北進してくる交通路にあたっていて、魯の南方の重要な場所である。子游がこの町の宰《さい》つまり城主に任ぜられたことは、子游の才を買っての任用である。後に述べるように、注釈家がこれを取るにたりない職としたのは、歴史にたいする無知から生まれたまったくの誤解である。

〈絃歌〉当時の詩は、すべて音楽にあわせて歌われた。正式には琴や簫《しょう》や鐘などの絃・管・打楽器の合奏をともなって歌われた。略式には琴の伴奏だけによっている。孔子の学園でも琴の伴奏によって詩を学習していたことは、曽皙《そうせき》が琴の一種である瑟《しつ》をならしていたという話で察せられる（先進篇第二十六章）。現在、絃歌といえば、芸妓《げいぎ》を呼んで宴会で騒いでいることをあらわす語として使われる。ここでは、絃歌は文字通り、絃に合わせて詩を歌うことを人民に教えていたのである。

〈鶏を割くに焉んぞ牛刀を用いん〉孔子は、当時はやっていた諺《ことわざ》を引用し、こんな町を治めるのに礼楽を用いるのは少し大げさすぎると風刺したのである。皇侃《おうがん》の『義疏《ぎそ》』には、子游の牛刀のような大才をこの小さな町の長として使うのは、惜しいという感慨がこもっているという説がのせられている。武城は前の注であきらかにしたように、魯国が南方の新興の強国、呉・越を防ぐ関門である。ここの城には厳重な防備が施され、守兵も多くつけられていた。これを守る城主の任務はかなり重いので、子游の才はかなり高く評価されていたのだ。皇侃の引く説は、この意味では歴史の実際から遊離した想像説にすぎない。子游は辺境の要地の城主として赴任していた。この祖国の南辺の国防をになう城で、ゆうゆうとして絃歌を教えている。緊張した辺境の空気にそぐわない感じをあたえる。孔子の風刺は、この異様な対照からひき起こされたとみられないでもない。

*孔子は子游の居城にきて絃歌の声を耳にし、諺を引いて子游をからかって、まじめに反論され、前言を取り消さねばならないことになった。孔子のこんな失敗談を平気でのせているところが、『論語』である。孔子はけっして過失のない神のような存在でなく、過ちも行ないかねない人間として書かれているのは、聖書のキリストの取扱い方などとちがっている。孔子は「過てば則ち改むるに憚《はばか》ること勿《な》かれ」（学而篇第八章）という自分のモットーを忠実に実行し、さっそく自分の非を認め、かえって聖人の聖人たるところを発揮しているともいえるだろう。

**五**　公山《こうざん》不擾《ふじょう》、費《ひ》を以て畔《そむ》く。召《まね》く。子往《ゆ》かんと欲す。子路説《よろこ》ばずして曰《い》わく、之《ゆ》くこと末《な》からん。何ぞ必ずしも公山氏にこれ之《ゆ》かんや。子曰わく、夫《かれ》我を召く者なり、豈《あに》徒《むな》しからんや。如《も》し我を用うる者あらば、吾《われ》はそれ東周《とうしゅう》を為《な》さんか。

公山不擾以費畔、召、子欲往、子路不説曰、末之也已、何必公山氏之之也、子曰、夫召我者、而豈徒哉、如有用我者、吾其為東周乎、

公山不擾が費に拠《よ》って魯国に反逆を企て、先生を招聘《しょうへい》した。先生はこれに応じられようとした。子路はこれに不服をとなえて申し上げた。

「いらっしゃることはないでしょうよ。よりによって公山氏のところへ行かれるわけはないでしょう」

先生がいわれた。

「あの人が自分を召しいだした。なにも理由がないわけではあるまい。自分の気持は、自分の主張をほんとに採用してくれる人があったら、自分はその国をいわば東周にしてみせたいのだ」

〈公山不擾〉姓は公山。『左伝』では「不狃《ふじゅう》」と書かれる。「狃」と「擾」とは音が通じるからである。字《あざな》は子洩《しえい》という。

〈之くこと末からん〉「末之也已」の読み方は、古注は「之《ゆ》くべき末《な》くんばやむ」と訓する。新注は「行く末《な》きのみ」と読む。「也已」は「也已矣」と同じく、深く詠嘆することを示す助字であるから上のように読む。

〈東周〉周は陝西省《せんせい》の西安の付近に都を置いていたが、幽王《ゆう》が犬戎《けんじゅう》に滅ぼされたため、子の平王が東遷《とうせん》して洛陽《らくよう》に都を立て、周王朝を復興した。幽王以前の周を西周といい、平王以

後を東周と呼ぶ。孔子は公山不擾の独立した費の町において、東周のように周を復興してみせるといったのである。

＊公山不擾が孔子を召し出し、孔子がこれに応じようとした出来事をいつのこととするか、多くの異説がある。またこれを歴史的事実でないとして、この章全体を抹殺《まっさつ》しようとする論者もある。異説を詳細に検討した結果、私はこれを歴史的事実と認め、劉宝楠《りゅうほうなん》の『論語正義』、銭穆《せんぼく》の『先秦諸子繫年《せんしんしょしけいねん》』の説によって魯の定公八、九年つまり前五〇二年から五〇一年の間の出来事と定めた。定公八年、かねがね不遇であった季氏の一族と費宰の公山不擾とが陽貨に保護を求めていた。陽貨は孟《もう》・叔《しゅく》・季《き》三族を除く計画で、まず季桓子《きかんし》を殺して保護していた季寤《きご》を後継ぎとし、叔氏は好意をもつ叔孫輒《しゅくそんちょう》を後継ぎに立て、自分は孟懿子《もういし》に代わって孟孫氏の後《あと》となろうとした。兵を都内であげたが、失敗して国外に逃亡した。『左伝《さでん》』によると、季氏の費城の城主であった公山不擾は、遠隔の地にあったため曲阜《きょくふ》都内の戦闘には出兵が間に合わなかったが、おそらくこのとき季氏に反旗をひるがえしたと想像される。『左伝』には定公十二年、孔子が季氏の宰となった子路をして費城の城壁を破壊させようとしたとき、公山不擾が費の兵を率いて曲阜都内に攻め込んだ事件がある。注釈家は公山不擾が費によって反乱したという『論語』の記述を、この『左伝』の定公十二年に結びつけるものがある。公山不擾が費城に拠って独立したのはこの年にはじまるのではなく、定公八年の陽貨のクーデターの後に

はじまると解釈し、『論語』の話はこのときの反乱をさすとするのが銭穆らの説である。私はこれをとったのである。公山不擾の加わった陽貨の挙兵の理由は、さきに述べたように季氏らの三氏を除くことにあった。三氏の専制に反感をいだき、この専制を打破することをはかっていた孔子は、これにかなり心を引かれたにちがいない。陽貨は晋《しん》国に亡命して趙鞅《ちょうおう》に用いられ、軍士として大功をたてているから、勇士としては抜群であった。第一章にあるとおり人を人とも思わぬ強引さは、孔子をして反発を感じさせ、三氏排撃の目的には共鳴しながら、そのもとに仕官することをためらわせた。子路の言によって崔述《さいじゅつ》らは、公山不擾は信頼のできない人物で、そのもとに孔子がはせ参じようとするはずがないとする。しかし、『左伝』によると定公十二年の乱に敗れ、叔孫輒とともに斉国に逃亡している。哀公八年、呉国が魯国を北伐しようとしたとき、叔孫輒は魯国内の事情を述べて大いにこれを勧めた。公山不擾は「君子は亡命しても祖国の内情を敵国にもらすのは礼にそむく」として、叔孫輒を非難した。これによると、公山不擾は陽貨に比較すれば、礼を解する君子らしい面をもっていたのである。陽貨に反発した孔子が、公山不擾のもとにおもむこうとしたのはけっしてありえないことではないのである。第一章の孔子が陽貨と面会した話を、孔子の聖徳を傷つけるものとして、歴史的事実でないとして抹殺しようとした注釈家は、費によって独立した公山不擾のもとにつかえようとしたという本章も、同じ意味で歴史的事実でないと論証しようとつとめた。

おそらく孔子は、子路の諫言《かんげん》もあって費城に行くことは思いとどまり、それは結局実現しなかったであろう。しかし、公山不擾の勧めに、孔子が大いに意を動かしたことまで否定するのは行きすぎである。このことはさらに第七章に関連するので、そこでかさねて説明したい。

六　子張、仁を孔子に問う。孔子曰わく、能《よ》く五つのものを天下に行なうを仁と為《な》す。これを請い問う。曰わく、恭と寛と信と敏と恵となり。恭なれば則ち侮《あなど》られず、寛なれば則ち衆を得《え》、信なれば則ち人任じ、敏なれば則ち功あり、恵なれば則ち以て人を使うに足る。

　子張問仁於孔子、孔子曰、能行五者於天下為仁矣、請問之、曰、恭寛信敏恵、恭則不侮、寛則得衆、信則人任焉、敏則有功、恵則足以使人、

子張が仁について、孔先生におたずねした。孔先生がいわれた。

「五つのことを天下に実行することができたら、仁といえるね」

子張はさらに、その五つのことはなにかとおたずねした。先生がいわれた。

「恭・寛・信・敏・恵である。恭つまり礼儀正しいと他人に侮られない。寛つまりおおらかであると人望が集まる。信つまり誠実であると他人が信頼する。敏つまりすばやいと仕事がたくさんできる。恵つまり恵み深いと人をじゅうぶんに使うことができる」

七　佛肸《ひっきつ》、召《まね》く。子往《ゆ》かんと欲す。子路曰わく、昔者《むかし》、由《ゆう》や諸《これ》を夫子《ふうし》に聞けり。曰《のたま》わく、親《みずか》らその身に於《お》いて不善を為《な》すものは君子入らざるなりと。佛肸、中牟《ちゅうぼう》を以《い》て畔《そむ》く。子の往くやこれを如何《いかん》。子曰わく、然《しか》り。是《こ》の言《ことば》あるなり。曰わく、堅《かた》しと曰わざらんや、磨《と》げども磷《うすろ》がず。白しと曰わざらんや、涅《そ》むれども緇《くろ》まず。吾豈匏瓜《われあにほうか》ならんや。焉《いずく》んぞ能《よ》く繫《か》かりて食《もち》いられざらん。

佛肸召、子欲往、子路曰、昔者由也聞諸夫子、曰、親於其身為不善者、君子不入也、佛肸以中牟畔、子之往也如之何、子曰、然、有是言也、曰、不曰堅乎、磨而不磷、不曰白乎、涅而不緇、吾豈匏瓜也哉、焉能繫而不食、

佛肸の招きに応じて、先生が行こうとされた。子路が申し上げた。

「以前にわたくしは先生から承りました。『君主自身が不善を行なっている国には、君子たるものは入国してはいけない』と。佛肸が中牟に拠《よ》って晋国に反逆しています。先生がそこにおもむかれようとされるのは、どういうことですか」

先生がいわれた。

「以前にそんなことをいったが、またこういう諺《ことわざ》もある。『ほんに堅いといわずにおられよか、磨《と》いでも磨いでも薄くならないのは。ほんに白いといわずにおられよか、涅《そ》めても涅めても黒くならないのは』(人間も、試練をくぐらねばほんとではない)。それにわたし

がなんで苦《にが》い瓜《うり》になれようか。どうしてつるにぶらさがったまま人間に食べられずに残っておられようか（どこかに仕官の道をさがさなければならないではないか）」

〈胇肸〉『史記』には「佛肸」と書かれている。晋の范《はん》氏の臣で、中牟の邑《ゆう》の宰であった。前四九七年、晋の趙簡子《ちょうかんし》が中牟を横領しようとして范氏、中行氏を攻めたとき、これに抵抗するため衛国に帰属した。

〈中牟〉中牟という地名は各地にあるので、そのどこにあたるか、注釈家の間にいろいろの意見がある。清朝の歴史・地理学者洪亮吉《こうりょうきつ》にしたがって、河南省湯陰《とういん》県西方にあてる。

〈磷〉薄いこと。

〈涅〉水中の黒土からとった黒色の染料。

〈緇〉黒色。

〈吾豈匏瓜ならんや…〉中国古代の瓜に甘いのと苦いのと二種あり、匏瓜は苦い瓜である。この諺の読み方については異説が多いが、吉川幸次郎博士が、古注の孔安国《こうあんこく》によられた解釈にしたがった。

＊崔述は、前の第五章の孔子が公山不擾の招聘《しょうへい》に応じようとしたのは、孔子の徳を傷つけるものとして歴史的事実でないとした。ここでも、晋《しん》にたいして中牟に拠ってそむいた胇肸のごとき臣下にあるまじきともがらの招きに、孔子が応じるはずがないとして、これも歴史的事実でないことを論証しようとした。『論語』の子路の言によると、胇肸は中牟の邑《ゆう》に拠って晋に謀反《むほん》を企てた賊臣だとする。しかし、『左伝』と『史記』によ

ると、趙簡子《ちょうかんし》が晋侯を抱き込み、競争相手の豪族で大臣の家柄である范《はん》氏、中行《ちゅうこう》氏を討ったのである。これにたいして、范氏の臣としてその中牟の邑宰であった胇肸は、晋から独立し、その邑をもって隣の衛国に帰《き》し、属国として受け入れられた。晋国からすると謀反かもしれないが、范氏の家臣として趙簡子の軍に抵抗するためにとられた処置であった。がんらい中牟が范氏の領地であり、趙氏は晋侯の命《めい》をかりてこれを横領しようとしたのであるから、胇肸の独立を単純に謀反ときめることはできない。衛国に亡命はしたが、その内政の乱れているのにあきれ、さらに外国に仕官の道を求めようとしていた孔子が、晋から衛にはいって、半独立国となった中牟からの招きを受けようとしたのである。子路のような非難は、歴史の実情とくいちがっている。魯国の改革に失敗した直後の孔子は、まだ周公の政治を再現しようという理想を失っていない。自己の政策をいれてくれる主君があったら、たいがいのことには目をつぶってその招きに応じようという気であった。子路にはこの気持がよくわかっていない。いくら説明してもよくわかりそうでないので、俗諺《ぞくげん》を引いて仕官のやむをえないことを弁解しただけにとどめたのである。この章もまた、表面的には孔子は子路の非難に正面から反駁《はんばく》しかね、もたついているような印象をあたえる話である。この話ではその結末はよくわからないが、孔子は結局、中牟からの招きに応じなかったらしい。それはともかくとして、陽貨・公山不擾・胇肸は、ふつうの儒者からみると不臣のともがらであり、それにたいして関係をもった孔子の政治的行動にはたしかに非難の余地はある。しかし、このことが『論語』にのせられているおかげで、私たちは、理想の実現をはかって、困難な状況のもとで苦悩する孔子のありのままの姿を知ることもできる。これも『論語』の『論語』たるゆえんではないか。

八　子曰わく、由《ゆう》よ、汝六言六蔽《なんじりくげんりくへい》を聞けりや。対《こた》えて曰わく、未《いま》だせず。居《お》れ、吾《われ》汝に語らん。仁を好みて学を好まざれば、その蔽や愚。知を好みて学を好まざれば、その蔽や蕩《とう》。信を好みて学を好まざれば、その蔽や賊。直を好みて学を好まざれば、その蔽や絞《こう》。勇を好みて学を好まざれば、その蔽や乱。剛を好みて学を好まざれば、その蔽や狂。

子曰、由汝聞六言六蔽矣乎、対曰、未也、居、吾語汝、好仁不好学、其蔽也愚、好知不好学、其蔽也蕩、好信不好学、其蔽也賊、好直不好学、其蔽也絞、好勇不好学、其蔽也乱、好剛不好学、其蔽也狂、

先生がいわれた。

「子路よ、おまえは六言六蔽ということを聞いたことがあるか」

子路が席から立ってかしこまってこたえた。

「まだです」

（先生がいわれた）

「席につけ、予は汝に語り聞かそう。仁徳を好みながら学問を好まないと、その弊害は他人にばかにされる。ものがわかることを好んで学問を好まないと、その弊害はとりとめがなくなる。誠実を好みながら学問を好まないと、その弊害は他人に利用され、みずからをそこなうことになる。正直を好んで学問を好まないと、その弊害は窮屈になる。勇気を好んで学問を好まないと、その弊害は無秩序になる。根性のあるのを好んで学問を好まないと、その弊害は狂気になる」

〈蔽〉「弊」と通じる。さしさわり、つまり弊害。

*この孔子の子路に語ることばは、「居れ、吾汝に語らん」と前置きしている。これは、この篇の第一章で述べたように、孔子の学園で師匠が弟子にあらたまって教訓や故事などを語り聞かせるときのいい出しの形式である。弟子は座から立ち上がって先生に教訓をせがむ。先生は弟子をすわらせ、いずまいを正し、あらたまって物語をはじめる。その内容は、この章のように教訓を箇条書きにしたものが多く、暗唱に便利なように句の形が整理され、図式的になっている。

九　子曰わく、小子《しょうし》、何ぞ夫《か》の詩を学ぶこと莫《な》きや。詩は以て興《おこ》すべく、以て観《み》るべく、以て群《あつ》むべく、以て怨《うら》むべし。これを邇《ちか》くしては父に事《つか》え、これを遠くしては君に事え、多く鳥獣草木の名を識《し》る。

子曰、小子、何莫学夫詩、詩可以興、可以観、可以群、可以怨、邇之事父、遠之事君、多識於鳥獣草木之名、

先生がいわれた。

「弟子たちよ、どうしてだれもあの『詩経』を習わないのか。『詩経』によってものを譬《たと》えることができるし、風俗を察することができるし、友となって励まし合うこともでき、政治を批判することもできる。近いところでは父につかえ、遠いところでは主君につかえ、鳥や獣類、草木の種類を覚えるのに役だつものだ」

〈小子〉郷党で、老人の師つまり「子《し》」が、若い衆を「小子」と呼んだ。孔子の学園では、その形式を取り入れた。子つまり孔子は、弟子を若い衆と呼んだ。

〈興す〉『詩経』には風物などのたんなる描写からはじまり、それが間接に主題を暗示するという詩がある。そのほかにも『詩経』には、さまざまな象徴的な表現が多い。この「興」はそういう比喩《ひゆ》の方法をいっている。

〈観る〉時代と地方の風俗や雰囲気などを観察する。

〈群む〉集団生活により、多数の友を得る。

〈怨む〉とくに政治を風刺する。

〈識る〉記憶する。

＊『詩経』の効用を説いたこのことばは、後の『詩経』学の源泉となった。しかし、漢代以後の複雑な解釈学の約束にあまりとらわれると、かえって孔子の主旨を失うおそれが

ある。ここでは古注によりながら、この解釈学の源泉として、自由に解釈することにした。

一〇 子、伯魚《はくぎょ》に謂《い》いて曰わく、女《なんじ》、周南《しゅうなん》・召南《しょうなん》を為《まな》びたるか。人にして周南・召南を為ばざれば、それ猶牆《なおかき》に正《あ》たり面《む》かいて立てるがごときか。

子謂伯魚曰、女為周南召南矣乎、人而不為周南召南、其猶正牆面而立也与、

先生が伯魚に向かっていわれた。「おまえは『詩経』の周南の部・召南の部を習ったか。人間として周南の部・召南の部を習わないと、まるで垣に鼻をぶっつけて立っているようなものだ」

〈伯魚〉孔子の子。名は鯉《り》。（季氏篇第十三章参照）

〈為〉まなぶと読む。

〈周南・召南〉『詩経』国風の最初の二巻の名。周の名相周公・召《しょう》公の感化の及んだ地方の国風、国ぶり歌。民謡の形式をとっている。

*『詩経』のいろはを知らないものは、壁にぶつかっているのと同じで、向上の余地がないという孔子のことばは、直観的でおもしろい。

一一 子曰わく、礼と云《い》い礼と云う、玉帛《ぎょくはく》を云わんや。楽《がく》と云い楽と云う、鐘鼓《しょうこ》を云わん

や。

先生がいわれた。

子曰、礼云礼云、玉帛云乎哉、楽云楽云、鐘鼓云乎哉、

「礼だ、礼だとやかましくいうが、なにも神にささげる玉や帛《きぬ》のことばかりが礼ではなかろう。楽だ、楽だとやかましくいうが、鐘や太鼓のことばかりが楽ではなかろう」

〈玉帛を云わんや〉「玉帛云乎哉」は、ふつう「玉帛を云わんや」と読みならわしてきた。しかし、古代の語法では「云乎」は助字で、べつに意味はない。読み方は伝統にしたがったが、助字としてあつかい、訳はしなかった。

*礼では玉帛のような文物制度のきまり、音楽では楽器のことをやかましくいうが、弟子たちとくに子張・子夏・子游などの若い弟子たちは、とかく本質、礼楽の精神を忘れているので、戒めたのであろう。

三　子曰わく、色厲《いろはげ》しくして内荏《うちやわ》らかなるは、諸《これ》を小人《しょうじん》に譬《たと》うれば、それ猶穿窬《なおせんゆ》の盗《とう》のごときか。

先生がいわれた。

子曰、色厲而内荏、譬諸小人、其猶穿窬之盗也与、

「顔つきはいかめしいが、心はぐにゃぐにゃなのは、小人にたとえると、壁に穴をあけ、

垣《かき》に穴をあける盗人のようなものだ」

＊孔子は表面だけをつくろっている小人が、よほどきらいであった。このたとえは辛辣《しんらつ》である。

〈穿窬の盗〉こそどろのこと。「穿」は壁に穴を掘ること。「窬」は牆《かきね》に穴を掘ること。

三 子曰わく、郷原《きょうげん》は徳の賊なり。

子曰、郷原徳之賊也、

先生がいわれた。

「えせ君子は道徳の盗人《ぬすびと》である」

〈郷原〉古注では「原」を「ゆるす」と読んで、だれにでも八方美人な人間ととる。新注では俗にこびるにせ者の意にとる。どちらももうひとつ意味がはっきりしない。吉川幸次郎博士が「えせ君子」とされたのは名訳である。

＊えせ君子を道徳の盗人と呼んだのは、また痛烈である。世には芸術・学問・宗教・道徳の盗人がどんなに多いことか。

四 子曰わく、道《みち》に聴きて塗《みち》に説くは、徳をこれ棄《す》つるなり。

子曰、道聴而塗説、徳之棄者也、

先生がいわれた。

「道ばたで聞きかじってきたことを、道ばたで自説のようにすぐ演説する。これは道徳の放棄だ」

〈塗〉道のこと。

＊孔子の弟子のなかの才子にたいしての訓戒ではあるが、孔子の時代に職業的ジャーナリストがいたわけではなかろうに、あまりにもぴったり現代の評論家の弱点をついているではないか。

一五　子曰わく、鄙夫《ひふ》は与《とも》に君に事《つか》うべけんや。その未《いま》だこれを得ざるや、これを得んことを患《うれ》え、既《すで》にこれを得《う》れば、これを失わんことを患う。苟《いやし》くもこれを失わんことを患うれば、至らざるところなし。

子曰、鄙夫可与事君也与哉、其未得之也、患得之、既得之、患失之、苟患失之、無所不至矣、

先生がいわれた。

「下劣な男とは、いっしょに主君につかえることはできないよ。地位を手に入れない間は、地位を手に入れられるかどうかと心配し、地位についてしまうと、もしか地位を失うのではないかと心配しはじめ、どんなことでもやりかねない」

一六　子曰わく、古者《いにしえ》は民に三疾《しっ》あり。今や或いは是《これ》すらこれ亡《な》きなり。古《いにしえ》の狂《きょう》や肆《し》、今の狂や蕩《とう》。古の矜《きょう》や廉《れん》、今の矜や忿戻《ふんれい》。古の愚や直、今の愚や詐《さ》のみ。

子曰、古者民有三疾、今也或是之亡也、古之狂也肆、今之狂也蕩、古之矜也廉、今之矜也忿戻、古之愚也直、今之愚也詐而已矣、

先生がいわれた。

「昔の人民には三つの悪癖があった。今ではそれさえないかもしれない。昔の狂信者はいいたいほうだいにものをいったが、今の狂信者にはその自信がない。昔の顔役は折り目が正しかったが、今の顔役は見さかいなくたけり立つ。昔の愚物は正直だったが、今の愚物は見えすいたペテンをやるだけだ」

〈肆〉古注によると、思うとおり直言すること。
〈蕩〉古注によると、「拠《よ》るところなし」の意。
〈矜〉尊大にかまえ、いばるもの。俠客《きょうかく》・顔役にあたる。
〈廉〉隅《すみ》のこと。つまりすみずみをはっきりさせること。
〈忿戻〉見さかいなくたけり立つこと。

＊春秋時代末期の転換期に立った孔子は、新旧の時代差をはっきりと感じ取った。その対照は、たとえば明治と現代との対照にそのままあてはまるように、尖鋭《せんえい》にとらえられて

いる。

一七　子曰わく、巧言令色《こうげんれいしょく》、鮮《すく》ないかな仁《じん》。(1)

子曰、巧言令色、鮮矣仁、

先生がいわれた。

「弁舌さわやかに表情たっぷり。そんな人たちに、いかにほんとの人間の乏しいことだろう」

（1）学而篇第三章と同文。

一八　子曰わく、紫の朱を奪うを悪《にく》む。鄭声《ていせい》の雅楽を乱《みだ》るを悪む。利口《りこう》の邦家《ほうか》を覆《くつがえ》すを悪む。

子曰、悪紫之奪朱也、悪鄭声之乱雅楽也、悪利口之覆邦家、

先生がいわれた。

「混合色の紫色が原色の朱色を圧倒するのをわたしは憎む。扇情的な鄭の音楽が調和のとれた古典楽を混乱させるのをわたしは憎む。まことしやかな雄弁が、偉大な国家を転覆させるのをわたしは憎む」

〈紫・朱〉中国の古代では、赤などのいわゆる原色を正色、紫色のような混合色を間色とし、

正色を間色より尊んだ。その色彩の価値体系がしだいに変わってゆくのを、孔子は悲しんだ。

＊このことばは、うつりゆく時代を感覚的にとらえ、さびしく挽歌《ばんか》をかなでている。孔子は、新しいだけのまやかしが厳格な調和をもった古典の世界をつぶしていくのを、見るにたえなかったのであろう。

一九　子曰わく、予《われ》言《い》うことなからんと欲す。子貢曰わく、子如《も》し言わずば、則ち小子何をか述べん。子曰わく、天何をか言わんや。四時《しじ》行なわれ、百物生ず。天何をか言わんや。

子曰、予欲無言、子貢曰、子如不言、則小子何述焉、子曰、天何言哉、四時行焉、百物生焉、天何言哉、

先生がいわれた。

「わたしはこれから何も語るまいと思う」

子貢がいった。

「先生がもし語ってくださらないと、わたくしども弟子たちは何にもとづいて語りましょうか」

先生がいわれた。

「天は何を語るだろう。それでも四季は運行し、万物が生育する。天は何を語るだろう」

＊魯に帰国した後の晩年の孔子が、ある日弟子《でし》に向かって、突然いいだした。「これから君たちに何も話をしてやらないことにした」。弟子たちはびっくりした。先生がこれから何も話をしてくれないと、まったく学問をどうやったらいいか、標準がなくなってしまうからだ。子貢はあわててこれを取り消してほしいと願った。孔子は直接これに返答しないで、「天は何も話さないでも、規則正しい運行と万物の生育とによって、規則性を示しているではないか」といった。孔子自身の考えは、自然に孔子の行動のなかにあらわれている。なんでもいちいちわたしに説明を求めるとは、あまり働きがなさすぎるではないかと軽くたしなめている。おそらく弟子たちが孔子をあがめたてまつるため、なんでも孔子の意見によってきめ、自主的に考えようとしない傾向がでてきた。自分のようなな老骨をたよらず、自分で考えてみろ。いちいちきかなくとも、わたしの行動によってしぜんわたしの思想がわかるではないか、というわけだ。じつは孔子は天の運行の規則性などを手がかりとして、天命の問題を根本的に考えていた。この天命にたいしてどのように考えるべきか、晩年の孔子は思いわずらっていたのである。そしてこの問題については、秀才の子貢さえ孔子の意志をわかってくれないのではないか。いっそそれなら、何もしゃべるまいと孔子は考えたのである。こういう孔子の気持は、よく子貢以下の弟子に通じていなかったのであろう。

二〇　孺悲《じゅひ》、孔子に見《まみ》えんと欲す。孔子辞《じ》するに疾《やまい》を以てす。命を将《おこ》なう者戸《こ》を出《い》ず。瑟《しつ》を取りて歌い、これをして聞かしむ。

孺悲欲見孔子、孔子辞之以疾、将命者出戸、取瑟而歌、使之聞之、

孺悲が孔先生にお目にかかりたいといってきた。孔先生は病気を理由に面会を断わった。孔子のことばの取次ぎ役が部屋の戸口から出て行った。これを見すました孔子は、瑟《こと》を取り上げかき鳴らしながら歌われ、仮病《けびょう》で断わったのだということを孺悲にわからせられた。

〈孺悲〉魯の哀公の命で、孔子について喪礼を学んだ臣であるが、詳しいことはよくわからない。

〈命を将なう者〉返答を取り次ぐもの。

＊前の章と同じように、孔子はことばを通じてではなく、心と心とが通じることに重きをおいている。おしゃべり好きの中国人にも、このような言語だけにたよらない面もあったのだ。そして道の本質はことばのみによらず、心と心との間で伝わるという考えも当時ひろく行なわれていたのである。

二一　宰我《さいが》問う、三年の喪《も》は、期《き》已《すで》に久し。君子三年礼を為《な》さざれば、礼必ず壊《やぶ》れん。三年楽《がく》を為さざれば、楽必ず崩れん。旧穀既《すで》に没《つ》きて新穀既に升《みの》る、燧《すい》を鑽《き》り火を改む。期にして可ならん。子曰わく、夫《か》の稲を食らい、夫の錦《にしき》を衣《き》んこと、女《なんじ》に於《お》いて安きか。

曰わく、安し。女、安ければ則ちこれを為せ。それ君子の喪に居《お》るや、旨《うま》きを食らうも甘《あま》からず、楽を聞くも楽しからず、居処《きょしょ》安からず、故に為さざるなり。今女《なんじ》安ければ則ちこれを為せ。宰我出《い》ず。子曰わく、予《よ》の不仁なるや、子《こ》生まれて三年、然《しか》して後《のち》父母の懐《ふところ》を免《まぬが》る。それ三年の喪は天下の通喪《つうそう》なり。予やその父母に三年の愛あらんに。

宰我問、三年之喪期已久矣、君子三年不為礼、礼必壊、三年不為楽、楽必崩、旧穀既没、新穀既升、鑽燧改火、期可已矣、子曰、食夫稲、衣夫錦、於女安乎、曰、安、女安則為之、夫君子之居喪、食旨不甘、聞楽不楽、居処不安、故不為也、今女安則為之、宰我出、子曰、予之不仁也、子生三年、然後免於父母之懐、夫三年之喪、天下之通喪也、予也有三年之愛於其父母乎、

宰我がおたずねした。

「三年の喪は満一年にしてももうじゅうぶんです。君子が三年の間、礼を実施しないと、礼はきっと崩壊するでしょう。三年間、音楽を奏せずにいると、音楽もきっと崩壊するでしょう。一年たてば旧年にとれた穀物は食べ尽くされ、新しい年の穀物はもう稔《みの》っていますし、年のはじめに木をこすり合わせて新しく神火《しんか》をつくりなおすのです。喪は満一年でじゅうぶんでしょう」

先生がいわれた。

「あの米の飯を食べ、あの錦の衣を着ることは、おまえにとって気持がよいのかね」

宰我が申し上げた。

「お察しのとおり気持がよろしゅうございます」

先生がいわれた。

「ほんとに気持がよいのなら、思いどおりにすればよかろう。いったい君子が喪に服している間は、うまいご馳走《ちそう》を食べても甘くはなく、音楽を聞いても楽しくはなく、家にいても落ち着かないから、すべてこういうことをしないのである。ところがおまえは気持がいいというのなら、自由にしたらよかろう」

宰我が退席すると、先生はおっしゃった。

「宰我は非人情なやつだね。子どもは生まれて三年たって、やっと父母の懐から離れる。だからこそあの三年の喪は、天下どこでも行なわれる喪なのだ。宰我にしても父母から三年の愛を受けたのであろうにな」

〈宰我〉孔子の弟子。姓は宰、名は予《よ》、字《あざな》は子我、したがって宰我ともいう。

〈三年の喪〉古代では、父母のため三年の喪に服する礼であった。三年といっても二十七ヵ月または二十五ヵ月で、足掛け三年である。

〈期〉満一年間。

〈燧を鑽り火を改む〉年頭に、かわいた木をすり合わせて神火をつくりなおすこと。

〈予やその父母に三年の愛あらんに〉最後の「乎」を疑問の助字とすると意味がとりにくく

なる。そこで皇侃《おうがん》の『義疏《ぎそ》』の一説のように、「三年の喪をその父母に愛《お》しむことあるか」と読む説も生まれた。「乎」は古典語では文の終わりにつける詠嘆の助字でもあった。そうだとすると通説でじゅうぶんに意味がとおる。

＊さきに私は、実用主義者としての宰我と伝統主義・道徳至上主義者としての孔子との対立があったことを説いた（公冶長篇第十章参照）。宰我の提言は、一般の人民なら三年の喪に服してもかまわない。しかし、支配者である君子が文字通り三年の喪に服したら、政務を停滞させ、礼楽の文化を荒廃させることになるというのである。とくに春秋時代のような臨戦体制の国家では、国家の死活にも関しかねない。この宰我の提言はきわめて合理的な主張であるにもかかわらず、孔子はすっかり感情的に対立してしまう。おまえは三年の喪を一年にして、早く日常の安楽な生活にはいりたいのかという問いは、まったく論点がずれてしまって問題にはならない。三年の喪を父母の養育の愛にたいする返礼だという主張には、そろそろ老人になった私も、若干の共感をおぼえる。こと宰我にたいすると変に興奮して、「君子は……人を以て言を廃《す》てず」（衛霊公篇第二十三章）などといっていた孔子の面影がどこにもなくなるのはどうしたことだろう。

三　子曰わく、飽《あ》くまで食《く》らいて日を終え、心を用うるところなきは、難《かた》いかな。博弈《はくえき》なるものあらずや、これを為すは、猶《なお》已《や》むに賢《まさ》れり。

子曰、飽食終日、無所用心、難矣哉、不有博弈者乎、為之猶賢乎已、

先生がいわれた。

「腹いっぱい食べて一日を終わり、なんにも頭を働かせない、そんなのは困るな。双六《すごろく》とか囲碁《いご》というものがあるではないか。この遊びをするのは、無為に暮らすよりはましではないか」

*孔子は体力にすぐれた活動家で、いつも何か働いたり考えたりしていないと気がすまぬ性質の人であったらしい。ごろごろしている弟子をしかったときのことばであろう。日本で、碁・将棋《しょうぎ》・マージャン・パチンコなどの遊戯がひろく流行していることは、日本人の活動好きの反面を表現するものかもしれない。

二三　子路曰わく、君子は勇を尚《たっと》ぶか。子曰わく、君子は義を以て上と為《な》す。君子勇ありて義なきときは乱《らん》を為す。小人勇ありて義なきときは盗《とう》を為す。

子路曰、君子尚勇乎、子曰、君子義以為上、君子有勇而無義為乱、小人有勇而無義為盗、

子路がおたずねした。

「君子は勇気を尊重しますか」

先生がいわれた。

「君子は勇気より正義を第一にする。君子に勇気だけあって、正義感が欠けているときは、内乱を起こす。小人に勇気だけあって正義感が欠けていると、盗賊を働く」

＊ここの君子は治者つまり貴族をさし、ここの小人は被治者つまり庶民をさしている。勇気にはやりやすい子路にたいする訓戒である。

二四　子貢問いて曰わく、君子もまた悪《にく》むことあるか。子曰わく、悪むことあり。人の悪を称する者を悪む。下に居て上を訕《そし》る者を悪《にく》む。勇にして礼なき者を悪む。果敢《かかん》にして窒《ふさ》がる者を悪む。曰わく、賜や亦《また》悪むことあるか。徼《かす》めて以て知と為す者を悪む。不遜《ふそん》にして以て勇と為す者を悪む。訐《あば》きて以て直《ちょく》と為す者を悪む。

子貢問曰、君子亦有悪乎、子曰、有悪、悪称人之悪者、悪居下而訕上者、悪勇而無礼者、悪果敢而窒者、曰、賜也亦有悪乎、悪徼以為知者、悪不遜以為勇者、悪訐以為直者、

子貢がおたずねした。

「君子でも憎悪がありますか」

先生がいわれた。

「君子にも憎悪はある。君子は他人の悪をいいはやす人を憎む。下位におりながら、上位の人を非難する人を憎む。勇気はあるが礼儀をわきまえない人を憎む。自己を押しとおし

て頑固《がんこ》で譲らない人を憎む」

先生はまたたずねた。

「子貢よ、おまえにも憎悪があるかね」

(子貢はおこたえした)

「他人の意見を剽窃《ひょうせつ》して、知識ありげな顔をする人を憎みます。傲慢《ごうまん》をもって勇気と思っている人を憎みます。他人の隠し事をあばきたてて、正直と思っている人を憎みます」

〈窒がる〉自己の主張を通し、頑固で人の意見を入れない。

〈徼めて〉他人の意見を盗むこと。

〈訐く〉人の隠し事をあばくこと。

＊「賜や亦悪むことあるか」つまり「賜也亦有悪乎」の「乎」の字を皇侃本《おうがんぼん》では「也」に作り、子貢の言として、「賜もまた悪むことあるなり」ととっている。一般に孔子の学園では、先生から「お前の意見は」ときかれないで、自分から勝手にいい出すのは礼にそむくとされていた。この一句は、孔子から子貢に憎悪について語れと述べたのだと解さなければならない。皇侃説は誤解である。

二五　子曰わく、唯《ただ》女子と小人《しょうじん》とは養い難《がた》しと為すなり。これを近づくれば則ち不遜、これを遠ざくれば則ち怨《うら》む。

子曰、唯女子与小人、為難養也、近之則不遜、遠之則怨、

先生がいわれた。

「女子と小人とだけは取り扱いにくいものだ。親しみ近づけると無礼になり、疎遠にすると恨みをいだくから」

＊中国や日本で女子を軽蔑《けいべつ》する習慣を正当づけることばとして、しばしば引用されている。ただここで「女子と小人」といっているのは、一般の女子と小人ではない。家庭内で使役している女子と男子の使用人を対象にしているのである。孔子時代の貴族は多妻制であったから、家庭内では多数の妾《しょう》がその召使とともに同居していた。こういう多数の女子と小人と同居しているのであるから、取扱いがたいへんむつかしいのは当然である。このことばによって孔子が恐妻であったとか、女子を軽蔑していたと主張するのはおかしい。

二六　子曰わく、年四十にして悪《にく》まる、それ終《や》んぬるかな。

子曰、年四十而見悪焉、其終也已、

先生がいわれた。

「四十歳にもなって他人に憎まれるようでは、もうおしまいだな」

＊当時は平均年齢が低かったのであろうから、四十歳といえば現在の五十歳以上にあたる

であろう。その年ごろになってもまだ他人の気持がわからず、そのため他人から憎まれるようではしかたがないという一語に尽きる。

## 第十八　微子《びし》篇

微子《びし》・箕子《きし》が、滅亡に瀕《ひん》した殷《いん》国を去って身を隠す第一章にはじまって、この篇は、乱世をのがれる隠士《いんし》を主人公とする物語が中心となっている。第五章の、孔子のそばを歌って過ぎた楚《そ》のにせ狂人接輿《せつよ》、第六章の、渡し場を問うた子路に、孔丘《こうきゅう》にしたがうのをやめ、われら隠士の群れにはいれとすすめた長沮《ちょうそ》・桀溺《けつでき》、第七章の、同じく子路に向かって孔子を批判した丈人《じょうじん》を主人公とする物語は、『論語』のなかでも、もっとも興味に富んだ説話といえる。孔子は、ここでは、いくら労しても効果が上がらないにきまっている政治運動に、身を粉にして働いている、おめでたい人物として戯画化されている。これらには無《む》為《い》の生活を至上とする老子学派の影響が濃厚に見られる。しかし、春秋《しゅんじゅう》時代の末期の中国は、内乱と戦争に明け暮れ、貪欲《どんよく》な豪族と、それを囲む権力亡者《もうじゃ》の佞臣《ねいしん》とによって、醜悪な権力闘争がくり返されていた。この乱世に絶望して、政治の舞台からのがれて隠士の生活を送る賢人がたくさん出てきたらしい。彼らは社会のすみに隠れているため、ほとんど歴史には姿をあらわさないが、その片鱗《へんりん》は『左伝』などにもあらわれている。乱世において、一身の幸福をはかるには、隠士の生活がもっともまさっているからだろう。老子の無為思想は、民間に自然に発生した隠士思想を体系化したものにすぎない。第五章・第六章・第七章は、自然的に発生した隠士の生活を、道家《どうか》の無為思想によって理想化したものであって、道家の影響は濃厚にしみこんでいる。各章の終わりに、孔子や子路の口をかりて、老子の隠士思想への批評がつけ加えられている。戦国時代の儒教の教団は、これらの説話を取り入れながら、最後に道家の無為思想を批判することによって、儒教の権威を保持しようとしたのであろう。

一　微子《びし》はこれを去り、箕子《きし》はこれが奴《ど》と為《な》り、比干《ひかん》は諫《いさ》めて死す。孔子曰わく、殷《いん》に三仁あり。

微子去之、箕子為之奴、比干諫而死、孔子曰、殷有三仁焉、

(殷王朝の末期にあたって)微子は殷国から逃げ出し、箕子は奴隷に身をおとし、比干は紂《ちゅう》王を諫めたため殺された。孔子がこの三人を評していわれた。

「殷王朝には三人の仁者がいた」

〈微子〉殷王朝最後の紂王の兄になる王子。紂王の暴虐に愛想をつかし、国を捨てて逃亡した。周王朝が殷王朝を征服すると、民間に身を隠していた微子を呼び出して、宋《そう》国の国君とし

て、殷王朝の祖先の祭祀《さいし》を行なわせた。

〈箕子〉殷の紂王の叔父《おじ》にあたる王族。紂王の虐政を諫めたが聞き入れられないので、髪をふり乱して狂人をよそおい、奴隷の群れにはいって、姿をくらましたという伝説がある。周の武王が殷を滅ぼした後、箕子を召し出して、殷王朝に伝わる教訓、つまり『書経』の洪範《こうはん》の伝授を受けた。箕子はその後、朝鮮、じつは東北地方に封ぜられたという。

〈比干〉紂王の叔父にあたる王族。賢者であった比干は、紂王を激しく批判したため、王の怒りをかい処刑された。

＊この篇のはじめに、殷の王族の三賢者を持ち出したのは、乱世に処する賢者の態度をあきらかにしようとするためである。虐政に正面から抗議して死する比干、諫めが聞き入れられねば政治から逃避して身をまっとうする微子・箕子、それぞれべつの生き方をした。孔子は、どれを最善としたわけでもないが、乱世には隠士となるしか仕方がないという道家の無為思想の影響のもとにあった、戦国時代の儒教教団においての、孔子のことばの伝承とすべきであろう。

二　柳下恵《りゅうかけい》、士師《しし》と為《な》り、三たび黜《しりぞ》けらる。人曰わく、子《し》未だ以て去るべからざるか。曰わく、道を直《なお》くして人に事《つか》うれば、焉《いずく》に往《ゆ》くとして三たび黜けられざらん。道を枉《ま》げて人に事うれば、何ぞ必ずしも父母の邦《くに》を去らん。

柳下恵為士師、三黜、人曰、子未可以去乎、曰、直道而事人、焉往而不三黜、枉道而事人、何必去父母之邦、

柳下恵が魯国の裁判官に任命されたが、三度も罷免《ひめん》された。ある人がいった。

「あなたは、なぜこんな待遇を受けた国家から立ち去らずにとどまっているのですか」

柳下恵はこたえた。

「良心にしたがって他人につかえるとすれば、どの国に行っても三度罷免されるでしょう。同じ良心を曲げてつかえるなら、何も父母の国を去ることはないでしょう」

〈柳下恵〉魯《ろ》国の賢者。姓は展《てん》、名は獲《かく》。（衛霊公篇第十四章・本篇第八章参照）

〈士師〉周代の裁判官の長官。

〈黜けらる〉地位を下げられること。また罷免されること。

＊悪政府のもとで辛抱してつかえる賢人の、ひとつの典型が書かれている。

三　斉《せい》の景公、孔子を待たんとして曰わく、季氏《きし》の若《ごと》くせんことは則《すなわ》ち吾《われ》能《あた》わず。季・孟《もう》の間を以てこれを待たん。曰わく、吾老いたり、用うること能わざるなり。孔子行《さ》る。

斉景公待孔子曰、若季氏則吾不能、以季孟之間待之、曰、吾老矣、不能用也、孔子行、

斉の景公が孔子を招こうとして申し込んでいった。

「お国の季氏にあたる待遇をすることは、わが国としてはできませんが、季氏と孟氏との中間くらいの待遇をいたしましょう」

しかし、しばらくして景公はいった。

「私はすっかり年を取ってしまいました。あなたに来ていただくこともできなくなりました」

これを聞いて、孔子は斉国を立ち去られた。

＊斉の景公は長命の君主で、前五四七年から四九〇年の死亡まで五十八年間君位にあった。父の霊公が魯から夫人をめとったのは前五七五年、その出生は前五七四年か五七三年ころのことと推定され、即位当時は二十七歳であった。孔子が魯の昭公のあとから斉国におもむいたのは前五一七年であり、斉国から魯国に帰ったのは、翌年または翌々年、つまり、前五一六年か五一五年のことであったとする説がある。そのとき斉の景公の年は、五十九歳あるいは六十歳くらいであった。景公が老年を理由に孔子の任用を中止したというこの話が、孔子が斉を去るときの景公の推定年齢とよく合っているからである。劉宝楠《りゅうほうなん》の『論語正義』が以上のような理由から、この会話の行なわれたのを前五一七年か五一六年かにおいているのは、そのためであるが、一概にはきめがたい。この伝説は次章と関連して、孔子がどんな理由で国家から去って行くか、孔子の国家から逃げ出す逃げ出し方を説いているのである。

**四**　斉人《せいひと》、女楽《じょがく》を帰《おく》る。季桓子《きかんし》これを受け、三日朝《ちょう》せず。孔子行《さ》る。

斉人帰女楽、季桓子受之、三日不朝、孔子行、

斉国から魯国に女性の歌舞楽団を寄贈した。季桓子はこれを受け入れ、その演技に心を奪われ、三日朝会に出席しなかった。孔先生はこれに愛想をつかし、魯国を去って行かれた。

〈女楽〉女子の楽人、舞人。
〈季桓子〉季孫斯《きそんし》。魯の大夫《たいふ》。

＊前四九八年の十二月、孔子は孟・叔・季三氏の勢力を弱めるため費《ひ》・郈《こう》・郕《せい》の三城の城壁を破壊しようとして失敗したため、その年末ないしは翌年春に魯から衛に亡命した。この孔子の亡命が、斉からおくった女楽を受け入れたのにたいする失望に原因するとした『論語』のこの記事は、疑問である。『左伝』などにはまったくその記事がのっていないからである。孔子のような聖人は、国家の政治の欠陥からその前途を予見して、その国家を立ち去られるのだとこの伝説は説いているのである。

**五**　楚《そ》の狂《きょう》、接輿《せつよ》、歌いて孔子を過ぎて曰わく、鳳《ほう》よ鳳よ、何《なん》ぞ徳の衰えたる。往《す》ぎしことは諫《いさ》むべからず。来たらんことは猶追《なおおさ》むべし。已《や》みなん已みなん。今の政に従う者は

殆《あや》うし。孔子下りてこれと言《かた》らんと欲す。趨《はし》りてこれを辟《さ》く。これと言るを得ず。

楚狂接輿歌而過孔子、曰、鳳兮鳳兮、何徳之衰也、往者不可諫也、来者猶可追也、已而已而、今之従政者殆而、孔子下欲与之言、趨而辟之、不得与之言、

楚の狂人接輿が歌いながら孔先生のそばを通りすぎた。その歌詞はこうだった。

「鳳よ、鳳よ
おまえの徳はどうしてだめになったの
過ぎ去ったことをいうのはよして
これからどうするか考えてごらん
おやめ、おやめ
今の政治に手を出すのはあぶないよ」

孔子は車から降りて彼と語ろうとしたが、小走りで逃げたので、とうとう語り合えなかった。

＊乱世のころであったから、狂人といってもほんとうの狂人ではなく、狂人のふりをして身をくらましている隠士がたくさんいた。ほうぼうでこんな隠士から、政治なぞに手を出すのはやめたほうがいいと、それとなくたしなめられる。孔子はそんな経験をたびたびもったことであろう。これは楚に出かけたとき、つまり流浪して葉《しょう》公などに会った前四八九年のことにあてられる。しかし、ここに書かれていることが、そのとおり歴史

的にあったのではない。そういう伝説が伝わっていたというだけである。

六　長沮《ちょうそ》・桀溺《けつでき》、耦《ぐう》して耕《こう》す。孔子これを過ぎ、子路《しろ》をして津《しん》を問わしむ。長沮曰わく、夫《か》の輿《よ》を執《と》る者は誰《たれ》と為《な》す。子路曰わく、孔丘《こうきゅう》と為す。曰わく、これ魯《ろ》の孔丘か。対《こた》えて曰わく、これなり。曰わく、これ津を知れり。桀溺に問う。桀溺曰わく、子は誰と為す。曰わく、仲由《ちゅうゆう》と為す。曰わく、これ魯の孔丘の徒《ともがら》か。対えて曰わく、然《しか》り。曰わく、滔滔《とうとう》たる者は、天下皆これなり。而《しこう》して誰と以《とも》にかこれを易《か》えん。且つ而《なんじ》その人を辟《さ》くるの士に従わんよりは、豈《あに》世を辟《さ》くるの士に従うに若《し》かんや。耰《ゆう》して輟《や》めず。子路行きて以て告ぐ。夫子憮然《ふうしぶぜん》として曰わく、鳥獣とは与《とも》に群を同じくすべからず。吾《われ》斯《こ》の人の徒と与にするに非《あら》ずして誰と与にかせん。天下道あるときは、丘与《もっ》て易《か》えざるなり。

長沮桀溺耦而耕、孔子過之、使子路問津焉、長沮曰、夫執輿者為誰、子路曰、為孔丘、曰、是魯孔丘与、対曰是也、曰是知津矣、問於桀溺、桀溺曰、子為誰、曰為仲由、曰是魯孔丘之徒与、対曰、然、曰滔滔者天下皆是也、而誰以易之、且而与其従辟人之士也、豈若従辟世之士哉、耰而不輟、子路行以告、夫子憮然曰、鳥獣不可与同群也、吾非斯人之徒与而誰与、天下有道、丘不与易也、

長沮と桀溺が二人組になって田を鋤《す》いていた。通りかかった孔先生が、子路に命じて渡

し場はどこかとたずねさせた。

長沮がきいた。

「あの車で手綱をとっている人はだれだ」

子路がこたえた。

「孔丘という人だ」

「魯国の孔丘だね」

「そのとおりだ」

彼はいった。

「その人なら渡し場を知っているはずだよ」

こんどは桀溺にたずねた。桀溺はいった。

「あなたはどなたですか」

「仲由という者です」

「魯の孔丘のご一家かな」

子路はこたえた。

「そのとおりです」

彼はいった。

「ひたひたと洪水《こうずい》が押し寄せるように、天下は一面にこんなになってしまった。いったいおまえはだれといっしょに治めるつもりかね。おまえは人間をよける先生についているより、どうだひとつ世をよける先生についてみたら」

そういいながら、まいた種に土をかぶせる手をやめない。子路は立ち去って報告申し上げた。先生はしょげていわれた。

「鳥や獣と仲間になれるわけはないよ。わたしが人間の仲間からはずれて、いったい、だれといっしょに暮らすことができよう。天下に秩序が行なわれているのなら、何もわたしが改革に手をつける必要がないではないか」

〈長沮・桀溺〉だれか有名な賢者が変名して姿を隠しているのであろう。「沮」は沼地、「溺」は人間の排泄《はいせつ》物。どちらも農業に関係した農民らしい名で呼ばれている。

〈耦して耕す〉中国の古代には鋤《すき》で土地を耕すのにふたりが一組になり、ひとりが鋤を打ち込むと、他のひとりがそれをひっくり返して土をはね上げる仕組みになっていた。これを耦耕《ぐうこう》法という。

〈輿を執る〉御者をしている子路が下車したので、孔子が代わって馬の手綱をとったことをさす。

〈人を辟くる〉孔子が政治運動をしながら、政治家の人物を批評してえり好みしているのを皮肉った。

〈世を辟くる〉特定の人間が悪いのではなく、世の中、社会が悪いのだからそれから逃避する。

〈耰して輟めず〉種まきしたあと、鳥につつかれないよう土をかぶせる手をやめないこと。

＊長沮・桀溺などという名前は、『荘子』のたとえ話、つまり寓話《ぐうわ》に出てくるように、ひょっとすると架空の人物であるかもしれない。この話自体そういう人物を設定して、孔子や子路に問答させた、『荘子』によくある寓話かもしれない。孔子も子路も戯画化されて出てくる。憮然として語っている孔子のことばをくっつけているが、それは結局言いわけで、すっかりふたりの隠士に皮肉られ、この勝負は隠士の勝ちとみられる。

七 子路、従いて後る《おく》。丈人《じょうじん》の杖《つえ》を以て蓧《あじか》を荷《にな》えるに遇《あ》えり。子路問いて曰わく、子《し》、夫子《ふうし》を見たるか。丈人曰わく、四体勤《つと》めず、五穀分《わ》かたず、孰《たれ》をか夫子と為《な》す。その杖を植《た》てて芸《くさぎ》る。子路拱《きょう》して立つ。子路を止《とど》めて宿《しゅく》せしめ、鶏《にわとり》を殺し黍《きび》を為《つく》りてこれを食らわしめ、その二子を見《まみ》えしむ。明日《めいじつ》、子路行きて以て告ぐ。子曰《しのたま》わく、隠者なり。子路をして反《かえ》りてこれを見せしむ。至れば則ち行《さ》れり。子路曰わく、仕えざれば義なきも、長幼の節、廃すべからざるなり。君臣の義はこれを如何《いかん》ぞそれ廃すべけんや。その身を潔《いさぎよ》くせんと欲して大倫《たいりん》を乱《みだ》る。君子の仕うるや、その義を行なわんとするなり。その道の行なわれざるや、已《すで》にこれを知れり。

子路従而後、遇丈人以杖荷蓧、子路問曰、子見夫子乎、丈人曰、四体不勤、五穀不分、孰為夫子、植其杖而芸、子路拱而立、止子路宿、殺鶏為黍而食之、見其二子焉、明日子路行以告、子曰、隠者也、使子路反見之、至則行矣、子路曰、不仕

無義、長幼之節、不可廃也、君臣之義、如之何其可廃也、欲潔其身而乱大倫、君子之仕也、行其義也、道之不行也、已知之矣、

子路が先生のおともをしていて、はぐれてしまった。杖に竹かごを下げて肩に掛けている老人に出会って、子路がたずねた。

「うちの先生を見かけられませんでしたか」

老人がこたえた。

「肉体労働をしたこともなく、五穀の見分けもつかない男、それを『うちの先生』とはどういうことだ」

と。そして杖を突きさして草取りを始めた。なにかしら敬意を感じた子路は、手を組んだまま立ちつくしていた。老人は哀れに思ったか、子路を引きとめ、その夜は家に泊めてやった。鶏を殺し黍飯《きびめし》をたいてもてなし、ふたりの子どもを引き合わせた。翌日、子路が追いついて一部始終を申し上げると、先生は、

「それは隠士にちがいない」

といわれ、子路に取って返してもう一度たずねるよう命じられた。子路がその家にたどりつくと、老人は外出していない。子路は子どもに伝えさせた。

「あなたは、仕官しなければ義務はないとするのでしょう。しかし、あなたも長幼の順序がなくせないことは認めていられるのだから、君臣のあいだの義理もどうしてなくせます

か。結局あなたは、一身を清潔にして人倫の大義をみだしておられます。君子が仕官するのは、その大義を行なうためなのです。天下に正しい秩序が行なわれえないことぐらい、先生はとっくにご承知なのです」

〈丈人〉「丈」は「杖」に通じる。年老いて杖をつく人という意味。これをこじつけとする説は、年齢階級のやかましい古代社会では、杖をつくことも身分のしるしであることを知らないからである。

〈篠〉竹かごの類。

〈五穀〉ふつう、黍《もちきび》・稷《コウリャン》・麻・麦・菽《まめ》をさす。麻の代わりに稲を入れることもあり、いろいろの説がある。

〈拱して〉立ったまま両手を組み合わせて挨拶《あいさつ》すること。

＊『史記』では、この章を前章につづけて、楚《そ》地方を旅行していたときの一連の物語とする。しかし、前章が主人公の名からしていちじるしく寓話的であるのに、本章は丈人の名をあきらかにしていない。立ちすくんでいる子路を哀れと思った老人が、一夜泊めてやり、下にも置かずもてなし、二子を引き合わせてやる。平凡な郷村の牧歌的な生活がありのままに出ていて、あまり作為の跡が見えない。老子《ろうし》の尊ぶ自給自足の農村共同体の無為の生活が具体的に表現されているとしても、この伝説を老子の無為の思想の影響のもとに発生したとするのは独断的解釈である。孔子が遊歴の旅のなかで、こういう隠

士に出会ったことはおおいにありうる。『左伝』のような貴族の政治生活をあらわしたものには、政治の表面から脱落した隠士の存在はまったく閑却《かんきゃく》されている。このことによって、春秋末期にはまだ隠士がいなかったと積極的に論断することはむりであろう。しかし、孔子がこういう隠士に出会ったという話は、老子学派の間でおおいに話の種となったことは事実であろう。こういう話にたいして、儒教学派としては、ひとつの立場をとって反撃することが必要である。最後の、子路が孔子の立場を代弁したことばは、その意味でつけ加えられたのであろう。君臣の大義を強調するこの『論語』の章は、戦国時代の君臣観念を反映している。

八　逸民《いつみん》は、伯夷《はくい》・叔斉《しゅくせい》・虞仲《ぐちゅう》・夷逸《いいつ》・朱張《しゅちょう》・柳下恵《りゅうかけい》・少連《しょうれん》。子曰わく、その志《こころざし》を降《くだ》さず、その身を辱《はずか》しめざるは伯夷・叔斉か。柳下恵・少連を謂《のたま》わく、志を降し身を辱しめたるも、言《こと》は倫《みち》に中《あ》たり、行は慮《のり》に中《あ》たる、それ斯《これ》のみ。虞仲・夷逸を謂わく、隠居して言《こと》を放《す》て、身は清《せい》に中たり、廃《はい》は権《けん》に中たる。我は則ち是《これ》に異なり、可もなく不可もなし。

逸民、伯夷、叔斉、虞仲、夷逸、朱張、柳下恵、少連、子曰、不降其志、不辱其身者、伯夷叔斉与、謂柳下恵少連、降志辱身矣、言中倫、行中慮、其斯而已矣、謂虞仲夷逸、隠居放言、身中清、廃中権、我則異於是、無可無不可、

隠者は伯夷・叔斉・虞仲・夷逸・朱張・柳下恵・少連。

先生がいわれた。

「自分の志を高く保ち、一身の潔白を守りつづけたのは、伯夷・叔斉兄弟だね。柳下恵・少連を批評するならば、志は捨てられ、身はけがされた。しかし、いうことは正義の倫《すじ》にぴたりとあたり、行ないは思慮にかなった。まあ、それだけはよろしい。虞仲・夷逸は世を捨て、ことばを捨て、身を清潔に持し、世の捨て方も時宜にかなった。自分はしかし、この人たちと違う。つかえるべきときにつかえ、つかえてはならないときはつかえない。一定のきまりに拘泥しないのだ」

〈伯夷・叔斉〉殷末の賢者兄弟。周の武王が殷を滅ぼしたとき、これをやめるように諫めて聞き入れられず、首陽山にのがれて、わらびを食べて生きていたが、ついに餓死した。（公冶長篇第二十三章・述而篇第十四章・季氏篇第十二章参照）

〈虞仲〉呉の泰伯《たいはく》の弟。泰伯とともに位を末弟の周の季歴《きれき》に譲って江南にのがれた仲雍《ちゅうよう》にあたるとされてきた。虞国が周のはじめ、江南において周の植民都市国家であったことは、新中国成立後丹徒《たんと》から発掘された青銅器によって確実となったから、虞仲・仲雍同一人説の確かさがました。（泰伯篇第一章参照）

〈夷逸・朱張・少連〉不明の人物。

〈柳下恵〉魯の大夫展獲《てんかく》。（衛霊公篇第十四章・本篇第二章参照）

＊ここにあげた逸民七名という数は、第十一章の周の八士などの例からすると、八名がも

との数であったろう。虞仲の前に泰伯があったのが、泰伯は呉国の開祖であるため抜いたのであろう。

九　大師《たいし》摯《し》は斉に適《ゆ》く。亜飯干《あはんかん》は楚に適く。三飯繚《さんぱんりょう》は蔡《さい》に適く。四飯缺《しはんけつ》は秦《しん》に適く。鼓《こ》方叔《ほうしゅく》は河《か》に入る。播鼗《はとう》武《ぶ》は漢に入る。少師《しょうし》陽《よう》・撃磬《げきけい》襄《じょう》は海に入る。

大師摯適斉、亜飯干適楚、三飯繚適蔡、四飯缺適秦、鼓方叔入于河、播鼗武入于漢、少師陽撃磬襄入于海、

（一国の文化をになった楽人たちは、国が滅びるとともに散ってゆく）

楽師長つまり大師の摯は斉国におもむいた。第二の助演者つまり亜飯の干は楚国におもむいた。第三の助演者つまり三飯の繚は蔡国におもむいた。第四の助演者つまり四飯の缺は秦国におもむいた。太鼓係つまり鼓の方叔は黄河《こうが》流域におもむいた。でんでん太鼓つまり播鼗の武は漢水流域におもむいた。第一の助演者つまり少師の陽と、石の楽器の奏手つまり撃磬の襄は渤海《ぼっかい》岸におもむいた。

〈大師摯〉大師は楽師長、摯はその名。「摯」は殷《いん》末の大師「疵《し》」と音通で同一人であるとされる。殷を去って周に走ったといわれる。

〈亜飯干〉「亜飯」の意味はよくわからない。天子の朝食のときの音楽の担当者とされるが確かでない。干は名。

〈三飯繚〉天子の昼食のときの音楽をつかさどる楽師、名は繚。

〈鼓方叔〉太鼓の鼓手の方叔。

〈播鼗武〉「播」は揺らすこと。「鼗」は小鼓つまりでんでん太鼓にあたる。武はこれをつかさどる楽人の名。

〈撃磬襄〉「磬」は石で作った打楽器の一種（憲問篇第四十一章参照）。その奏者の名が襄。

＊古注では魯の哀公のとき、魯国の国勢は衰え、礼楽が崩壊し、楽人が四散したときの記事だとする。清朝の毛奇齢《もうきれい》の説によると、殷末に殷王朝を見捨てた楽師たちにあてている。その考証は的確ではないが、周の楽はがんらい殷王朝から受け継いだものであるから、周王朝の世襲の楽師たちはその先祖についてこんな伝説を語りついできたのであろう。

一〇　周公《しゅう》、魯公《ろ》に謂《い》いて曰わく、君子その親《しん》を施《す》てず。大臣をして以《もち》いられざるを怨《うら》ましめず。故旧大故《たいこ》なければ則ち棄《す》てざるなり。一人に備わらんことを求むるなかれ。

周公謂魯公曰、君子不施其親、不使大臣怨乎不以、故旧無大故、則不棄也、無求備於一人、

周公が（魯におもむくわが子の）魯公（伯禽《はくきん》）に話された。

「君子は親戚《しんせき》を疎略にしてはいけない。大臣のなかであまり用いられないものも、恨まな

いように仕向けなければならない。古い縁故のものは、大きな失敗がなければ捨ててはいけない。ひとりの人間に完全を求めてはいけない」

〈施〉古注は「かえる」と読む。「弛」（＝弛）と音通で、捨てることと解す。

＊周公は周初の名相周公旦《たん》。魯公はその子で、この国に封じられた伯禽《はくきん》にあたる。魯国に伝承される周公の遺訓から出たものであろう。

二　周に八士あり、伯達《はくたつ》・伯适《はくかつ》・仲突《ちゅうとつ》・仲忽《ちゅうこつ》・叔夜《しゅくや》・叔夏《しゅくか》・季随《きずい》・季騧《きか》。

周有八士、伯達、伯适、仲突、仲忽、叔夜、叔夏、季随、季騧、

周に八人の賢人がいた。その名は伯達・伯适・仲突・仲忽・叔夜・叔夏・季随・季騧。

＊八人の事績はよくわからない。たぶん伯・仲・叔・季すなわち長男・次男・三男・四男の二組の四人兄弟の賢士がいて、周の勃興《ぼっこう》期を象徴する存在であったという伝説があったのだろう。

# 第十九　子張《しちょう》篇

「子張《しちょう》曰わく」にはじまり、それを篇名としたこの篇は、子張の語（第一章・第二章・第三章）、子夏《しか》の語（第四章・第五章・第六章・第七章・第八章・第九章・第十章・第十一章・第十二章・第十三章）、子游《しゆう》の語（第十二章・第十四章・第十五章）、曽子《そうじ》の語（第十六章・第十七章・第十八章・第十九章）、子貢《しこう》の語（第二十章・第二十一章・第二十二章・第二十三章・第二十四章・第二十五章）を集め、孔子の語は一章も収められていない。子張と子夏の学派の間の相互批判と、子游と子夏との論争を述べた第三章・第十二章は、孔子の死後の学派の対立を語る儒教思想史上の重要文献である。しかしこの篇の主流は、子夏・子貢・曽子によって占められている。とくに子貢は、たびたび孔子とどちらが才がまさっているかを問題にした第二十二章・第二十三章・第二十四章・第二十五章の問答を通じて、孔子の在世時代から死後にかけて、非常に尊重され、勢力をもってきたことをあらわしている。この篇が、子貢を祖とする斉地方の学派、いわゆる斉学の伝承であるとする武内義雄博士の説はまことに妥当である。諸子の説には、孔子の語をもととしたことばが多く、孔子の語が弟子・孫弟子によりいかに発展され、伝承されていくか、その過程を示している。

一　子張曰《しちょうい》わく、士、危うきを見ては命《いのち》を致《いた》し、得《う》るを見ては義を思い、祭《まつり》には敬を思い、喪《も》には哀《あい》を思わば、それ可《か》ならんのみ。

子張曰、士見危致命、見得思義、祭思敬、喪思哀、其可已矣、

子張がいった。

「君につかえるものは、危機にあたっては生命をささげ、利益を前にしては取るべき筋合いかどうかを考え、祭礼には神への敬虔《けいけん》を専一と考え、葬儀には死者への哀《かな》しみをたいせつと考える。それでまずまずといえる」

〈士〉士は道を求めるもの、学問を学ぶものなどいろいろの側面があるが、ここでは才能によって主君につかえるものという根本的な意味で使われている。

＊儒教教団は孔子の死後、国家につかえて有用の材となれるように、人間的に完成された人物を形成するという教育の目標がしだいにはっきりとなっていた。子張のことばはこの教育の理念をあきらかにしたものであり、その意味で篇の第一におかれたのであろう。

二　子張曰わく、徳を執《と》ること弘《かた》からず(1)、道を信ずること篤《あつ》からずんば、焉《いずく》んぞ能《よ》く有り

と為《な》さん、焉んぞ能く亡《な》しと為さん。

子張曰、執徳不弘、信道不篤、焉能為有、焉能為亡、

子張がいった。

「徳を守ってかたくなく、道を信じて誠実でなかったら、世に生きていてもなんの影響なく、死んでいてもなんの影響もないだろう」

（1）「弘」は「広」または「大」と訳されてきたが、ぴったりとしない。章炳麟《しょうへいりん》は「弘」を今の「強」の字にあたるとした。「徳を執ること弘《かた》からず」ならば、下の「道を信ずること篤からず」とつりあう。次の章に説くように子張の説には教義をかたく守る傾向が強いから、「弘」を「強」つまり堅固、つまり「かたく」と読む楊伯峻《ようはくしゅん》の説にしたがった。

＊徳をかたく守らず、道を信じること誠実でない人間は、あれどもなきがごとしという句調はなかなか激しいが、その内容に乏しく、教義がしだいに固定して、固定した教義を守るいわゆる教条主義の傾向が強くなっている。

三 子夏《しか》の門人、交《まじ》わりを子張に問う。子張曰わく、子夏は何をか云《い》える。対《こた》えて曰わく、子夏曰わく、可なる者はこれに与《くみ》し、その不可なる者はこれを拒《こば》めと。子張曰わく、吾《わ》が聞けるところに異なり。君子は賢を尊《たっと》びて衆を容《い》れ、善を嘉《よみ》して不能を矜《あわ》れむ。我の大賢ならんか、人に於《お》いて何の容れられざるところあらん。我の不賢ならんか、人将《まさ》に

我を拒まんとす。これを如何《いかん》ぞそれ人を拒まんや。

子夏之門人問交於子張、子張曰、子夏云何、対曰、子夏曰、可者与之、其不可者拒(1)之、子張曰、異乎吾所聞、君子尊賢而容衆、嘉善而矜不能、我之大賢与、於人何所不容、我之不賢与、人将拒我、如之何其拒人也、

子夏の門人が人と交わる心得を子張にたずねた。子張はいった。

「子夏はなんといっているのかね」

門人はかしこまってこたえた。

「子夏は、いい人には仲間になり、よくない人は断わったがよいといっておられます」

子張がいった。

「その話は自分が先生からおそわったことと違う。君子は一方ですぐれた人を尊びながら一方では大衆を受け入れ、善人をほめながら、善をなす能力のない人に同情する。（かりに子夏の説によるとして）自分が非常にすぐれた人間であったら、だれにでも容《い》れられるだろう。自分がすぐれた人間でなければ他人から拒否されるから、どうしてこちらから拒否することが起こりうるだろう」

（1）「拒」は「距」とある本もあるが、唐石経《せきけい》にしたがった。この章のほかの「拒」も同様である。

＊子夏の朋友にたいする態度は、孔子の「忠信に主《した》しみ、己れに如《し》かざる者を友とするこ

となかれ」(子罕篇第二十五章)ということばの趣旨にしたがっている。しかし、もし人が自分よりすぐれた人を友としようとすると、相手もまた自分よりすぐれた人を友としようとするであろうから、その関係は成立しえぬことになる。人が内省的であって自分にたいする評価が低く、他人の長所を見て高く評価する、他人のなかに自己よりすぐれた点を見いだしてその美点を学び、その人を友とするというところではじめていわゆる君子の交わりが成立するといえるだろう。子夏の「可なる者はこれに与《くみ》し、不可なる者はこれを拒め」という単純な合理主義では、友人関係を社会関係として成立させることはむつかしい。子張の主張は子夏の説のこの欠陥をついたものではあるが、優秀な才能をもつ人が、自分より劣っている人間を寛容するという立場で友人関係が社会関係として成立するというのでは、孔子の説と正面から矛盾する。子張の説は君子の他人にたいする同情心に、朋友《ほうゆう》の成立の根拠を求めている。こういう心情の上に根拠をおく子張説にたいして、子夏のただ理性の上に朋友関係を求める説が成立する。この会話は子張と子夏の学派の対立をはっきりとみせる興味ある対論といえる。従来の注釈家は朋友関係を社会関係としてみなかったため、子張の論点をはっきりとらえることができなかった。

四 子夏曰わく、小道《しょうどう》と雖《いえど》も必ず観《み》るべきものあらん。遠きを致《きわ》めんとすれば泥《なず》まんことを恐る、是《ここ》を以《もっ》て君子は為《な》さざるなり。

子夏曰、雖小道必有可観者焉、致遠恐泥、是以君子不為也、

子夏がいった。

「取るにたりない技芸でもきっと見どころはあるものだ。しかし窮極まで知ろうとするには、障害になりがちである。君子はそれを手がけないのはそのためだ」

〈小道〉道家・法家などのような諸子百家《しょしひゃっか》つまり異端の学をさすと古注は解している。しかし、徂徠《そらい》の指摘したとおり、子夏の時代はまだ諸子百家の成立以前である。朱子の注のように農・医・卜筮《ぼくぜい》などの技芸をさすとみるほうがよい。

〈遠きを致めんとすれば泥まんことを恐る〉『礼記《らいき》』経解篇の「疏通《そつう》して遠きを知るは書の教えなり」と同じことをいったのである。小道は窮極まで知りたいと思うと障害になる、という意味である。

＊子夏の門人のなかには、技芸の末にこだわる人間が多かったので、注意をあたえたことばである。「遠きを致めん」は、その技芸をそのままやっていくことをさすと解釈されている。しかしそれは誤りで、「小道」でなく「大道」つまり孔子の道に立って、窮極の知を求める者には、小さい道は障害になるとさとしたとすべきである。

**五**　子夏曰わく、日にその亡《な》きところを知り、月にその能《よ》くするところを忘るるなきは、学を好むと謂《い》うべきのみ。

子夏曰、日知其所亡、月無忘其所能、可謂好学也已矣、

子夏がいった。

「毎日自分のまだ知っていないことを知り、毎月その結果を忘れないように心にとめておくのは、学を好む態度といえよう」

＊毎日、新しいことを知ろうと努め、毎月の終わりにその結果をまとめて忘れないようにつとめる。これは子夏の学派に伝えられた伝承であるが、あらゆる学問研究に通じる道である。

六　子夏曰わく、博《ひろ》く学びて篤《あつ》く志《し》り、切《せつ》に問いて近く思う、仁はその中《うち》に在《あ》り。

子夏曰、博学而篤志、切問而近思、仁在其中矣、

子夏がいった。

「広く学んでしっかりと記憶し、鋭く質問して身近な問題について考える。こういうなかから仁徳が生まれる」

〈博く学びて篤く志り〉「志」を「識」つまり記憶するという解釈にしたがった。「学」は他人に習うことであり、この習ったことを「篤く志る」つまり確実に記憶する。

〈切に問いて〉「切」は「切《せつ》するが如く、磋《さ》するが如し」（学而篇第十五章）の「切」である。玉をみがくように鋭く問いかける。

七　子夏曰わく、百工《ひゃっこう》は肆《し》に居て以てその事を成す。君子は学びて以てその道を致《きわ》む。

子夏曰、百工居肆以成其事、君子学以致其道、

子夏がいった。

「職人たちは店にいて、その仕事を完成する。君子は学問し、その道を窮極的に知る」

〈肆〉「店」にあたる。

＊学問を専門とする君子つまり学者の職業を、職人の職に対照することによってあきらかにした。孔子の孫弟子のころになって、知識階級つまり士の身分が確定してきたことを反映する。

八　子夏曰わく、小人の過《あやま》つときは必ず文《かざ》る。

子夏曰、小人之過也必文、

子夏がいった。

「小人が過ちをすると、きっとごまかす」

＊「過てば則ち改むるに憚《はばか》ること勿《な》かれ」（学而篇第八章・子罕篇第二十五章）といい、また「過ちて改めざる、是《これ》を過ちと謂《い》う」（衛霊公篇第三十章）といっているのに対応する。君子は過ちを認め、これを改める。小人は過ちを認めず、隠そうとする。

九　子夏曰わく、君子に三変あり。これを望《のぞ》めば儼然《げんぜん》たり、これに即《つ》けば温《おだ》やかなり、その言を聴けば厲《はげ》し。

子夏曰、君子有三変、望之儼然、即之也温、聴其言也厲、

子夏がいった。

「君子の様子は三色《いろ》に変わる。遠くから眺めるといかめしい。かたわらに寄ると穏やかである。そのことばを聞くときびしい」

〈儼然〉「儼」はまた「厳」とも書き、互いに通用する。

＊孔子の態度は「温《おだ》やかにして厲《はげ》しく、威《い》あって猛《たけ》からず、恭《うやうや》しくして安《やす》らけし」（述而篇第三十七章）といわれた。子夏は孔子を君子の典型と考えたので、孔子の態度を君子の模範として述べている。

一〇　子夏曰わく、君子は信ぜられて而《しこう》して後《のち》にその民を労す。未だ信ぜられざれば則ち以て己れを厲《や》ましむと為《な》すなり。信ぜられて而して後に諫《いさ》む。未だ信ぜられざれば則ち以て己れを謗《そし》ると為すなり。

子夏曰、君子信而後労其民、未信則以為厲己也、信而後諫、未信則以為謗己也、

子夏がいった。

「君子は人民に信頼されるようになってから、はじめて人民を夫役《ぶやく》に使う。信頼されないうちに使うと人民は自分たちを悩ますと思う。君子は主君に信頼を得てから、はじめて主君を諫める。まだ信頼を得ていないで諫めると、主君は自分の悪口をいっていると思うものだ」

〈厲〉三国時代の魏《ぎ》の王粛《おうしゅく》は「厲は病なり」と注している。「厲《や》む」と訓ずる。

二　子夏曰わく、大徳は閑《のり》を踰《こ》えず、小徳は出入するも可なり。

子夏曰、大徳不踰閑、小徳出入可也、

子夏がいった。

「大きな徳については、そのこまかい規制を踏み越えてはいけないが、小さな徳については、その範囲を少々越えてもかまわない」

〈大徳は閑を踰えず、小徳は出入するも可なり〉「閑」は法律・規則のことである。「大徳」は主要な道徳をさす。「小徳」は細かい礼儀をさす。「大徳」は高い徳をそなえた人、「小徳」は身近のこまごました礼の規則を心得た人という説もある。

＊これも子夏が、門人たちがあまり小さい徳つまりこまごました礼をやかましくいうので、それは二の次としてもかまわないと教訓したのであろう。

三　子游《しゆう》曰わく、子夏の門人小子《しょうし》、洒掃《さいそう》応対進退に当たりては則ち可《か》なり。抑《そもそ》も末なり。本《もと》は則ちなし、これを如何《いかん》。子夏これを聞きて曰わく、噫《ああ》、言游過《げんゆうあやま》てり。君子の道、孰《いず》れを先《ま》ず伝《つた》え、孰れを後に倦えん。諸《これ》を草木の区して以て別あるに譬《たと》うべし。君子の道、焉《いずく》んぞ誣《し》うべけんや。始めあり卒《お》わりある者は、それ唯《ただ》聖人か。

子游曰、子夏之門人小子、当洒掃応対進退則可矣、抑末也、本之則無、如之何、子夏聞之曰、噫、言游過矣、君子之道、孰先伝焉、孰後倦焉、譬諸草木区以別矣、君子之道、焉可誣也、有始有卒者、其唯聖人乎、

子游がいった。

「子夏の門人の若者たちは、拭《ふ》き掃除《そうじ》、客の応対、儀式の動作をやらせるとよくできる。しかし、これらは末梢《まっしょう》的なことで、根本的なことにはまったくゼロだ。これはどんなものかな」

子夏がこれを伝え聞いていった。

「なんだ子游め、とんでもないまちがいだな。君子のなすべき道はなにを先に教え、なにを後に教えるか（を見わけることだ）。そのやり方は、たとえば草木の種類によって育て方がまちまちなようなものだ。君子の道もどうしてすべての人に同じ教え方をおしつけようか。はじめからおしまいまでまったく同じやり方ができるのは、君子ではだめで、まず聖人以外にはないのだ」

〈洒掃〉拭き掃除。

〈言游〉言偃《げんえん》。字《あざな》が子游だから「言游」と呼んだ。

〈倦えん〉「倦」は「伝」と音通で「つたえる」と読む。

〈誣う〉「ごまかす」という意味ではこの場合通じない。漢代では「誣」を「憮」と書いた本もある。「憮」は「兼ね愛する」ことから「兼ねる」「一般に通じる」という意味がある。武内義雄博士が「誣」を「おなじくする」と読まれたのにしたがって、一般に通じる教え方と解した。

＊子游・子夏両学派の対立から生まれる相互の批判がここにあらわれている。子游は、子夏の門人が末梢的な礼の作法は心得ているが、本質的なことに無知だとそしった。そのことばはわかりやすいが、子夏の反論のほうはかなり難解で、いろいろの説があるが定説はない。ここにあげた私の訳も、一説にとどまる。

一三　子夏曰わく、仕えて優《ゆう》なれば則ち学び、学びて優なれば則ち仕う。

子夏曰、仕而優則学、学而優則仕、

子夏がいった。

「役人となって余力があれば学問し、学問して余力があれば役人となる」

〈優なれば〉余力があればの意。

＊子夏の語の前半は、孔子の「行ないて余力あれば、則ち以て文を学べ」（学而篇第六章）ということばにもとづいている。後半は的確にこれと趣旨が一致する孔子のことばはない。子夏が前半の孔子のことばに裏返しの表現をつけ加えたとみられる。孔子のことばが弟子たちによって拡張され敷衍《ふえん》されてゆく過程がわかる。

一四　子游曰わく、喪《も》は哀《あい》を致《つ》くすのみ。

子游曰、喪致乎哀而止、

子游がいった。

「喪にあっては、悲しみの情をじゅうぶんに尽くせばそれでよろしい」

＊親戚《しんせき》の喪にあたったときは、悲哀の情を尽くせばそれでいい。古注によると、悲しみのあまりまったく絶食して、自分の生命まで危なくするのは行きすぎとする。新注では、悲哀の情がたいせつで無用の装飾を加える必要はないという。子游学派も礼を重んずるので、やはり細節にこだわる傾向がある。それを戒めたことばと見てよいであろう。

一五　子游曰わく、吾が友張《ちょう》は、能《よ》く為難《しがた》きを為《な》すなり。然《しか》れども未だ仁ならず。

子游曰、吾友張也、為難能也、然而未仁、

子游がいった。

「わしの友子張は、他人のできないことをよくやり遂げる。しかし、まだ仁とはいえない」

〈張〉子張をさす。

＊人のできないことをやり遂げることが、仁つまり最高の徳ではないという考え方がおもしろい。だれでもできそうでできない、その平凡にして非凡なのがつまりほんとうの人間らしさであるからだ。

一六　曽子曰《そうじのたま》わく、堂堂たるかな張や、与《とも》に並びて仁を為し難《がた》し。

曽子曰、堂堂乎張也、難与並為仁矣、

曽先生がいわれた。

「堂々たるものだ、子張は。彼といっしょに並んで仁徳を行なうことはむつかしいな」

＊子張はよほど容貌《ようぼう》が美しく、押し出しがいい人物であったらしい。あまり容貌態度がりっぱなので、友人たちはいっしょに並んで仕事をするのを敬遠した。仁を行なう段になっても、並んでいっしょに行ないにくいというのが曽子の批評である。容貌はりっぱだが、内容がそれにともなわない、仁のほうはどうかという注もあるが、それは考えすぎであろう。

一七　曽子曰わく、吾諸《われこれ》を夫子《ふうし》に聞けり、人未《いま》だ自《みずか》ら致《つ》くす者あらず、必ずや親の喪《も》か。

　曽子曰、吾聞諸夫子、人未有自致也者、必也親喪乎、

曽先生がいわれた。

「わたしは先生からうけたまわった。『人間はなかなか自分を出しきることはできない。しいていえば親の喪のときかな』と」

〈自ら致くす〉自力で窮極までゆく。

＊今までの子游・子夏・子張らは孔子のことばをそのまま引用せず、自分の解釈をつけて自分のことばとして語っている。それにたいして曽子は、孔子のことばを直接引用している。若い曽子が、魯国において孔子の死後、結局教団を相続したので、常に孔子を背景として発言することになったのであろう。

一八　曽子曰わく、吾諸《これ》を夫子に聞けり、孟荘子《もうそうし》の孝や、その他は能《よ》くすべきも、その父の臣と父の政《せい》とを改めざるは、これ能くし難きなり。

　曽子曰、吾聞諸夫子、孟荘子之孝也、其他可能也、其不改父之臣与父之政、是難能也、

曽先生がいわれた。

「私は先生からうけたまわった。『孟荘子どのの孝行ぶりは、たいていは他人もまねでき

るけれども、亡くなった父上の家来と政治のしくみを変えなかったこと、これだけはだれもできにくいことである』と」

〈孟荘子〉仲孫《ちゅうそん》（孟孫）氏、名は速《そく》、諡《おくりな》は荘。父孟献子《もうけんし》を継いでから間もなく死んだ。前五五四年から五五〇年まで大夫《たいふ》の職にあった。

＊孔子には、「三年父の道を改むるなきを、孝と謂《い》うべし」（学而篇第十一章・里仁篇第二十章）ということばがある。孟荘子はこれを実行した。彼の在政期間は短いから、在喪の期間だけでなく彼が死ぬまでつづいたので、こんなにほめられているのかもしれない。

一九　孟氏《もうし》、陽膚《ようふ》をして士師《しし》たらしむ。曽子に問う。曽子曰わく、上《かみ》その道を失いて、民《たみ》散ずること久し。如《も》しその情を得《う》れば、則ち哀矜《あいきょう》して喜ぶこと勿《な》かれ。

孟氏使陽膚為士師、問於曽子、曽子曰、上失其道、民散久矣、如得其情、則哀矜而勿喜、

孟孫氏が陽膚を司法長官に任命した。彼はその心得をおたずねしたので曽先生がいわれた。

「上に立つものが道義を失っているため、人民が離散し、法を犯すことが長期に及んでいる。もし真犯人をあげることができても、まず彼らに同情すべきで、喜んでばかりいてはいけない」

〈士師〉裁判官の長官。
〈陽膚〉曽子の弟子らしいが不詳。
〈民散ず〉離散し、法を犯すものがあらわれること。
〈哀矜〉「哀・矜」ともにあわれむ意。

二〇 子貢《しこう》曰わく、紂《ちゅう》の不善も、是《か》くの如《ごと》くこれ甚《はなは》だしからざるなり。是《ここ》を以《もっ》て君子は下流に居《お》ることを悪《にく》む、天下の悪皆焉《これ》に帰すればなり。

子貢曰、紂之不善也、不如是之甚也、是以君子悪居下流、天下之悪皆帰焉、

子貢がいった。

「紂王の悪事もそれほどひどいものではなかったのだ。だから君子は川の下流に住むことをいやがる。汚水の流れこむように、天下の悪事がその身にあつまるからである」

〈紂〉殷王朝三十代目の、最後の君主。暴君で天下の人民を苦しめ、ついに周の武王の軍と戦って敗れ、滅亡した。

＊天下の悪人が下流にいる紂王のところへ流れ込んできたから、悪逆がひどくなったという説もある。しかし、暴君として有名になったため、他人のやった悪事もすっかり彼にくっつけられたのだ。悪事に関する伝説が集中してきて、悪逆が誇張されて伝承されるようになった過程を、近代の古代史家顧頡剛《こけつごう》は実証している。子貢のことばもそんなふ

うに解していいであろう。秀才で政治家・資本家でもあった子貢は、人間の評判や世論がどうして形成されてゆくかをよく知っていた。悪人という名がたったら、その人のすることはみな悪いこととされる、子貢はそんなありさまをさんざん経験したにちがいない。

二　子貢曰わく、君子の過ちや、日月《じつげつ》の蝕《しょく》するが如し。過つや人皆これを見る、更《あらた》むるや人皆これを仰ぐ。

子貢曰、君子之過也、如日月之蝕焉、過也人皆見之、更也人皆仰之、

子貢がいった。

「君子の過失はちょうど日食・月食のようだ。君子が過ちをすると人々がみなこれを見ている。そして君子がその過ちを改めると、人々はみなこれを仰ぎ見るのである」

＊子貢が君子を日食・月食にたとえた比喩《ひゆ》は、さすがに巧妙である。その巧妙さはむしろ師の孔子をしのぐかもしれない。

三　衛《えい》の公孫朝《こうそんちょう》、子貢に問いて曰わく、仲尼《ちゅうじ》は焉《いずく》にか学べる。子貢曰わく、文武《ぶんぶ》の道、未だ地に墜《お》ちずして人に在《あ》り。賢者はその大なるものを識《し》り、不賢者はその小なるものを識る。文武の道あらざること莫《な》し。夫子《ふうし》焉にか学ばざらん、而して亦《また》何の常師《じょうし》かこ

れあらん。

衛公孫朝問於子貢曰、仲尼焉学、子貢曰、文武之道、未墜於地、在人、賢者識其大者、不賢者識其小者、莫不有文武之道焉、夫子焉不学、而亦何常師之有、

衛の公孫朝が子貢にたずねた。

「あなたの先生仲尼は、だれについて学問されたのですか」

子貢はこたえた。

「周の文王《ぶんのう》・武王《ぶおう》の残された教訓は、地上からまったく消えうせたわけではなく、人々の間に伝わっている。すぐれた人は、その重要なものを記憶しているし、普通の人はあまり重要でないものを記憶している。天下いたるところに文王・武王の教訓がころがっている。わたしの先生がどこでも学ばれなかったところはなく、そしてまた定まった先生をもたれなかったのだ」

〈衛の公孫朝〉公孫朝という人は『左伝』に四人あらわれる。それほど多い名であったから、衛の公孫朝と呼んだのである。しかし、その伝記はあきらかでない。姓名から衛の君主の一族と推定されるだけである。

〈仲尼〉孔丘《こうきゅう》、字《あざな》は仲尼。仲尼というのは、他人が孔子を呼ぶときの名で、夫子・子というのは、弟子たちの師にたいする尊称である。

三　叔孫武叔《しゅくそんぶしゅく》、大夫《たいふ》に朝《ちょう》に語りて曰わく、子貢は仲尼より賢《まさ》れり。子服景伯《しふくけいはく》以て子貢に告ぐ、子貢曰わく、諸《これ》を宮牆《きゅうしょう》に譬《たと》うれば、賜《し》の牆《かき》や肩《かた》に及ぶのみ。室家《しっか》の好《よ》きを闚《うかが》い見るべし。夫子《ふうし》の牆や数仞《すうじん》、その門を得て入らざれば、宗廟《そうびょう》の美《び》と百官の富《さか》んなるを見ず。その門を得る者或いは寡《すく》なし、夫子の云《い》えるも亦宜《またうべ》ならずや。

叔孫武叔語大夫於朝曰、子貢賢於仲尼、子服景伯以告子貢、子貢曰、譬諸宮牆也、賜之牆也及肩、闚見室家之好、夫子之牆也数仞、不得其門而入者、不見宗廟之美百官之富、得其門者或寡矣、夫子之云、不亦宜乎、

叔孫武叔が、朝廷で同僚の大夫に語った。

「子貢は、仲尼つまり孔子よりすぐれている」

子服景伯がこのことを子貢に知らせた。子貢はいった。

「先生とわたくしとを屋敷の塀《へい》にたとえましょう。わたくしの塀はやっと肩の高さくらいですから、屋敷の建物のいいところがすっかりのぞけます。先生の塀は高さ十メートルほどもあります。門からはいらないとお霊屋《たまや》の結構さや、役人がたくさん立ち並んでいるさまが見られません。門にはいった人は少ないかもしれません。それで、あの方つまり叔孫武叔のいわれるのももっともですが、そんなものではございません」

〈叔孫武叔〉魯の名家叔孫氏、名は州仇《しゅうきゅう》、武は諡《おくりな》である。魯の大夫として、かつて孔子と同役であった。

〈子服景伯〉魯の大夫。子服氏、名は何忌《かき》、諡は景、字《あざな》は伯。（憲問篇第三十八章参照）
〈数仞〉「仞」は、両手をひろげた長さ。当時の七、八尺、今の約一・五メートル。叔孫武叔は孔子に好感をもたなかったので、子貢をほめ孔子をけなそうとした。子貢の比喩は例によってうまい。
〈夫子〉前の「夫子」は孔子をさし、後の「夫子」は叔孫武叔をさす。

**二四** 叔孫武叔、仲尼《ちゅうじ》を毀《そし》る。子貢曰わく、以て為すことなかれ。仲尼は毀るべからざるなり。他人の賢者は丘陵《きゅうりょう》なり、猶《なお》踰《こ》ゆべきなり。仲尼は日月なり、得て踰《こ》ゆることなし。人自《みずか》ら絶たんと欲すと雖《いえど》も、それ何ぞ日月を傷《やぶ》らんや。多《まさ》にその量を知らざるを見るなり。

叔孫武叔毀仲尼、子貢曰、無以為也、仲尼不可毀也、他人之賢者丘陵也、猶可踰也、仲尼如日月也、無得而踰焉、人雖欲自絶也、其何傷於日月乎、多見其不知量也、

叔孫武叔が孔子の悪口をいったので、子貢がいった。

「そんなことはなさらないほうがよろしい。孔子の悪口はいえるはずがありません。ほかの賢者は岡のようなものですから、越えようと思えば越えられます。孔子は日月と同じです。人間が越えられるはずがありません。人間がいくらそれと縁を切りたいと思っても、日月のほうにはなんのさわりも起こりません。かえって身のほどを知らないことをあらわ

すだけです」

〈毀る〉そしる。非難する。

〈多に〉「多」は「祇」「適」と同じ。「かえって……だけ」の意。

＊叔孫武叔の孔子への悪口にたいして子貢は、こんどは日月の比喩をもち出して反駁《はんばく》した。

二五　陳子禽《ちんしきん》、子貢に謂《い》いて曰わく、子は恭《きょう》と為《な》すなり。仲尼《ちゅうじ》、豈《あに》子より賢《まさ》らんや。子貢曰わく、君子は一言以て知と為《な》し、一言以て不知と為す。言は慎まざるべからざるなり。夫子《ふうし》の及ぶべからざるや、猶《なお》天の階《はした》てて升《のぼ》るべからざるがごときなり。夫子にして邦家《ほうか》を得《う》るならば、所謂《いわゆる》これを立つれば斯《ここ》に立ち、これを導けば斯に行き、これを綏《やす》んずれば斯に来たり、これを動かせば斯に和《やわ》らぐ。その生くるや栄え、その死するや哀れむ。これを如何《いかん》ぞそれ及ぶべけんや。

陳子禽謂子貢曰、子為恭也、仲尼豈賢於子乎、子貢曰、君子一言以為知、一言以為不知、言不可不慎也、夫子之不可及、猶天之不可階而升也、夫子得邦家者、所謂立之斯立、導之斯行、綏之斯来、動之斯和、其生也栄、其死也哀、如之何其可及也、

陳子禽が子貢に向かっていった。

「あなたは謙遜《けんそん》されている。孔子がどうしてあなたよりまさるはずがあろうか」

子貢がいった。
「君子はその一言で知者と判断され、その一言で愚者とされる。ことばは慎重にしないといけませんよ。先生に及びもつかないのは、ちょうど天にいくら階《はしご》をかけても登れないのと同じです。今もし先生がどこかの国家を指導する位置につかれたら『立たせれば立ち、導けば歩き、なでれば集まり、励まされるとこたえる』というわけで、まるで子供をあやすようなものです。生きておられると国家は栄え、死なれると国家から悲しまれる。わたしのようなものは、どうしても及びつきようはありません」

〈陳子禽〉子貢との問答がほかの篇にも出てくるので、子貢の弟子とされている。陳亢《ちんこう》と同一人物で、名は亢、字は子禽ともいわれる。（学而篇第十章参照）

＊子貢のほうが孔子より上だという風評はしきりにおこった。それにたいする子貢の答弁が、いつも比喩によってうまくかわしているのは、見事というほかはない。孔子が国家を子どもを育てるようによく指導されるだろうというたとえも、じつにじょうずである。

## 第二十　堯曰《ぎょうえつ》篇

この篇は「堯曰《ぎょうのたま》わく」の第一章にはじまる。舜《しゅん》が天命を受けて帝になったときの、天命の内容を尭の任命のことばによって描く。それが禹《う》に伝わり、さらに殷《いん》の開祖の湯王《とう》によって受け継がれる。またさらに周の文王《ぶんのう》・武王《ぶおう》にも伝わる。この伝授されてゆく天命の内容を紹介するのがこの篇である。そして、「命《めい》を知らざれば、以《もっ》て君子と為《な》すことなきなり」の孔子の語によって、それが受けられる。要するに、天命の継承の歴史を述べたものであるが、中間に（第二章）、政治についての子張と孔子の問答がはいって印象がぼやけてしまった。しかし、孔子がもっとも語ることを好まなかった「天命」の、古代の伝承を説明するために、この篇は書かれたものである。

一　尭曰《ぎょうのたま》わく、咨《ああ》、爾舜《なんじしゅん》よ、天の暦数《れきすう》は、爾の躬《み》に在《あ》り。允《まこと》にその中《ちゅう》を執《と》れ。四海困窮、天禄《てんろく》永く終わらん。

舜もまた以《もっ》て禹《う》に命ぜり。

曰わく、予《われ》、小子履《しょうしり》、敢《あ》えて玄牡《げんぼ》を用《もっ》て、敢えて昭《あき》らかに皇皇后帝《こうこうこうてい》に告ぐ。罪あるは敢えて赦《ゆる》さず、帝臣蔽《かく》さず、簡《えら》ぶこと帝の心に在り。朕《わ》が躬《み》罪あらば、万方《ばんぽう》を以てすることなかれ。万方罪あらば、罪は朕が躬に在れ。

周《しゅう》に大賚《たいらい》あり、善人これ富めり。周親《しゅうしん》ありと雖《いえど》も仁人に如《し》かず。百姓《ひゃくせい》過ちあらば、予《われ》一人に在れ。

権量《けんりょう》を謹《つつし》み、法度《しゃくど》を審《つまび》らかにし、廃官を修《おさ》むれば、四方の政《せい》行なわれん。滅国を興《おこ》し、絶世を継ぎ、逸民《いつみん》を挙《あ》ぐれば、天下の民、心を帰《き》せん。重んずるところは、民の食・喪・祭。寛なれば則ち衆を得《え》、信なれば則ち民任じ、敏《びん》なれば則ち功あり、公なれば則ち民説《よろこ》ぶ。

堯曰、咨爾舜、天之暦数在爾躬、允執其中、四海困窮、天禄永終、舜亦以命禹、

曰、予小子履、敢用玄牡、敢昭告于皇皇后帝、有罪不敢赦、帝臣不蔽、簡在帝心、朕躬有罪、無以万方、万方有罪、罪在朕躬、

周有大賚、善人是富、雖有周親、不如仁人、百姓有過、在予一人、

謹権量、審法度、修廃官、四方之政行焉、興滅国、継絶世、挙逸民、天下之民帰心焉、

所重民食喪祭、寛則得衆、信則民任焉、敏則有功、公則民説、

堯帝のたまえり。

「おお、なんじ舜よ。天の運行、なんじ一身にかかる。しかと中なる旗竿を握りしめよ。四海の民困窮せば、天の賜《たま》いし至福、とこしなえに尽きん」

舜帝、これをもて禹に命じたまえり。

またいえらく。

「小子なる、われ履《り》、あえて黒毛の雄牛ささげて、明らけく上帝に申す。『罪あらばあえ

て赦《ゆる》すことなかれ。帝の臣の罪の隠れなき、帝の御心《みこころ》のままに裁きたまえ。わが身に罪あらば、万国に責めなく、万国に罪あらば、その罪わが身にあれ』」

周に天より大いなる賚《たまもの》ありき。そは善《よ》き人の富めることとなり。周に一族ありといえども、仁徳の人には及ばず、国民《くにたみ》に過ちあれば、その責め、わが一身にこそあれ。

謹みて権《はかり》・量《ます》を正し、審らかに法度《しゃくど》を定め、廃《すた》れたる官を修むれば、四方《よも》の政行なわれざるはなし。滅びたる国をふたたび興し、絶えたる世に後継ぎをたて、世を逸《のが》れたる民を挙ぐれば、天下の民の心は君に帰服せん。国民《くにたみ》の重んずるところは、食・喪・祭にあり。

寛《ひろ》き心をもってすれば衆の心を得、ことばにたがうことなければ、民は役に務《つと》めん。勉めて怠ることなければ、必ず事成就せん。よろずのこと平らかに扱えば、国民よろこばん。

＊第一段は、きわめて難解であって、異説が多い。私は「允にその中を執れ」の「中」の意味の解釈を手がかりとしてとらえよう。殷《いん》代の甲骨《こうこつ》文字に「中を立つ」という文がある。「中」は「」と書かれ、旗の形をかたどっている。広場の中央に大きな旗竿を立てることがある。それは天象を観測する基準となるものである。日月星の南中する時間を、この直立の柱によって正確に知るためである。そのもとには、その時間を正確に記録するため筮竹《ぜいちく》、竹の簡《ふだ》のめどぎが置かれる。天体の運行は、このめどぎの記録によって確実に知られる。それが「天の暦数」なのである。天の暦数、天の運行を正確にとらえること、これが天が命ぜられた汝《なんじ》の神聖な義務である。それを怠ると、季節が乱れ、

農作がうまくゆかなくなり、国民は飢え、王朝は滅びることになる。第一段はこのことを述べたのである。第二段は、舜が、同じことを禹につたえたのである。第三段は、夏《か》の暴君桀《けつ》を滅ぼした殷《いん》王朝の開祖湯《とう》王、名は履が、天に向かって天命をまちがいなく守ることを誓ったことばである。第四段は、周の開国の由来を述べて、殷国の賢人が殷を見捨てて周に帰したが、それは周がこれらを好遇したからであると述べる。第五段は、将来出てくる王者は、いかなる使命をおびているか、将来の王のイメージを述べたものである。

二　子張、政を孔子に問いて曰わく、何如《いか》なればこれ以て政に従うべき。子曰わく、五美を尊《たっと》び四悪を屏《しりぞ》くれば、これ以て政に従うべし。子張曰わく、何をか五美と謂《い》う。子曰わく、君子は恵《けい》して費やさず、労して怨《うら》みず、欲して貪《むさぼ》らず、泰《ゆた》かにして驕《おご》らず、威あって猛《たけ》からず。子張曰わく、何をか恵して費やさずと謂う。子曰わく、民の利とするところに因《よ》りてこれを利す、これ亦《また》恵して費やさざるにあらずや。その労すべきを択《えら》びてこれに労す、また誰をか怨みん。仁を欲して仁を得たり、また焉《いずく》んぞ貪《むさぼ》らん。君子は衆寡《しゅうか》となく、小大《しょうだい》となく、敢えて慢《あなど》ることなし、これ亦泰《またゆた》かにして驕らざるにあらずや。君子はその衣冠《いかん》を正しくし、その瞻視《せんし》を尊くす。儼然《げんぜん》として人望みてこれを畏《おそ》る、これ亦《また》威あって猛からざるにあらずや。子張曰わく、何をか四悪と謂う。子曰わく、教えずして殺す、これを虐《ぎゃく》と謂う。戒めずして成るを視《み》る、これを暴と謂う。令を慢《ゆる》くして期を致す、これを賊と謂う。これを猶《ひと》しく人に与うるに出内《すいとう》の吝《やぶさ》かなる、これを有司《ゆうし》と謂う。

子張問政於孔子、曰、何如斯可以従政矣、子曰、尊五美屏四悪、斯可以従政矣、子張曰、何謂五美、子曰、君子恵而不費、労而不怨、欲而不貪、泰而不驕、威而不猛、子張曰、何謂恵而不費、子曰、因民之所利而利之、斯不亦恵而不費乎、択其可労而労之、又誰怨、欲仁而得仁、又焉貪、君子無衆寡、無小大、無敢慢、斯不亦泰而不驕乎、君子正其衣冠、尊其瞻視儼然、人望而畏之、斯不亦威而不猛乎、子張曰、何謂四悪、子曰、不教而殺、謂之虐、不戒視成、謂之暴、慢令致期、謂之賊、猶之与人也、出内之吝、謂之有司、

子張が孔先生におたずねした。

「どうすれば政治にたずさわることができますか」

先生がいわれた。

「五つの美徳を尊び、四つの悪徳を除けば、政治にたずさわることができる」

子張がおたずねした。

「何を五つの美徳というのですか」

先生がいわれた。

「君子は、恩恵はあたえるが費用をかけない。働きながら他人を恨まない。意欲をもちながらがつがつしない。どっしりしていて高慢でない。威厳があっても激しすぎないことだ」

子張がおたずねした。

先生がいわれた。

「恩恵はあたえるが費用はかけないとは、どんなことですか」

「国民の利益とするところを察して、それを政治により実現してやる、それが、国民に恩恵をあたえながら費用がかからないことではないか。働きがいのあることを自分で選んで働くのだから、他人を恨むことはないではないか。仁を実現しようという目的のもとに意欲をもって努力して、結局仁を実現するのだ。何をがつがつするといえよう。君子は、相手の多勢・無勢、相手の力の大小に関係なく、ちっともあなどることはない。これは、どっしりとかまえていて、しかも高慢でないことではないか。君子は、衣冠をきちんと正し、見かけをりっぱにする。他人はこの厳然としたさまを眺めて畏敬《いけい》する。これは、威厳があって激しくないということではないか」

子張がおたずねした。

「四つの悪徳とは何をいうのですか」

先生がいわれた。

「国民を教化せずに、ただ死刑にする、これを虐という。国民に前から注意しないでおいて、急に仕上げろと命ずる、これを暴という。命令はいいかげんにしておいて、期限を厳格にしてとりたてる、これを賊という。同じく人に分けあたえるのに出納《すいとう》がけちである、これを役人根性という」

三　孔子曰わく、命《めい》を知らざれば、以《もっ》て君子と為《な》すことなきなり。礼を知らざれば、以て立つことなきなり。言を知らざれば、以て人を知ることなきなり。

　孔子曰、不知命、無以為君子也、不知礼、無以立也、不知言、無以知人也、

孔先生がいわれた。

「天命を解しないものは、君子となることはできない。礼がわからなければ、位につくことができない。議論の意味がわからなければ、人物がわからない」

＊『論語』の一つのテキストである『魯論』には、この章が欠けている。理想の人間つまり君子の窮極の目的は、天命を理解することである。これはすこぶる神秘的である。理性的な孔子も、窮極では神秘主義にささえられているといっていいであろう。

# 解説

『論語』は、孔子が弟子や同時代の政治家たちとかわした問答をはじめとして、弟子たち同士の会話などを編集した本である。孔子は前四七九年に亡くなったが、深く傾倒していた弟子たちが、かれらが記憶していた先生の言葉をもちよって、一冊の書物としたものだといわれる。

弟子の一人である子張《しちょう》というものが、ある日孔子に、「どうしたら自分の意見が世の中で実現されるでしょうか」と、たずねた。先生は、

「言が忠信で、行ないが篤敬であれば、たとい蛮人たちの国にいっても、その意見は行なわれる。言が忠信でなく、行ないが篤敬でないと、おなじ郷里の中でもその意見は通らない」

と答えられた。はっと恐れいった子張は、この言葉を忘れないように書きしるした。当時は、貴族や役人をはじめとして、有識階級にぞくする人たちは皆、紳《しん》という広幅の帯をしめていたのであるが、子張はこの先生の言葉を忘れないように、この帯のはしに書きしる

しておいたことが『論語』の「衛霊公篇」にのっている。

紀元前五世紀、いまから二千四百余年まえの中国には、まだ紙はなかったので、書物はすべて、竹や木の細い札の上に一行ずつ書いて、綴り合わせて巻物としたものであった。たいへんかさばるので、書物はあまり多く流通していなかったし、だいたい孔子自身が自分で自分の思想を本に書こうともしなかった。それは高い徳をそなえ、謙遜な人柄であった孔子だから、とくに他人に自分の思想を宣伝しようとしなかったからではない。当時の社会には今のように、自己の考えを本人が書くという習慣がなかったのである。

書写の技術も未発達で、印刷術発明以前のこのころは、言葉は人から人へ、口頭で伝承された。有名な政治家や学者などがいった言葉はすぐ口頭で世の中に伝わってゆく。自分の言葉が永久に残り、思想が不朽となることは最高の名誉だと人びとは考えていた。その切なる願いにもかかわらず、同時代の人びとの言葉はほとんど大部分が忘却されてしまって、ただ孔子の言葉が『論語』として二千五百年の間に、中国のみならず、東は朝鮮半島を通じて日本にも伝わり、東アジアのあらゆる知識人によって愛読されつづけてきた。

なぜこんなに愛読されたのか、今あらためて考えてみるのだが、よくわからない。

孔子の『論語』を古代の聖人賢者である釈迦《しゃか》やソクラテスなどとくらべて、いちばんに感ぜられるのは、その言葉が一見非常に平凡で、ちっとも非凡なところがないことである。このすこしも非凡でなく、一見平凡きわまる孔子の言葉が、どうしてこんなに世に伝わり、不朽となったのであろうか。

ある弟子が、弟子のなかでも秀才の名が高い子貢《しこう》にたずねた。「先生はどこの国に行かれても、いつも君主の信頼をえて、大事なことについて諮問をうけられる。いったい先生から会見を申し込まれて、そうなったのか。君主の方から頼まれたのか」と。子貢は答えた。

「夫子《せんせい》は温、良、恭、倹、譲をもってこれを得られた。夫子の方でかりに申し込まれたとしても、そのやり方は一般の人とはちがっているのだ」（学而篇第十章）

と。孔子は、おだやかで、すなおで、うやうやしく、つつましやかで、控えめな人柄で、ちっとも他人にたいしておしつけがましい点がなかった。

世の思想家には大言壮語、とまではいかなくても、極端な議論をするものが多い。だが、孔子はちがっている。

ある日、気に入りの弟子の顔淵《がんえん》と子路《しろ》とが、孔子のおそばについていた。うちとけた孔子は、どうだ君たちの希望は何か、いってごらん、とたずねた。

積極的な子路がさきに発言した。

「自家用の馬車に乗り、立派な着物が着られる身分に出世できたとします。馬車や衣服を昔の友人たちと共用にして、そのため、これがいたんでも、ちっとも気にしないようになりたい」

つぎに顔淵がいった。

「善行を自慢せず、面倒を他人にかけないようにしたい」

子路がそこで口を出して、先生のご希望をおきかせくださいといったので、孔子は、

「自分は老人には安心され、友人には信頼され、子供にはなつかれたい」（公冶長篇第二十六章）とこたえた。こういう親しい雰囲気のなかでの発言ではあるが、孔子の希望のなんと日常的で、平凡きわまることか。ほんとにあきれかえるが、そこに孔子の特色がある。

孔子は、巧言、令色、足恭《すうきょう》、つまり弁舌さわやか、表情たっぷりで、むやみに腰が低いのはきらいであった。自分の心のなかに怨恨を抱きながら、これをかくして友人のつきあいをつづけることを恥としたといわれる。孔子が温、良、恭、倹、譲というようにおとなしく見えたのは、けっして上べではなく、心底からそうであったからである。

孔子の尊んだ徳というのは、一見素朴で、自然にそうなっているようだが、自分を甘やかしてそうなっているのではなく、いつも自己の言行にたいするきびしい反省がくわえられている。

『論語』第一篇学而篇第四章の曽子《そうじ》の、

「吾《われ》、日に三たび吾が身を省みる。人の為に謀りて忠ならざるか、朋友と交わりて信ならざるか、習わざるを伝えしか」

との言葉は、よく孔子の生活の信条をつたえている。

こういう日常生活におけるきびしい自己訓練の上にたった孔子の言行は、一見平凡きわまるように見える。秀才の子貢に、「君子とはどういう人のことですか」とたずねられた孔子は、

「先ずその言を行なう、而して後にこれに従う」

と答えた。主張したいことは、まずそれを実行してから後に主張することだということである。まず実行してから主張するのであるから、その発言はどうしても慎重にならざるをえないであろう。

『論語』のなかにあらわれる孔子のこの控え目な言動、それは一見平凡きわまるように見えるが、こういうことを考え合わせると、この平凡きわまることこそ、じつは非凡、最高の非凡さなのである。

一見平凡な孔子の言葉が、なぜ二千五百年にわたって東アジアの人びとに愛読されつづけてきたか、これですこし解けたのではなかろうか。

このように平凡にして非凡な『論語』の言葉を正しく理解することは、じつは逆説的に至難なことであった。漢代になって、孔子の儒教が中国の王朝国家の指導原理と定められたので、無数の『論語』の注釈が世にあらわれた。台湾で出版された無求備斎の『論語集成』という叢書には、中国と日本で出た注釈書三十三種、部分的な札記八十七種が収めら

れている。これは現在残っている重要な注釈であって、すでに世に佚《いっ》した有名無名の注釈の数は莫大な量にのぼるであろう。

私が七年前、この文庫版の母体となった中央公論社の「世界の名著」の一冊として『論語』の全訳を発表するさいに、まず問題にしたのは、これらの無数の先人の注釈にたいしてどういう態度をとるかということであった。

儒教全盛の漢代における『論語』の注釈を代表するのは、後漢の大儒鄭玄《ていげん》の注であるが、不幸にして宋代に佚して、現在では部分的にしか残っていない。これにたいして、宋代に宋学を大成した朱子の『論語集註《しっちゅう》』があらわれてから、これが「論語注」の定本となり、私どもも、これをもととして『論語』を読んできた。しかしこれは、宋学という新しい形而上学の体系をもって、孔子の原始儒教を強引に解釈しすぎたため、多くの難点を残している。

これにたいして、日本では徳川時代に伊藤仁斎《いとうじんさい》と荻生徂徠《おぎゅうそらい》が出て、朱子の新注を批判し、『論語』の本文に即して、その意味をすなおに理解しようとした。とくに徂徠は、漢の古注に傾斜した。また、清朝の考証学者の劉宝楠《りゅうほうなん》、潘維城《はんいじょう》は、漢代の古注をもととした注釈をあらわした。

私は、だいたい仁斎、徂徠、劉、潘からさらに武内義雄博士にうけつがれたこの新古注派の線にそって口訳をすすめようとしたが、新古注派のなかにも異説が多く、それを取捨することは大変な仕事であった。

私は鄭玄の古注、朱子の『集註』をはじめ、無数の注釈のなかから穏当な説をえらびだすのに苦しんで、どうしても筆を下すことができなかった。

『論語』学而篇の第一章「学んで時に習う」の「時に」は「ときに」ではなく、『詩経』『書経』などでは「時《こ》れゆく」というように、「時」は具体的な意味をもたない助字として用いられていることに着目して、これを「時《とき》に習う」でなく「時《ここ》に習う」と読んでみたらどうかと考えついた。そして「朋《とも》有り遠方より来たる」を武内博士にしたがって「有朋《とも》」と読み、「遠方より来たる」を「遠きより方《なら》び来たる」と読んでみようとした。これは若《じゃっ》干《かん》こじつけの新解釈であって、ひとつの試論にすぎず、吉川博士らの厳しい批判が提出された。

　この新解釈があたっているか否か、さらに検討を要することは私もよく意識していたが、この新解釈によって、従来の注釈をのりこえて、本文にそのまま飛び込む態度がきまったことが重要であった。注釈をこえて本文に直面することによって、私はいくつかの発見をした。そのあるものは、『論語』のもっとも難解とされた本文をはじめて明らかにし、また先人の気のつかなかった歴史的な解釈をおこなうことに成功した。はじめから私は別に新説を出すことを意図したわけではなかったが、本文に直面するうちに、自然に新解釈が出てきたのである。平凡にして非凡な孔子の真面目《しんめんもく》が、この新説によって、従来の注釈より、ずっと発揮されていると私は今でも自信をもっている。

昭和四十八年六月

貝塚茂樹

巻末エッセイ

# 『史記』と『論語』

倉橋由美子

一度もお目にかかったことがないのに、そのお書きになったものを読んでこちらで勝手に弟子のつもりになり、従って勝手に先生と見なしている方を何人か挙げることができる。例えば田中美知太郎先生であり、貝塚茂樹先生である。いつまでも女学生気分が抜けきらないせいか、研究するというより「習う」ことが好きで、立派な先生が見つかると嬉しくなる。その先生のものなら安心して片端から読んでいく。読みつくして読むものがなくなっては大変であるが、そこは泰山の如き学者であるから——私は「文学者」あるいは作家を先生としたことがない——いつまでも食べきれない御馳走を前にしたような気分でいられる。これに対して好きな作家は恋人のようなもので、長く付合っていると大概いやになって別れる。別れてしまうと、あとはその作家が書くものは読む気もしなくなる。先生の場合はそこが違っていて、新しく書かれるものを待って読むのが楽しみである。

貝塚先生は中国古代史が専門の歴史学者であるから、私のように専門を持たない人間が読んでも仕方がない甲骨文や金石学や西周時代の罰金制度等々について書かれた論文が多いが、不思議なことにどれも面白く読める。これは専門家の聖域に属する論文、あれは素人向きの啓蒙的な文章、といったおかしな区別などなくて、確かなことだけを何の衒《てら》いもなく述べた文章を読むと、精神の世界の君子の声を聴く思いがする。この世界にも野人、小人がいるならば君子、賢人大夫もいるということになる。

例えば精神の世界の君子ならざる人物の書いた文章に次のようなものがある。

司馬遷は生き恥さらした男である。士人として普通なら生きながらえる筈のない場合に、この男は生き残った。口惜しい、残念至極、情なや、進退谷《きわ》まった、と知りながら、おめおめと生きていた。腐刑と言い宮刑と言う、耳にするだにけがらわしい、性格まで変るとされた刑罰を受けた後、日中夜中身にしみるやるせなさを、噛みしめるようにして、生き続けたのである。そして執念深く「史記」を書いていた。「史記」を書くのは恥ずかしさを消すためではあるが、書くにつれかえって恥ずかしさは増していたと思われる。

(武田泰淳『司馬遷——史記の世界』)

まことに名調子であるが、これは士は士でも文士の文章である。昔、この有名な本を読んだ時には何よりもまずこの名調子に辟易した。これは文章というより激烈な調子で歌われる歌に近いもので、ひどく暗い目をした若者の顔が迫ってくる。その若者はさらにこう演説する。「世界の歴史は政治の歴史である。政治だけが世界をかたちづくる。政治をになうものが世界をになう。『史記』の意味する政治とは『動かすもの』のことである。世界を動かすものの意味である。歴史の動力となるもの、それが政治的人間である。政治的人間こそは『史記』の主体をなす存在である。政治的人間は、世界の中心となる。そのために『十二本紀』がつくられた。政治的人間は分裂する集団となる。そのために『三十世家』がつくられた。政治的人間は独立する個人となる。そのために『七十列伝』がつくられた。……」

こういう調子の文章を読んだおかげで、しばらくは『史記』そのものを読むのが億劫になった。毒気に当てられたようなものである。その解毒剤になったのが貝塚先生の『史記』であった。こちらは漢方薬のように穏やかな効力のある文章で書かれていて、司馬遷が宮刑を受けた時の事情については次のような説明がある。

漢代には、「死罪に該当する罪を犯したものが、もし銅五十万銭を国庫に納入するときは、死罪一等を免ずる」という法律があった。司馬遷はなんとかして銭を納めて死刑を贖《あがな》おうと試みた。

漢代には宮刑をもって死刑にかえることができる制もあった。そこで司馬遷は死刑を免れるため、宮刑を願い出て、うす暗い蚕室《さんしつ》で去勢の手術をうけ、重ね重ね天下に生き恥をさらすことになったのである。

話は具体的でよくわかる。さらに、『古代中国の精神』の中の「不朽——中国古代人の死後生命観の変遷」という文章を読めば、古代中国人が「首領を保って歿する」ことを願い、兵死、刑死など身体に損傷を受けて非業の死を遂げるのを恐れたことがわかる。人間誰しも命が惜しいということのほかに、司馬遷としては刑死だけは免れなければならない理由があったのである。その場合、死罪を免れるのに銅五十万銭を納めるか、宮刑を受けるかという二つのみちがあって、前者が不可能ならあとは宮刑を選ぶしかない。司馬遷は当然の選択をしたのである。

しかしそれが「生き恥」をさらす結果になるのは、男子として本来死を甘受すべきところを去勢されてまでおめおめと生きながらえたからだろうか。男子たるものの恥辱、屈辱だけを強調するのはいささか文学的に過ぎる解釈と言うべきで、

生殖能力を失うことが宮刑をうける者の最大の苦痛であったろうと想像する人があるかもしれないが、それは誤解である。……古代中国では、後天的不具者の感じる悲哀には、近代人と共通する不幸感のほかに、さらに先祖にたいする不孝という倫理観がつけ加わっている。……肉体が不具になることは、先祖にたいする悪であるという宗教的罪

悪感が彼を苦しめたのである。

という貝塚先生の説明を読んではじめて釈然とする。

貝塚先生は、司馬遷が肉体の欠損にこだわった理由にはもう一つあるとして、「漢代人は、男性の肉体・容貌の美しさをつよく意識していた。帝王、宰相、将軍、高級官僚など貴族的な人びとは、まず第一に容姿が美しくなければならないという考えが一般的で」あり、「堂々たる美丈夫でなければ高官たるにふさわしくないと考えられていた」ことを指摘される。人間は容姿、衣冠、挙措が大切だという考え方は現代では廃れているようであるが、古代人ではそうでなかったはずで、こういうことには凡人も文学青年もともに気がつかない。

そのあと、さりげなく次のような文章が出てくるあたりは野人、小人に真似のできるところではない。すなわち、「かつての西欧列強の軍人は、貴族出身者が多く、すべて背が高く貴族的な教養をもち、上流の社交界の花形であった。日本の軍閥政治下の軍人だけが例外であったのは、むしろ不思議な現象である」と。（『史記』）

さて、『論語』についても積年のアレルギーを完治してくれたのが貝塚先生訳註の『論語』であった。

私の学校では中学一年から漢文を当り前のことのように教え、国語の時間のほかに漢文の時間が与えられて句読点と送仮名を付して読むということもやり、『論語』、『孟子』から『唐詩選』、頼山陽まで、断片的にではあるがいろいろなものを読まされた。その頃から『論語』のようなものが苦手で敬遠していたのは、学校では『論語』の文章などはもっぱら修身の材料のように読まれていたからである。

ところが貝塚先生訳註の『論語』は趣を異にする。歴史学者の目は孔子の発言の背景にまで行届いていて、それを註で説明されると、孔子の言葉は、各人いかようにでも受取れる道徳的教訓めいたものから、にわかに具体的な意味と生気を帯びた言葉に変貌する。

例えば、有名な「十有五而志乎学、三十而立、四十而不惑……」については、「孔子がこの時代では三十歳の成年式によってでなく、三十歳をもって人生の一くぎりとしたのは、この時代では三十歳の壮年に達すると、妻をめとって身を固める定めであったからである。……彼は一方で学問にはげみながら、いろいろの職業を転々としていた。三十歳前後から、博学の士であることが世間に認められだした」という註がある。十五歳にして学に志し、十五年経って徳が成ったといった具体性のない発言ではないというのである。「不惑」についても、貝塚先生は、四十にして人生の達人の境地に達した式の抽象的解釈をしりぞけ、孔子が昭公の死後ついに帰国の決意を固めたことを指していると説明する。

同じような例であるが、「朝聞道、夕死可矣」も、古註によって、「聞道」の「道」は真実の道とか真理といった抽象的なものではなくて現実に孔子の考える道徳的な社会が実現していることを指すという見方が示されている。徂徠ならば「先王の道」と呼んだものであろう。確かにこの方が単なる真理追求の心構えを述べたものと解するよりも優れている。孔子は教祖や禅僧ではなかったので、その言葉も抽象的なお説教ではなく、複雑な生活をしている人間の発言であったと考えるべきである。

「温故而知新……」についても、「温」を「たずねる」とする朱子の新註をしりぞけて、「煮つめてとっておいたスープを、もう一度あたためて飲むように……」と言われると、話はまことによくわかる。万事この調子で貝塚先生の訳註は痒《かゆ》いところに手が届いている。「郷党第十」の、「席不正不坐」などは、孔子が、座蒲団がまっすぐになってないと坐らないこと、つまり座蒲団の向きを正して坐ったことだと言われなければ意味がとれない。私などはそそっかしいので「席不正不坐」を席順のことを言っているのかと思いこんでいた。ある人の訳には、「座席は(それぞれの場合に応じて)適当な位置に正しく置いてから坐られた」とだけあるが、これでは何のことかよくわからない。

貝塚先生訳註の『論語』には多少物議をかもしたところもあるらしい。「学而第一」冒頭の「子曰、学而時習之、……有朋自遠方来、……」に対して、先生は「時」を「ここに」、「そのあとで」と解した。また「遠方」の「方」を「ならんで」、「そろって」と解する。これが正しいかどうか私などには判断しかねるが、文意としてはこの異説に従う方がむしろ常識的で、具体性があり、素直に理解できる。しかしそれよりも、従来私は「学而時習之」の「習」を復習するといった程度に考えていた。ところが「習」は「書物よりはむしろいろいろの行事における礼儀作法の実習」のことである。そう指摘されてみれば、お茶でもお華でも稽古事には先生について「習う」ことが不可欠であり、本来先生とはそういう時の先生なのである。書物を通じて知った人を先生と呼ぶのはやはり軽率だったのだろうか。

（くらはし・ゆみこ　作家）

＊中央公論社版『貝塚茂樹著作集』第三巻月報（一九七七年七月）より再録

## ま 行



## や 行



## ら 行



## わ 行

## た　行



## な　行



## は　行

## さ　行

# 名句索引

## ら　行



## わ　行

## ま　行



## や　行

## た 行

## さ　行

# 人名・事項索引

＊は関連項目を示す

論語

貝塚茂樹責任編集『世界の名著3　孔子　孟子』中央公論社、一九六六年三月
貝塚茂樹訳注『論語』中公文庫、一九七三年七月
貝塚茂樹訳『論語Ⅰ』『論語Ⅱ』中公クラシックス、二〇〇二年十二月、〇三年二月

## 編集付記

一、本書は中公文庫『論語』（一九七三年七月刊）の改版である。

一、改版にあたり、同文庫版（三十二刷　二〇一八年一月刊）を底本とし、中公クラシックス版『論語Ⅰ』『論語Ⅱ』を参照した。巻末に新たにエッセイ「『史記』と『論語』」および索引を付した。索引は中公クラシックス版による。

一、本文中、今日の人権意識に照らして不適切な語句や表現が見られるが、訳者が故人であること、執筆当時の時代背景と作品の価値に鑑みて、そのままの表現とした。

中公文庫

# 論《ろん》　語《ご》

1973年7月10日　初版発行
2020年3月25日　改版発行

訳　注　貝《かい》塚《づか》茂《しげ》樹《き》
発行者　松田陽三
発行所　中央公論新社
〒100-8152　東京都千代田区大手町1-7-1
電話　販売 03-5299-1730　編集 03-5299-1890
URL http://www.chuko.co.jp/

ＤＴＰ　平面惑星
印　刷　三晃印刷
製　本　小泉製本


Published by CHUOKORON-SHINSHA, INC.
Printed in Japan　ISBN978-4-12-206848-3 C1110

各書目の下段の数字はＩＳＢＮコードです。978－4－12が省略してあります。

# 中公文庫既刊より

し-20-9
**孔子伝**　白川　静
今も世界中で生き続ける「論語」を残した哲人、孔子。挫折と漂泊のその生涯を、史実と後世の恣意的粉飾とを峻別し、愛情あふれる筆致で描く。
204160-8

お-25-2
**老子**　小川環樹　訳注
『老子』五千余言は古代自由思想の巨星である。訳者の優れた日本語訳は、われわれ現代人に壮大な想像力と魂の安らぎを与えずにはおかないであろう。
202814-2

み-22-11
**雍《よう》正《せい》帝《てい》**　中国の独裁君主　宮崎市定
康熙帝の治政を承け中国の独裁政治の完成者となった雍正帝。その生き方から問う、東洋的専制君主とは？「雍正硃批諭旨解題」併録。〈解説〉礪波　護
202602-5

み-22-18
**科挙**　中国の試験地獄　宮崎市定
二万人を収容する南京の貢院に各地の秀才が集ってくる。老人も少なくない。完備しきった制度の裏の悲しみと喜びを描き凄惨な試験地獄の本質を衝く。
204170-7

み-22-19
**隋の煬帝《ようだい》**　宮崎市定
父文帝を殺して即位した隋第二代皇帝煬帝。中国史上最も悪名高い皇帝の矛盾にみちた生涯を検証しつつ、混迷の南北朝を統一した意義を詳察した名著。
204185-1

み-22-22
**水滸伝**　虚構のなかの史実　宮崎市定
史書に散見する宋江と三十六人の仲間たちの反乱は、いかにして一〇八人の豪傑が活躍する痛快無比な伝奇小説『水滸伝』となったのか？〈解説〉礪波　護
206389-1

み-22-23
**アジア史概説**　宮崎市定
漢文明、イスラム・ペルシア文明、サンスクリット文明、日本文明等が競い合い、補いながら発展してきたアジアの歴史を活写した名著。〈解説〉礪波　護
206603-8

み-22-24
大唐帝国　中国の中世
宮崎市定
統一国家として東アジア諸民族の政治と文化の根幹を築いた唐王朝。史上稀にみる中国の中世、大唐帝国を中心にした興亡史七百年を詳述する。〈解説〉礪波　護
206632-8

み-22-21
中国史の名君と宰相
宮崎市定
礪波　護 編
始皇帝、雍正帝、李斯……激動の歴史の中で光彩を放った君臣の魅力・功罪・時代背景等を東洋史研究の泰斗が独自の視点で描き出す。〈解説〉礪波　護
205570-4

か-71-1
漢文力
加藤　徹
心霊写真の幽霊はヌードのはず？「キティちゃん」の顔に口がないのはなぜ？ 漢文に刻まれた古人の思索を楽しく追体験しながら、明日を生き抜く力を育てる本。
204902-4

い-113-2
書　筆蝕の宇宙を読み解く
石川九楊
なぜ私たちは、書を美しいと感じるのか。東アジアの文化の根柢をなす芸術表現を、数々の名品を鑑賞しながら説き明かす、十二の講義。
206232-0

S-16-1
中国文明の歴史1　中国文化の成立
水野清一 責任編集
北京原人が出現した太古の時代から中国文化の原型が成立した殷・周までの時代を、考古学の最新成果を駆使して描く大いなるドラマ。〈解説〉岡村秀典
203776-2

S-16-2
中国文明の歴史2　春秋戦国
貝塚茂樹 責任編集
周王朝の崩壊とともに中国古代社会の秩序は崩れ、世は実力主義の時代となる。諸国の君主は虎視眈々と機会を窺い富国強兵策に狂奔する。〈解説〉松井嘉徳
203621-5

S-16-3
中国文明の歴史3　秦漢帝国
日比野丈夫 責任編集
法律と謀略と武力のかたまりだった秦は、わずか十余年で亡ぶが、受けつぐ漢は、前後四世紀にわたる安定した王朝となる。〈解説〉冨谷　至
203638-3

S-16-4
中国文明の歴史4　分裂の時代　魏晋南北朝
森　鹿三 責任編集
北方民族と漢族の対立抗争で、三国時代・五胡十六国・南北朝と政権は四分五裂。一方、仏教が西方から招来、ヒミコの使者が洛陽訪問。〈解説〉氣賀澤保規
203655-0

各書目の下段の数字はISBNコードです。978－4－12が省略してあります。

S-16-5
中国文明の歴史5　隋唐世界帝国
外山軍治　責任編集
分裂を隋が統一し唐が世界帝国の建設を受けつぐ。東西の交流が行われ東アジア文化圏が成立。日本は律令制により国家体制を整備。〈解説〉愛宕　元
203672-7

S-16-6
中国文明の歴史6　宋の新文化
佐伯　富　責任編集
庶民の力を結集し宋代の新文化は日本にも刺激を与えて鎌倉新文化を出現。それは西アジア、欧州ルネサンス文化の成立にも影響。〈解説〉島居一康
203687-1

S-16-7
中国文明の歴史7　大モンゴル帝国
田村実造　責任編集
モンゴルを統一し、世界征覇の野望のもとに、空前絶後の世界帝国を築いたチンギス・カン。恐るべきエネルギーで欧亜を席捲。〈解説〉杉山正明
203704-5

S-16-8
中国文明の歴史8　明帝国と倭寇
三田村泰助　責任編集
永楽帝時代に海外発展で国威を発揚、繁栄と泰平の世を迎える明帝国は、「北虜南倭」の患が高じ、秀吉の朝鮮出兵が明の衰亡を促す。〈解説〉檀上　寛
203720-5

S-16-9
中国文明の歴史9　清帝国の繁栄
宮崎市定　責任編集
十八世紀は比類ない繁栄をもたらした清王朝の黄金時代であった。しかし盛者必衰の法則にもれず、やがて没落と衰亡の前兆が……。〈解説〉礪波　護
203737-3

S-16-10
中国文明の歴史10　東アジアの開国
波多野善大　責任編集
惰眠をむさぼる東アジアは、聖書とアヘンと近代兵器を携えた西欧に開国を強いられ、そして侵攻にあえぎながらも民族意識が芽ばえる。〈解説〉坂野良吉
203750-2

S-16-11
中国文明の歴史11　中国のめざめ
宮崎市定　責任編集
清朝の三百年の統治は遂に破綻をきたし、この腐敗混迷を救うべく孫文が立ちあがる。かくして辛亥革命は成功し、北伐がはじまる。〈解説〉礪波　護
203763-2

S-16-12
中国文明の歴史12　人民共和国の成立へ
内藤戊申　責任編集
蔣政権樹立から内戦十年、抗日八年の歴史が始まる。蔣軍、紅軍、日本軍の三つ巴の戦い、大長征を経て人民共和国が成立する。〈解説〉江田憲治
203789-2